国内外绿色基金发展研究

安国俊　张宣传
柴麒敏　白波　张旗/等编著

责任编辑：王雪珂
责任校对：潘　洁
责任印制：丁淮宾

图书在版编目（CIP）数据

国内外绿色基金发展研究（Guoneiwai Lüse Jijin Fazhan Yanjiu）/安国俊等编著 .—北京：中国金融出版社，2018.5
ISBN 978－7－5049－9340－3

Ⅰ.①国… Ⅱ.①安… Ⅲ.①基金业—经济发展—研究 Ⅳ.①F830.91

中国版本图书馆 CIP 数据核字（2017）第 296141 号

出版　中国金融出版社
发行

社址　北京市丰台区益泽路 2 号
市场开发部　（010）63266347，63805472，63439533（传真）
网上书店　http://www.chinafph.com
　　　　　（010）63286832，63365686（传真）
读者服务部　（010）66070833，62568380
邮编　100071
经销　新华书店
印刷　保利达印务有限公司
尺寸　169 毫米 × 239 毫米
印张　34.25
字数　452 千
版次　2018 年 5 月第 1 版
印次　2018 年 5 月第 1 次印刷
定价　86.00 元
ISBN 978－7－5049－9340－3
如出现印装错误本社负责调换　联系电话　（010）63263947

国内外绿色基金发展研究
编委会

研究小组组长：

安国俊　中国社科院金融研究所副研究员、中国金融学会绿色金融专业委员会副秘书长、绿色金融与可持续发展研究中心执行主任

研究小组副组长：

张宣传　中国证券基金业协会研究部副主任
柴麒敏　国家应对气候变化中心国际部主任
白　波　中美绿色基金 CEO
张　旗　同方金控副总裁

研究小组成员：

刘嘉龙　中国金融学会绿色金融专业委员会研究人员
贺飞燕　财政部 PPP 融资支持基金综合管理部总经理助理
黄问航　生态环境部气候司综合处处长
丁　辉　生态环境部气候司副处长
陈继明　中国人民银行研究局博士
杨　娉　中国人民银行研究局金融市场研究处副处长
安国山　中国投融资担保股份有限公司

王晓东　世界银行高级能源专家

王艺鸿　亚洲开发银行高级投资专家

Anouj Mehta　亚洲开发银行主任财务管理专家

Sonia Chand Sandhu　亚洲开发银行副行长高级顾问

何懿伦　国际金融公司气候变化融资与咨询业务负责人

李　剑　内蒙古环保厅副厅长

李　仿　绿民投股权投资基金管理有限公司执行总裁、主管合伙人

彭　旻　中国通用（北京）投资基金管理有限公司总经理

胡　丹　中国保险投资基金主任

王骏娴　中证金融研究院

张　琦　中证金融研究院

秦二娃　中证金融研究院

国立波　投中研究院院长

廖　佳　中美绿色基金对外关系部总经理

郭沛源　商道融绿董事长、联合国环境署FI中国顾问

马　军　公众环境研究中心主任

郇志坚　中国人民银行乌鲁木齐中心支行博士

赵世磊　贵州省政府金融办博士后

喻晓岚　中国人民银行湖州市中心支行副行长

董　娴　中国人民银行昆明中心支行金融研究处

孙隆新　国家开发银行顾问

夏慧民　浙江金控投资管理公司副总经理

商希雅　西安金融控股有限公司

辛　强　建银城投上海环保股份有限公司总经理

卢　琦　青云创投战略与研究合伙人

张勇淼　华夏银行绿色金融中心主任

钟　洋　樊　星　杨晋希	国家应对气候变化战略研究和国际合作中心
王昕竑	中节能中咨环境投资管理有限公司总经理
刘江帆	中节能中咨环境投资管理有限公司
唐伟珉	中节能华景资产管理公司副总经理
尹邦奇	上海科技开发交流中心原主任
潘修扬	浙江大学经济学院
许　卉	中国责任投资论坛秘书长，联合国环境署 FI 中国协调员
于凌波	鹏华基金管理有限公司营销策划部总经理
黄珂莹	鹏华基金管理有限公司营销策划部副总经理
高　枫	绿色金融与可持续发展研究中心 UIBE
李　皓	绿色金融与可持续发展研究中心 UIBE
敖心怡	绿色金融与可持续发展研究中心 UIBE

特别鸣谢（专家委员会）：

马　骏	中国金融学会绿色金融专业委员会主任、人民银行前首席经济学家、清华大学金融与发展研究中心主任
洪　磊	中国证券投资基金业协会会长
祝丹涛	中央财经领导小组办公室经济二局副局长
陆　磊	国家外汇管理局副局长
周诚君	中国人民银行研究局副局长
卜永祥	中国人民银行研究所副所长
马险峰	中国证监会证券与期货研究院副院长
刘健钧	中国证监会基金部副主任
曹德云	中国保险资产管理业协会执行副会长兼秘书长
蔡　宇	中国保险学会副秘书长
黄润中	中国银行业协会秘书长

周成跃　财政部PPP融资支持基金董事长
韩　斌　财政部PPP中心副主任
郭建伟　中国人民银行乌鲁木齐中心支行行长
李　高　生态环境部气候司司长
吴远彬　科技部社会发展司司长
别　涛　环保部政策法规司司长
叶燕斐　银监会政策研究局巡视员
Roberto de Beaufort Camargo　世界银行
Kevin Carey　世界银行
Richard Claudet　世界银行
Samuel Maimbo　世界银行金融局副局长
Havard Halland　世界银行
邵长毅　世界银行专家
王小林　山东绿色发展基金管理公司董事长
林文学　最高法院政治部副主任、新闻发言人
陈海光　国家法官学院教授
芮跃华　中国证券投资者保护基金有限责任公司、执行董事
叶国标　中国金融信息中心总经理
李　瑶　贵州省政府金融办主任
苏虎超　陕西省金融办主任
胡伏云　江西金融办主任
景　楠　西安金融办副主任
李　军　上海金融办副主任
钱洪文　湖州市金融办主任
王　震　绿色技术银行管理中心、上海科学技术交流中心主任
杜金良　浙江金控投资管理有限公司董事长、总经理

马　钧　中国国际跨国公司促进会副会长
盛　今　中国保险投资基金副总裁
刘　昆　中国新兴集团有限责任公司
魏革军　中国金融出版社社长
王立民　中国社科院金融研究所副所长、党委书记
王　文　中国人民大学重阳金融研究院执行院长
卢汉文　国家开发银行贷委会委员
刘优辉　农业发展银行资金部总经理
孙　蕊　保尔森基金会中国顾问
李晓真　保尔森基金会绿色金融事务副主任
王雪松　中关村并购研究院院长
马江涛　中关村并购基金合伙人
霍中和　中节能咨询有限公司总经理
廖　原　中节能衡准科技服务有限公司总经理
刘红彦　中节能资本控股公司基金管理部副总经理
周亚成　孔　伟　中伦律师事务所
邓召明　鹏华基金管理有限公司总裁
罗春风　平安大华基金管理有限公司董事长
李　文　汇添富基金管理有限公司董事长
于　华　摩根士丹利华鑫基金管理有限公司董事长
罗登攀　大成基金管理有限公司总经理
梅德文　北京环境交易所总经理
费　忠　协鑫集团总经理助理

研究支持单位：

中国金融学会绿色金融专业委员会

中国证券投资基金业协会

中国保险资产管理业协会

中国银行业协会绿色信贷专业委员会

世界银行

亚洲开发银行

中美绿色基金

中国金融信息中心

中节能咨询有限公司

陆家嘴绿色金融发展研究中心

绿色金融与可持续发展研究中心 UIBE

中国责任投资论坛

《绿色金融丛书》
序　言

2016年冬季，我国北方和东部大部分省市又陷入重度雾霾，红色预警持续发布，学校停课、汽车限行、企业停产、工地停工，严重影响了正常的生产生活秩序，也给当地的经济造成了冲击。一些经济学家们在猜测，雾霾是否已经构成了我国经济发展的硬性约束条件，经济增长潜力还有多少？百姓对雾霾的抱怨、对碧水蓝天的期盼，经济面临的环境制约再次成为政府焦虑的中心，中央和各级政府纷纷开展调研，征求各界意见，以寻求更有效的措施来解决困扰百姓生活、健康和经济可持续发展的最大痛点：环境问题。

近年来，要求环保部门法治生威的呼吁日益高涨，强化执法力度、依法治理环境问题的诉求给各级环保部门带来了空前压力。同时，我国环保法律和标准也确实在不断提高。2015年1月1日，新的《环境保护法》开始实施，环保部密集发布了按日计罚、查封扣押、限产停产、企业信息公开和突发环境事件调查等管理办法，环境执法力度也在不断趋严。

绿色金融是推动绿色发展的重要动力

然而，我们目前面临的严重的环境挑战不仅仅是一个环境的末端治理问题，从根本上来讲是一个经济问题。长期以来，我国经济高速增长，但是其所付出的环境代价是难以估量的。世界银行的研究显示，污染所造的环境成本占我国年度GDP的比重高达9%，而我国2016年GDP增速为6.7%，若将环境成本考虑在内，"绿色GDP"实际上是负增长。在经济的高速发展过程中，各级政府采取了许多不可持续的"激励"措施，包括税收优惠、廉价土地、低廉的资源（能源、水等）价格等，吸引了大量低端、污染性的制造业，使高污染的煤炭产业占能源产业的2/3，让高排放的汽车产业以每年20%的速度成长。即使末端治理能够将单位GDP的排放降低60%~70%，由于高污染的经济活动在成倍增长，总的污染水平也在继续恶化。

我国政府已经清晰地意识到，过去的污染型的发展模式是不可持续的，并将绿色发展提升至国家发展战略的最高层面。2015年4月，中共中央、国务院审议通过了《关于加快推进生态文明建设的意见》，指出"协同推进新型工业化、城镇化、信息化、农业现代化和绿色化"，首次提出了"绿色化"概念。党的十八届五中全会提出贯彻"创新、协调、绿色、开放、共享"五大发展理念，把绿色发展提升到一个新的高度。加强生态文明建设被写入"十三五"规划，绿色发展和环境保护将成为我国经济发展中首要考虑的重要国策。

要从根本上治理环境，需要建立一套新的激励和约束机制，使经济资源（包括资金、技术、人力等资源）更多地投入到清洁、绿色的产业，抑制资源向污染性产业投入。而绿色投资在整个资源配置过程中起着关键的作用。只要资金流向了绿色产业，其他资源就会跟着流向绿色产业。根据环保部、中国环境与发展国际合作委员会（国合会）等机构的研究报告，未来五年，我国绿色投资需求为每年3万亿~4万亿元人民币。我们估计，财政资金最多满足15%的绿色投资需求，85%以上的绿色投资需求必须依靠市场化的融资方式来解决。因此，建立一个绿色金融体系，让金融机构和金融市场能够引导大量社会资本投入到绿色产业，就是当务之急。

绿色金融是指为支持环境改善、应对气候变化和资源节约高效利用的经济活动，即对环保、节能、清洁能源、绿色交通、绿色建筑等领域的项目投融资、项目运营、风险管理等所提供的金融服务。近年来，我国绿色金融取得了快速发展。2015年9月，中共中央、国务院发布了《生态文明体制改革总体方案》，其中首次明确提出"要建立我国的绿色金融体系"。经国务院批准，2016年8月31日，中国人民银行等七部委联合发布了《关于构建绿色金融体系的指导意见》（以下简称《指导意见》），标志着构建绿色金融体系在金融市场和各级地方政府的全面落实和正式启动。《指导意见》明确提出要通过再贷款、贴息、专业化担保机制等措施支持发展绿色信贷和绿色债券市场，设立各类绿色发展基金，在环境高风险领域实行强制性的环境责任保险制度，建立上市公司和发债企业强制性环境信息披露制度，支持金融机构开展环境压力测试，建立碳金融市场，建立绿色评级制度，推动对外投资绿色化等三十五条具体措施。《指导意见》的发布标志着我国成为全球第一个具有明确政府政策支持的、全面构建绿色金融体系的国家。

2016年是绿色金融元年

很多国内外专家说，2016年是绿色金融的元年。我很认同这个看法，这个观点适用于中国，也适用于全球。除了政策层面的创新之外，2016年我国在绿色金融产品、工具、方法等领域中，取得了许多重要的进展。如绿色债券，2015年我国还没有绿色债券市场，2016年我国在境内和境外发行的绿色债券已经达到了2 300亿元人民币，占到全球同期绿色债券发行量的40%，成为全球最大的绿色债券市场。此外，我国的机构还推出了绿色资产支持证券（green ABS）和绿色资产担保债券（green covered bond），各个地方设立了不少绿色产业基金支持绿色股权融资，我国4家评级公司推出了绿色债券的评级方法（全球只有6家），我国出现了多家有能力提供绿色债券第三方认证的机构，中央国债登记结算公司和中国节能环保集团公司推出了 4 只绿色债券指数，中国金融学会绿色金融专业委员会推出了公益性的绿色项目环境效益评估方法，工商银行率先在全球推出了银行业的环境压力测试方法，最近北京环境交易所和上海清算所一起推出了中国第一个碳掉期产品。2016 年以来，几乎每个星期，都可以看到各种绿色金融产品发行和创新的新闻，令人十分鼓舞。中国在绿色环境压力测试方法、环境效益评估工具、绿色债券指数、气候债券指数等方面的创新在全球都是领先的。广东、浙江、贵州、新疆、江西、内蒙古等地纷纷制定了或正在制定构建本地绿色金融体系的实施方案。

2015 年 4 月，中国人民银行批准成立了中国金融学会绿色金融专业委员会（以下简称绿金委）。尽管成立的时间只有两年，绿金委在国内外组织了几十场推广和研讨活动，组织开展了 40 多个研究课题，编制了《绿色债券支持项目目录》，支持了包括许多绿色金融产品和分析工具在内的开发工作。目前，绿金委会员单位数量比两年前增长了约 1 倍，至 150 多家，包括所有的大中型银行和很多大型券商、保险公司、基金公司、绿色企业等，这些机构所持有的金融资产占全国金融资产的 67%。众多金融机构积极参与绿金委的活动，表明中国金融体系已经开始真正关注绿色金融和责任投资。农业银行、国家开发银行、工商银行、中国银行等一些大的金融机构都已经在集团内部建立了全面推动绿色金融发展的规划。

从国际上看，2016 年绿色金融领域的最大亮点是在二十国集团（G20）框架下正式讨论了绿色金融议题，并在 G20 领导人杭州峰会公报中明确提出了要扩大全球的绿色投融资，要从七个方面克服绿色金融发展面临的挑战。两年前，绿色金融在全球还是一个被边缘化的题目，主要国家央行行长和财政部部长几乎没有讨论过这个话题。一些国家对绿色金融的理念存有疑虑。2016 年，在中国的倡议下，G20 财金渠道设立了绿色金融研究小组,由中国人民银行和英格兰银行共同主持。在研究小组的推动下,绿色金融成为主流议题,而且通过 G20 领导人杭州峰会公报成为全球共识。这个"政策信号"的作用非常大。2016 年 10 月,我在美国华盛顿参加世界银行和国际货币基金组织年会期间的四天之内,就有 8 个由金融界主办的关于绿色金融的研讨会;11 月在摩洛哥参加第 22 届气候变化大会(COP22)的两天半时间里,也参加了 4 场关于绿色金融的讨论会。现在业界对绿色金融的关注程度之高,在几年之前是不可想象的。

除了中国和 G20 的推动之外,2016 年以来,全球其他一些机构和国家也在努力推动绿色金融的主流化。比如,金融稳定理事会(FSB)设立了一个气候相关金融信息披露工作组(TCFD),2017 年 3 月要向 G20 提交关于强化环境信息披露的自愿准则。法国发布了《能源转型法》,其中第 173 条专门提到,要求法国的机构投资者披露在投资过程当中如何考虑环境、社会和治理(ESG)的因素。IFC 旗下的可持续银行网络(sustainable banking network)和联合国责任投资倡议(PRI),在 G20 绿色金融研究小组的支持下,迅速扩大其能力建设的网络。印度、日本、印度尼西亚等国正在准备推出自己的绿色债券市场。香港联交所启动了半强制性的环境信息披露制度。从这几个例子来看,全球正在形成一个强劲的、共同推动绿色金融发展的势头。

虽然绿色金融在 2016 年取得了长足的进展,但其规模与绿色投资的巨大需求相比,仍然是杯水车薪。比如,根据 OECD 专家的预测,全球绿色债券发行量只占全球债券发行量的 0.2%(中国绿色债券占全部债券发行量的 2%),但未来会有几十倍的成长空间。我预计在今后几年乃至十几年内,绿色金融在全球仍将保持高速增长,而要保持好的发展势头,关键在于准确识别和有效克服绿色金融面临的挑战。

绿色金融面临的挑战和克服挑战的选项

由我本人和英格兰银行高级顾问 Michael Sheren 担任共同主席的 G20 绿色金融小组在《2016 年 G20 绿色金融综合报告》（G20 *Green Finance Synthesis Report*）中指出，全球绿色金融的发展面临以下五大障碍，并提出了克服这些障碍的一系列政策选项：

（一）外部性。这种外部性可以是绿色项目带来环境改善的正外部性，也可以是污染项目带来环境损害的负外部性。内化环境外部性的困难会导致"绿色"投资不足和"棕色"投资过度。比如，一些清洁能源项目比传统能源项目的建设成本更高，但无法就其环境效益正外部性（降低排放、提升居民健康水平）收费，因此项目回报过低，无法吸引私人投资。一些国家用补贴、税收抵免、电价补贴、碳交易和环境保护政策等来应对这些外部性，而在绿色金融领域则可以采用增信和担保、优惠贷款、利率补贴和项目补贴等，以改善这些项目经风险调整后的回报率。再如，有些制造业企业会污染环境，但是它们的负面外部性没有被充分内部化。比如，如果区域内居民健康状况受到损害，却由于种种原因不能向污染企业索赔，就会纵容污染企业的过度投资和生产。这种情况在那些环境权益尚未被有效界定和环保政策执行能力较弱的国家尤其常见。近年来，通过金融措施来应对类似负面外部性的案例越来越多。比如银行业的"赤道原则"和许多证券交易所对上市公司提出的环境信息披露要求等，都在一定程度上抑制了污染性投资，从而达到了将部分环境外部性内生化的目的。

（二）期限错配。在不少国家，由于资本市场不发达，许多长期基础设施项目融资主要依靠银行贷款。而银行由于需要避免过度期限错配，因此难以提供足够的长期贷款。这就导致了长期资金供给不足，使得长期项目，包括长期绿色项目（如污水和固体废物处理、清洁能源、地铁和轻轨）面临融资难、融资贵的问题。金融部门创新可以帮助缓解由于期限错配带来的问题。这些方法包括发行绿色债券、通过设立绿色基础设施投资收益信托（Yield-co）进行融资，以及用未来绿色项目收入作为抵押取得贷款等。

（三）绿色定义的缺失。如果缺乏对绿色金融活动和产品的清晰定义，投资者、企业和银行就难以识别绿色投资的机会或标的。此外，缺少绿色定义还可能阻碍环境风险管理、企业沟通和政策设计。因此对绿色金融和产品的适当定义是发展绿色金融的前提条件之一。由于各国的国情和政策重点不同，目前难以对绿色金融活动达成统一的定义。但是，若定义太多，比如每家金融机构推出一个自己的定义，交易对手之间没有"共同语言"，也会大大增加绿色投资的交易成本。

中国、孟加拉国和巴西，已经在国家层面推出了对绿色信贷的定义和指标；国际资本市场协会（ICMA）和中国绿金委也分别推出了对绿色债券的"国际定义"和"中国定义"。但是不少国家还没有采纳任何一种对绿色金融或对主要绿色资产类别的定义。

（四）信息不对称。许多投资者对投资绿色项目和资产有兴趣，但由于企业没有公布环境信息，从而增加了投资者对绿色资产的"搜索成本"，因此降低了绿色投资的吸引力。此外，即使可以获取企业或项目层面的环境信息，若没有持续的、可以信赖的绿色资产"贴标"，也会构成绿色投资发展的障碍。在一些国家，由于不同政府部门的数据管理较为分散（比如，环境保护部门收集的数据不与金融监管机构和投资者共享），也加剧了信息不对称。不过，解决信息不对称问题的努力已经取得了一定进展。比如，全球超过二十家证券交易所发布了上市公司环境信息披露要求，若干国家或证券交易所已经开始强制要求上市企业披露环境信息。中国也在《指导意见》中明确提出要对上市公司和发债企业建立强制性的环境信息披露制度。

（五）缺乏对环境风险的分析能力。一些金融机构已经开始关注环境因素可能导致的金融风险（包括对机构投资者所持有资产的估值风险和对银行贷款的信用风险），但其理解仍然处于初级阶段。许多银行和机构投资者由于分析能力不足，无法识别和量化环境因素可能产生的信用和市场风险，因而低估"棕色"资产的风险，同时高估绿色投资的风险。结果，污染性和温室气体排放较多的项目仍然获得了过多的投资，而绿色项目则面临投资不足的问题。对环境风险进行更加深入的分析，有助于更好地应对风险，更有效地将环境外部性进行内部，进而有利于动员私人资本加大绿色投资。近年来，部分金融机构和第三方机构已经开发了一些环境风险分析方法。典型的案例包括中国工商银行开发的环境因素对信贷风险的评估模型、《自然资本宣言》（Natural Capital Declaration）对干旱如何影响债券违约率的分析、英格兰银行对气候因素如何影响保险业的评估，以及评级公司将环境因素纳入信用评级的做法等。

绿金委推出的《绿色金融丛书》

在推动我国绿色金融发展和形成 G20 绿色金融共识的过程中，绿金委的专家们发挥了关键的作用。绿金委的主要骨干曾经都是 2014 年由中国人民银行发起的绿色金融工作小组的成员，该小组于 2015 年初提出了发展我国绿色金融体系的 14 条建议，其中大部分都被写入了中共中央、国务院发布的《生态文明体制改革总体方案》，此后也被写入了七部委的《关于构建我国绿色金融体系的指导意见》。绿金委的成员单位也是中国绿色信贷、绿色债券、绿色保险、绿色指数、碳金融、责任投资、环境信息披露、环境压力测试的工具和方法的主要倡导者和实践者。

绿金委的专家们充分认识到，党中央、国务院提出构建绿色体系的国家战略，七部委出台绿色金融的《指导意见》，只是构建我国绿色金融的一个起点。未来大量的工作需要相关部委、金融机构、第三方机构、地方政府来落实。落实过程中将要面临的一个最大挑战是能力建设问题。许多金融机构的从业人员，虽然有很高的实践绿色金融的积极性，但缺乏对绿色金融产品和分析工具的了解；许多希望参与绿色金融的第三方机构，缺乏进行绿色评估、评级、认证的专业知识和经验；许多绿色企业，希望获得更低成本的绿色融资，但苦于不了解绿色金融各种产品的特点和提供此类金融服务的机构；许多地方政府官员，有推动当地发展绿色金融的积极性，但不知道用哪些政策工具可以最有效地调动社会资本。为了进一步推广绿色金融理念，强化能力建设，有效传播绿色金融产品、工具和方法，绿金委的部分骨干成员成立了《绿色金融丛书》编委会。编委会组织了绿金委的一大批专家，计划以丛书的形式推出一系列与绿色金融发展相关的案例和研究成果。目前，已经出版和即将出版的第一批研究成果包括：构建中国绿色金融体系、中国绿色金融发展与案例研究、国际绿色金融发展与案例研究、绿色金融与"一带一路"、G20绿色金融倡议和背景报告、绿色债券市场研究、绿色基金研究、金融机构的环境压力测试、低碳城市融资模式、面向金融业的环境信息披露、碳市场与碳金融研究、绿色保险案例与研究、可持续投资研究等。这些研究成果以中国作者为主，包含大量中国元素，不但有理论创新，也有极强的实践性，是国际上绿色金融前沿领域中最为系统的一套丛书。我相信，这套丛书的出版，将成为我国绿色金融发展过程中一个积极的推动力量，也会为我国绿色金融教育和人才培养提供重要的参考教材。

马　骏
中国人民银行研究局前首席经济学家
清华大学金融与发展研究中心主任
中国金融学会绿色金融专业委员会主任
G20绿色金融研究小组共同主席
2018年3月

序　言

当前，中国和全球经济都面临着严峻挑战，气候变化、环境污染、资源短缺成为共性问题，实现可持续发展是全球各国的共同追求。党的十八大以来，在"五位一体"总体布局和"四个全面"战略布局下，"创新、协调、绿色、开放、共享"的发展理念不断深入，系列政策和研究实践逐渐落地。习近平总书记在十九大报告中指出，我们要"加快生态文明体制改革，建设美丽中国"，要"建立健全绿色低碳循环发展的经济体系"，"推进绿色发展"、"发展绿色金融"，绿色、生态融入发展血脉。绿色低碳循环发展的经济体系是一个环环相扣的生态系统，是将绿色发展理念融入到经济社会活动中的方方面面；而"金融是实体经济的血脉"，金融的本质是服务于实体经济，金融资本通过投资行为进入到实体经济活动中，实现输血、造血功能，并通过资本价值的发挥影响着实体经济的运行方式，因此绿色金融是构建绿色发展生态系统的重要组成部分，绿色投资是其中的重要一环。将绿色投资纳入到基金的投资决策过程，将绿色基金产品配置到广大投资者的财富管理中，既是经济转型和绿色发展的需要，也是基金行业自我变革的需要。

第一，要从根本上树立起责任投资理念。责任投资在关注经济效益的同时，强调企业环境保护、社会公共利益等方面，是实现经济效益、社会效益和环境效益相统一的重要途径。以环境、社会和公司治理为核心的ESG责任投资受到各国的广泛关注，在欧美等发达国家，ESG投资已经成为一种主流的投资策略。全球可持续发展投资联盟近期的一项研究表明，在欧盟专业投资者管理的资产中，60%与可持续性投资决策相关。根据美国可持续投资论坛组织（USSIF）2016年的报告，美国责任投资规模超过8.72万亿美元，其中8.1万亿美元是ESG投资。特别是ESG投资的长期价值理念与养老金等长期资本相契合，被加拿大养老金投资公司、日本政府退休金投资公司等许多发达国家的养老金投资所采纳。2018年，我国A股有望正式纳入MSCI新兴市场指数和MSCI全球指数，MSCI将对所有纳入指数的上市公司进行ESG研究和评级，对我国上市公司注重ESG绩效表现和机构投资者践行ESG责任投资是重要推动力。

第二，要回归本源，服务于实体经济的绿色可持续发展。"皮之不存，毛将焉附"，基金行业应树立起绿色投资文化，摒弃短期投机主义，充分发挥机构投资者的买方优势和专业化价值，借用资本的力量和基金产品等工具，支持节能减排、技术创新、绿色环保等产业的发展壮大，倒逼企业进行转型升级、改善经营绩效、注重生态环保，驱动实体经济的绿色发展，让资本真正有效植根实体经济，进而形成资本市场与实体经济良好互动、互促共生的良性循环，更好发挥资本市场服务实体经济和支持经济转型的作用。同时，绿色投资能够持续地为投资者创造价值、分享价值、稳健成长，形成投资人、企业经营者、基金管理人利益一致的机制。

第三，对投资者而言，发展绿色基金具有投资价值动力。"绿水青山就是金山银山"不仅仅体现生态环境保护的重要性，也说明绿水青山可以产生实实在在的长期经济效益。绿色投资既不是社会公益，也不是慈善式的绿色优惠，而是一项长期性、价值性的投资活动，是防控风险、实现长期稳定价值投资回报的有效工具。国际实践经验也表明，绿色投资具有较强的风险防控能力和稳定的长期回报。绿色基金从基础资产开始，就注重节能减排、生态环保，是绿色、可持续价值增长的有力支撑；在基金产品层面，机构投资者通过专业化的基金资产配置和投资组合来分散风险，与"绿色化"的基础资产共同成长、获取稳健的价值增长；在投资者层面，基金产品通过发售基金份额方式实现收益共享、风险共担，并为广大投资者参与绿色发展、共享绿色经济发展成果提供了渠道，具有广阔的发展基础和强有力的市场需求。总体而言，发展绿色基金是构建绿色金融体系、落实绿色发展理念、实现可持续发展的必然要求，也是基金行业适应市场发展需要、实现自我变革和健康发展的必然选择。国家的政策支持、相关政府和监管部门的引导、市场化行为的共同发力，促进了绿色基金在国内的探索实践和有序发展。本书就从国家政策、政府支持、市场化的运作等各个层面和多种维度详细呈现了当前绿色基金的发展面貌，系统梳理了国内外绿色基金的发展现状，还辅以大量国内外经典案例，对不同类型、不同国家、不同运作模式的绿色基金进行深入剖析，详细探讨了当下发展绿色基金的路径和经验，有很大的参考价值。

希望相关政策研究、参与机构和从业人员以此书为参考，获得更多启发，共同推动我国绿色基金的快速发展。

中国证券投资基金业协会

党委书记、会长

洪 磊

前　言

全球可持续发展已经进入了以绿色经济为主驱动力的新阶段。美国的"绿色新政"、日本的"绿色发展战略"总体规划、德国的"绿色经济"研究等表明，经济的"绿色化"已经成为增长的新引擎。

2016年7月，在中国的倡导下，G20财长和央行行长会议正式将七项发展绿色金融的倡议写入会议公报。在9月的G20峰会上，这些倡议正式写入G20领导人公报中。G20绿色金融研究小组发布了《G20绿色金融综合报告》，提出了发展绿色金融面临的挑战与可选措施。综合报告提出了强化支持绿色投资的政策信号、发展绿色债券市场、推动银行绿色化和机构投资者绿色化等一系列建议。而机构投资者绿色化的一项重要内容就是发展各类绿色基金。目前，包括共同基金、保险公司、养老基金和主权财富基金在内的机构投资者在全球管理的资产超过100万亿美元。越来越多的投资者，包括大型和颇有影响力的机构，正在努力通过管理ESG（环境、社会与治理标准）相关问题来制定长期的、负责任的投资策略。截至2017年第三季度末，我国ESG社会责任投资基金共计106只。

近年来，中国提倡"创新、协调、绿色、开放、共享"五大发展理念，低碳发展和应对气候变化已成为中国生态文明建设的重要内容。同时，中国政府明确提出加快推进绿色城市、智慧城市、人文城市建设，加快财税体制和投融资机制的改革，创新金融服务，"发展绿色金融，设立绿色发展基金"已经被列入"十三五"规划，成为中国可持续发展的新引擎。

2016年8月30日，中央全面深化改革领导小组第二十七次会议审议通过关于构建绿色金融体系的指导意见。8月31日，中国人民银行、财政部等七部委联合印发了《关于构建绿色金融体系的指导意见》（以下简称《意见》）。2017年6月14日，国务院常务会议决定建设绿色金融改革创新试验区，多措并举，推动经济绿色转型升级，并提出支持创投、私募基金等境内外资本参与绿色投资。党的十九大报告明确提出"推进绿色发展，建立健全绿色低碳循环发展的经济体系。构建市场导向的绿色技术创新体系，发展绿色金融，壮大节能环保产业、清洁生产产业、清洁能源产业"。

良好的生态环境是最普惠的民生工程，而绿色金融正在成为绿色发展的重要推动力。我们要通过创新性的金融制度安排，包括通过绿色信贷、绿色债券、绿色股票指数和相关产品、绿色发展基金、绿色保险和碳金融等金融工具，引导和吸引更多的社会资本进入绿色产业。

《意见》首次提出设立国家绿色发展基金，同时鼓励有条件的地方政府和社会资本共同发起区域性绿色发展基金。目前，中国的绿色金融包括绿色信贷、绿色债券市场、绿色保险取得积极进展，绿色基金也将进入快速发展阶段。本书对绿色基金发展的国际经验和中国近年来绿色产业基金的发展进行了系统的梳理，并对地方政府、民间资本发起的绿色基金以及中外合资绿色基金的主要案例进行了较为详细的分析。我们的研究表明，中国绿色基金的发展已经开始呈现以下特点和趋势：

第一，绿色产业市场空间巨大，绿色基金大有作为。

中国的绿色产业市场空间巨大。如在大气、水、土壤三个"十条"以及PPP等新模式的推进下，"十三五"环保市场潜力巨大。根据国合会绿色金融课题组的测算，"十三五"期间，按照落实现有已经制订的环境规划、计划和标准的"低方案"，中国在可持续能源、环境基础设施建设、环境修复、工业污染治理、能源与资源节约等五大领域的绿色融资需求为14.6万亿元；若基于环境无退化原则的"高方案"，则资金需求高达30万亿元，未来的绿色金融市场发展空间广泛。

绿色信贷、绿色债券市场、绿色基金、绿色保险都是绿色金融体系的重要组成部分。作为资金来源广泛的绿色基金，包括绿色产业基金及绿色担保基金，在金融体系下更具有举足轻重的作用。

第二，借鉴国际经验有助于为中国绿色产业基金的发展开拓思路。

在20世纪60~70年代环保运动的影响下，世界上第一只将环境指标纳入考核标准的绿色投资基金——Calvert Balanced Portfolio A 于1982年在美国面世。此后，英国于1988年推出了第一只绿色投资基金——Merlin Ecology Fund。虽然在20世纪80年代绿色投资基金的概念就已出现，但是直到20世纪末期，绿色投资基金的数量增长缓慢。

近年来，绿色基金在美国、日本等发达国家得到了较大发展。尤其是1996年在美国成立的社会投资论坛，为美国生态投资提供了广阔的交流平台，同时也标志着美国包括绿色投资基金在内的SRI进入高速发展阶段。此外，英国绿色投资银行（事实上是1只绿色基金）的运作及风险管理、欧洲其他国家绿色投资基金的发展情况也有许多值得学习研究的地方。

第三，我国各级政府发起绿色发展基金成为一种趋势。

目前，内蒙古、云南、河北、湖北、广东、浙江、新疆、贵州、山东、陕西、重庆、广西、江苏、安徽、河南、宁夏等地已经纷纷建立起绿色发展基金或环保基金，包括贵州的绿色金融交易平台。地级市也在不断推动绿色基金发展的进程，以带动绿色投融资，对地方政府投融资改革和协调绿色城镇化资金的筹措十分有利。而PPP模式的基金是政府支持绿色发展的主要形式之一。在中国经济新常态下，绿色产业面临财政投入、模式创新等多重挑战，中国的绿色增长之路迫切需要金融创新来化解资金瓶颈。通过调动私人资本，解决绿色产业融资中市场缺失问题，PPP（Public – Private – Partnership）模式政府和市场的优势互补，加快向绿色金融转型的合作理念，已逐步成为共识。

以PPP模式发展绿色基金的具体思路是：政府通过特许经营权、合理定价、财政补贴等公开透明方式，完善收益成本风险共担机制，实现政府政策目标；投资者按照市场化原则出资，按约定规则与政府共同成立基金参与建设和运营合作项目。基金可以通过银行贷款、企业债、项目收益债券、资产证券化等市场化方式举债并承担偿债责任。

2016年初，按照经国务院批准的中国政府和社会资本合作融资支持基金筹建方案，财政部与国内10家大型金融机构、投资机构，共同发起设立政企合作投资基金。此外，财政部与山东、山西、河南、江苏、四川及新疆等地都成立了不同规模的PPP引导基金。地方的PPP引导基金设立也在提速。

第四，绿色基金将成为国际绿色金融合作的新动力。

从绿色金融体系的国际经验来看，在美国、日本等发达国家，绿色基金在近年得到了较大发展。在发达国家，绿色基金的发行主体主要是机构，尤其是1996年在美国成立的社会投资论坛，为美国生态投资提供了广阔的交流平台，同时也标志着美国包括绿色投资基金在内的SRI进入高速发展阶段。此外，英国绿色投资银行的运作及风险管理、欧盟创办的全球能效和可再生能源基金（GEEREF），以及其他地区和国家绿色投资基金的实践经验也有许多值得我国借鉴。

应该说，国际投资的绿色化和环境社会责任的承担已经成为关注热点，而绿色基金也会成为全球绿色金融合作的重要路径。加强绿色金融的国际合作，支持社会资本和国际资本设立各类民间绿色投资基金将成为绿色发展的合作重点。

2016年，中美绿色基金作为第八轮中美战略与经济对话的重要成果之一正式推出。该基金将与镇江和张家口两个城市合作，建立市级建筑节能和绿色发展基金，推动当地节能工作的开展，并将成功经验在国内其他城市进行复制和推广。在基金的运作上，引入跨境的公私合作关系（PPP）这一创新模式，促成并加速美国节能环保技术与经验在中国市场的应用，促进产业结构调整。未来我们可以联合全球的合作伙伴，通过PPP模式的绿色基金在"一带一路"进行绿色投资，推动改善生态环境，促进绿色金融的国际合作。而亚投行、丝路基金、亚洲开发银行、金砖银行、国际金融公司等在推动亚太金融合作、"一带一路"基础设施投资方面也更多强调绿色投资。

第五，秉承社会责任的企业积极创设绿色私募股权和创业投资基金。

目前，节能减碳、生态环保已成为很多私募股权基金和创业投资基金关注的热门投资领域。2010年以来，一些大型企业积极参与绿色基金设立和运作，如中国节能环保集团公司联合银行、保险公司、工商企业等设立了绿色基金；建银国际联合上海城市投资开发总公司共同设立建银环保基金；亿利资源集团、泛海集团、正泰集团、汇源集团、中国平安银行等联合发起设立了绿丝路基金，致力于丝绸之路经济带生态改善和光伏能源发展等。

第六，环保类上市公司成为发起设立绿色并购基金的主要力量。

2015年以来，环保类上市公司成为发起设立绿色并购基金的主要力量，例如南方泵业设立"环保科技并购基金"；格林美拟设立"智慧环保云产业基金"；再升科技发起设立"再升盈科节能环保产业并购基金"；高能环境设立"磐霖高能环保产业投资基金"等。进入2016年以后，环保并购基金持续得到市场关注，这种热潮势必引起一轮环保产业的并购热潮。

第七，积极探索建立绿色产业担保基金。

未来也可以考虑设立担保基金，有效缓解环保企业尤其是中小企业的融资难问题。担保基金可以向绿色中小企业提供信用担保，也可以担保绿色债券、绿色PPP项目等。担保基金也是国际上通行的做法，包括法国、中国台湾地区、菲律宾等都有相关经验。

本书从绿色基金发展的国内外实践着手,从绿色基金促进政府引导社会资本进入绿色产业、推动绿色城市发展和落地实体经济、助力绿色金融和绿色技术的国际合作、推动绿色金融试点和应对气候变化等不同层面进行深入探讨,为读者提供了大量的案例和分析。希望为有志发起、参与绿色基金和推动绿色金融发展的同人们提供有用的参考。

第八,以绿色金融创新推动绿色低碳城市发展进程。

我国明确提出加快推进绿色城市、智慧城市、人文城市建设的目标,加快财税体制和投融资机制改革,创新金融服务。

在推动绿色低碳城市发展的过程中,建立公共财政和私人资本合作的PPP模式绿色发展基金,提高社会资本参与环保产业的积极性,是推动绿色基金发展的重要路径。绿色基金可以用于雾霾治理、水环境治理、土壤治理、污染防治、清洁能源、绿化和风沙治理、资源利用和循环利用、绿色交通、绿色建筑、生态保护和气候适应等领域。考虑到国际市场的因素,产业基金的发展不仅可以寻求国内投资,而且可以引进外资,引进国外专业人员,建立绿色产业基金项目库,进一步获得国际资金在基金和技术上的支持。

第九,通过责任投资理念的推广推动机构投资者参与绿色投资的进程。

越来越多的投资者,包括大型和颇有影响力的机构,正在努力通过管理 ESG(环境、社会与治理标准)相关问题来制定长期的、负责任的投资策略。应发挥社会投资论坛的力量,以责任投资理念推动绿色基金与可持续发展的进程。

安国俊
中国金融学会绿色金融专业委员会副秘书长
中国社科院金融研究所副研究员
绿色金融与可持续发展研究中心 UIBE 执行主任

目　录

第一篇　绿色基金概述

第一章　绿色基金起源与发展 ··· 3
第一节　绿色基金研究背景及内涵 ·· 3
第二节　绿色基金起源及发展概述 ·· 6
第三节　绿色投资基金发展现状 ··· 7

第二章　绿色基金的管理和运行 ··· 11
第一节　绿色基金的管理 ·· 11
第二节　绿色基金的运作步骤 ·· 15
第三节　基金主要金融产品 ··· 19
第四节　绿色投资管理与绿色影响评估体系 ······························ 29
第五节　绿色投资基金投资筛选指标体系 ································· 35

第二篇　绿色基金发展的国际经验

第三章　绿色基金发展的国际案例 ·· 41
第一节　国家层面绿色基金 ··· 41
第二节　全球能源效率和可再生能源基金 ································· 43
第三节　公共风险投资基金 ··· 45
第四节　美国环保超级基金 ··· 48

第五节　国外股权融资对我国绿色投资基金的借鉴 …………… 51

第四章　发达国家绿色投资基金的发展现状 ………………………… 56
　第一节　美国绿色投资基金的发展现状 ………………………… 56
　第二节　英国绿色投资银行的运作及风险管理 ………………… 58
　第三节　欧洲等其他地区绿色投资基金的发展现状 …………… 59
　第四节　美国、日本、欧洲产业投资基金特征比较 …………… 61

第三篇　绿色基金发展的中国实践

第五章　中国发展绿色基金前景广阔 ………………………………… 65
　第一节　发展绿色基金的必要性 ………………………………… 65
　第二节　中国绿色基金发展正当其时 …………………………… 68
　第三节　我国发展绿色基金的路径选择 ………………………… 73

第六章　以政府和社会资本合作的模式推动绿色基金的发展 ……… 79
　第一节　以PPP模式推动绿色产业基金的发展 ………………… 79
　第二节　中国PPP融资支持基金的影响 ………………………… 81
　第三节　地方政府PPP引导基金的发展趋势 …………………… 84
　第四节　PPP引导基金的运作模式及案例分析 ………………… 85

第七章　中国绿色基金的案例分析 …………………………………… 88
　第一节　省级地方政府推动产业基金发展的案例 ……………… 88
　第二节　地市级绿色产业基金运作模式及案例分析 …………… 107
　第三节　国企和政府合作绿色基金相关案例 …………………… 123

第八章　市场化运作基金 ……………………………………………… 126
　第一节　中保投京杭大运河建设发展基金 ……………………… 126

第二节　青云创投推动绿色发展的股权投资机构 …………… 132
　　第三节　通用绿色发展基金 ………………………………… 140
　　第四节　环境监测基金 ……………………………………… 147
　　第五节　华夏银行以基金绿助成长 ………………………… 147
　　第六节　绿色技术银行 ……………………………………… 148
　　第七节　绿色能源发展基金 ………………………………… 152
　　第八节　同方产城互兴母基金 ……………………………… 154
　　第九节　中关村并购母基金及优车产业基金 ……………… 159
　　第十节　绿色能源（上海）创新中心投资基金 …………… 164
　　第十一节　绿民投产业链基金 ……………………………… 167
　　第十二节　中国节能海盐绿色基金 ………………………… 169
　　第十三节　"一带一路"绿色投资基金 …………………… 171
　　第十四节　绿色私募股权和创业投资基金 ………………… 172
　　第十五节　环保类上市公司+PE成为发起绿色并购基金的
　　　　　　　主要力量 ……………………………………… 173

第九章　我国绿色公募基金的发展现状及问题分析 …………… 176
　　第一节　公募基金视角下的绿色投资 ……………………… 176
　　第二节　中国绿色公募基金的基本状况 …………………… 182
　　第三节　我国绿色公募基金存在的问题 …………………… 186
　　第四节　相关建议 …………………………………………… 189

第十章　绿色产业担保基金 ……………………………………… 191
　　第一节　开展绿色金融担保服务的必要性 ………………… 191
　　第二节　开展金融担保服务，实践特定目标 ……………… 196
　　第三节　设立绿色金融担保基金的设想 …………………… 207
　　第四节　设立绿色金融担保基金的路径 …………………… 208
　　第五节　绿色产业担保基金发展需要解决的问题 ………… 215

第四篇 绿色基金的中外合作

第十一章 中美绿色基金 ·· 221
第一节 中美绿色基金模式 ·· 223
第二节 中美绿色基金发展道路上的挑战 ······························ 231
第三节 政策支持 ·· 233

第十二章 亚洲开发银行——绿色金融促进基金 ···················· 236
第一节 设立的背景 ··· 236
第二节 绿色金融促进基金的目标及机制 ······························ 240

第十三章 战略投资基金的国际经验 ···································· 248
第一节 战略投资基金的定义 ·· 249
第二节 战略投资基金的出现与成长 ···································· 257
第三节 战略投资基金的结构与市场行为验证 ························ 259
第四节 战略投资基金的双底线 ··· 261
第五节 公共资本乘数 ·· 263
第六节 战略投资基金投资战略 ··· 265
第七节 战略投资基金面临的共同挑战 ································· 269

第五篇 绿色基金助力城市绿色发展的进程

第十四章 如何全方位推动绿色低碳城市发展进程 ·················· 303
第一节 绿色低碳成为城市发展的方向 ································· 303
第二节 绿色低碳城市的政策扶持体系构建正当其时 ··············· 304
第三节 绿色基金等金融工具支持城市低碳发展 ····················· 306

第十五章　绿色基金助力地方绿色金融试点的落地 ………………… 310
　　第一节　推行试点的必要性 ……………………………………… 310
　　第二节　充分运用绿色基金发挥政府与市场的合力 …………… 311
　　第三节　完善绿色基金制度框架 ………………………………… 313

第六篇　社会责任投资基金

第十六章　责任投资基金 ……………………………………………… 317
　　第一节　责任投资基金的兴起与发展 …………………………… 317
　　第二节　国外责任投资基金的运作 ……………………………… 323
　　第三节　国内责任投资基金的发展 ……………………………… 334

第十七章　中国社会责任投资实例 …………………………………… 342
　　第一节　社会责任投资的方向 …………………………………… 342
　　第二节　社会责任投资基金概况 ………………………………… 347
　　第三节　社会责任投资指数 ……………………………………… 353

第七篇　绿色基金助力应对气候变化进程

第十八章　气候基金的发展和实践 …………………………………… 357
　　第一节　气候基金的概念和意义 ………………………………… 357
　　第二节　气候基金的发展阶段 …………………………………… 363
　　第三节　全球气候治理中气候基金的发展现状和建议 ………… 368
　　第四节　气候基金发展的政策建议 ……………………………… 391

第十九章　碳基金促进低碳产业发展 ………………………………… 393
　　第一节　当前碳减排压力和产业低碳转型的必要性 …………… 394
　　第二节　国际碳基金的经验借鉴和参考 ………………………… 395

第三节	国内碳市场宏观政策分析和发展现状	400
第四节	碳基金有助于产业进行低碳发展	404
第五节	碳基金可以影响企业投资和个人消费向低碳行为转型	407
第六节	碳基金的当前局限和发展前景	409

附录 411

附件1	七部委发布《关于构建绿色金融体系的指导意见》（全文）	411
附件2	证监会：支持节能环保企业上市融资	417
附件3	亚洲六大市场之投资者责任和义务：中国市场分析	418
附件4	国务院常务会议决定在部分省（区）建设绿色金融改革创新试验区等	421
附件5	中国基金小镇发展状况及案例研究	422
附件6	环境信息披露—IPE 与 PIPI 评价体系	426
附件7	绿色基金项目环境效益的量化评估方法	427
附件8	推动绿色发展的股权投资机构	429
附表1	其他部分省市政府引导基金概览	431
附表2	已设立节能环保、绿色基金汇总表	437

参考文献 497

英文缩略词 507

后记 508

省级地方政府推动产业基金发展的案例

浙江产业基金及运作模式分析 ………………………………… 88
内蒙古"环保基金"的设立及运作模式分析 …………………… 90
广东环保基金的设立及运作模式 ……………………………… 96
新疆积极推动绿色产业基金的发展 …………………………… 96
贵州大数据基金和绿色金融交易平台 ………………………… 98
山东省政府投资引导基金和节能投资引导基金 ……………… 98
陕西省创业投资引导基金助力绿色环保领域 ………………… 99
重庆市环保产业股权投资基金 ………………………………… 100
广西壮族自治区投资引导基金 ………………………………… 101
江苏省设立产业环保基金 ……………………………………… 102
安徽省设立省环保产业基金 …………………………………… 102
河南省鼓励设立各类环保产业基金 …………………………… 102
宁夏设立环保产业基金 ………………………………………… 103
上海市开展气候投融资推动绿色基金 ………………………… 104
湖北低碳产业基金和绿色基金 ………………………………… 105
甘肃出台引导政策鼓励设立绿色基金 ………………………… 106
海南省积极鼓励发展绿色股权投资 …………………………… 106

地市级绿色产业基金运作模式及案例

云南普洱市绿色经济发展基金 ………………………………… 107
河北张家口市绿色发展产业基金 ……………………………… 111
湖州市以绿色基金助力绿色发展 ……………………………… 111
西安市政府绿色基金发展情况 ………………………………… 112
安徽新安江绿色发展基金 ……………………………………… 115

沈阳市环境保护基金 …………………………………………… 117
湖州市发展绿色基金的主要做法 ……………………………… 117
江西省丰城市循环产业发展基金 ……………………………… 121

国企和政府合作绿色基金相关案例

山东建齐基金 …………………………………………………… 123
河北京津冀协同发展基金 ……………………………………… 124
丽水基金 ………………………………………………………… 124
陕西榆林基金 …………………………………………………… 125
石家庄蓝天环境治理产业转型基金 …………………………… 125

第一篇
绿色基金概述

- 绿色基金起源与发展
- 绿色基金的管理和运行

目前，全球可持续发展进入了以绿色经济为主驱动力的新阶段。美国的"绿色新政"，日本的"绿色发展战略"总体规划，德国的"绿色经济"研究等表明，经济的"绿色化"已经成为增长的新引擎，这已成为世界的共识。

同时，中国政府"坚持绿色发展，着力改善生态环境"，明确提出加快推进绿色城市、智慧城市、人文城市建设，加快财税体制和投融资机制的改革，创新金融服务，"发展绿色金融，设立绿色发展基金"已经被列入"十三五"规划，成为中国可持续发展的新引擎。

第一章　绿色基金起源与发展

绿色基金对于我国投资市场来说是一个比较新的概念，近年来政府通过政策性引导，为绿色基金的发展创造了良好的发展环境。本章对绿色基金的起源与基本发展状况进行了初步的介绍。

第一节　绿色基金研究背景及内涵

党的十八大以来，中国积极推动绿色低碳发展的国际潮流，统筹国内国际两个大局，提出"创新、协调、绿色、开放、共享"五大发展理念，低碳发展和应对气候变化已成为中国生态文明建设的重要途径。党的十九大报告明确提出"推进绿色发展，建立健全绿色低碳循环发展的经济体系。构建市场导向的绿色技术创新体系，发展绿色金融，壮大节能环保产业、清洁生产产业、清洁能源产业"。这为绿色金融和绿色基金的发展带来了更广阔的空间。

早在2015年9月21日中共中央、国务院发布的《生态文明体制改革总体方案》中，第四十五条明确了建立绿色金融体系的总体规划。2016年初国务院发布的《关于深入推进新型城镇化建设的若干意见》（国发〔2016〕8号）中，明确提出加快推进绿色城市、智慧城市、人文城市的意见，绿色建筑、绿色交通等绿色产业迎来长足的发展空间。2016年7月，G20财长和央行行长会议也正式将七项发展绿色金融的倡议写入公报。会议对政府通过绿色金融带动民间资本进入绿色投资领域达成共识，政府与社会资本合作的绿色发展基金成为中国可持续发展的新动力。

2016年8月31日，在各方推动下，中国人民银行、财政部等七部委联合印发了《关于构建绿色金融体系的指导意见》（以下简称《指导意见》），提出要设立绿色发展基金，通过政府和社会资本合作（PPP）模式动员社会资本。中国成为全球首个建立了比较完整的绿色金融政策体系的经济体。

《指导意见》强调，构建绿色金融体系的主要目的是动员和激励更多社会资本投入到绿色产业，同时更有效地抑制污染性投资。构建绿色金融体系，不仅有助于加快我国经济向绿色化转型，也有利于促进环保、新能源、节能等领域的技术进步，加快培育新的经济增长点，提升经济增长潜力。

《指导意见》提出了支持和鼓励绿色投融资的一系列激励措施，包括通过再贷款、专业化担保机制、绿色债券、绿色信贷支持项目财政贴息、设立国家绿色发展基金等措施支持绿色金融发展。

《指导意见》明确，要设立绿色发展基金，通过政府和社会资本合作（PPP）模式动员社会资本。支持设立各类绿色发展基金，实行市场化运作。中央财政整合现有节能环保等专项资金设立国家绿色发展基金，投资绿色产业，体现国家对绿色投资的引导和政策信号作用。鼓励有条件的地方政府和社会资本共同发起区域性绿色发展基金，支持地方绿色产业发展。支持社会资本和国际资本设立各类民间绿色投资基金。政府出资的绿色发展基金要在确保执行国家绿色发展战略及政策的前提下，按照市场化方式进行投资管理。地方政府可通过放宽市场准入、完善公共服务定价、实施特许经营模式、落实财税和土地政策等措施，完善收益和成本风险共担机制，支持绿色发展基金所投资的项目。支持在绿色产业中引入PPP模式，鼓励将节能减排降碳、环保和其他绿色项目与各种相关高收益项目打捆，建立公共物品性质的绿色服务收费机制。推动完善绿色项目PPP相关法规规章，鼓励各地在总结现有PPP项目经验的基础上，出台更加具有操作性的实施细则。鼓励各类绿色发展基金支持以PPP模式操作的相关项目。

2016年11月3日发布的《中共中央关于制定国民经济和社会发展第十三个五年规划的建议》中,在"坚持绿色发展,着力改善生态环境"部分明确提出了"发展绿色金融,设立绿色发展基金"。良好生态环境是最公平的公共产品,是最普惠的民生工程。"十三五"规划确立了中国要走绿色发展之路的战略方向。

绿色金融是支持环境改善、应对气候变化和资源节约高效利用的经济活动,它的主要作用是引导资金流向节约资源技术开发和生态环境保护产业,引导企业生产注重绿色环保,引导消费者形成绿色消费理念,促进环保和经济社会的可持续发展。绿色金融的突出特点是将对环境保护和对资源的有效利用程度(生态效率)作为计量其活动成效的标准之一。绿色信贷、绿色债券、绿色保险、绿色基金都是绿色金融体系的重要组成部分。作为资金来源广泛的绿色基金,包括绿色产业基金及绿色担保基金,在金融体系下更具有举足轻重的作用。目前,内蒙古、云南、河北、湖北等地已经纷纷建立起绿色发展基金或环保基金,以推动绿色投融资,统筹协调绿色城镇化发展进程。

本书中研究的绿色基金主要是指应国家绿色发展战略需要如节能减排、低碳经济、环境治理等目的而设立的专项投资基金,以及以绿色、可持续发展为投资方向的普通投资基金。专项投资基金一般聚焦于雾霾治理、水环境治理、土壤治理、污染防治、清洁能源、绿化和风沙治理、资源利用效率和循环利用、绿色交通、绿色建筑、生态保护和气候适应等专项项目,普通投资基金一般聚焦于一、二级市场中的绿色投资标的,如有绿色、可持续发展潜力的公众公司股票或私人公司股份。在绿色金融体系中,绿色基金的资金来源最为广泛,且属于直接融资体系,对于改善金融结构失衡、经济结构失衡具有举足轻重的作用。

绿色专项投资基金品种众多,包括但不限于绿色产业基金、担保基金、碳基金、气候基金等。其中，绿色产业基金是目前国务院发文所要求推动的一种绿色基金，其特点在于将该基金资产总值的60%以上投资于绿色环保领域。与普通基金一样，产业基金是针对为上市企业进行投资并提供经营管理服务的集合投资制度，具有相应的盈利性。但同时，与普通基金区别的是，绿色产业基金在获得收益的同时要注重节能减排等绿色产业的发展，是一种将生态发展与经济收益相结合的基金模式。

绿色普通投资基金按照资金募集方式，可以分为绿色公募基金和绿色私募基金两大类。绿色公募基金是一种向不特定投资者公开发行受益凭证进行资金募集，并主要投资于已上市绿色标的的投资基金，受法律和监管部门严格监管，需遵守严格的投资运作、信息披露、利润分配、投资限制等行业规范。绿色私募基金是一种以非公开方式向合格投资者募集资金，并投资于未上市绿色标的股权或上市公司非公开交易股权的投资基金，在投资运作、信息披露、投资限制等方面监管要求较低，方式较为灵活。

第二节 绿色基金起源及发展概述

从绿色金融体系发展的国际经验来看，绿色基金的发展经历了从无到有，从缓慢发展到高速发展的历史阶段。

美国是世界上社会责任投资（SRI，关注道德和社会责任）发展最早和最完善的国家。在20世纪60~70年代环保运动的影响和推动下，1982年世界上第一只将环境指标纳入考核标准的绿色投资基金——Calvert Balanced Portfolio A在美国面世。此后，英国于1988年推出了其第一只绿色投资基金——Merlin Ecology Fund。绿色投资基金的概念虽然在20世纪80年代就已出现，但是直到20世纪末期，绿色投资基金的数量增长仍十分缓慢。

随着各国对环境问题以及经济可持续发展的重视，近年来，绿色基金在美国、日本和欧洲等发达国家和地区得到了较大发展。越来越多的社会责任投资（SRI）将生态环境作为重要筛选指标，通过股东话语权来促使企业提高对环境的重视。进入 21 世纪后，绿色投资基金进入高速发展阶段，极大地促进了美国社会经济生态效率的提高。在日本，曾经的粗放型经济增长模式造成的严重危害也使企业逐渐认识到环境的改善能节约成本，而通过绿色投资基金可以在取得良好经济效益的同时又推动生态环境的改善，这极大地促进了绿色投资在日本的发展。在西欧地区，绿色投资基金是社会责任投资的第三代金融产品，更专注于环境等某个具体的领域，而且其资产增速也大于市场资产的平均增速。

由于金融市场的发展程度不同，绿色基金在不同市场上有不同表现。在发达地区，如美国和西欧，绿色投资基金的发行主体主要为非政府组织和机构投资者；在日本，则以企业为主。尤其在 1996 年美国成立了社会投资论坛之后，绿色基金开始步入高速发展的轨道。

第三节　绿色投资基金发展现状

近年来，随着环保事业进程加快和绿色发展战略的推进，我国的绿色金融市场开始迅速发展，一大批绿色基金应运而生。截至 2016 年底，全国已设立并在中国证券投资基金业协会备案的节能环保等绿色方向的私募基金共 265 只，其中约 59 只由地方政府及地方融资平台公司参与发起设立，占比达到 22%；成立于 2012 年及之前的共 21 只；2013 年共成立 22 只；2014 年共成立 21 只；2015 年共成立 80 只；2016 年共成立 121 只，呈明显上升趋势。截至 2017 年第三季度末，我国以环境（E）、社会（S）和公司治理（G）为核心的 ESG 社会责任投资基金[①]共计 106 只。从国际

---

① 社会责任投资基金指：基金名称中含"社会责任、低碳、环保、美丽中国、可持续、绿色、公司治理、养老"等关键词以及与经济转型、清洁能源、低碳环保、绿色节能等相关的概念性主题基金。

经验看，ESG 投资相对于一般投资具有较强的风险防控力以及稳定的长期回报的特点，因此 ESG 投资理念与资产管理行业追求价值增长的要求完美契合，根据基金业协会数据统计，截至 2017 年 6 月底，包括基金、信托等各类资管产品规模达 97.81 万亿元，在基金业协会自律管理下的资管规模达 52.80 万亿元，占整个资管行业约 54%，在经济追求绿色、循环发展的背景下，中国资管行业理应践行责任投资，发展责任投资正当时。

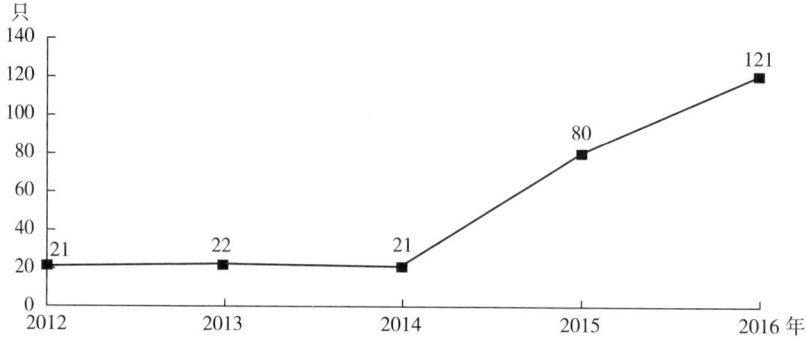

图 1　绿色方向私募基金成立数量

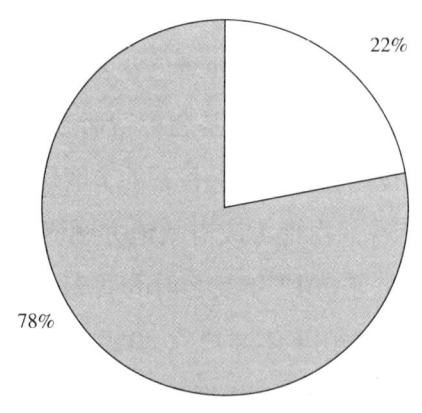

图 2　政府参与绿色方向私募基金情况

截至 2016 年底，在中国证券投资基金业协会备案的 265 只节能环保、绿色基金中，股权投资基金159只，占比达到60%；创业投资基金33只；证券投资基金28只；其他类型基金45只。

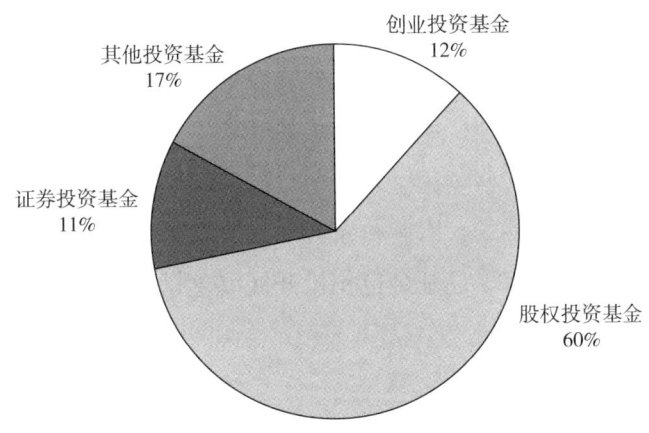

图3　绿色方向私募基金类型分布

按投资领域划分，投资环保产业的基金共79只；投资节能产业的仅6只；投资清洁能源领域的136只；未明确具体投资产业类型的44只。其中清洁能源是指不排放污染物、能够直接用于生产生活的能源，包括太阳能、风能、生物能、地热能、水能等。

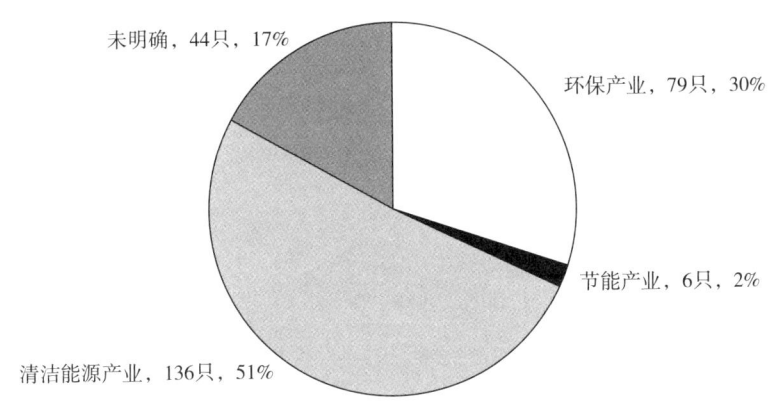

图4　绿色方向私募基金投资领域分布

其中，我国省级绿色基金和地市级绿色基金发展迅速，省级绿色基金中浙江产业基金、广东环保基金、新疆绿色产业基金、贵州大数据基金和绿色金融交易平台、山东省政府投资引导基金和节能投资引导基金、陕西省创业投资引导基金、重庆市环保产业股权投资基金、广西壮族自治区投资引导基金、江苏省环保产业基金、宁夏环保产业基金等省级基金发展比较迅速。地市级绿色产业基金中，云南普洱市绿色经济发展基金、河北张家口市绿色发展产业基金、安徽新安江绿色发展基金、江西省丰城市循环产业发展基金等地级市绿色基金也积极开展绿色投融资工作。

第二章　绿色基金的管理和运行

以特定项目为主要投资标的的绿色专项投资基金往往涉及多类出资者和多种出资方式，项目主体、政府、社会资本、银行等各方在出资条件、资金期限、风险收益要求等方面有不同需求，由此对基金组织形式、内部治理结构、投资运作机制以及外部监管框架的适应性、灵活性提出要求。鉴于绿色投资基金刚刚起步，目前尚未形成关于绿色投资基金的一般理论和规范性陈述。因此，本书着重于呈现绿色投资基金的多元化实践，从具体案例中发现绿色投资基金的典型做法，揭示其优势与不足，以更好地推动绿色投资基金的发展。本章以中美绿色基金在开发绿色能效基金方面的经验为例，客观呈现其管理运行机制，为推动我国绿色投资基金的发展提供有益启示。

第一节　绿色基金的管理

绿色专项投资基金的管理包括监管、选择基金管理人、监测评价等关键要素。

一、监管安排

管理机构的主要职能包括：①制定基金的投资策略和政策；②聘用基金管理团队；③建立项目筛选总体标准；④批准管理团队制定的年度经营计划和预算；⑤编制年度财务报告并提交给政府；⑥确保基金运作符合国家能效战略和计划。

表 1　　　　　　　　　国外绿色基金监管安排

基金	监管机构	监管机构的组成
保加利亚能效基金	管理委员会	由政府任命9名成员（其中4名来自公共部门，5名来自私营机构）
亚美尼亚可再生能源和能效基金	受托人委员会	由政府任命，成员来自政府、私营机构、非政府组织和学术界
罗马尼亚能效基金	管理委员会	由政府任命7名成员（其中2名来自公共部门，5名来自私营机构）
摩尔多瓦能效基金	管理委员会	由政府任命9名成员（其中4名来自公共部门，5名来自私营机构）
英国 Salix 基金	董事会	由政府任命（1名成员来自公共部门，2名来自私营机构）
约旦可再生能源和能效基金	管理委员会	由政府任命7名成员（主席由能源部长担任；其他6名成员有3名来自公共部门，3名来自私营机构）
泰国节能基金	能源部替代能源发展与能效司管理部门	能源部替代能源发展与能效司现有管理部门
印度喀拉拉邦节能基金	执行委员会	由政府任命（7名成员来自公共部门，5名来自私营机构）
美国公益基金	公共事业管理部门	公共事业内需求侧管理（DSM）部门现有管理人员

二、选择基金管理人

国际能效基金的经验表明，基金管理团队需要具备若干领域的专业知识能力，包括能效技术和方案、市场评估和项目开发、信用评估、财务分析和项目评估以及对能效和能源服务市场的了解。

基金管理人的选择有多种方案。美国许多州已设立相关基金，通常采用以下三种基金管理模式：①由公共事业公司管理，如加利福尼亚州；②由现有政府机构管理，如纽约州；③由独立的第三方机构管理，如佛蒙特州和特拉华州。其他基金管理方案包括开发银行、市政服务或建筑物管理相关的专门委员会。另外，也可成立新的组织机构来管理基金，例如独立机构、新的法定机构、公共公司或公私合作伙伴关系。这些类型的组织机构也可聘请专业的基金管理人或基金管理团队。表2举例说明了不同的基金管理方案。

表2　　　　　　　　　　　　基金管理举例

基金	管理实体类型	地点	举例
美国各州公益基金	公共事业公司	加利福尼亚州	公共事业公司（太平洋煤气电力公司、南加州爱迪生公司和圣地亚哥煤气电力公司）
	现有州机构	纽约州	纽约州能源研究和开发署
	独立的第三方	佛蒙特州 特拉华州	佛蒙特州能源署 特拉华州可持续能源署
印度喀拉拉邦基金	现有邦机构	喀拉拉邦	喀拉拉邦能源管理中心
国家绿色基金	新的法定机构	爱尔兰 斯里兰卡	可持续能源署 可持续能源署
	新的国有企业	韩国	韩国能源管理公司（现为韩国能效局）
	新的基金管理团队	保加利亚	通过竞争选择的由三家公司组成的联合体
	常设工作人员和顾问	罗马尼亚	管理委员会任命的工作人员和1名基金管理顾问
	常设工作人员	亚美尼亚	政府任命的执行董事和高级职员
	现有政府机构	泰国	能源部替代能源发展与能效司（DEDE）

三、监测评价

监测是定期收集绿色基金实施情况的过程，衡量基金实施过程及程序的质量和效果。基金出资方（政府和/或国际援助机构）可规定具体的基金业绩指标和报告周期，基金管理委员会和管理团队按要求提供有关基金业绩的定期报告。因此，基金管理团队需要建立一个监测系统，收集所需数据信息。

绿色能源基金的典型架构如图1所示，这类基金已在保加利亚、罗马尼亚、亚美尼亚等国家成功实施。

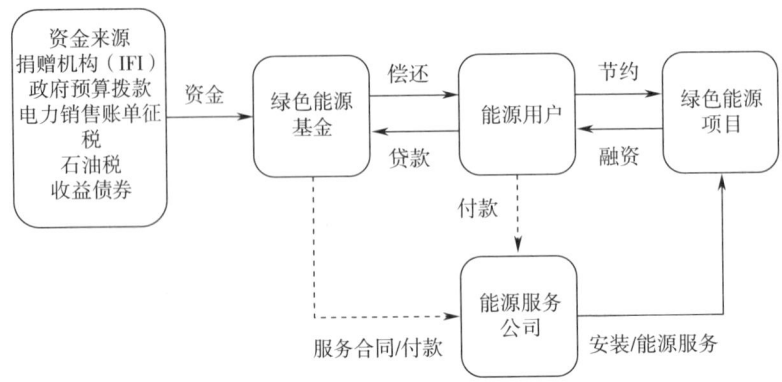

图 1　绿色能源基金架构

绿色基金发展的重点包括以下几个方面。

1. 必要的市场条件

成功运作绿色基金必要的市场条件包括：①政府承诺实施绿色能源项目；②实施绿色能源的潜在机会；③绿色能源项目融资需求；④目标市场领域缺乏足够资金；⑤建立节能收益偿还机制。

2. 基金的组织与治理

绿色基金最好作为独立组织设立。

基金治理通常由政府任命的管理委员会进行，管理委员会由代表公共和私营部门的主要利益相关方组成。

管理委员会和管理团队需要平衡公共利益与私营部门关于项目财务收益、风险和市场开发的偏好。

3. 可持续性

为了实现基金的可持续发展，需要确保可靠的资金来源。一旦基金开始运作，资金回收期一般为 5~7 年或以上。因此，基金需要有可靠的资金来源渠道，使基金能够持续运作，为后续项目提供融资。

4. 基金管理人的选择

基金管理机构有很多选择，包括独立的、新成立的机构；现有的非独立公共机构；国家开发银行、公共事业公司或其他企业。

如基金管理人为公职人员（如在罗马尼亚），很可能基金将顺应公共利益的需要，但在风险承担和创新激励方面有限。世界银行对罗马尼亚能效基金的评估指出，基金管理人应当更倾向于业绩考核而不是预付费合同。

如基金管理人为私营机构或私人财团（如在保加利亚），管理团队的成本可能会更高，但也更具创新性且顺应市场需求。

基金管理人可通过竞争选择专业机构、个人财务顾问、相关公共部门专业人员。选择专业机构或个人，采用基于业绩的激励薪酬，会有助于基金业绩表现。

第二节 绿色基金的运作步骤

一、确定基金目标和目标市场

绿色基金无法服务于所有能源行业。相比于传统的基金，绿色基金有其本身的局限性，例如传统的火力发电等高污染性企业首先就不符合绿色发展的理念。因此，绿色基金的目标市场应定位于节能减排、绿色能源、绿化和风沙治理、资源利用效率和循环利用、绿色交通、绿色建筑等可改善环境污染、促进经济、社会可持续发展的领域。政府需把重点放在少数目标市场。公共部门（特别是学校和医院）是此类基金初始投资的一个很好的目标市场，因为这些市场具有较高的能效潜力，缺乏内部资金来源和获得商业融资的渠道，实施能效项目的能力也非常有限。此外，中小企业和能源服务公司的商业融资来源不足，也是绿色基金的一个很好的目标市场。

二、建立可靠的和可持续的资金来源

借鉴国际惯例绿色基金的资金来源主要有三个渠道：政府资金、国际

援助机构的支持、民间资本。在基金成立之初,政府引导基金十分重要,一方面可以带动民间资本进入,另一方面也可以为绿色基金提供资金支持。一旦初始资金促成基金能够长期持续运作,政府还需确保有更多的资金来源。在政府资金与民间资本进入的同时,还可以求助于国际援助机构,例如联合国绿色气候基金会、SEE 基金会。在基金融资过程中,应紧跟政府开展的"绿色政策",根据政府部门的政策导向,确定基金的发展和产品规划。

三、建立基金治理结构

基金管理机构通常为政府任命的董事会或管理委员会。首选方法是在董事会或管理委员会中纳入政府和非政府代表,因为私营机构代表可提供相关知识和经验,并免受过度的政治影响,这有助于制定明确的基金策略。重要的是,治理结构能激励良好的基金管理表现,并为目标市场提供所需服务。

四、建立基金法律框架

法律框架可基于既有的法律,如没有,可根据需要制定新的法律法规。决策的关键在于利用现有的实体或建立一个新实体达成一致意见。可选择在政府部门、能源机构或开发银行成立基金,组建新的法律实体(独立的法人公司、非政府组织或新的法定机构),或建立公私合作伙伴关系。

国际上对于基金的立法已经比较成熟,以美国为例,1980 年实施的《超级基金法案》(CERCLA)为绿色基金的使用范围与限制奠定了基础。相对地,我国在绿色基金立法这方面还比较薄弱,完善现有法律框架是发展绿色基金,充分利用法律来管理与监督绿色基金的市场行为,保障绿色经济的转型和可持续发展是必经之路。因此,借鉴国际上成熟的法律框架,辅以民间研讨会的意见,顺应我国发展需求,制定适应绿色经济转型的绿色基金法律是首选。

五、选择和招募基金管理团队

管理委员会将决定基金管理方案。首选方案是通过竞标程序聘请专业的基金管理团队（基金管理人），因为这样的团队可以：①带来财务经验，这些经验可能很难从政府官员那里获得；②通过基于业绩的合同聘用，奖惩分明；③提供业绩奖励作为动力；④如果业绩大大低于预期将被终止聘用，并被替换掉。但私营机构基金管理人可能会产生较高的费用。

六、雇佣专业工作人员

基金管理人招募的工作人员要拥有相关领域的工作经验，如绿色能源项目融资、能源服务、投资管理、信用和风险评估、贷款发放和回收等领域。基金管理委员会是基金管理方案的决策层，应由政府参与，通过公开竞标的模式聘请专业的基金管理团队。公私结合的管理团队模式可以有效结合，防止信息公开不充分、基金运作达不到预想目标、内部财务造假，以达到基金顺利运行、公私共同监督、绿色环保的目的。

七、确定主要金融产品

基金的金融产品包括股权融资、债券融资、类优先股夹层投资、委托贷款、风险担保、技术援助、绿色债券、资产证券化，在下一节详细讨论。

八、制定运作程序

基金需要制定详细的运作程序。例如，基金管理团队需要规定不同融资窗口的申请程序，并根据资格要求和主要程序编制相关表格。此外还需要编制操作手册，记录管理基金业务的原则和实施细则。操作手册为基金管理、项目实施和成果监测的所有主要参与者提供指导，从而使所有利益相关方对基金操作原则和实施达成共识。

九、提供技术援助

技术援助也是非常重要的内容。对于确保高质量交易流程和强大的投资组合往往起到关键作用。例如，基金可制定标准合同条款和采购程序，集中采购设备和服务，以获得更好的设备和服务价格，降低管理和交易成本。

十、制定资格标准

如上所述，基金应当制定提供各种融资窗口和金融产品的资格标准。

十一、规定申请程序

应当根据资格要求，编制相应的申请程序和表格。基金还应当有操作手册，规定管理基金业务的原则和实施细则。操作手册为基金管理、项目实施和成果监测的所有主要参与者提供指导，从而使所有利益相关者对所有操作原则和实践达成共识。

十二、制定市场营销策略和方法

针对各个目标市场制定营销策略和方法，包括收集能耗数据，评估具体机构的资信和借贷能力，开展初步审计等。

十三、建立项目库

利用市场营销策略和方法识别具体项目，并建立项目库。

十四、节能服务公司的参与及能力提升

基金管理人应当制定单纯基于业绩的商业模式，让节能服务公司参与

实施过程。模式可包括设备租赁、供应商信贷、一年期能源服务公司合同等[①]。基金应当制定计划，让节能服务提供商参与能源服务协议的实施过程。在此工作过程中，基金应尽量制定标准化的审计模板、协议、合同、测量与验证程序，还应引入基于业绩的能源服务合同。节能服务公司通过参与项目实施，有助于培养自身节能服务项目的承接能力，促进节能服务产业的发展。

十五、制定监测、报告、评价程序和方法

如前所述，基金管理团队需建立监测体系，明确数据来源和数据管理，并规定评价程序。基金公司需建立完整的内部控制标准和流程要求，制定详细的产品运作程序，各个工作环节均应制定标准程序，实现电子留痕。

第三节　基金主要金融产品

根据国际经验，绿色基金产品的设计需充分考虑不同借款人的情况及需求。如有些借款人没有足够的信用记录、对绿色能源项目管理实施能力不足等。因此，绿色基金需要借助多种金融产品完成资金筹措。

一、金融产品设立的思路

为有效满足重点区域实施大型节能低碳项目以及重点节能低碳技术推广对资本金的需求，兼顾解决中小企业实施节能低碳项目融资难问题，在绿色能效基金产品设计时主要考虑如下因素：

● 凭借中央和地方政府支持的节能融资平台的信誉，将各类债权资金引入基金，可扩大基金规模，为项目投资需求融集足够多的资金。最多

[①] 能源服务提供商模式的描述见《能源服务市场开发指导性说明》（世界银行2014c）。

可为项目提供除了必要的一定比例的业主资本金之外的全部剩余项目投资资金，最大化降低项目开发商的资金负担；

● 力图采用真正的项目融资（而非基于资产负债表的银行融资）方式对评估合格的项目进行投资，无须要求项目提供其无法提供的担保品，切实解决中小企业的融资障碍；

● 母基金可争取国际赠款或政府专项拨款，并利用还本付息后的部分剩余投资收益，设立基于风险分担的融资担保产品，为基金的项目融资产品提供增信服务；

● 母基金在实施后期可考虑设立资产证券化产品，以满足循环实施节能低碳项目的需要。

如前所述[①]，节能低碳项目在进行债权融资时面临的典型障碍包括：（1）中小企业由于轻资产和担保能力不足等障碍而无法融集到银行贷款；（2）大企业在投资大型节能低碳项目或者推广实施节能低碳项目时，也缺乏必要的资本金。特别是在目前经济增长放缓、能源价格走低的形势下，企业把自有资金和可抵押资产用于节能低碳项目的市场诱因不足。

通过基金对评估合格的节能低碳项目采用股权、委托贷款、风险债权或夹层投资（含回购和固定期限退出条件的项目公司股权、类优先股、可转换股、指定用途的公司间借贷等）等综合投资方式，可望缓解节能低碳融资障碍，如图2所示。

由于中央政府和国际金融组织参与出资，基金将提供项目识别评估、额外的退出渠道、项目风险监控评估等技术支持，从而使基于项目融资的金融产品的正常运行成为可能。

● 依托国家级专家网络和地方政府，可建立强大的项目识别、技术评估和技术市场价值判断能力，这是基金对外投资时能够采用项目融资的前提；

---

① 具体见本文障碍分析部分。

第一篇 绿色基金概述

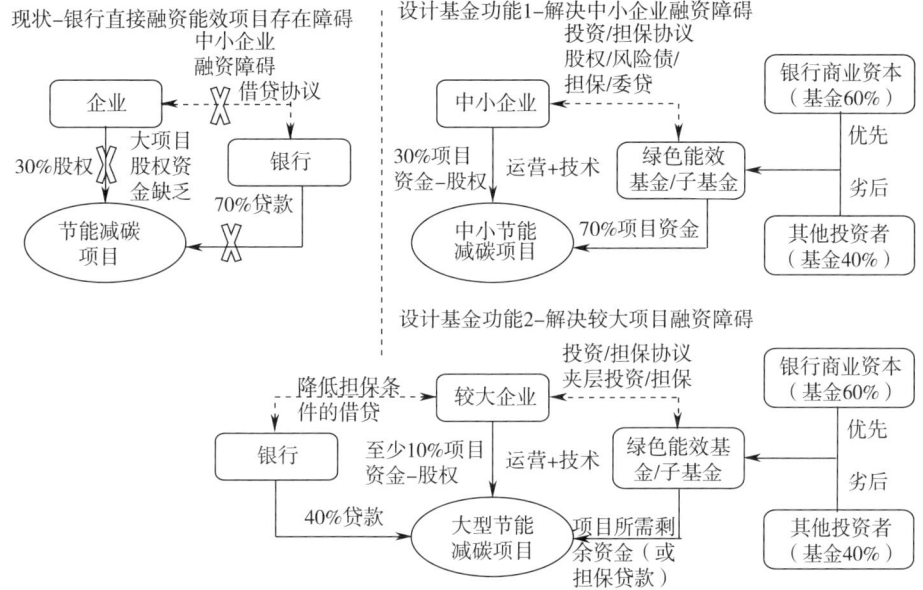

图 2　基金产品设计功能示意图

● 提供上市公司和大型国企并购、资产证券化（SPV 收购）等额外的退出机制渠道；

● 全程监控投资项目的实施过程，有效消除被投资项目与投资者之间的信息不对称的障碍和经营诚信风险，并减缓项目融资的风险。

二、金融产品拟满足的利益相关方诉求

1. 满足地方政府的诉求

基金投资策略能够符合地方政府的产业导向政策。各地方层面设立的基金（单一基金结构下为单一基金，母子基金结构下为子基金）应根据当地重点用能行业的特征，再按照行业能耗、行业节能潜力以及融资需求三个尺度综合选择合适的行业，对归属于选定行业和上述重点技术领域内的项目和清洁能源技术进行投资。此外，项目投资和技术投资之间的资金配比将按照各个地方的实际情况，参考资金提供方的要求而设定。一般来

说，基金投资于节能低碳项目的比例可在60%~80%之间。依据此原则确定的投资领域可以满足政府引导社会资本参与投资从而产生较大的直接节能减排效果的要求，又能满足政府扶持特定节能产业的要求。

关于杠杆效应，无论是母子基金还是单一基金架构，中央政府财政资金以及地方政府财政资金撬动社会资本的杠杆倍数将达到9~14倍，远远超过现有政府财政资金的水平（"十一五"期间7.33倍、"十二五"期间5.67倍）。此外，基金可以实现政府资金的循环使用，提高政府财政资金的使用效率和可持续性。不同基金方案的杠杆率计算详见表3。

表3　　　　　　　　三只基金方案的杠杆率计算

杠杆率统计（倍数）	中央政府资金	地方政府资金	FI
区域性母子基金	14.35	9.00	14.35
中央单一基金	9.00	—	9.00
地方单一基金	—	9.00	9.00

注：①母基金直接投资占30%，子基金投资占70%。②基金投资占项目投资的50%。

此外，灵活的行业选择和资金配比还能确保基金找到足够多的经济可行的节能减排项目，兼顾融资需求并符合投资回报与风险匹配的基本原则。

2. 满足债权投资者的诉求

债权资金的基本要求是投资期限短，风险极低，相应地，其收益水平适中（高于相应期限定期存款利率2%）。因为有来自基石投资者、政府出资和国际金融机构等高信用度投资者的资金（累计占基金份额的40%）来做劣后，基金有充足的能力来严密控制和缓解项目技术风险、经营风险、借款人信用风险等主要项目风险，这就给债权投资者极大的保障。此外，由于绿色能效基金中包括大量资金成本更低的且投资期限更长的政府资金和国际金融组织资金（合理假定3%左右，可在每轮投资期的后3年回收），因此，所投资项目组合能够产生充沛的现金流来优先安排债权资本金的退出，并确保债权投资者能取得期望的收益。假定债权资金优先在投资期后头 3 年内逐年平均还本，在此基础上测算的基金财务模型仍然是可行的。

在确保收益的情况下，债权投资机构如果率先参与专门的国家或省级绿色融资平台也可以为它们带来很好社会声誉，有利于它们履行社会责任。

3. 吸引专业基金管理公司的参与

由于政策和国际金融组织低成本的资金参与，绿色能效基金将有较大的利润空间，进而可招聘职业基金管理团队和管理人。

绿色能效基金也将赋予基金管理机构在遵循设定的投资策略框架下较大的运营自由度，自主进行投资决策，也承担相应的最终投资风险。允许他们对节能低碳技术企业进行风险型投资（比如风险债、带回购条件的股权投资等），也允许他们根据投资项目的风险收益特征采用适当的金融产品。当业主缺乏担保能力无法从银行融集资金来实施节能低碳项目时，基金的投资可依据对项目和业主的综合风险判断（市场、技术、行业、业主信用等），按风险度由低到高分别采用：委托贷款、担保、风险债和设定回购条件的股权投资。风险债以及带回购条件的股权投资特别适合对具备节能低碳专有技术的企业进行投资的情况。由于此时的投资风险较高，并且技术型企业发展顺利的话有机会上市或被兼并，所以基金除了要求较高的固定收益率外，还可要求一部分的投资转换为业主企业股权，让基金享有被投资企业成长增值的利益。最终，基金管理机构作为风险兜底机构，也将是包括这部分无限收益的所有剩余收益的享有方。简而言之，如果基金理机构管理好这部分风险型投资的话，其收益也可能上不封顶。

三、金融产品及退出渠道

绿色能效基金设立目的是解决中小企业融资障碍，拓宽绿色融资渠道，股权、债权、类优先股、夹层、委托贷款、担保以及绿色债券、资产证券化、技术援助等创新金融产品，可由基金管理人根据具体情况进行组合选择。

1. 项目股权投资

绿色能效基金适合大中型项目，是指对特设的项目公司进行附加条件的股权投资。由于附带的条件实质上将基金的投资转换为一种夹层形式的投资。业主一般具备银行信贷资质，项目也足够大，业主将为项目设立专门的项目公司。基金投资到项目公司中，不控股，不是最大股东，也不负责经营，投资协议中明确回购条件。当基金的投资增加项目资本金至总投资 60% 时，一般可促进银行在适当降低担保抵押条件下提供项目所需的剩余资金贷款。在少数情况下，单纯增加项目资本金也不能取得银行贷款，而项目又非常适合基金的投资策略时，基金可提供必要的业主自有资本以外的项目所需剩余资金。

退出渠道：本投资产品的主要回报来源是项目现金流，子基金的投资将根据出资比例或事先约定比例分配现金流，并优先于业主退出。该现金流分配方案需要保证按照预测现金流测算的基金投资收益率达到较高水平。退出渠道主要有上市、并购及通过分配被投资项目产生的现金流来获得偿还。上市和并购存在很大不确定性，鉴于股权投资风险较高，本产品还需设定必要的风险减缓措施，如在项目实际现金流显著不如预期时，要求业主以固定价格回购基金投资，以确保基金达到保底收益率。

2. 类优先股投资

本产品特别适合对具有专有节能低碳技术的节能服务公司和设备供应商进行投资，支持他们批量实施中小节能项目，从而实现快速发展。通过指定基金投资资金的用途、约定其分红金额、分红期间、回购价格及回购期限等附加约束条件，可将基金对被投资公司的股权投资转换为类似于优先股投资。

退出渠道：与项目股权投资不同的是，本产品下设定的分红、回购条件虽然仍与项目现金流间接相关，但不是按各方出资比例（或预先设定分配比例）来分配项目现金流，而是按照固定金额和预先设定的分红频次分红并按照预先设定的价格在预定的时间回购。风险控制的关键在于确保基金投资所享有的固定现金流应明显低于预测的现金流，从而留出足够的风险缓冲。本产品下的投资风险相对低于股权投资。

3. 夹层投资

项目业主在没有抵押担保的情况下，基金可提供夹层投资。夹层投资在我国的法律环境中，除了信托公司由于其设计模式的灵活和广泛，采取了夹层投资的方式，其他公司进行夹层投资尚未大规模展开，尚不具备可操作性。夹层投资要求固定的投资回报率，适合投资大型绿色能源项目，因为可给企业提供需要的长期资金。出于风险控制考虑，需要提供合格的信用评估证明。

退出渠道：夹层投资通过分配被投资项目产生的现金流来获得偿还，其他退出渠道还包括出售上市或被并购后获得投资回报而退出。

4. 委托贷款

这是公司贷款和项目贷款的混合，基金通过银行将资金贷款给指定项目，用于指定项目的建设，由银行代收还本付息款，投资风险完全由基金承担。产品需要将被投资项目的资产和未来收益权设定质押，此外，一般还要借款企业提供第三方担保；子基金最多提供70%总投资，剩余为借款企业自有资金，在担保条件满足的情况下，收益率要求为8%以上，略高于银行贷款利率。

退出渠道：委托贷款的退出非常简单，来源于投资项目现金流，根据投资所得和收益率进行分配。

5. 技术援助

绿色融资平台为被投资项目业主、ESCO公司、节能低碳设备供应商、合作金融机构等相关方提供所需的能力建设服务，资金来源为国际金融组织赠款或政府资金。本产品包括以下三方面：（1）为金融机构提供项目评估及节能减排效益测量认证；（2）加强项目业主融资能力、资金管理和项目实施能力；（3）加强基金宣传、项目识别及评估、退出渠道拓展等。

技术评估的质量对基金项目风险的判断的准确性和控制的有效性至关重要。基金将筛选的国家级的技术和行业专家组成专家团队根据项目需要提供技术评估服务。此外，基金发起机构需要在平台上发展战略合作伙伴网络，与相关上市公司、国企、SPV建立密切联系，争取建立畅通的兼并收购的退出渠道。技术援助产品资金来源为赠款，不涉及退出。但出于可持续发展的考虑，基金需提供覆盖其成本的费用支出。

6. 风险担保

本产品在平台上提供，担保窗口是合作金融机构。基金发起机构应当争取国际赠款和政府资金，作为初始备偿金，来促进与银行和金融机构在分担风险利益共享的基础上合作设立市场需要的担保产品。根据中小企业的特点，该担保产品预计将以信用担保为主，也可根据市场需求设立节能量保险产品。该担保/保险产品的担保费设计的基本原则是，在适当放宽担保条件以及假定合理的违约风险条件下，凭借初始备偿金以及能够争取到的政府收益补充，该担保产品的保费收入能够支撑其可持续运行。

7. 创新金融产品

基金可通过发行资产支持证券比如绿色债券来融集资金，用来对已投资的标准化、期限合适的节能低碳项目进行收购，实现基金投资的提前退出，从而给基金留出更多资金进行滚动投资。该节能低碳项目资产支持证券可与银行、证券公司合作推出，基金需要配置打包子项目池的10%左右的资金，主要是起标准化筛选、打包和增信的作用。

融资租赁是未来扩张时可考虑设立金融产品，是较大型节能低碳项目中重要的一种融资形式，但需要一定的资质。基金可通过注资融资租赁公司、与融资租赁公司合作或者收购融资租赁公司的租赁资产来推出专门的融资租赁产品。基金的投资将通过享有租赁资产的收益而获得回报。设立本产品需要以建立识别优质资产和节能低碳技术以及租赁风险管理能力为前提。

退出渠道：绿色债券及资产证券化产品根据融资协议，通过获得被投资项目产生的现金流投资回报而退出。

母基金采用的投资工具与子基金和单一基金类似，其投资比例为30%左右，直接投资到全国性的大型项目和以合同能源管理方式在全国范围内实施节能低碳项目的大型设备生产商。考虑到大型节能低碳项目的单位投资收益率会随着规模增加而递减，因此，母基金直接投资时的期望收益率可根据项目的实际风险收益特征，较子基金的对应投资产品降低1%~3%。

母基金中大部分资金（约70%）将以股权投资方式（包括类优先股、LP投资等）投资于子基金，期望回报率较低，以减少自己的财务负担。此外，母基金还应努力争取取得国际赠款或政府专项拨款，通过与金融机构合作，在风险分担的基础上推出担保产品，与金融机构共同商定担保产品的支持方向、合格项目的筛选标准，担保理赔流程以及损失分摊方案。

四、资格标准

绿色能效基金将重点支持中国能效提升、分布式可再生能源和清洁能源以及重点区域大气污染防治。

1. 重点投资地域：包括京津冀、长三角及珠三角重点区域。
2. 重点投资领域：
（1）节能和能效提升。
- 工业领域：电机、锅炉等重点用能设备能效提升，工业企业余热余压利用和低品位资源开发示范工程等；
- 建筑领域：既有建筑改造和区域分布式供热等；
- 交通领域：清洁能源汽车应用推广、充电桩建设等。

(2) 分布式可再生能源及清洁能源利用。

分布式光伏、生物质成型燃料供热、地热能供热等、天然气分布式能源综合利用等。

(3) 大气污染防治重点措施。

3. 重点投资对象：节能服务公司、耗能企业、节能低碳技术拥有方和开发商、节能低碳设备制造商等（采用合同能源管理模式）

4. 投资阶段：成长期、成熟期企业为主。

五、设立绿色能效基金的路线图

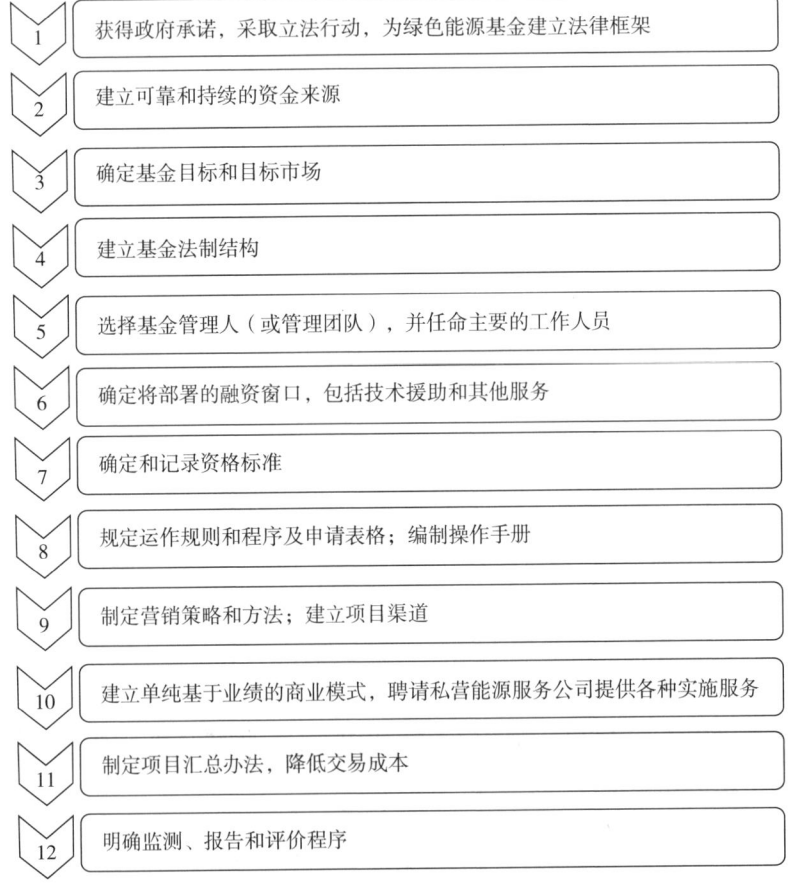

图3 设立绿色能效基金的路线图

第四节 绿色投资管理与绿色影响评估体系

英国绿色投资银行于2012年经英国金融市场行为监管局（Financial Conduct Authority，FCA）授权成立，是世界上第一家专门致力于绿色经济的投资银行。它的作用是解决绿色环保产业融资中市场缺失的问题，通过调动私人资本来加快向绿色金融的转型，实际是绿色基金。英国绿色投资银行的五大绿色目标是减少温室气体排放、提高自然资源使用效率、保护或改善自然环境、保护或提高生物多样性和促进环境可持续发展。这五大绿色目标由英国议会在《企业和监管改革法案2013》中明确列出，并在英国绿色投资银行的章程文件中有所体现。

自成立以来，英国绿色投资银行已与70余家共同投资人合作，推动英国绿色经济投资。该行每1英镑直接投资能够撬动3英镑民间资金的投入。英国绿色投资银行同等重视其投资的环境绩效与财务绩效。因为绿色投资银行的项目涉及很多不同的行业与技术，所以该行制定了一套绿色投资原则、政策与流程，以确保能够始终如一地评估、监测和报告每个项目的绿色绩效。

一、《绿色投资政策》和《责任投资政策》

《绿色投资政策》的制定目的是为了确保英国绿色投资银行的活动符合绿色投资原则。该行绿色投资原则如下：

原则1：只贷款或投资给我们认为能够（或很有可能）有助于实现一个或多个公认绿色目标的项目。

原则2：致力于确保所有贷款和投资的影响从总体上来说将会（或很可能会）有助于英国和全球范围内的温室气体减排。

原则3：根据健全的财务原则和责任投资原则调配资金、管理风险，从而积累资本,以成为具备持续绿色影响力的机构。

原则4:绿色标准需清晰且严格。明确每个行业在评估某项投资能否产生积极绿色影响时需要考虑的法律标准及其他相关绿色属性。

原则5:在投资之前,会根据完善且透明的评估方法与流程,仔细考量所有未来投资的潜在绿色影响。

原则6:将力求落实所有文件中明确规定的要求,确保各项贷款和投资实现预期的绿色影响,并持续监测贷款或投资周期内的影响。

原则7:至少每年报告一次绿色投资原则的落实情况。

《绿色投资政策》适用于该行所有形式的投资。该政策适用于整个投资周期,从投资前、收购、所有,到投资退出,以确保英国绿色投资银行所有投资的潜在绿色影响都经过正式评估、监测和报告。

《绿色投资政策》的运行和落实由英国绿色投资银行绿色影响报告标准支持,标准更详细地介绍了该行在量化投资绿色影响时所采取的方法和途径。

英国绿色投资银行成立后的两年时间里,开发了一套用于管理和规范该行评估潜在投资机会的绿色系统,以及监测并披露所投项目的绿色绩效的方法。《绿色投资手册》便列举并介绍了该行所使用的投资环境效益(即绿色影响)量化及披露实用工具。手册主要由三部分内容构成:评估、监测与报告,每一部分都提供了实用工具与最佳实践方法,帮助主流投资者大规模地运用气候金融,同时实现财务回报与绿色收益。

(一)评估

英国绿色投资银行会在尽职调查中评估绿色与责任投资影响力,以及拟议项目的环境与社会风险。

英国绿色投资银行按照其《绿色投资政策》与《责任投资政策》进行环境与社会尽职调查。

该行绿色团队会依照政策对项目进行评估,并将结果记录在尽职调查清单上。这样就可以参照五个绿色目标分别评价项目的绩效,以确定项目是否遵循了英国绿色投资银行的总体绿色原则,即至少在其中一个绿色目标上有积极贡献。

为更好地进行项目评估,英国绿色投资银行研发了一套绿色评级体系,目前正在进行内部试点测试。绿色评级使投资委员会在做出决策的时候能够对项目的绿色情况一目了然,评级结果也会呈现在《投资委员会报告》中。交易评估分级工具图表的应用则形象地显示了评级结果。

当一个新项目进入投资组合时,英国绿色投资银行会监控每个项目的评级,并将结果呈现在《绿色投资与责任投资统计表(GRID)》上。

在项目尽职调查环节,英国绿色投资银行会寻求外部专家顾问的建议与支持。该行已明确了需要委聘外部项目顾问的工作范围,以支持环境与社会(包括健康与安全)的尽职调查。

还有其他一些特定行业的顾问角色,英国绿色投资银行界定了其工作范围:

- 针对废物处理项目,英国绿色投资银行明确了生命周期评估工作的范围;
- 针对生物质项目,英国绿色投资银行明确了生物质可持续性顾问的工作范围;
- 针对能效项目,英国绿色投资银行明确了项目独立担保人的工作范围。

(二)监测

英国绿色投资银行会对其投资组合项目的绿色投资与责任投资绩效及风险(包括尽职调查阶段识别的项目环境与社会风险)进行监测。

每个项目都需要使用尽职调查阶段制定的环境与社会项目风险登记表。为确保一致性,在投资组合管理或并购后期监测中也需要使用同样的方法。

项目一旦通过投资委员会的最终审批并完成签署认证，便由投资组合管理团队接手，接受绿色团队的监测。

具体要求将取决于投资的性质、行业以及规模。英国绿色投资银行的核心要求通常包括对以下几个方面的监测：

尽职调查阶段识别出的重大环境与社会风险；

绿色评级（试点）的趋势；

- 项目实际运营绩效和项目相关绿色影响（对比投资前期预测的绿色影响绩效）；
- 始终符合融资文件中的承诺性条款（也是《绿色投资政策》的要求），包括：
- 按照英国绿色投资银行认可的格式，报告项目运营参数、绿色影响绩效和其他重大环境问题；
- 遵守所有相关环境法律法规及许可的实质性要求；
- 实施并完善环境管理体系和政策，确保项目主要关联方也有类似的制度安排；
- 如有任何与投资相关的重大环境（或健康安全）问题，应及时告知英国绿色投资银行，并尽可能实施行动计划进行补救；
- 遵守其他项目或特定行业的承诺性条款，以确保实现项目预期的绿色影响，减少特定负面环境影响。

项目风险分为高、中、低三个等级。评级需考虑项目性质以及所处阶段（建设或运行）、所属行业、选址和尽职调查的结果（尤其是赤道原则审查、外部因素审查和项目风险评估的结果）。参考这些信息，结合专家意见，最终确定项目的基本风险状况。项目基本风险状况决定了相应的常规项目监测与客户沟通的级别。

如果已经上报或识别出某一问题或事件，但未以英国绿色投资银行认可的方式解决，该项目就会被列入行动观察名单。这种情况通常出现在有重大环境或社会（包括健康和安全）事件发生，却并未提供充分的信息或制定行动计划的情况下。根据事件性质的严重程度，可将项目直接列入行动观察名单。

此外，英国绿色投资银行还对项目的绿色评级试点绩效进行监测。投资委员会最终文件中的绿色评级将被视为投资组合监测的第一阶段。绿色评级审查应至少每年开展一次并/或在所提供数据可能改变（升高或降低）具体评级时开展。

二、联合国发起的责任投资原则组织（PRI）ESG 评估体系

在投资过程中考虑 ESG 等相关因素的方法有以下几种，可以综合应用：

1. 负面/排除筛选（Negative/exclusionary screening）。将不符合 ESG 相关标准的标的剔除掉。例如不投资烟酒、赌博、军火等行业的公司。复杂的筛选将可选标的按照行业进行分类，将各行业每个公司按照 ESG 因素综合评分，剔除每个行业中评分靠后的标的。

2. 基于规范的筛选（Norms-based screening）。判断一个企业在社会责任方面的简单办法看其是否符合国际标准或规范的认证，剔除掉那些严重违反标准的公司。重要的国际标准有联合国全球契约（UN Global Compact），该契约对企业人权保护、劳工权利、环境政策、反腐败等多个方面进行规范，其他的还有经合组织跨国企业指导原则，国际劳工组织（ILO）的跨国企业和社会政策的三方原则宣言等。

3. 正面/行业中最好筛选（Positive/best-in-class screening）。这种筛选是选择在行业中 ESG 评分靠前的标的来投资，或者以某个指数为基准，超配那些在各行业中 ESG 评分靠前的股票。

4. 将 ESG 因素融入传统财务和估值分析（Integration of ESG factors）。比如对采矿业，ESG 因素中的 ES 就很重要。一方面，由于对环境的破坏

较大，当地居民和环保组织的压力可能促使许可证被吊销；另一方面员工的工作条件较差，可能会引起员工伤亡、罢工，从而增加停产时间。因此，ESG记录较差的企业通常面临较高的风险，从而其估值需要在传统分析的基础上调低。除了将ESG看成一个风险因素，在估值分析中调高折现率从而降低估值外，环境立法强化了ESG因素与投资价值之间的直接联系。比如，限制碳排放的立法使得ESG表现好的企业估值上升，而ESG较低的企业价值下降。比如，因为有碳排放的立法，老旧的燃煤电厂要么加装成本较高的处理设备，要么放弃，价值下降，而新能源发电相关领域的公司价值则会上升。

5. 可持续发展的主题投资（Sustainability themed investing）。比如清洁能源，绿色科技，垃圾处理，可持续农业等方面的投资。

6. 公司参与和股东行动（Corporate engagement and shareholder action）。与通常在对所投公司不满意就用脚投票卖出股票不同，投资者积极行使股东权利，通过参加股东大会，与董事会或者高管层交流，提出议案，代理投票甚至召集特别股东大会等方式，促使公司更加注重环保、承担社会责任或改进公司治理。

7. 影响力/社区投资（Impact/community investing）。这是传统慈善和责任投资的结合，投资者为了解决一些特定的社会和环境问题，可以牺牲一定的投资收益。这类投资可以是股权，也可以是债权，比如针对农民的小额贷款，对清洁能源的投资，对社区廉租房提供资金等。

表4　　　　　　　　全球责任投资方式与地区分布　　　　单位：10亿美元

	欧洲	美国	加拿大	澳大利亚新西兰	亚洲（除日本）	日本	全球
负面筛选	11 064	3 575	347	—	19	19	15 023
ESG因素融入分析	2 885	5 811	1 052	477	24	120	10 369
公司参与和股东行动	4 654	2 558	862	—	1	290	8 365
基于规范的筛选	5 546	—	590	19	0	56	6 210

续表

	欧洲	美国	加拿大	澳大利亚新西兰	亚洲（除日本）	日本	全球
正面筛选	538	247	219	—	1	25	1 030
可持续发展主题投资	158	73	67	17	6	9	331
影响力/社区投资	107	123	7	3	0	8	248
责任投资总额	12 040	8 723	1 086	516	52	474	22 890

资料来源：Global Sustainable Investment Review 2016。

第五节 绿色投资基金投资筛选指标体系

一、筛选方式

绿色投资基金筛选分为积极筛选（positive screening）和负面筛选（negative screening）。负面筛选则是将不符合环境筛选标准的企业排除在投资备选库之外；积极筛选可以分为正向积极筛选和负向积极筛选，正向积极筛选是将环境绩效较好的企业纳入投资的行为，负向积极筛选则是对生态环境较差的地区或环境治理技术落后的企业进行关注，运用这两种积极筛选的投资基金都将符合积极筛选体系的企业纳入在投资备选库之中。

绿色投资基金在筛选上市企业中一般采用正向积极筛选手段，将环境绩效较好的企业纳入证券投资组合中。例如，英国 Climate Assets Fund 筛选那些在气候变化、资源稀缺和水资源利用较好的企业进行投资。对政府引导的非金融市场投资来说，绿色投资基金主要以扶持环境治理技术和资金落后的企业为目标，以负向筛选为方式，为环境落后地区和企业提供环境治理资金，从而推动当地环境的改善。负向筛选体系是绿色投资基金相较于一般社会责任投资筛选体系的特有标准，专注于社会责任投资之一的绿色本质属性。

二、筛选指标

从发达国家具有代表性的 24 只绿色投资基金的环境筛选指标（见表 5）来看，这些指标涉及污染物、气候变化和能源利用等不同的尺度范围。

表 5　　　　发达国家绿色投资基金的环境筛选指标示例

绿色投资基金名称	发行国家	发行时间	具体指标
Calvert Balanced Portfolio A	美国	1982.10	环境污染和有毒物质排放
Parnassus Fund	美国	1984.12	清洁技术、核能、有毒物体、环境保护
Calvert Bond Portfolio A	美国	1987.8	环境变化公共政策、污染影响、核能、再生能源投资等
Green Century Equity Fund	美国	1991.6	废水处理、毒气排放、减排措施、重复利用、环境友好型燃料
Sentinel Sustainable Growth Opportunitics Fund	美国	1994.8.2	能源设备和能源信息服务
Pax World Global GreenFund – Individual Investor	美国	2008.3	水和气体排放、循环利用、清洁能源和再生能源、气候变化应对、环境政策
KBC's Eco Fund Water	比利时	2000.12.8	能源利用效率、水供给和基础设施、土地保护
ABF, Het Andere Beleggingsfonds	荷兰	2003.12.28	材料测试、农用设备租用
Global Gare Growth	英国	1991.8.1	过度种植、温室气体排放、煤矿企业
Environmental Inveslots	英国	1989.6.29	自然环境保护、环境保护区
Asia Pac Sustainable Fund	英国	2006.12.19	企业环境管理、环境技术
Green Planet Fund	英国	2006.12.29	污染减排、资源消耗量、节能措施
New Energy Protected Fund	英国	2007.3.1	可再生能源、能源效率、多元能源供给
Alternative Energy Fund	英国	2007.12.19	非化石能源生产、节能产品和服务供给

续表

绿色投资基金名称	发行国家	发行时间	具体指标
Global Eco – Trends Fund	英国	2008.2.14	环境友好型能源生产、污染控制和清洁用水
Water Fund	英国	2008.6.4	生产条件、水的罐装、污水处理设备、输送管道等
Climate Assets Fund	英国	2010.3.1	气候变化、资源稀缺、水供给
Nikko Eco – Fund	日本	1999.8.20	环境污染与保护
USB Domestic Equity	日本	1999.10.29	环境政策、企业能源消费等
Sea and Sky Eco – Balance Fund	日本	2000.10	海洋污染、大气污染
Mitsui Sumitomo Insurance AM	日本	2000.10.31	全球气候变暖、CO_2 排放
AIG/Resona Seijitsu no Moni Japan CSR Fund	日本	2005.3	温室气体排放、水资源保护、国际合作
Daiwa Eco – Fund	日本	2006.3.9	全球气候、节能减排、环境友好政策

从表5我们可以发现，不同国家和地区在设立筛选标准不尽相同。一些基金注重能源的利用效率、有的注重污染的减排情况、有的注重企业的环境管理状况，在有差异的同时，能源利用、用水问题、大气污染又是各地区基金关注的焦点，反映了这些指标的相对重要性。不同投资理念形成的不同的指标体系丰富了世界绿色基金投资标准体系。

第二篇
绿色基金发展的国际经验

· 绿色基金发展的国际案例
· 发达国家绿色投资基金的发展现状

自20世纪80年代绿色基金概念出现后,在世界环保运动的推动下,越来越多的国家、地区、机构等开始注重投资的绿色化。许多国家纷纷设立绿色基金,绿色基金的形式和方式也呈现出多样化。本篇通过国外绿色基金的发展案例,对案例基金的运作进行了介绍。

第三章 绿色基金发展的国际案例

国际经验表明,为克服绿色融资障碍,促进绿色能源发展,许多国家在国际组织的协助和参与下,已开始制定实施了一系列的融资机制,以提高公共财政资金的杠杆作用,为绿色能源项目拓宽融资渠道。绿色融资的"阶梯"式发展如图1所示。

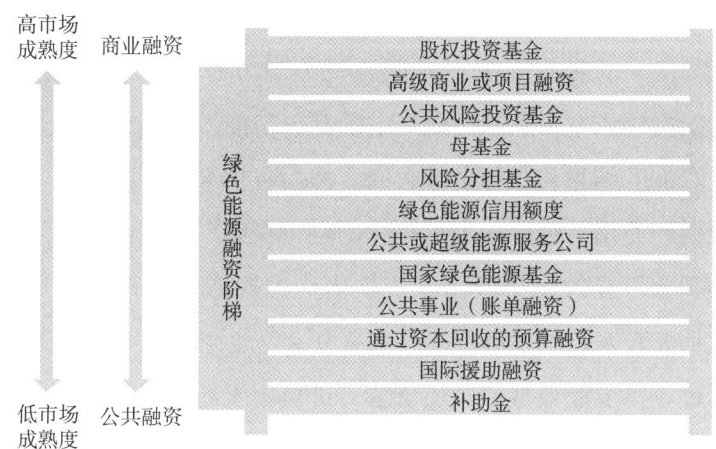

图1 绿色能源融资阶梯

第一节 国家层面绿色基金

目前,全球、区域和国家层面均设立有战略投资基金,由一国政府、多国政府或全球性、区域性机构发起或提供全部(或部分)运营资本,以股权投资为主,也可进行类优先股或债权投资部分。

全球层面:全球能效和可再生能源基金(GEEREF,2.5亿欧元);区域层面:欧洲战略投资基金(EFSI,210亿欧元);国家层面:爱尔兰战略投资基金（ISIF，80亿欧元）、菲律宾基础设施投资联盟（PINAI，6.25亿美元）、塞内加尔战略投资基金（FONSIS，已投入8.8亿美元）。许多战略投资基金均以实现公共资本与私人投资者资本之间的高乘数效应为主要目标（来源：世界银行报告）。

国外一些国家已经为资助绿色能源项目建立了国家基金。其中，有些基金包含赠款，以确保可持续发展。这些绿色基金是由政府和国际组织为资助绿色能源项目而建立的特殊目的基金。这类基金设立的经验表明，一些基金由国际组织建立，如世界银行；一些基金由国家政府设立，如泰国。在美国，电力监管机构通过采用公共利益收费（PBC）机制，建立了公共利益基金。在一个由公共资金和国际金融组织贷款创建的典型基金下，给能源用户（项目业主）或能源服务公司提供融资以支付绿色能源项目的初始投资成本，然后由此产生的部分节能效益用来向基金还款，直到初始投资加上利息和服务费被收回。然后可用来再资助其他项目，从而实现资金循环使用并创建一个可持续的融资机制。

这类基金可提供比一般商业贷款更优惠的融资条件（如宽限期、更长的还款期和较宽松的抵押要求）。因为绿色能源项目具有较好的财务回报率，通过获得节能效益并偿还贷款，可再用于新的投资项目，比传统的通过预算或补助金的方式使用公共财政方法更加有效，并具有商业可行性和可持续性。

以下列举了国外一些典型的国家层面的绿色能源基金：

保加利亚能效基金（BEEF）——由世界银行、全球环境基金和奥地利及保加利亚政府于2005年在保加利亚建立，是最成功的绿色能源基金之一。其项目涉及公共建筑、工业生产过程、街道照明和热分布系统的能效改进以及离网可再生能源。保加利亚能效基金还成功地支持了许多能源服务公司项目。

亚美尼亚可再生能源和能效基金（R2E2）——最初由世界银行于

2006年成立，2012年增加了合同能源管理融资机制，已在公共部门完成了许多项目，主要涉及热计量和热调节、公共及民用建筑群的能效提升等。

罗马尼亚能源效率基金——由世界银行和全球环境基金于2003年成立，目的是帮助能源用户采用先进的能效技术，进行设备更换和能效提升（如锅炉、电机等）、工业流程设备改造及路灯照明。

英国Salix融资机构——本机构由英国能源与气候变化部（DECC）成立，是一个独立的、政府资助的公司，向公共机构提供无息贷款资金支持，其项目涉及绝缘材料、LED照明、建筑能源管理系统、热电联产以及热回收系统。

印度可再生能源开发署（IREDA）——印度政府于1987年成立，目的是促进、发展和扩大对可再生能源和能效资金支持。通过提供项目融资、设备融资和节能设备制造商融资，支持能效锅炉、控制系统和照明、吸收式制冷机、变速驱动器、热电联产和工业过程能效提升等方面的项目。

韩国能源管理公司（KEMCO）——作为准政府机构，负责能源效率、新能源和可再生能源以及气候变化减缓政策及措施。由韩国商务、工业及能源部于1980年根据"能源合理利用法"建立，管理韩国能源合理利用基金，该基金提供长期低息贷款并为能效和节能投资提供税收优惠。KEMCO还为高效节能产品提供返点及激励计划。

美国公益基金——美国许多州已经使用公益收费（电力销售附加税收取）为能效和可再生能源终端用户提供资金支持。这些基金由公共事业单位、州立机构或独立第三方管理，已实施一系列绿色能源计划。

第二节　全球能源效率和可再生能源基金

母子基金（FOF）不是直接投资于股票、债券或项目，而是基金投资组合的投资策略。母子基金在绿色能源领域的最佳案例是全球能源效率和可再生能源基金（GEEREF）。

全球能源效率和可再生能源基金（GEEREF）是由欧盟委员会、德国和挪威于 2008 年成立的一种公私合营模式，其目的是最大限度地发挥公共资金的杠杆作用。GEEREF 具有母基金的结构，它向中小型项目开发者和企业提供股权投资。GEEREF 基金专门投资于欧盟以外的新兴市场，集中服务于 79 个非洲、加勒比和太平洋地区发展中国家的需求，同时也投资于拉丁美洲、亚洲和欧盟的邻国，并对制定了有关能源效率和可再生能源政策及监管框架的国家进行优先考虑投资。GEEREF 基金的投资重点包括（1）可再生能源，包括但不限于小水电、太阳能、风能、生物质和地热；（2）能源效率，包括但不限于余热利用、建筑节能管理、热电联产、储能和智能电网。

GEEREF 不直接向可再生能源和能效项目或企业提供资金，而是投资于专门向中小项目开发者和中小企业提供股权融资的股权投资基金。这些股权投资基金必须拥有环境及经济可持续的项目团队，且必须符合严格的投资标准，从而有资格获得 GEEREF 资金。已获得 GEEREF 资助的部分基金和相关的金额如图 2 所示。

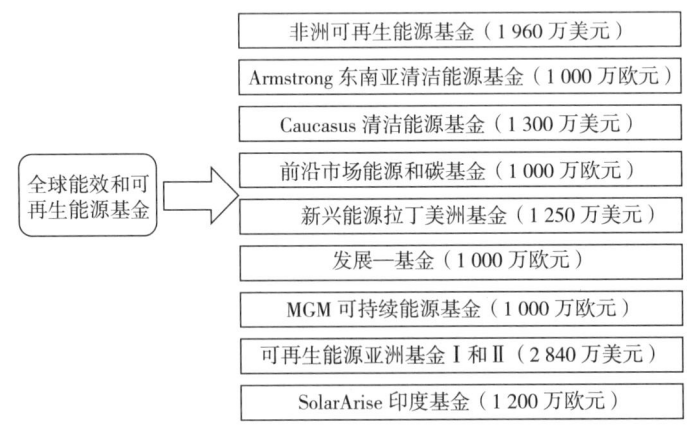

资料来源：http：//geeref.com/portfolio/。

图 2　GEEREF 的基金投资组合

第三节 公共风险投资基金

一、印度——能源效率风险投资基金

印度能源效率风险投资基金（VCFEE）由印度能源效率局（BEE）建立，是在能源效率国家计划（NMEEE）框架下，促进节能经济发展的金融工具之一。VCFEE 基金向新技术、商品和服务的绿色能源投资提供风险投资资金支持。

鉴于小型绿色能源项目投资回报少、交易成本高，阻止了私人投资。通过 VCFEE 基金获得资金支持，将帮助私营机构投资能效领域。此外，节能服务公司和计划使用合同能源管理模式开展绿色能源项目的公司是 VCFEE 的主要潜在受益者。

印度能源效率局选择一个公共金融机构来管理 VCFEE 基金。该管理机构将主要代表 VCFEE 进行投资。管理机构还将向受托管理委员会提交季度进度报告。VCFEE 基金将在第一阶段为政府大楼和各市的能效项目提供股权融资。VCFEE 基金的主要特点如下：

- 以股权形式进行投资；
- 单次投资额不超过 30 万美元；
- 提供"最后一英里股权投资"，支持能效项目，不超过项目总投资的 15%；
- 基金期限 10 年。

二、泰国合同能源管理基金

泰国于 2008 年建立了合同能源管理（ESCO）基金，为小型能效及可再生能源项目的开发者以及能源服务公司提供融资支持和技术服务，该基

金由政府任命的非营利性机构——泰国节能基金会和环境能源基金会管理。该基金提供如下金融产品：

• 股权投资——基金可在为期 5~7 年投入项目总投资的 10%~15%，上限 160 万美元。退出渠道包括向创业者回售股份、寻找新的战略合作伙伴或上市；

• 合同能源管理风险资本——基金可投入高达注册资本 30% 的资金，最多不超过 160 万美元。投资期限为 5~7 年；

• 设备租赁——为合格企业提供金额上限为 100% 设备成本的设备租赁或每个项目最多 30 万美元设备租赁，投资回收期小于 5 年。年利率为 4%；

• 碳信用交易——基金支持项目业主制定清洁发展机制文件和打捆开发小型项目，进入碳信用市场；

• 技术援助——为每个项目提供上限为 3 250 美元的技术援助；

• 信用担保机制——与其他金融机构共同融资，向项目业主提供上限 300 万美元且不超过 5 年的商业银行贷款担保，业主按每年担保金额的 1.75% 支付费用。

该基金主要受益者包括中小企业（能源密集型服务业和工业部门）、节能服务公司、项目开发者或技术合作伙伴以及能效和可再生能源部门的国内外投资者。

第一阶段（2010 年）结束时，该基金已投资总计 3.3 亿泰铢（1 080 万美元），实现项目总投资 33.34 亿泰铢（1.09 亿美元）。大多数投资为股权投资（76%），其次是设备租赁（24%）和创业投资（0.2%）。第二阶段结束时（2012 年），能效和可再生能源项目预计每年实现节能量 2.397 万吨，每年节省资金 9.323 亿泰铢（2 900 万美元）。项目领域涵盖生物质发电、太阳能发电、能效、沼气工程和太阳能热水器等项目。

泰国合同能源管理（ESCO）基金已被证明在提供风险资本，促进能效和可再生能源项目实施方面是一个成功的机制①。该基金旨在降低与项目有关的信贷风险和项目风险,对项目回报率要求不高。该基金通过制定执行严格的资格审核标准和审批程序,项目违约率极低。

三、加州清洁能源基金（CalCEF）

加州清洁能源基金②是一个专门从事直接投资和母基金投资的股权投资和风险投资公司。基金成立于 2004 年,目的是促进加州节能及可再生能源产品的示范和推广投资,投资领域包括生物柴油、交通、可再生能源和其他技术,投资对象是早期及种子/初创公司。

该基金寻求向专注于向清洁能源及变革性清洁技术私营公司投资,具体投资领域包括低碳交通、绿色建筑、清洁化石燃料、太阳能、能源效率、绿色照明、储能、产品及服务含软件（包括可再生能源发电、电力及通信传输线路、配电、需求侧管理等）。倾向于上限为 50 万美元的股权投资。

CalCEF 基金作为非营利组织而建立,它投资于"营利性"企业并且利用所获得的利润对其他值得资助的公司进行再投资。早期和晚期阶段的项目都有资格获得投资。CalCEF 基金聘请私人股权公司作为投资管理机构,有两大投资工具：

- CalCEF 基金——对公司进行投资,所获得的利润进行再投资；
- CalCEF 清洁能源天使基金——支持从事太阳能、能源效率和交通及照明部门业务的种子或初创公司。

该基金的初始资金来自太平洋天然气和电力（PG&E）公司的公共事业破产清算。CalCEF 基金在五年期间（2004—2008 年）获得 3 000 万美元的资金。CalCEF 基金所获利润进行再投资。

---

① 清洁空气政策中心,案例研究:泰国的节能基金,2012 年 10 月。
② https://calcef.org/.

第四节 美国环保超级基金

一、美国超级基金的基本架构

(一) 超级基金的法律基础

超级基金是依据美国《环境响应、赔偿和责任综合法》设立的，具有严格的法律基础。该法案于 1980 年设立，明确规定成立联邦信托基金（trust fund）的目的是为解决国内已经受污染的废弃场地，并防止新的场地污染。该法案赋予了美国环保署处理受污染废弃场地、强制污染者治理以及治理后追诉污染者赔偿的权利。特别是该法案强调了无限连带责任，明确当前业主、前任业主、固废处置合同方、污染物运输方等四方对于场地的污染，都具有清理责任。该法案主要包括十个重要部分，内容涵盖联邦政府法律责任体系、强制执行体系、治理责任认定、具体实施规定、基金的使用、公众参与、清理标准等。此外，在几十年的实际运行实践中，超级基金也总结形成了大量的规章、政策和导则等内容，从而保障了基金场地治理工作的有效开展。其中包括：国家治理行动计划、超级基金附则、超级基金清理程序、场地风险评估、合同管理、非工程控制管理、前期污染调查等。《环境响应、赔偿和责任综合法》法案在 1986 年和 2002 年分别历经两次重要修订，形成了《超级基金的补充修改法案》和《小企业免责和棕地复兴法案》。《超级基金的补充修改法案》在原来基础上，补充了未来五年内增加 85 亿美元预算的内容，并增加了紧急行动计划和公众知情权内容。《小企业免责和棕地复兴法案》减少或豁免了污染贡献较小企业或小企业的无限连带责任，并对开发棕地的企业豁免无限连带责任，有效吸引社会资本进入棕地治理领域。

(二) 组织架构

超级基金主要是由美国联邦环保署固废和应急办公室下设的超级基金

修复和技术创新办公室来管理，同时应急管理办公室、场地修复和执行办公室、联邦设施强制执行办公室、联邦设施循环利用办公室、棕地治理办公室、研发办公室等机构也参与了管理工作。其中，应急管理办公室主要管理应急事件产生的短期治理项目，超级基金修复和技术创新办公室以及联邦设施强制执行办公室主要管理长期的污染场地治理。此外，超级基金还根据美国联邦环保署在全国的十个分区，设立了相应的办公室。美国联邦环保署在编人员约 15 000 人。超级基金属于联邦环保署编制，管理团队约 1 600 人，涉及物理、化学、生物、风险评估、金融财务、法律等多种专业人员；其中律师约 150 人，金融财务管理人员约 200 人，负责独立评估资金的使用，并直接向国会负责。在不同部门和专业分工的支撑下，超级基金建立起了贯穿项目治理全生命周期的管理体系。

（三）超级基金组成和规模

1980 年基金成立之初，资金主要来源于化工和石油行业税收（1%）、污染企业罚款、国会拨款等部分组成，年度预算约 10 亿~15 亿美元。1995 年，法案经国会修改后，取消了特殊行业税，改为一般税收，基金的来源变成一般税收和追偿资金。当前超级基金的规模为 11 亿美元。截至目前，用于场地治理的费用总计约 300 亿美元，平均每年约 10 亿美元，其中污染企业付费比例约占 55%。从年度情况来看，在 1990 年初期，基金的最大预算规模达到了 30 亿美元，财政预算和支出基本可以达到平衡；20 世纪 90 年代中期，特殊行业税取消之后，基金的规模随之下降，变成了每年约 15 亿美元预算。

二、超级基金的性质和使用方式

超级基金为政府性信托基金，非一般性年度资金，不需要进行年度结算，可以分年度使用，使用方式比较灵活，使得基金可以满足短期和长期的污染治理需求。政府性信托基金是受法律保障的专项基金，不仅具备长期稳定的资金来源,还具备专业投资管理、独立核算、立即支付等优势,即基金不仅体现在资金优化配置上,还体现在技术方案总体优化和体系建立、污染责任主体识别与责任体系建立、长效管理和绩效评价纠偏体系健全等功能上。基金的资金由财政部保管,专款专用,在清理方案确定后,由超级基金办公室上报财政部,财政部下拨资金。超级基金办公室可从基金中申请前期评估费用。

三、超级基金场地的评估过程

超级基金场地的评估目的是为确定场地对人体或环境的危害程度,确定是否列入国家优先名单。评估过程参照美国环保署颁布的《危害等级系统》(HRS)中的标准(见图3)。其中联邦场地主要涉及联邦相关部门,如国防部门、能源部门形成的污染场地。

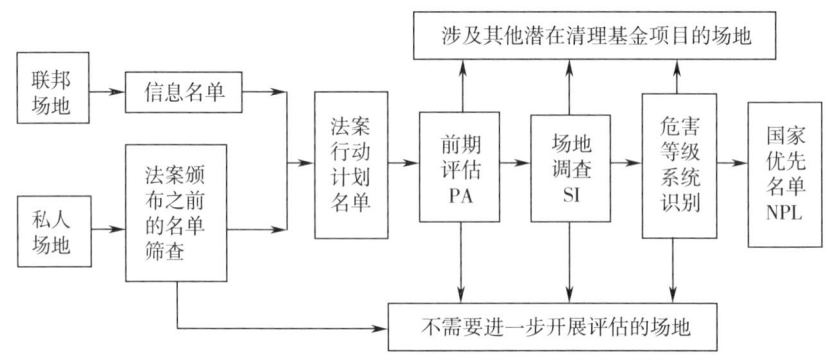

图3　超级基金场地评估流程

截至目前,超级基金共完成了全国4万多个场地的前期评估,超过3万多个场地找到了污染责任主体,1 706个场地项目列入国家优先名单,400多个场地已完成或正在开展治理。

四、超级基金场地的清理过程

超级基金场地清理共包含9个运行过程，分别是前期评估和场地调查（PA/SI）、列入国家优先名单（NPL）、修复调查和可行性研究（RI/FS）、记录和决策评估（ROD）、开展修复行动（RD/RA）、工程完工（CC）、施工后管理（PCC）、从优先名单删除、场地重新使用等。公众、地方环保署、环保协会、NGO、其他机构等均可以对有可能污染的场地提出疑义，然后由联邦环保署进行最终认定。由于超级基金管理部门没有相应的施工技术和能力支撑，一般通过招投标的方式委托第三方污染治理企业开展场地修复施工。

五、其他场地治理资金和涉及污染清理的基金

据介绍，美国能源部每年开展的企业污染场地治理资金约60亿美元，由能源部负责实施，环保署负责实施过程和后期的监管。未来10年内，美国能源部计划投入1 000亿美元用于企业的污染治理。目前联邦环保署设立的涉及污染清理的信托基金还包含石油泄漏基金和地下储油库泄漏基金，主要是针对因泄漏产生的地表水污染和地下储油库泄漏产生的地下水污染问题。

第五节　国外股权融资对我国绿色投资基金的借鉴

国外大多数关注可持续发展的基金、机构（如国际金融公司IFC、亚洲开发银行ADB这类国际机构，或是荷兰开发银行FMO、挪威发展中国家投资基金Norfund这类政府机构）的主要投资业务中，除了提供贷款和补助金之外，股权投资也是重要方式之一。以上机构提供贷款的对象通常

是较为成熟的企业或项目，有一定的现金流可以支付贷款利息和本金；然而新的绿色项目首先需要通过股权融资获得一定的用来前期发展的资本金，才能进行进一步发展以获得债务融资，所以在大多数关注可持续发展的国际机构中，债务融资和股权融资通常是并行的两个产品，在企业不同的发展阶段具有同等重要的作用。我国目前的绿色金融主要关注绿色债务融资，对于有一定规模的企业有较大帮助，但对于新兴的、处于摇篮期的绿色项目并没有合适的产品提供相应的帮助。因此，在绿色股权融资这个领域发展相应的产品（如已提出的绿色基金）至关重要。以下以荷兰开发银行 FMO（以贷款为主，也提供股权投资）、挪威发展中国家投资基金 Norfund（以股权投资为主，也提供贷款）、国际金融公司 IFC（以贷款为主，以提供股权投资）为例说明国内外相关机构的做法。

一、挪威发展中国家投资基金（The Norwegian Government Investment Fund for Developing Countries）

- 基金背景：由挪威国会在 1997 年设立的一只国有基金，是挪威政府投资发展中国家的主要工具，资金来源为政府预算，投委会高层以政府背景为主；
- 投资领域：基金投资在发展中国家与清洁能源、金融机构、食物和农业产业有关的项目，基金希望承担一个催化剂的角色，吸引更多活跃社会资本投资于高风险、高社会效益的项目；
- 投资方式和收益：Norfund 通常进行股权投资（一般 400 万美元以上，10%~35% 的少数股权，3~7 年退出），也提供贷款和担保，也作为母基金投资一些支持中小企业发展的基金；迄今为止年均收益率 4.9%（退出之后收回的资金会重新投资其他项目）；
- 基金规模：创立至今投资规模约 167 亿挪威克朗（约合 137 亿元人民币），2016 年新增投资规模 27 亿挪威克朗（约合 22 亿元人民币）；直接投资项目共计124个(其中包括一些基金,如果算上这些基金投资的公司,受资组织约770个,直接或间接创造了27.6万个工作岗位),受众超过120个国家;到2020年,预计基金规模达到250亿挪威克朗,从成立至今Norfund已实现37亿挪威克朗利润;

● 投资案例:迄今为止最大一笔投资为SN power,是挪威政府设立的一家为新兴市场提供水力发电的公司,为约1 100万发展中国家居民提供水力发电,累计投资金额约56亿克朗(约合46亿元人民币)。

二、荷兰开发银行(Nederlandse Financierings – Maatschappij voor Ontwikkelingslanden N. V.,FMO)

● 基金背景:由荷兰政府创立于1970年,政府控股(51%),荷兰中央银行也在其中;投委会成员在发展中国家投资方面有丰富的任职经验。

● 投资方向:基金投资新兴市场和发展中国家(以提供商业贷款为主,占54%,也提供股权投资和担保),主要投资方向为农业、制造业、能源业和金融机构,注重投资的社会效益和环保效益;在亚洲的投资占总投资的28%,与亚洲开发银行有风险分担协议,以促进在亚洲的投资;在能源、制造业和农业的投资占总投资量的48%。

● 基金规模和影响力:2016年投资规模达98亿欧元(约合751亿元人民币),是世界上最大的私营部门双边开发银行之一,迄今为止已创造81.2万个就业岗位,最近获得欧盟资助7 500万欧元。

● 投资案例:投资项目包括东非第一个太阳能农场、亚美尼亚的水电项目、乌干达的水电项目、印度的发电站等。

● 基金背景:成立于1966年,ADB是致力于亚太地区经济与社会发展的政府间金融机构,有67个成员国和地区,总资产达1 426亿美元,按照成员出资比例获得投票权。

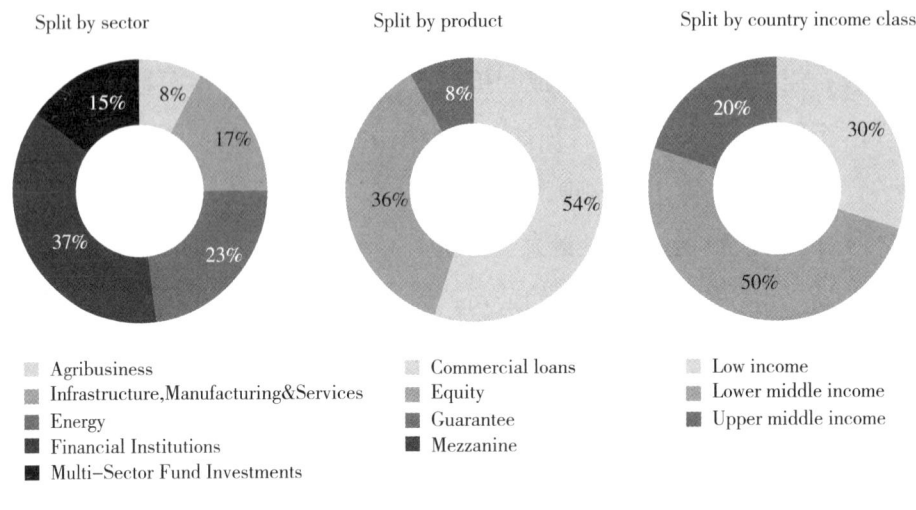

注：保留原图。

图 4 亚洲开发银行

- 基金规模和投资方向：自成立以来已向需要援助的地区提供超过 2 670 亿美元援助款，2016 年共投资 317 亿美元，其中 174 亿美元是贷款和补助金（主要业务还是以贷款为主），140 亿美元是共同融资（cofinancing）及信托；投资方向包括能源（占 26%），交通（22%），水及其他城市基础设施（9%）等；其中有 81 个总规模达 107 亿美元的项目支持环境可持续发展。

- 亚洲开发银行 2016 年股权投资达 8.14 亿美元，ADB 会直接投资公司，但不作为主要股东；也会作为 FOF 投资私募。

三、国际金融公司（International Finance Corporation）

- 机构背景：成立于 1956 年，IFC 是世界银行相关组织的一员，是全球致力于支持发展国家私营部门的最大组织，致力于为发展中国家私营部门提供投资和咨询相关协助（尤其是直接投资企业和 VC/PE）；股东是各成员国政府，通过出资决定投票权，与世界银行的运营相对独立。

- 投资规模：2016年为全球发展提供项目资金642亿美元，其中有关气候变化和可持续发展的投资达32亿美元，2016年贷款金额为81亿美元，股权投资金额为26亿美元；IFC的投资额中，有30%来自于合作伙伴的共同融资，通过自有资金撬动社会资本。
- 投资案例：印度塔塔集团、韩国LG电子等。

第四章 发达国家绿色投资基金的发展现状

美国、日本、西欧等地,绿色投资基金发展的速度较快。不同国家由于市场发育程度的差异,绿色投资基金表现出不同的形式。

第一节 美国绿色投资基金的发展现状

美国是企业社会责任投资(SRI)的发源地,同时也是世界上社会责任投资发展最完善的市场,目前大约有十分之一的美国专业投资资金在其决策中采用了社会责任投资的方法。美国现代意义上的社会责任投资起源于20世纪20年代宗教信仰者的"伦理投资"。最初美国没有专门设立绿色投资基金,只在社会责任投资基金内纳入生态投资。1971年,第一只社会责任基金——美国帕斯世界平衡基金(Pax World Fund)诞生,此后,美国相继出现投资者责任研究中心、南岸银行、环境责任经济联盟等与社会责任投资有关的组织[1],与此同时,绿色世纪权益基金(Green Century Equity Fund GCEF)、Parnassus Fund等更多绿色投资基金在市场也相继推出,为美国社会带来了良好经济生态效益,同时也促使更多社会责任投资将生态环境纳入筛选范围,并通过股东对话的形式增加对企业环境议案的讨论次数,这也成为了美国初期的绿色投资基金的主要构成形式。[2]

---

[1] 刘忠华. 国际社会责任投资发展趋势及启示 [J]. 吉林建筑工程学院学报, 2012(1).
[2] 夏丹. 我国社会责任投资基金的发展研究 [D]. 武汉理工大学硕士论文, 2013(11).

美国社会责任投资基金在规模和数量发展变化下如图 1 所示：

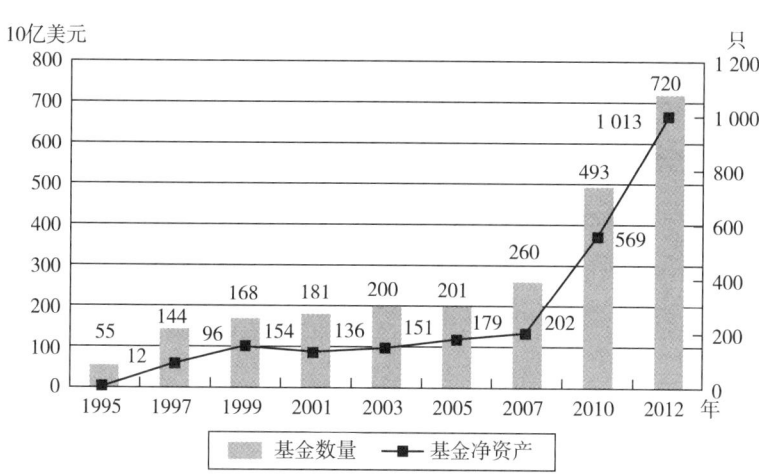

资料来源：根据 2012 年美国社会责任投资论坛报告整理。

图 1　1995—2012 年美国社会责任投资基金数量及资产规模

1996 年社会投资论坛（U. S. SIF）在美国成立，它为生态投资提供了广阔的交流平台，同时也标志着美国包括绿色投资基金在内的社会责任投资进入高速发展阶段。1997 年美国绿色投资基金资金总额为 195.73 亿美元（见表 1），仅占社会责任投资市场总额的 1.5%；1999 年总额为 1 182.63 亿美元，是 1997 年的 6 倍多；之后虽有波动，但在美国绿色投资基金总体呈上升趋势。随着社会责任投资在美国的不断普及和发展，到 2010 年为止，美国对包括环境在内的环境、社会和治理投资（即 environment social governance ESG）总额高达 2.51 万亿美元，ESG 基金数量由 1995 年的 55 只上升到目前的 493 只，增长了 14 倍。由此可见，绿色投资基金在美国的发展已进入相对成熟阶段。①

---

① 蒋华雄，谢双玉. 国外绿色投资基金的发展现状及其对中国的启示 [J]. 兰州商学院学报，2012（5）.

表1　　　　　　　　　　美国绿色投资基金发展情况

年份	绿色投资基金金额（亿美元）	纳入SRI筛选比例（%）	与股东对话讨论环境议案（个）
1997	195.73	37	—
1999	1 182.63	79	54
2000	—	—	49
2001	>1 015.00	>50	64
2002	—	—	77
2003	1 605.50		80
2004	—		85
2005	1 500.00		91

数据来源：根据 Social Investment Forum, 1997—2005 Report on Socially Responsible Investment Trends in the United States 发布的数据整理。

第二节　英国绿色投资银行的运作及风险管理

从绿色金融体系的国际经验来看，2012年10月成立的英国绿色投资银行（GIB）是世界上第一家专门致力于绿色经济的投资银行，它的作用是解决基础设施融资中市场缺失的问题，鼓励更多的社会资本投资于存在市场失效的绿色环保项目领域，通过调动私人资本来加快向绿色金融的转型。英国绿色投资银行目前由英国政府全资控股，政府初期划拨38亿英镑供其在2016年3月前投资绿色项目。作为绿色投资市场的"催化剂"和补充者，英国绿色投资银行的宗旨是引进和鼓励更多的私有资本投入到绿色经济领域，从而促进英国的绿色经济转型。

英国绿色投资银行成立两年来，发展迅速，在全英超过200个地方投资41个绿色项目和6只项目基金，通过18亿英镑的直接投资撬动了总共60亿英镑的私人资金投入到绿色经济领域，杠杆比率接近1:4。绿色投资风险（Green Risk）是英国绿色投资银行最主要的风险之一，主要衡量其投资的绿色环保指标，是否符合可持续性的绿色发展原则。英国绿色投资银行"自上而下"的管理方式，及压力测试、控制测试、合规管理和内部审计的风险管理工具，都非常细致和详尽。

英国绿色投资银行遵循赤道原则，投资项目衡量的绿色目标包括：减少温室气体排放；促进自然资源的有效利用；有利于对自然环境的保护；有利于维护生物多样性；促进环境可持续性发展。

第三节 欧洲等其他地区绿色投资基金的发展现状

欧洲是目前世界上最大的社会责任投资市场，而且采用不同社会责任投资投资策略的资产增速普遍大于市场资产的平均增速。2009年，欧洲与ESG相关的资产总额高达7.15万亿美元，而到2011年则进一步增长到8.76万亿美元。不过，SRI资产的平均增长率、投资策略、投资者结构、资产的配置情况，在欧洲不同的国家之间有较大差异。甚至对于SRI的定义，欧洲不同的国家也有不同的解释。

目前，发展社会责任投资基金得到了欧洲大多数国家的重视。在西欧地区，绿色投资基金是社会责任投资的第三代金融产品。与前两代相比，第三代金融产品重点专注于环境等某个具体的领域（例如环境），绿色投资基金就是在此背景下获得快速发展。

为实现环境可持续发展，将欧洲投资基金（EIF）的管理经验在应对气候变化方面得到充分运用，欧盟委员会于2008年创办全球能效和可再生能源基金。基金采取PPP组织架构形式，由公共部门出资，促进私营部门投向子基金和项目，包括新兴市场中的可再生能源和能效项目、绿色基础设施项目，从而有效发挥母基金的投资杠杆效应。

绿色投资基金的发展在西欧具有明显的地域差异：早期英国绿色投资

基金发展一枝独秀，但后来被法国、瑞士等赶上。2010年法国、英国、瑞士和比利时四国的绿色、社会、道德基金资产总额就占到整个西欧社会责任投资资产总额的76%，而在德国、西班牙等国家绿色投资基金发展相对缓慢。

欧洲的社会责任投资市场是一个机构投资者占主导地位的市场，主要的机构投资者包括养老基金、储备基金、保险公司以及高校。到2009年为止，从整个欧洲社会责任投资基金所投资的资产来看，股票资产不再占有优势地位，仅仅只占33%，而债券成为最受欢迎的资产，占比达53%。不过，股票资产仍是一些欧洲国家社会责任投资基金的偏好，如英国和瑞士，其股票资产占比都超过50%。在欧洲，社会责任投资发展相对成熟的国家包括英国、法国、瑞士、比利时等，而意大利、西班牙等国家的社会责任投资虽然发展较晚，但发展十分迅速。

英国是欧洲社会责任投资发展最为成熟的国家，也是全球可持续金融方面的领导者。英国的社会责任投资市场中机构主导型占多数，根据相关测算，在有管理的社会责任投资资产中，机构投资者的市场份额达97%，个人投资者只占3%。社会责任投资基金更多地偏好股票资产，不过近年来债券资产的增长也很迅速。此外，英国是第一个要求养老基金在投资中披露ESG信息的国家，这也促使英国许多养老基金成为社会责任投资的践行者，极大地推动和助力了社会责任投资基金的发展。

另外，南非也是非洲最大的社会责任投资市场，其市值在撒哈拉以南的非洲国家中占95%。到2009年7月，南非共有38只社会责任投资基金，其市场价值大约为232.8亿南非兰特。拉丁美洲和非洲，由于经济发展水平较低，资本市场发展较慢，绿色投资基金还没有得到投资者的认可和重视，总体发展相对滞后。

作为一项应对发展性金融与气候融资迫切投资需求的可靠选择，一种新型主权投资基金在过去若干年悄然兴起。越来越多的发达经济体，新兴市场和发展中经济体已建立或正在筹备建立战略投资基金,作为私人投资者在基础设施公私合作项目基金,及中小型企业基金等国内项目和基金中的锚定投资者。在此背景下,几只战略投资基金新近成立。例如,2014年12月投入运营的爱尔兰战略投资基金。该基金管理着总额为80亿欧元的爱尔兰公共养老超额储备金;其主要目的在于利用商业投资的形式,鼓励该国的经济活动和就业。在区域经济体层面,由欧洲投资银行管理的欧洲战略投资基金(EFSI)于2015年开始运营。该基金的目标是利用欧盟提供给欧洲投资银行的160亿欧元第一亏损担保(first – loss guarantee facility)和50亿欧元的欧洲投资银行资本金,在3年期内撬动至少3 150亿欧元的追加投资。

在清洁能源融资领域,新近成立了几只以吸引私人投资进入风险、太阳能、热能基础设施和能源效率等领域为目的的多边基金,包括由欧洲投资银行管理的全球能效和可再生能源基金(GEEREF)。在国家层面,挪威有意在近期建立1只以国内为重点的可再生能源投资基金,"Fornybar AS",来开展战略性商业或半商业投资。虽然预期结果因基金结构和基金投资期限的不同而有所差异,但战略投资基金已经具备了在公共部门投资和私营部门投资间造成巨大乘数效应的能力。按照预计,爱尔兰战略投资基金(ISIF)的乘数为2.5,塞内加尔战略投资基金(FONSIS)的乘数为15,而基于混合型母基金结构的全球能效和可再生能源基金(GEEREF)的乘数超过50。

第四节 美国、日本、欧洲产业投资基金特征比较

中国的产业投资基金脱胎于西方的风险投资和私募基金,是在保留国外类似基金共性的同时又具有中国特色的创新。在西方国家和日本、东南

亚及中国台湾和中国香港，产业投资基金主要以创业资本或创业投资基金的形式出现。

表2　　　　　　　　　　发达国家绿色PE基金简介

	美国	日本	欧洲
资金来源	共同基金54%，财团及保险公司各11%，企业8%。有限合伙形式的产业基金的资金来源主要是养老金、个人与家庭	证券公司、银行、保险公司等，个人出资极少	
组织形式	一般采用有限合伙公司的形式。有限合伙人不参与具体经营，只承担有限责任；一般合伙人负责项目的搜寻、审查、决策等	公司内部模仿银行体制采用投资部门、审查部门和信息部门等职能分离的组织结构	与日本类似
投资领域和投资阶段	高科技企业创业阶段	项目风险较低的企业成熟阶段	
资本退出机制	IPO、企业并购	IPO、企业相互持股	IPO、企业并购

第三篇
绿色基金发展的中国实践

- 中国发展绿色基金前景广阔
- 以政府和社会资本合作的模式推动绿色基金的发展
- 中国绿色基金的案例分析
- 市场化运作基金
- 我国绿色公募基金的发展现状及问题分析
- 绿色产业担保基金

本篇通过介绍绿色基金在我国发展的现实背景，通过归纳近几年来我国政府和市场在绿色基金上探索出来的发展模式，以及各省市等地方政府为主导和市场为主导的绿色基金和绿色担保基金的实践案例，较全面地展示了绿色基金在我国的发展现状，突出作为资金来源最为广泛的绿色基金在我国健康的发展状况。

第五章　中国发展绿色基金前景广阔

我国绿色基金相对于西方国家起步稍晚，但经过近几年的发展，我国绿色基金奋起直追，逐渐成为世界上绿色基金发展最快的区域。同时，绿色基金的发展已经成为国家经济发展扶植的对象之一。本章主要介绍在绿色基金快速发展的国际背景下，通过介绍我国绿色基金发展的现实背景以及政府引导政策，展示我国绿色基金发展的广阔前景。

第一节　发展绿色基金的必要性

顺应政策趋势，延续国家环保产业链战略。通用环境产业基金的设立，符合国家一系列环保行业政策，契合国家供给侧改革和"创新、协调、绿色、开放、共享"五大发展理念，是环保行业结构性改革的重要体现。

近年来，从"大气十条"、"水十条"、"土十条"到"十三五"规划纲要的出台，在政策的大力扶持下，环保产业迎来了爆发期。环保部和科技部联合印发的《国家环境保护"十三五"科技发展规划纲要》（环科技〔2016〕160号）明确将实施大气污染防治、土壤污染防治、生态治理、废物资源化、化学品风险控制、核与辐射安全等领域一批国家重点专项研发计划。2016年7月，工信部印发《工业绿色发展规划（2016—2020年）》提出目标到2020年，绿色制造产业产值增加到人民币10万亿元。一系列利好政策的落地，促使环保产业进一步细化，并从初期的单纯末端治理为主，转变为以环保产品、环境服务、洁净产品、废物循环利用等门类齐全的产业体系。

业内人士预测,"十三五"期间环保产业年增速将超20%,环保产业投资有望达到人民币17万亿元。其中,土壤污染修复投资需求最大,约人民币10万亿元,水污染处理投资需求约人民币2万亿元,大气污染治理需求约人民币1.7万亿元。目前仍有近七成环保领域治理需求未得到满足。从细分领域看,在PPP模式的推动下,环保监测设备需求也有望提升。业内机构认为,在提高检测标准、加大监测站点等指标要求下,"十三五"期间检测设备需求将达千亿元规模,年均增速将达25%至30%。

在各种利好的推动下,资本早已纷纷涌入环保市场,环保产业迎来了前所未有的发展机遇。国家统计局最新的数据印证了这一观点。据统计,我国生态保护和环境治理业的相关投资迅速增长,2016年投资同比增长39.9%、2017年投资增长23.9%。据中国投资咨询网不完全统计,从2015年到2017年,环保并购越发稳定,每年交易额都在400亿元左右。2017年环保产业共发生86起并购,涉及金额385亿元。同时,中信证券新三板研究数据显示,新三板环保行业2017年上半年整体营业收入、净利润快速增长,根据2017年中报数据,新三板环保行业2017年上半年总体营业收入同比增长24.09%至230.75亿元,总体净利润同比增长20.13%至16.65亿元。从细分行业营收占板块总体比重来看,水处理(29.22%)占比最高,其次是固废处理(25.65%)和环保机械(16.76%)。从净利润占板块总体比重来看,水处理(36.90%)占比最高,其次是固废处理(21.33%)和环保机械(15.35%),业绩分化较为明显。截至2017年12月底,新三板总计挂牌环保企业401家,其中从事环保设备制造和水污染治理行业最多,占比分别达到28.88%和28.40%,其后是从事固废治理的企业,占比为13.37%。在财政部前三批752个PPP示范项目中,环保类项目高达208个。财政部第四批PPP示范项目396个,其中,环保类项目186个,占比47%。

在这一发展态势下，随着供给侧改革的不断深入和"创新、协调、绿色、开放、共享"五大发展理念的提出，环保产业的发展也将出现结构性的改革和提升，市场上现有的单一领域的咨询服务已经远远不能满足国内日益增长的环境监测和治理的需要，越来越多的客户要求咨询服务机构提供涵盖多领域内容的一体化服务。与此同时，随着行业市场化程度的提高，大量咨询服务机构通过各种渠道进入市场，部分领域出现咨询服务机构良莠不齐、鱼龙混杂的现象，迫切需要真正有实力、有经验的企业，特别是具有中央企业背景的企业成为行业的领军者，带动整个环保产业咨询服务业的良性发展和转型升级。

一、缓解中国在生态环保产业方面的压力

目前，中国作为世界上最大的能源消费国和碳排放国之一，中国在节能减排上的责任重大，但目前节能减排主要在于政策性的制定与引导，比如现行的小客车单双号行驶制度，大气污染物排放制度，水污染治理等在政府政策法规实行的同时，更强调社会与个人的自觉性，而个人驱动力较低。而节能减排的资金来源大多源于政府的财政收入及企事业单位的捐款等，如果引入绿色产业基金，发挥政府带头作用，使得市场上的资金流向环保行业，可以进一步解决环保事业资金短缺的问题，而市场上的资金流相对政府的定期投入更加灵活持久，使得环保投资大型化，也可对环保事业起促进作用。

二、区域性的绿色产业基金有较强外部性，政府必须介入引导

绿色基金不仅投资于某一个特定行业或领域，也可投资于某一个区域。中国的产业发展有较强的区域性，这就使得产业基金的投向一定有所区别。比如在西部地区，产业基金可较多投向于风能发电等技术，而在东部产业密集的地区要注重解决工业污染等问题。行业的不同必定带来效益

的区别，但由于信息不对称等问题，如果市场上资金均流向产能巨大、收益较高的行业而对真正的环保行业关注度不足，就违背了成立产业基金的初衷。这就要求政府必须介入，发挥政府的经济杠杆效应，发挥政府在整体环境发展中的指导作用，以PPP模式推动绿色产业基金的发展。

三、在中国建立可持续发展的生态文明国际市场

我国目前基金众多，其中不乏与绿色基金相似的产业基金，但针对性较低，仍停留在产业基金原先固有的特点，缺乏专业人士的研究引导，市场参与度不足。考虑到国际市场的因素，产业基金的发展不仅可以寻求国内投资，更可以引进外资，引进国外专业人员，成立国家化的产业基金项目组，进一步获得国际社会在基金和技术上的帮助与指导。在推动产业基金发展的同时，扩大了中国减排的国际市场。

四、为发展绿色金融提供了一个有力的工具

目前，发展低碳能源已经变成了全球性话题，绿色产业基金的发展势必会对低碳经济起到促进作用。随着"十三五"规划指出：要支持绿色清洁生产，推动建立绿色低碳循环发展产业体系。发展绿色金融，设立绿色发展基金。市场逐步成熟，监管趋于完善，保险制度的建立等都降低了绿色基金的投资风险，运用社会闲散资金，借鉴普惠金融，增强绿色基金市场的流动性和活力。

第二节　中国绿色基金发展正当其时

我国的绿色发展基金起步较晚，但发展势头迅猛。中国政府"坚持绿色发展，着力改善生态环境"，明确提出加快推进绿色城市、智慧城市、人文城市建设，加快财税体制和投融资机制的改革，创新金融服务。

2016年7月，在中国的推动下，G20财长和央行行长会议正式将发展绿色金融的七项倡议写入会议公报。之后，在G20峰会上，绿色金融得到各成员的关注，并且首次被写入G20峰会公报中。几乎与此同时，"发展绿色金融，设立绿色发展基金"已经被列入"十三五"规划，成为一大亮点。绿色发展基金可以充分运用政府与市场的双轮驱动，有效化解金融创新的资金瓶颈问题，势将成为中国可持续发展的新引擎。

2016年8月30日，中央全面深化改革领导小组第二十七次会议顺利召开，会议审议通过《关于构建绿色金融体系的指导意见》（以下简称《意见》）。同年8月31日，中国人民银行、财政部等七部委联合印发了《关于构建绿色金融体系的指导意见》，引起了各方关注。《意见》明确提出，通过政府和社会资本合作（PPP）模式动员社会资本，支持设立各类绿色发展基金，实行市场化运作。《意见》首次提出中央财政整合现有节能环保等专项资金设立国家绿色发展基金，同时鼓励有条件的地方政府和社会资本共同发起区域性绿色发展基金。《意见》向社会各界发出了政策层面支持绿色投资的信号，有利于激励更多的金融机构和社会资本开展绿色投融资，同时更有效地抑制污染性投资。2017年6月14日，国务院常务会议决定建设绿色金融改革创新试验区，多措并举，推动经济绿色转型升级，并提出支持创投、私募基金等境内外资本参与绿色投资。绿色基金的政策落地也会有助于提振投资者信心。

一、我国绿色基金发展趋势

截至2016年底，在中国证券投资基金业协会备案的265只节能环保、绿色基金中，股权投资基金159只，占比达到60%；创业投资基金33只；证券投资基金28只；其他类型基金45只。对比国内外绿色基金发展历程和趋势，结合我国具体国情，中国绿色基金的发展已经开始呈现以下特点和趋势。

绿色产业市场空间巨大，绿色基金大有作为。在大气、水、土壤三个"十条"以及PPP模式的推进下，"十三五"期间，中国环保市场潜力巨大。根据国合会绿色金融课题组的测算，"十三五"期间，若按照现有的环境规划和计划的"低方案"，中国在可持续能源、环境基础设施建设、环境修复、工业污染治理、能源与资源节约等五大领域的绿色融资需求为14.6万亿元；若基于环境无退化原则的"高方案"，则资金需求高达30万亿元，未来的绿色金融市场发展空间广阔。作为绿色金融体系的重要组成部分，绿色基金的资金来源广泛，资金量充足，可以汇集政府、机构以及私人资金，在绿色产业市场中必将大有作为。

各级政府发起设立绿色发展基金已成为一种趋势。目前，内蒙古、云南、河北、湖北、广东、浙江、贵州、山东、陕西、重庆、江苏、安徽、河南、宁夏等省市已经纷纷建立起绿色发展基金或环保基金，贵州还建立起了绿色金融交易平台。地级市也在大力推动绿色基金的发展，例如普洱市绿色经济发展基金、张家口市绿色发展产业基金等地市级绿色基金相继设立，带动绿色投融资，促进地方政府投融资改革，帮助筹措绿色城镇化资金，各级政府发起绿色发展基金成为一种趋势。

越来越多的企业积极创设绿色私募股权和创业投资基金。目前，节能减碳、生态环保已成为很多私募股权基金和创业投资基金关注的热门投资领域。2010年以来，一些大型企业积极参与绿色基金设立和运作，如中国节能环保集团公司联合银行、保险公司、工商企业等设立的绿色基金已超过50亿元人民币；建银国际联合上海城市投资开发总公司共同设立建银环保基金；亿利资源集团、泛海集团、正泰集团、汇源集团、中国平安银行等联合发起设立了绿丝路基金，致力于丝绸之路经济带生态改善和光伏能源发展等。

环保类上市公司成为发起设立绿色并购基金的主要力量。2015年以来，环保类上市公司逐渐成为发起设立绿色并购基金的主要力量，例如，南方泵业设立"环保科技并购基金",格林美拟设立"智慧环保云产业基金",再升科技发起设立"再升盈科节能环保产业并购基金",高能环境设立"磐霖高能环保产业投资基金",等等。进入 2016 年,环保并购基金持续得到市场关注,这种热潮势必引起一轮环保产业的并购热潮。

绿色基金成为中国国际绿色金融合作的重要载体。经济全球化的大背景下,加强绿色金融的国际合作,支持社会资本和国际资本设立各类民间绿色投资基金已成为绿色发展合作的重点。因而绿色基金已成为全球绿色金融合作的重要载体。比较典型的案例是,中美绿色基金与张家口市政府共同发起设立的"张家口市绿色发展产业基金"。该基金作为绿色金融国际合作的载体,促成并加速美国节能环保技术与经验在中国市场的应用,专注于张家口市及其周边地区绿色发展和节能环保领域的投资,旨在为张家口市的绿色节能产业发展提供金融服务,推动张家口市 2022 年冬奥会协办城市节能减排,降低用能成本,发展绿色经济。

二、存在的问题及政策建议

目前,中国绿色金融中的绿色信贷、绿色债券、绿色保险已取得积极进展,绿色基金也将进入快速发展阶段。然而,在现有的宏观金融形势和金融改革背景,以及全国低碳发展目标之下,我国的绿色发展面临着很多融资挑战。针对绿色投融资经常面临的高风险、期限错配、信息不对称、产品和分析工具缺失等问题,政策的顶层设计落到具体执行层面时,所依据的细则还并不完善;绿色项目的收益风险分担机制并不完善,激励投资者进行绿色投资的动力不足;绿色金融产品在设计和发行的过程中,无法突破原有的限制,配套的细则尚未落实到位,等等。如何通过创新金融工具和服务手段,多维度地满足绿色产业投融资需求,值得各方深入讨论与通力合作。

基于国内外绿色基金发展历程的对比分析,结合我国绿色基金发展的特点、趋势和存在的突出问题，参考国际经验，本书给出如下推动绿色基金发展的建议：

发挥社会投资论坛的力量，以责任投资的理念推动绿色投资基金的发展。社会投资论坛（SIF）对欧美绿色投资基金的发展起到了关键性作用。例如，1991年英国建立世界上第一个社会投资论坛（UK Social Investment Forum, UKSIF），对包括绿色投资在内的社会责任投资具有里程碑意义，它为ESG（环境、社会与治理标准）投资搭建了良好平台；2001年成立的亚洲可持续发展投资协会（ASrIA）也推动了亚太地区企业责任与可持续金融实务。

积极利用PPP模式，吸引和鼓励更多的金融机构和社会资本开展绿色投融资。PPP模式实现了公共财政和私人资本的合作，能够利用国际及国内民间资本进行公共基础设施建设，已逐步成为应用广泛的项目融资模式。欧盟委员会于2008年创办全球能效和可再生能源基金（GEEREF），该基金即采取PPP组织架构形式，由公共部门出资，向中小型项目（包括新兴市场中的可再生能源和能效项目、绿色基础设施项目）开发者和企业提供股权投资，再由后者完成相关绿色项目，四两拨千斤，有效发挥母基金的投资杠杆效应。我国应加大利用政府和社会资本合作（PPP）模式动员社会资本的力度，支持设立各类绿色发展基金，实行市场化运作，激励更多金融机构和社会资本开展绿色投融资，有效抑制污染性投资。

鼓励各级政府以多种形式发起或参与发起PPP模式的绿色发展基金。建议根据不同的绿色发展基金特点合理确定政府定位和参与方式。政府出资的绿色发展基金要在确保执行国家绿色发展战略及政策的前提下，按照市场化方式进行投资管理。地方政府可通过放宽市场准入、完善公共服务定价、实施特许经营模式、落实财税和土地政策等措施，完善收益和成本风险共担机制，支持绿色发展基金所投资的项目。同时，应陆续出台具体政策，以解决民间资本融资难、融资贵等问题。要有效保障投资人的利益，真正搭建民间资金与政府项目之间的普惠桥梁。

在"十三五"期间，我国环保市场潜力巨大。建立公共财政和私人资本合作的PPP模式绿色发展基金，提高社会资本参与环保产业的积极性，是推动绿色基金发展的重要路径。绿色基金可以用于雾霾治理、水环境治理、土壤治理、污染防治、清洁能源、绿化和风沙治理、资源利用效率和循环利用、绿色交通、绿色建筑、生态保护和气候适应等领域。

积极探索建立绿色担保基金，扩大绿色项目融资来源。绿色基金不仅包括绿色投资基金，也包括绿色担保基金。未来中国可以考虑设立包括绿色中小企业信用担保、绿色债券、绿色PPP项目担保等在内的绿色担保基金，并通过市场化、差别化的担保政策、补贴政策、税收优惠政策等进行综合调整，以担保机制的完善推进绿色产业融资风险管理与激励机制的创新，积极运用绿色担保基金解决环保企业尤其是中小企业的融资难问题。绿色担保基金可以通过银行贷款、企业债、项目收益债券、资产证券化等市场化方式举债并承担偿债责任。在实践中，可以考虑以地方财政投入启动资金，引入金融资本和民间资本成立绿色担保基金。当地政府应在资金筹集和投向等方面发挥政策引导作用。未来我们应当对绿色金融助力城市低碳绿色发展的执行层面给予更多关注和研究，分析地方城市（包括绿色交通、绿色建筑等行业）低碳融资障碍。另外，支持绿色基金发展的财税金融政策在实践中还需要不同层面予以推进落实。同时，要有效保障投资人的利益，真正搭建民间资金与政府项目之间的普惠桥梁。

第三节　我国发展绿色基金的路径选择

绿色信贷、绿色债券市场、绿色基金、绿色保险都是绿色金融体系的重要组成部分。作为资金来源广泛的绿色基金，包括绿色产业基金及绿色担保基金，在金融体系下更具有举足轻重的作用。目前，包括内蒙古、河北、浙江等十余个省份已经纷纷建立起绿色发展基金或环保基金,对推动绿色投融资的改革和统筹协调绿色城市的发展起到关键性作用,也有利于推动绿色可持续发展的进程。

一、国际经验对我国发展绿色金融的启示

第一,通过绿色基金可拓宽融资渠道,构建多元化的投资主体结构。从长远来看,绿色产业基金的资金应主要来源于民间。应通过政策和制度的调整,积极拓宽绿色产业基金的融资渠道,发展民间资本、养老金、金融机构、国外资本和政府资金等共同参与的多元化投资主体结构。

第二,发展绿色产业基金组织形式,因地制宜合理发展。长远来看,有限合伙制度更适合绿色产业基金。因为其能有效地将资本与专业人才结合起来,在明确划分责、权、利的基础上,提高决策的专业水平,在激励和约束管理人行为的同时,减轻有限合伙人承担的风险和责任。

第三,积极利用外资推动绿色基金可持续发展。加强引进国际来源资金是城市绿色发展的重要领域。我国目前基金众多,其中不乏与绿色基金相似的产业基金,但针对性较低,缺乏专业人士的研究引导,市场参与度不足。考虑到国际市场的因素,产业基金的发展不仅可以寻求国内投资,更可以引进外资和国外专业人员,建立绿色产业基金项目库,进一步获得国际金融机构等在基金和技术上的支持,同时提高资金使用效率也是确保城市绿色发展融资的重要因素。

第四,推进环保并购基金的发展。根据环境商会的不完全统计,从2015年至今,已有超过20家上市公司宣布设立环保并购基金,包括万邦达、上风高科、先河环保、盛运环保、格林美等。国内环保并购基金普遍采用"上市公司+PE",即上市公司联手PE成立并购基金的模式。这一方面可以推进上市公司社会责任的承担,另一方面,可以充分吸引民间资本参与到低碳环保产业的发展。

二、PPP模式助力绿色产业基金的发展

从国际经验来看，单靠政府资金已不能满足大量的公共基础设施投资需求，利用国际及国内民间私人资本进行公共基础设施建设，PPP模式逐步成为应用广泛的项目融资和实施模式，即公共政府部门与民营企业合作模式。

建立公共财政和私人资本合作的PPP模式绿色产业基金，提高社会资本参与环保产业的积极性，是推动绿色基金发展的重要路径。包括主要投资于区域环境保护的流域水环境基金、土壤修复产业基金、雾霾治理产业基金等。基金可以通过银行贷款、企业债、项目收益债券、资产证券化等市场化方式举债并承担偿债责任。

首先，亟待出台专门规范这种特殊PPP模式绿色产业基金的法律法规和操作细则，以完善顶层设计，通过特许经营权等壮大绿色基金的实力，为绿色基金的发展注入持续推动力。在实践中，可以考虑以地方财政投入启动资金，引入金融资本和民间资本成立绿色产业基金。PPP模式下的绿色产业基金，可以通过股权投资于地方政府纳入到PPP框架下的项目公司，子基金或项目公司作为种子项目投资运作主体，对城市绿色基础设施相关产业进行市场化运作，自担风险、自负盈亏，政府授予项目公司一定期限的特许权经营期。

其次，国家和地方政府应尽早出台对绿色基金的相关扶持政策。目前，"十三五"规划已指出，要支持绿色清洁生产，推进传统制造业绿色改造，对符合生态发展的投资项目给予一定税收优惠，对项目贷款提供优惠利率，国家政策性银行拨出环保专项贷款等，支持绿色基金发展的财税金融政策在实践中还需要不同层面予以推进落实。

最后，建立相对适用面较广的投资绩效评价体系。目前，任何一项资产都有相应机构对其进行投资评级，而绿色基金的特殊性更要求它具有相

对更加完善的体系。从基金的创立到退出，每一个环节都要做到有理可循。尤其在基金创立之初，更要健全筛选制度，要确保该基金满足绿色发展的基本要求。

三、发展我国绿色基金的政策建议

绿色基金为社会资本进行专业绿色投资提供了平台，为政府投资引导民资进入绿色发展领域搭建了桥梁。

中央政府层面：建立中央级绿色产业投资基金或绿色发展基金。主要是指中央政府及各部门所成立的，专门用于绿色经济发展特定领域的基金，这也应该是绿色发展基金的重要模式。例如，可用于雾霾治理、污染防治、清洁能源、绿化和风沙治理、资源利用效率和循环利用、低碳交通、绿色建筑、生态保护和气候适应等领域。该类基金的政府资金来源主要可以考虑财政拨款、财政贴息、国债项目安排等。从投资者结构来看，绿色发展基金应是作为公私混合型的模式设立，投资人包括政府、金融机构、企业、私募股权基金、保险公司、养老基金、国际金融机构、各类气候基金等。

明确有关PPP的扶持政策以适用于绿色产业基金。具体来说，首先，应该在国务院办公厅《关于推行环境污染第三方治理意见》的基础上，进一步明确新的投资运营模式（如特许经营）、审批便利化、财政补贴或奖励、绿色债券等优惠政策和融资工具同样适用于PPP产业基金。

建议出台对绿色产业基金的相关扶持政策。根据《产业投资基金管理暂行办法》中的有关内容，按投资领域的不同，产业投资基金可分为创业投资基金、企业重组投资基金和基础设施投资基金等几类；政府在《关于鼓励和引导民间投资健康发展的若干意见》中，提出了鼓励民间资本参与水利工程建设、土地整治、矿山地质环境恢复治理以及支持民间资本进入城市污水处理、城市园林绿化行业领域等多项国家发展政策。这些政策应该加以细化，地方政府在操作细则中可通过放宽准入、减免税收、补贴和土地政策等措施来支持绿色产业基金。

地方政府层面：鼓励各级政府以多种形式发起或参与发起 PPP 模式的绿色产业基金。建立公共财政和私人资本合作的 PPP 模式绿色产业基金，是推动绿色产业基金发展的重要手段。建议根据不同的绿色产业基金特点合理确定政府定位和参与方式。

为提高社会资本参与 PPP 项目积极性，拓宽项目融资渠道、优化各方投资风险、中央与地方两级政府都在积极探索成立 PPP 引导基金，包括财政部与国内 10 家大型金融机构共同发起设立 1 800 亿元 PPP 融资支持基金，财政部与山东、山西、河南、江苏、四川及新疆等地都成立了不同规模的 PPP 引导基金。

参考以 PPP 产业投资基金为主要模式设立绿色发展基金。PPP 基金投资模式主要有投资入股 PPP 项目公司、给 PPP 项目公司提供债权融资及"投贷结合"三种投资模式。目前由省级政府或地市层面出资成立引导基金，再以此吸引金融机构资金，合作成立产业基金母基金的方式比较普遍。各地申报的项目，经过金融机构审核后，由地方财政做劣后级，母基金做优先级，杠杆比例大多为 1:4 或 1:5。例如内蒙古环保基金、山西省改善城市人居环境 PPP 投资引导基金、江苏 PPP 融资支持基金就是这种实例。其他地区可借鉴相应经验，出台这种 PPP 模式绿色基金的法规和操作指南，为社会资本参与创造一个比较稳定的法律环境。

绿色产业投资基金通常都有一定的期限，而 PPP 项目的周期可能长达数十年，因此参与 PPP 的产业投资基金一般需要多种方式退出。具体的退出方式有三种：项目清算退出、股权回购/转让、资产证券化等。

未来也可以考虑设立担保基金，包括绿色中小企业信用担保、绿色债券、绿色 PPP 项目担保等，并通过市场化、差别化的担保政策、补贴政策、税收优惠政策等综合调整，以担保的完善推进绿色产业融资的风险管理与激励机制。

在非政府组织层面：非政府组织对欧美绿色投资基金的发展起到了关键性作用。例如，1996年英国建立的世界上第一个社会投资论坛（UK Social Investment Forum，UKSIF）对包括绿色投资在内的SRI具有里程碑意义，它为ESG投资搭建了良好平台；2001年成立的亚洲可持续发展投资协会（ASrIA）也推动了亚太地区企业责任与可持续金融实务。同时非政府组织还能发挥监督作用：一方面，监督金融机构自身的环保状况和节能减排效果；另一方面，监督金融机构对环境污染企业的融资状况以及对环保产业的支持力度和绿色产业投资基金的使用情况。我国也已经发起成立中国责任投资论坛（China SIF）并已经召开了三次年会，应积极鼓励类似的组织，推动更多机构投资者参与环保产业和绿色投资基金的发展。

加强绿色投资国际合作：随着全球化和经济的快速发展，发展中国家都面临同样的问题，工业化、城市化、全球化、城市污染和资源短缺的压力，迫切需要多维度、联合跨国行动来实现可持续发展。

目前，中美建筑节能与绿色发展基金作为刚结束的第八轮中美战略与经济对话的重要成果之一正式推出。该基金将与镇江和张家口两个城市合作，建立市级建筑节能和绿色发展基金，促成美国节能环保技术在中国市场的应用，并将成功经验在其他城市进行复制和推广。在基金的运作上，将引入跨境的公私合作关系（PPP）这一创新模式。未来可以通过这种基金的模式鼓励绿色金融国际合作，并共同创造绿色就业机会。

目前，推动绿色金融的全球发展已经在G20达成共识，国际投资的绿色化和环境社会责任的承担也成为关注热点。而亚投行、丝路基金、亚洲开发银行、国际金融公司等在推动亚太金融合作、生态领域、基础设施投资方面也更多强调环保因素。借鉴全球基础设施基金的经验，未来可以联合全球合作伙伴，运用PPP（公私伙伴合作）模式，在"一带一路"进行绿色投资，推动改善生态环境，促进绿色发展的国际合作。

第六章 以政府和社会资本合作的模式推动绿色基金的发展

本章通过介绍政府与社会资本合作的 PPP 模式的运作原理以及优点，结合我国绿色产业发展过程中融资的需求，讲述我国将 PPP 模式与绿色基金相结合，通过介绍我国 PPP 模式的绿色基金的案例，展示 PPP 模式对我国绿色引导基金和绿色产业基金发展的推动作用。

第一节 以 PPP 模式推动绿色产业基金的发展

从国际经验来看，单靠政府资金已不能满足大量的公共基础设施投资需求，利用国际及国内民间私人资本进行公共基础设施建设中，PPP（Public – Private – Partnership）模式，即公共政府部门与民营企业合作模式，逐步成为应用广泛的项目融资和实施模式。根据"绿色金融改革与促进绿色转型"课题核算，"十三五"期间，按照落实现有已经制订的环境规划、计划和标准的"低方案"，中国在可持续能源、环境基础设施建设、环境修复、工业污染治理、能源与资源节约等五大领域的绿色融资需求为 14.6 万亿元；若基于环境无退化原则的"高方案"，则资金需求高达 30 万亿元。而目前中国的 PPP 项目在未来的绿色基金市场发展空间广泛。

一、绿色增长需要双轮驱动的 PPP 模式

我国在经济新常态下，环保产业面临财政投入、模式创新等多重挑战，中国的绿色增长之路迫切需要金融创新来化解资金瓶颈，运用好政府

和市场的双轮驱动，促进新一轮可持续增长。PPP模式以各参与方的"双赢"或"多赢"作为合作理念，提高社会资本参与城镇化进程的积极性。而引导民间资本参与城镇化进程，包括设立绿色化民营银行，也是推动经济发展重要的创新路径。

二、PPP模式助力绿色产业基金的发展

在大气、水、土壤三个"十条"以及PPP等新模式的推进下，"十三五"环保市场潜力巨大，总的社会投资有望达到17万亿元。具体就是政府通过特许经营权、合理定价、财政补贴等公开透明方式，完善收益成本风险共担机制，使投资者有长期稳定收益。而投资者按照市场化原则出资，按约定规则与政府共同成立基金参与建设和运营合作项目。基金可以通过银行贷款、企业债、项目收益债券、资产证券化等市场化方式举债并承担偿债责任。

在实践中，可以考虑以地方财政投入启动资金，引入金融资本和民间资本成立绿色产业基金。PPP模式下的绿色产业基金，可以通过股权投资于地方政府纳入到PPP框架下的项目公司，子基金或项目公司作为种子项目投资运作主体，对城市绿色基础设施相关产业进行市场化运作，自担风险，自负盈亏，政府授予项目公司一定期限的特许权经营期。

为推动节能减排和绿色低碳产业的发展，绿色产业基金可以引导社会金融资本加大对绿色产业的投入力度，是绿色信贷的重要补充。建立公共财政和私人资本合作的PPP模式绿色产业基金，提高社会资本参与环保产业的积极性，是推动绿色基金发展的重要路径。包括主要投资于区域环境保护，流域水环境基金、土壤修复产业基金、雾霾治理产业基金等。

第二节　中国 PPP 融资支持基金的影响

一、成立背景

党的十八大以来，特别是十八届三中全会之后，党中央、国务院积极鼓励社会资本参与提供公共产品和服务，相继出台一系列 PPP 相关利好政策。为贯彻落实李克强总理的要求，有效发挥财政资金的引导作用，推动各地 PPP 项目尽快落地，经国务院批准，财政部牵头全国社会保障基金理事会、中国建设银行股份有限公司、中国邮政储蓄银行股份有限公司、中国农业银行股份有限公司、中国银行股份有限公司、中国光大集团股份公司、交通银行股份有限公司、中国工商银行股份有限公司、中国中信集团有限公司、中国人寿保险（集团）公司等十家大型金融、投资机构成立中国 PPP 基金。

二、中国政企合作投资基金股份有限公司

2016 年 3 月 4 日，按照经国务院批准的中国政府和社会资本合作融资支持基金筹建方案，财政部与国内 10 家大型金融机构、投资机构，共同发起设立政企合作投资基金，并召开中国政企合作投资基金股份有限公司（以下简称政企合作投资基金公司）创立大会。1 800 亿元的中国 PPP 融资支持基金的投资方式采用股权投资，基金正式运作将对 PPP 市场带来深远影响，估算可以撬动 1.8 万亿元投资，还能降低 PPP 项目融资成本，规范 PPP 项目运作。坚持市场化、专业化运作，主要通过股权、债权、担保等方式，为纳入国民经济和社会发展规划、基础设施和公共服务领域专项规划以及党中央、国务院确定的其他重大项目中的 PPP 项目提供融资支持。该基金将作为社会资本方重点支持公共服务领域 PPP 项目发展，

提高项目融资的可获得性。

2016年7月14日,中国政企合作投资基金管理有限责任公司(以下简称管理公司)正式成立,标志着中国PPP基金工作重点全面转入PPP项目投资。管理公司是一家PPP项目专业投资公司,主要业务是接受中国政企合作投资基金股份有限公司和其他机构委托资金,通过市场化运作和专业化管理,实现其管理基金的稳健、高效运行,促进PPP项目的落地。

三、基金特点

1. 增信作用强。作为唯一的国家级PPP基金,中国PPP基金的参与能有效增强项目相关方对项目成功实施的信心,降低项目综合财务成本及项目相关方的违约风险。

2. 投资期限长。中国PPP基金投资期限是与项目PPP合作期相匹配的,可以覆盖项目的"建设期+运营期",最长可以达到"建设期+30"年,能够匹配项目的投资运营需求,缓解项目净现金流前低后高的压力。

3. 规范运作,合作模式灵活。倡导以同股同权方式投资,共担风险、分享收益,既可以股权方式直接投入项目公司资本金,也可通过夹层基金、资管计划等方式实现股权或债权投资,引导社会资本方、金融资本方及政府方重诺守信,降低项目履约风险。

4. 投资决策高效。人员精干、管理扁平,决策链条短,PPP项目的接洽、谈判、尽调、投决等关键环节,一般可在3个月左右完成。

5. 管理团队专业。基金管理团队主要来自中央部委、国内大型金融机构及国内大型建筑施工企业等机构,具备较高的PPP理论政策水平和丰富的PPP项目投资经验,能提供全方位的服务。

6. 资源整合能力强。股东单位实力雄厚,资源丰富,可有效发挥强大协同优势,与众多政府、社会资本、PPP领域中介机构等已建立合作关系,有能力为项目发起方整合咨询、设计、施工、融资、运营等相关资源,提供"一站式"、"全链条"服务,有效加快PPP项目落地速度。

四、基金的重大作用

具体包括:引导社会资本和金融资本积极参与PPP项目、为规范的PPP项目创建发展环境、解决PPP项目信心和融资问题、推动中国PPP事业可持续发展。

1. 规范:努力推动PPP各参与方规范运作、共同推动我国PPP市场的诚信体系建设、提高项目的持续发展能力和社会吸引力。

2. 增信:为地方政府发起PPP项目增信、为社会资本承接PPP项目增信、为金融资本投资PPP项目增信。

五、合作条件

目前,中国政企合作投资基金管理公司已面向全国征集需PPP基金提供融资支持的项目。项目筛选的标准主要包括:一是纳入国民经济和社会发展规划、基础设施和公共服务领域专项规划以及国务院确定的其他重大项目符合国家产业升级、结构调整战略范畴的产业和领域;二是纳入财政部全国PPP综合信息平台项目库或者国家发改委PPP项目库;三是项目单体规模较大,总投资额原则上不低于30亿元,有重大政治、社会意义的可适当放宽条件;四是项目前期准备充分,完成"两评一方案",各项审批手续齐全,近期有明确融资需求。

六、中国PPP基金项目投资总体情况

截至2017年上半年,中国PPP基金已与全国各省区开展了PPP项目对接,与19个省区完成项目合作,累计签约金额达644亿元,涉及交通运输、市政工程、棚户区改造、生态保护和水系治理、新型城镇化、综合管理、片区开发、海绵城市、医疗卫生、文化、养老等多个领域。

其中，非子基金项目投资金额259亿元，占比40.22%；与9个省区设立的省级PPP基金签约出资金额385亿元，占比59.78%。

1. 河南省洛阳市伊洛河水生态文明示范区PPP项目

本项目规划范围约55平方公里，包含隋唐洛阳城、汉魏洛阳故城、中州东路、洛偃快速通道、白马寺镇、龙门景区等区域。项目一期工程主要包括"两湖一河"水利工程和"两路三桥"市政工程。

本项目一期工程总投资54.63亿元，其中注册资本金10.93亿元，项目贷款43.7亿元。中国PPP基金投资该项目2.19亿元。

项目的实施将有助于加快推进伊洛河水生态文明示范区建设，有利于实现洛阳市水、产、城的有机融合，不断放大伊洛河水资源的综合效益。推进洛阳作为水生态文明建设试点城市的模范作用，有助于打造洛阳成为国际级生态水城，为中原地区经济增长提供强有力的支撑。

2. 江西省萍乡市麻山生态新区人居环境建设项目

该项目总体规划面积30.52万平方米，项目主要建设内容包括：麻山生态新区人居环境建设PPP项目主要建设内容包括城中村改造、污水处理、道路建设、生态修复等内容。

项目建设总投资30.48亿元，其中资本金为6.48亿元，占项目总投资比例为21.25%。中国PPP基金投资该项目3亿元（股权投资1.8亿元，股东借款1.2亿元）。

中标社会资本方是北京东方园林环境股份有限公司、江西中全建设工程有限公司等三家公司。其中北京东方园林环境股份有限公司持有项目公司股权为40%。

第三节 地方政府PPP引导基金的发展趋势

地方级的PPP引导基金设立也在提速，根据清科研究中心的搜集整理，目前已公开披露的国内PPP引导基金注册资金总规模已经超过7 000亿元。其中地方层面，黑龙江、新疆两地省级引导基金均在千亿元规模，分别为1 340亿元和1 000亿元，山东、福建、浙江等省级基金都在百亿元规模。此外，湖南、海南、陕西、甘肃等地也在筹备设立PPP引导基金。

PPP引导基金的设立，通过政府部门的带动效应起到杠杆的作用，将助力于撬动国内价值万亿元的PPP市场。在引导基金的撬动下，新一波PPP热潮正在袭来，不少城市首个PPP项目于近期密集落地，市政、环保、交通项目等成为热门领域。其中，高投入、盈利模式清晰的市政交通建设、房产开发、医疗养老是目前PPP项目的热点所在。

第四节 PPP引导基金的运作模式及案例分析

PPP项目资金需求量大、投资周期长，为了拓宽项目融资渠道、优化各方投资风险、提高社会资本参与PPP项目积极性，中央与地方两级政府都在积极探索成立PPP引导基金。

财政部与山东、山西、河南、江苏、四川及新疆等地都成立了不同规模的PPP引导基金（以下简称PPP基金）。为了更好地指导实践，我们有必要分析一下该类基金的运作模式。

1. 只设立PPP母基金，而不另设PPP子基金，如图1所示。PPP基金一般是由财政部门发起，政府委托政府出资平台与银行、保险等金融机构以及其他出资人共同出资。PPP基金的管理人可以由PPP基金公司（公司制）或PPP基金有限合伙企业（有限合伙制）自任，也可另行委托基金管理人管理基金资产。

2. 既设PPP母基金，也设PPP子基金，子基金出资不仅仅出自母基金，如图2所示。2016年初，经山西省政府批准，省财政厅、省住建厅

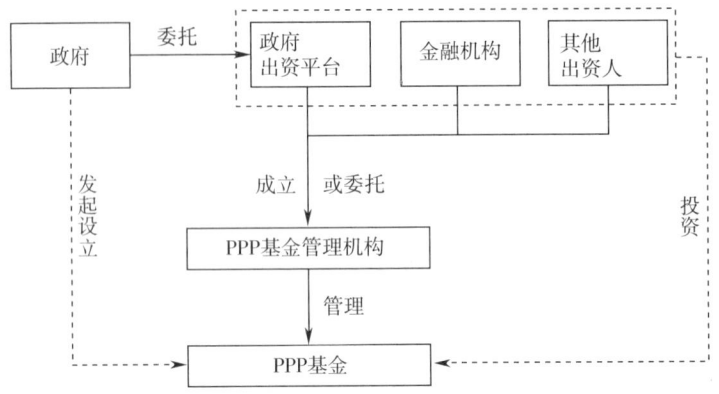

图 1　只设立 PPP 母基金，不另设 PPP 子基金

与北京首创集团、兴业银行为破解城市基础设施建设投融资难题共同发起设立了山西省改善城市人居环境 PPP 投资引导基金。该基金由省级母基金和市县级子基金构成，母基金规模为 16 亿元，将带动社会投资 853 亿元，重点用于城市供水、地下综合管廊、轨道交通等八个方面基础设施 PPP 模式项目。首创集团已与太原、晋中、晋城、运城等地在城市污水、供水、河道治理、固废处理等环境治理等领域进行了全方位的 PPP 项目投资合作。

3. 既设 PPP 母基金，也设 PPP 子基金，子基金出资全部出自母基金，如图 3 所示。2015 年江苏省财政厅设立了 PPP 融资支持基金，由省市县财政共同出资 10 亿元，同时吸收金融资本及其他社会资本参与。江苏省首期 100 亿元 PPP 融资支持基金出资机构 2015 年 8 月 18 日确定，最终江苏银行、交通银行江苏省分行、上海浦东发展银行南京分行、建设银行江苏省分行，以及农业银行江苏省分行确定为出资机构，各认购 18 亿元。另外按规定，省市县财政共同出资 10 亿元。由财政资金和银行资金为主体发起成立的江苏 PPP 融资支持基金在全国是第一单。要求发挥少量财政资金的"种子"作用，撬动金融和社会资本。基金通过股权、债权、担保等多种形式为全省 PPP 项目提供融资增信支持。基金支持的项目会

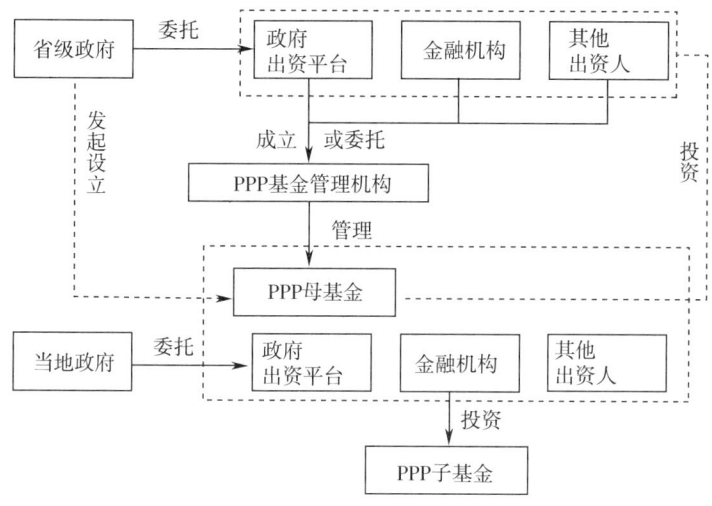

图 2　既设 PPP 母基金，也设 PPP 子基金

倾向于收益比较稳定的项目，目前看来水务、垃圾处理、燃气等都是比较优质的项目。

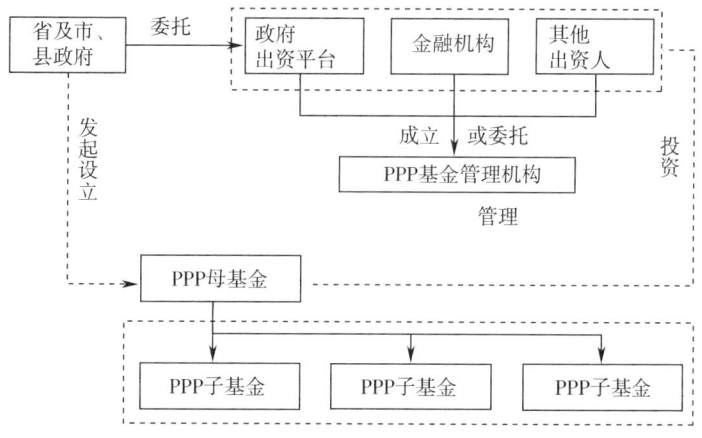

图 3　子基金出资都出自母基金

第七章 中国绿色基金的案例分析

本章主要介绍了自我国提倡发展绿色基金以来,我国省级地方政府和地市级政府绿色产业基金的运作基本模式和案例分析,通过介绍不同地区政府部门以及不同级别政府部门在绿色基金操作中因地制宜的差异性操作,为我国绿色基金的创新性和多样性发展提供借鉴。

第一节 省级地方政府推动产业基金发展的案例

一、浙江产业基金及运作模式分析

转型中的浙江,聚焦省政府工作报告中明确提出的"八大产业",将信息、环保、健康、旅游、时尚、金融、文化、高端装备制造行业作为产业转型升级的切入点,紧扣八大产业培育骨干企业、强化要素保障,力争将八大产业培育成为能够支撑浙江未来发展的万亿级大产业,促进浙江经济结构的调整和增长模式的转变,实现经济的可持续发展。

截至 2017 年 12 月底,全省政府产业基金总规模 1 330.53 亿元,与社会资本合作设立子基金 490 只,总规模 3 070.97 亿元,省级产业基金层面,与社会资本合作设立市场化子基金 35 只,总规模 840.57 亿元,其中:省产业基金出资 51.02 亿元,社会资本出资 789.55 亿元,政府资金一级放大 16.48 倍。上述子基金重点投向省委、省政府确定的信息经济、环保、旅游、健康、时尚、金融、高端装备制造等七大产业。

目前,各级政府产业基金已初步与天使、VC、PE、并购等不同阶段投资机构开展对接合作,投资方向重点覆盖上述七大产业,为浙江创业创新、产业转型升级持续导入了优质资本、优秀人才、先进技术、现代管理理念等要素,综合效益显著。

据统计,截至 2017 年 12 月底政府产业基金撬动社会资本合计 9 102.34 亿元,政府参股的各类市场化子基金与直投的项目共 4 002 个,总投资金额 7 697.34 元。投资区域分别为:省内项目 2 055 个,投资额 2 594.59 亿元,占总投资额的 33.71%;省外项目 1 947 个,投资额 5 102.75 亿元,占总投资额的 66.29%。投资领域分别为:信息经济 2 998.27 亿元,占 38.95%;环保 361.78 亿元,占 4.70%;健康 928.37 元,占 12.06%;旅游 122.18 亿元,占 1.59%;时尚 349.73 亿元,占 4.54%;金融 254.66 亿元,占 3.31%;高端装备制造 1 917.90 亿元,占 24.92%;文化 69.40 亿元,占 0.90%;农业 126.75 亿元,占 1.65%;其他产业 568.30 亿元,占 7.38%。

主要成效表现在以下三个方面:

一是优化资金配置方向,推动国家产业政策落实。通过设立政府产业基金,逐步改善和调整了社会资本配置,引导资金流向生物医药、节能环保、新能源与新材料等战略性新兴产业领域,培育出一批以市场为导向、以自主研发为动力的创新型企业,进一步促进了浙江产业结构的调整升级。

二是财政杠杆作用明显,浙江股权投资业发展迅速。浙江省政府产业基金已初步形成省市县共同参与、母子基金相互配套的良好局面,最大限度地发挥财政资金杠杆作用,吸引带动金融资本和社会资本增加投入。从前几只子基金的运作情况看,通过撬动社会资本基金放大倍数达 5.2 倍以上。

三是培育孵化项目,促进创业创新和转型升级。浙江从 2009 年开始就设立了省创业投资引导基金等若干只政府产业基金,并参股投资了 20 多只各类子基金,其中参股设立的"天使基金"等创投基金,用"接力棒"方式逐步建立起政府资金和社会资金相互促进、相互依赖的产业投资体系。

2017 年 11 月 28 日,"中国·湖州太湖绿色金融小镇推介暨湖州绿色金融政策发布会"在北京召开。会上,浙江省湖州市宣布出台《建设国家绿色金融改革创新试验区的若干意见》(以下简称绿色金融 25 条政策),明确自 2017 年起至 2021 年,该市将每年安排绿色金融改革创新试验区建设专项资金 10 亿元,鼓励绿色金融改革创新。

二、内蒙古"环保基金"的设立及运作模式分析

1. 内蒙古环保基金的投资规模。按照目前通行的有限合伙制的经营模式,采取认筹方式确定环保母基金的合伙人,与内蒙古政府引导性资金共同组成母基金,初始规模 40 亿元。其中,政府引导性资金 10 亿元、吸收其他 4 家社会资本 30 亿元。在母基金的基础上,按照市场化运作方式,以不低于 1:5 的比例放大母基金,形成最低 200 亿元的环保基金年度投资规模。

2. 环保母基金的来源。环保母基金是由政府引导性资金和合伙人共同出资组成。按有关规定要求,政府引导性资金是先将政府财政资金注入环投公司,再由环投公司投入到母基金中,因此,注入环投集团公司的政府财政资金,即环投公司的注册资本金就是政府引导性资金的来源。按照分年度、可分期注入认缴的规定,拟用 5 年时间、每年按 10 亿元注入完成 50 亿元的政府引导性资金。

3. 环保基金投资方向。一是解决政府职责范围内的公共环境问题,

如城镇污水处理厂的新建和提标改造、城镇雨污分流管网配套建设、城镇生活垃圾无害化处理和综合治理利用、工业园区环境综合整治等社会公益项目，都是由于地方政府重视不够、投入不足，从而形成了发展中的环境欠账问题。在新的发展要求下，环境治理领域还旧账、补短板，是地方政府急需解决的问题，也是环保基金投入的重点方向；二是支持企业解决污染治理设施建设运行和污染物综合利用资金投入不足的问题；三是充分发挥基金投入的杠杆效应，引进和吸收国内外环境治理先进技术和团队，推动环境治理技术的研发、应用和第三方服务市场的形成与发展；四是通过环保基金的引导投入，在呼和浩特市创建环保产业园，发挥孵化效能，填补空白，打造新的经济增长点，从而推动区内环保产业加快发展。

4. 环保基金投资原则范围。一是坚持"优先区内、优先治理"的原则，考虑环保基金的长远发展，"十三五"期间环保基金投在区内的总规模不低于60%，2018年前不低于80%；二是坚持"先易后难、先急后缓、复制推广、滚动发展"的原则，进一步促进和扩大环保基金的效能，实现加快解决突出环境问题、改善环境质量、促进环保产业和经济社会可持续发展的目的。

5. 环保基金投资风险管控。环保基金的风险管控，是基金投资过程中需要重点监管的一个关键环节。综合国内基金运行规则，重点把握好以下几个节点。一是通过托管银行封闭管理规避风险。对于政府投入的引导性资金，将通过托管银行的全程跟踪管理的方式，使资金在托管银行内封闭运转。只有完成了投资前项目的前期工作后，方可从托管银行划拨资金到投资项目上，在未吸收社会资本前，政府的引导性资金是不能从银行支出的。二是通过市场择优选择投资项目来规避风险。基金及投资者会择优选择政府环境公益性、有社会收费偿还渠道的环保治理项目；国家和自治区能源基地、产业先进的火电、煤化工等列入国家重点行业的项目；以及业主资质好、竞争力强的项目，通过市场"择优机制"最大限度地规避投资者的风险。三是通过股权投资的方式确保基金退出来规避风险。目前基金退出多数采用首次公开上市（IPO）、股权并购、股份回购、资产并购、管理层并购（MBO）等方式来进行，从国内基金的运作模式来看，这种方式不但易操作，而且有很多的团队专门从事此种业务。四是通过有效的担保基金和担保体系来规避风险。每个项目进入基金投资前，基金公司根据业务需求，选择和依托担保公司对基金投资方的担保，业主要对担保公司做出有效抵押和承诺，一旦出现风险，由担保公司负责兑现基金及投资者的权益，由业主兑现担保方的权益。如果采用的是担保基金和担保体系，即使出现"破产清算"，也能确保投资者的权益。五是通过债权投资的方式确保基金退出来规避风险。根据投资双方签订的债权合同和协议来决定退出方式及金额。金额应该是支付债务＋约定的利息。退出方式可以选择到期连本带息还清债务，还可以选择协议转让相关债权投资。六是通过破产清算的方式确保基金退出来规避风险。依照有关法律规定，"破产清算"是最后的也是最坏的一种风险把控的办法。

6. 环保基金的经营管理

按照有关法律规定，环保基金首先要注册确立基金管理公司（GP），政府引导性资金作为有限合伙人（LP）。公司负责建立基金投资的原则、经营策略、资产分配等一系列规章，确定长期投资规划，审定每个项目包的投资规模，决策重大投资事项。基金公司的管理由合伙人代表共同负责，具体事务按基金管理公司的章程运行。

为确保基金的良好运行，"母基金"将设立合伙人联席会、投资决策委员会、专家咨询委员会等议事决策及管理机构，其主要职能是对基金投向、重点项目的筛选、绩效评价等事宜的审核和把关。按照基金市场化的运作模式，母基金不直接投资项目，而是针对区内不同的环境治理项目，将分别打造若干个项目包，向国内公开招标专业的基金管理公司来运营。

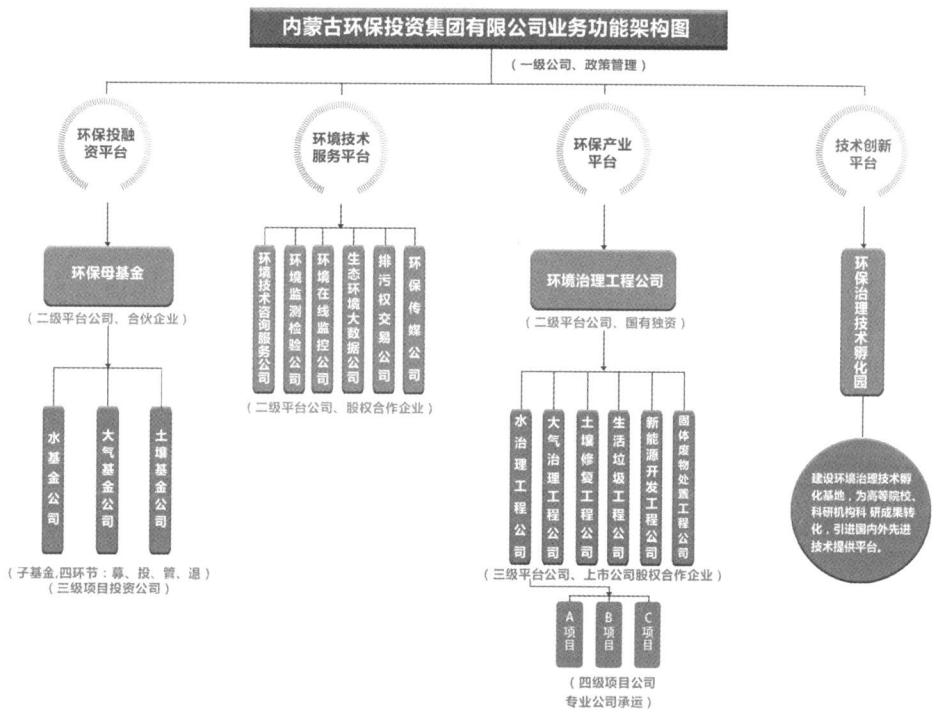

图1 内蒙古环保基金平台

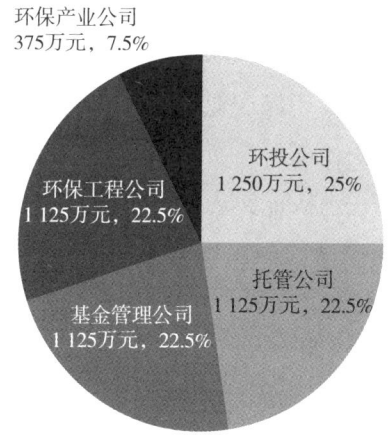

图2 母基金管理公司注册资本构成图

"子基金"是由中标后的专业基金管理公司负责对项目包的投资经营管理。通过环保"母基金"引导资金的注入,由子基金管理公司负责吸收其他社会资本进入,二次放大后形成各子基金的投资规模。"子基金"的主要职能是负责直接对环境治理项目的投资,各基金专业管理公司根据公司经营的特长,通过投标的方式选择环境治理项目包,对治理项目进行投资估算、运行管理、风险管控、收益分配、基金退出等全过程管理。

基金投资后所得红利按章程进行分配,政府引导资金主要目的是解决环境治理和培育环保产业的发展,因而政府引导资金所得红利要提取一定的比例用来奖励合伙人或子基金管理公司,剩余红利主要用来补充政府引导资金的资本金或开展环保产业的一些业务合作所需。

7. 协同抓好与环保基金配套改革事项

中央和自治区生态文明体制改革都明确要求,鼓励各类投资进入环保市场,能由政府和社会资本合作开展的环境治理和生态保护事物,都可以吸引社会资本参与和运营,通过政府购买服务等方式,加大对环境污染第三方治理的支持和技术服务。为落实改革要求,尽快组建运营环保基金,需要建立和完善与环保基金相配套改革的一些事项。

一是需尽快组建内蒙古环保产业投资公司的正常运营。按照有限合伙制的法律规定和基金的运作模式,政府财政性引导资金不能直接投向环保基金,必须通过先设立环保产业投资公司注入政府引导性资金,才能吸收社会资本共同形成环保母基金。设立环投公司不仅是创新环保投融资模式、形成环保基金的前置条件,而且是推动内蒙古生态文明体制改革的一个重要抓手。在内蒙古党委、政府的正确领导和国资委、财政厅、环保厅等相关部门的大力支持下,内蒙古环投集团已正式组建运营。环投公司将代表自治区政府出资,履行出资人职责,发挥专业优势,整合行业资源,推荐优先项目,掌握投资需求,把控投资方向,实现投资效益。内蒙古环投集团的成立,为加快形成内蒙古环保基金奠定了坚实基础。当前,正在按照既有部署,加快落实政府财政资金,通过环投集团投入形成政府引导性资金,进而与社会资本共同组成环保母基金,推动实现环投集团和环保基金的正常运营。

二是搭建环保技术服务平台。解决环境问题,不仅需要大量的资金投入,还需要先进的治理技术。资金与技术是治理环境污染缺一不可的基本要素,二者是加快解决环境问题、推动环保产业快速发展的"双引擎"。按照国家加快发展环保第三方服务、环境科研机构转制的要求,我们将采取政府引导性投入,依托内蒙古环科院转制,整合全区环保系统科研院所人才、技术、装备的优势资源,通过增资扩股、股权多元的市场运作模式,吸纳国内外先进的环境治理新技术和优秀研发团队,针对区内的治理重点任务,组建内蒙古环境治理技术服务和咨询的龙头企业,搭建自治区环保技术服务平台。该平台发挥环境技术服务与研发、环境评价与咨询、环境决策服务等职能,本着"专业化、市场化、产业化"的原则,在做好环境技术服务顶层设计的基础上,根据环境治理技术分类和环境治理市场需求,按照混合所有制的经营模式,针对不同的环境问题,采取分别组建环境治理技术服务的各专业团队的办法,从而强化环境技术服务的专业能力和治理效率。通过引进和培育环境技术服务支柱企业,推动内蒙古环保产业的发展,形成新的经济增长极。截至目前,已相继组建环境监测检验、生态环境大数据、环境在线监控和环境治理工程等环投集团二级板块,随着各板块逐步实现正常运营,必将对推进全区环境治理和环保产业发展产生积极影响。

三是充分发挥初始排污权有偿使用和收储交易平台作用。按照国家的要求,在全面推进排污许可证制度中,当前正在加快组建隶属于环投集团的内蒙古排污权收储有偿调剂平台。通过初始排污权的核定和排污权的收储、交易、有偿调剂使用,一方面积极推行"一证式管理"的监管制度改革创新，推动排污企业采用新技术、新设备，促进产业结构调整和污染减排，进而盘活排污存量、腾出排污总量，为自治区"十三五"新建的重点项目提供环境准入和落地建设的保障，突破总量制约重大项目建设的瓶颈；另一方面，通过排污许可证制度的实施，确立了排污权的物权法律地位，从而可以充分发挥排污权交易的环境经济政策效应，拟充分利用排污权的物权法律地位，建立和完善与排污权交易相适应的抵质押、融资租赁、担保、保险等绿色金融政策体系，使环境管理制度与绿色金融政策形成相互关联、高度耦合，必将为推动生态文明建设和绿色发展发挥更大的积极作用。

三、广东环保基金的设立及运作模式

2015年12月，由粤科集团代表广东省财政出资20亿元，与平安银行广州分行（出资40亿元）、广东建工集团（出资3亿元）签订广东环保基金《合作备忘录》，三方共同发起规模达到63亿元的广东环保基金母基金，计划撬动超200亿元社会资本投向绿色环保产业。该基金将主要参与PPP项目包的前期启动和发起设立子基金，投向粤东西北等地区生活垃圾和污水治理领域及配套管网设施建设项目，并撬动社会资本进入粤东西北地区环保基础设施建设领域。粤科集团作为广东环保基金的主发起人和受托管理机构，将积极发挥财政资金杠杆作用，实现地区环境保护和绿色发展目标。

四、新疆积极推动绿色产业基金的发展

新疆地处亚欧大陆腹地，毗邻八国，是"丝绸之路经济带"的核心区，新疆发展绿色经济，与周边国家开展绿色合作，有效推动"一带一路"的绿色化投资。

2016年5月27日，《新疆维吾尔自治区政府和社会资本合作引导基

金管理暂行办法》发布实施，新疆出资设立的自治区人民政府和社会资本合作引导基金即将正式运行。该基金是由自治区人民政府出资引导设立，按照市场化方式运作管理，集中投向自治区政府和社会资本合作项目的引导基金。基金投入运作后，将带动更多社会资本参与新疆 PPP 项目的建设、运营和管理，助推更多 PPP 项目落地。截至 2017 年第一季度末，新疆 PPP 项目数 1 050 项，项目总投资额 6 536 亿元，引导基金规模也由最初设立的 1 000 亿元扩大至 2 500 亿元。

截至 2017 年 9 月底，全国政府和社会资本合作（PPP）综合信息平台项目库入库项目 14 220 个，累计投资额 17.8 万亿元，覆盖 31 个省（自治区、直辖市）及新疆生产建设兵团和 19 个行业领域。其中，新疆入库项目为 458 个，兵团 25 个，累计投资额分别为 5 538 亿元和 196 亿元。与上年同期相比，新疆投资额净增位居全国首位。

新疆三个绿色金融改革创新试验区绿色基金发展起步良好，发展潜力巨大。昌吉州政府与兴业银行成立了 30 亿元的"花儿昌吉"基金，主要投向昌吉各县市城市基础设施和管网建设；庭州能源股份有限公司与建设银行昌吉回族自治州分行签订框架协议，将发起设立 5 亿元的新能源产业投资基金；昌吉州政府与招商新能源集团、北京银行乌鲁木齐分行签订了 100 亿元绿色产业基金合作框架协议。首期 10 亿元由庭州能源投入，用于木垒及准东地区 40 万千瓦风光电项目。

哈密市政府与中国能源签订《哈密循环经济及能源产业发展基金合作协议》，基金总规模 100 亿元，首期 20 亿元，重点支持"潞安哈密三道岭热电联产"和"中烯环保煤焦油无害化处理"绿色化改造项目，项目的实施将对能源企业降低污染、提高资源利用率起到良好示范作用。

克拉玛依市成立了"公司+基金+基地+实验室"昆仑银行卓越绿色产业投资引导基金，有效地满足了洁净能源领域资金需求。

下一步，新疆拟设立腐植酸产业发展引导基金。腐植酸产业发展引导基金采取分期设立方式运作管理，基金规模为50亿元，首期规模为10亿元人民币。基金首期由中国腐植酸工业协会会员单位、金融机构、企业和社会资本出资，拟引入世界银行等国际金融机构资金。支持哈密腐植酸工业生态园、昌吉腐植酸农业生态园、克拉玛依现代农业生态园建设。

五、贵州大数据基金和绿色金融交易平台

贵州省PPP基金体系，是由省级财政出资10亿元，引导社会资本90亿元，设立100亿元的省级PPP母基金，在省级PPP母基金框架下，以股权投资为主要方式督促引导省级行业主管部门和市县设立子基金或直投项目。

贵州是全国生态文明先行示范区，近年来，大力发展绿色金融，成立了全国首只专注于大数据产业的私募股权投资基金。借力国家大数据综合试验区建设，2016年5月，贵阳数博会期间，贵州省经济和信息化委员会、贵州省政府金融办共同推动成立了云上贵州大数据产业基金，在资金募集上，基金总规模50亿元人民币；在投资方向上，基金重点投资大数据核心、关联及衍生业态的优质项目，有效推动了绿色金融＋绿色产业、"大数据＋"的实践创新。

另外，贵州探索推动组建了全国首家聚焦绿色金融主题的地方权益类交易市场——贵州绿色金融交易中心。作为资源聚集平台和供应链网络核心，贵州绿色金融中心正在集聚资本、产业、咨询、中介、技术等各类资源，逐步建立广泛的会员和合作伙伴网络，形成绿色产业块数据中心，从而为绿色企业提供个性化的综合融资服务，助推绿色资源的定价、交易和融资，积极为绿色金融带动民间资本助力环保企业提供交易和信息平台。

六、山东省政府投资引导基金和节能投资引导基金

2015年以来，山东省发起设立了资本市场发展、天使投资、科技成

果转化等19个方向的政府引导基金，参股设立51只子基金，初步形成了具有不同政策导向、不同投资偏好的基金群。同时，建成了初具规模的基金投资备选项目库。主要包括PPP发展基金和城镇化投资引导基金、产业引导基金、天使投资引导基金、科技成果转化引导基金、新兴产业创业投资引导基金、资本市场发展引导基金、融资性担保机构股权投资引导基金等。在此基础上，山东省积极探索建立财政投入、国资收益、基金增值和社会资本投资及捐助等多渠道并举的引导基金滚动投入机制。

2015年，由山东省政府出资设立节能投资引导基金。引导基金主要来源于省级财政预算安排用于支持节能领域的专项资金，其他政府性资金，中央财政切块下达支持节能的专项资金（或基金），以及引导基金运行中产生的收益等。引导基金主要通过参股方式，与省内外社会资本及其他政府资金合作设立或以增资方式参股节能投资基金。引导基金实行决策与管理相分离的管理体制，按照"政府引导、市场运作、防范风险、滚动发展"的原则进行投资管理。

七、陕西省创业投资引导基金助力绿色环保领域

近年来，陕西省引导基金发展较快，主要有创业投资引导基金、科技成果转化引导基金两大类型，两类引导基金对于绿色产业发展均给予扶持、同时，采取参股等方式，鼓励各市（区）设立中小企业基金、创业投资基金。加快推进小微企业创业基地建设，探索发展企业上市引导基金、产业并购基金等，支持中小企业开展结构调整和产业整合。创业投资引导基金的主要使用领域近年来偏向绿色环保型和节能减排型行业，如电动汽车研发等。

"十二五"期间，陕西省政府发起设立政府产业基金5只，其中包括节能环保和新能源的新兴产业培育、PPP模式的基础设施和公共服务建设是扶持重点，包括支持城际铁路、城市（镇）供水供热、污水垃圾处理、

分布式清洁能源建设、园区循环化改造、新型养老综合服务载体等项目。目前，陕西省设立多个政府和社会资本合作（PPP）示范项目，涉及交通、水利、市政、公共服务、环境保护5大类13个行业领域，总投资约123亿元，并明确了对示范项目的奖补政策。其中，生态环境方面项目扶持比例较大。

截至2016年6月底，在中国证券投资基金业协会备案并公示的创投基金及私募股权投资基金管理机构160家，管理基金数量177只，管理资金规模395.72亿元，居于国内大中城市前列。其中，陕西省金融控股集团参股设立基金14只，基金总规模42.66亿元，包括10只创投基金总计规模26.56亿元，共投资34个项目，涉及循环经济、现代能源、节能环保、新材料、新能源汽车等领域。

2017年4月11日下午，陕西环保产业投资基金框架合作协议签约仪式在西安举行。陕西环保集团、陕西金融资产管理股份公司、杭州敦敏资产管理公司签订了框架合作协议。设立150亿元环保产业投资基金，三方将根据投资进度分期设立、分期募集总规模150亿元的陕西环保产业投资基金。

本次协议的签订，标志着陕西环保产业基金迈出了实质性的关键一步，对于合力实现互利共赢目标，推动产融结合，带动陕西省环保产业发展具有重要意义。对于进一步巩固、扩大彼此间在节能环保产业领域合作，解决陕西省环保产业发展面临的资金需求，畅通环保产业融资渠道将起到积极作用，对于守护三秦大地绿水青山、助推"三个陕西"建设必将产生积极而深远的影响。

八、重庆市环保产业股权投资基金

2015年6月，重庆市政府出资10亿元成立重庆环保产业股权投资基金。基金采取投资与管理分离的有限合伙方式，按照"政府引导、市场运作、科学决策、防范风险"原则进行管理；将利用10亿元基金杠杆，主要采用PPP的模式，可实现40亿~50亿元资本投入生态环保领域，主要支持生态环保企业，支持环保产业项目做大做强。同时，与其他产业引导基金建立合作机制，充分释放协同效应。基金的成立对提升环保产业投资规模、优化环保企业股权结构、促进环保产业换挡升级等多重利好。

本基金主要面对已进入快速成长期或成熟期的生态环保企业、上市公司环保类项目定增计划、以股权投资方式推动环保类企业的并购、重组，促进环保类龙头企业发展、以与银行、机构合作的方式组建专项产业促进基金支持政府和企业重大环保类基础设施建设等方面投资。

九、广西壮族自治区投资引导基金

2015年12月，广西壮族自治区设立政府投资引导基金，投资意向规模达1 000亿元，重点投资战略性新兴产业、生态环保产业等广西壮族自治区重点产业发展。

广西壮族自治区人民政府与中国工商银行、中国农业银行、中国建设银行、交通银行、兴业银行、浦发银行以及平安保险集团等7家金融机构签署投资意向规模达1 000亿元，通过共同支持设立发展广西政府投资引导基金，建立长期、全面的战略合作伙伴关系，进一步深化银政合作，实现双方共赢、互惠。

据了解，广西政府投资引导基金采用"1+N"的母子基金运作管理模式。引导基金参与投资若干只子基金，通过子基金主要投资到广西境内项目，引导金融机构和社会资本通过参与新设、增资各类基金，直接投资等方式，发挥财政资金的杠杆放大作用。引导基金重点投资战略性新兴产业、高新技术产业、先进制造业、生态环保产业、现代服务业等广西重点产业发展和港口、园区等交通、工业基础设施建设以及"一带一路"等国家区域发展战略。

十、江苏省设立产业环保基金

江苏将设立"263"产业环保基金，初定规模 100 亿元，主要用于江苏省内土壤治理、水体治理等环境整治项目的投资、融资，以及参与有关的 PPP 项目。

"十三五"期间，包括地铁、轻轨、城市清洁能源、绿色建筑、城市环保水务等国内绿色基础设施项目的投资有望超过 10 万亿元，其中 85%以上将依靠财政资金以外的社会融资来解决。

在这一基础上，江苏银行、兴业银行、常州天晟新材料股份有限公司、江苏民营投资控股有限公司、北京苏商资产管理有限责任公司、江苏省环境科学研究院决定联合设立"263"产业环保基金，将整合各方的技术、资本、产业优势，促进全省环保产业发展。

十一、安徽省设立省环保产业基金

安徽省财政统筹安排专项资金，每年不少于 2 亿元，支持秸秆综合利用企业发展和秸秆产业示范园区建设。省财政将对省秸秆综合利用投资基金投资参股的秸秆产业化利用企业，按照基金出资额的 10%给予补助，用于企业研发及设备购置。通过整合相关专项资金和社会募资，设立 10 亿元的省环保产业基金，主要投向秸秆综合利用及其他节能环保产业，采取股权投资等方式，促进龙头企业和示范园区发展。

十二、河南省鼓励设立各类环保产业基金

2017 年 5 月 3 日，河南省发改委、省环保厅联合下发《河南省培育环境治理和生态保护市场主体的实施意见》（以下简称《意见》），明确提出要推行环境污染第三方治理、政府和社会资本合作、合同环境服务、区域综合服务等市场化环境治理和生态保护模式，争取到 2020 年全省节能

环保产业总产值达到 4 000 亿元。《意见》探索城乡环保基础设施一体化投资运营模式。在城镇环境公用工程领域，鼓励以市、县为单位对工程项目进行捆绑，实行投融资、系统设计、设备成套、工程施工、运营管理一体化的环保服务总承包和环境治理特许经营。加大政府资金投入。发挥政府资金的杠杆作用，采取投资奖励、补助、担保补贴、贷款贴息等多种方式，调动社会资本参与环境治理和生态保护领域项目建设积极性。鼓励各级政府设立节能环保专项基金，采取股权投资等形成支持节能减排、生态修复等重点工程建设。

十三、宁夏设立环保产业基金

2017 年 3 月，宁夏回族自治区政府和企业、金融机构共同出资设立的宁夏环保产业基金正式启动，基金总规模为 10 亿元。其中政府引导性资金为 1 亿元，向社会投资人和金融机构募集 9 亿元，杠杆比为 1∶9。基金拟发行两期，每期经营期限为五年，前 3 年为投资期，后 2 年为投后管理及项目退出期。

2015 年底，自治区环保厅启动环保产业基金设立工作，决定与宁夏旅游资本管理有限公司、盈峰环境科技集团有限公司、易方达资产管理有限公司、凯利易方资本管理有限公司合作设立宁夏环保产业基金。基金将主要用于环境治理和环保产业发展，与环保直接相关的项目投资不低于总投资的 80%。

基金按市场化方式独立运作，自主经营、自负盈亏，政府部门不直接干预基金的投资运营，坚持风险共担，政府和社会出资人同进同退、风险共担，利益共享。在投资方向上，基金将向环保新技术研发与新装备应用、重点领域环境污染治理、新型环保服务业、公共环境问题等方面聚焦。旨在实现政府、环保产业、社会资本的优势互补，有效解决环境保护和污染防治投入缺口增大、环境基础设施和污染治理设施建设滞后等突出问题，以污染治理的大投入大项目，助推环境质量的大改善大提升。

十四、上海市开展气候投融资推动绿色基金

2017 年，上海积极落实国家关于生态文明建设和绿色发展的相关要求，结合节能减排和应对气候变化各项重点工作推进，在气候投融资方面开展了一系列探索和创新。

在建立绿色基金方面与财政部清洁发展机制基金开展多维度合作。一是积极引入清洁基金委贷资金建设清洁能源项目。2013 年 5 月，申能集团向国家清洁基金中心申请清洁基金委托贷款，用于支持张江高科技园区中区核心区集中供能项目，并于 2014 年 8 月获得基金中心一次性发放清洁委贷 2 000 万元，期限 3 年，利率为同档期基准利率下浮 15%。基于该项目的模式，2017 年以来，申能财务先后配合液化天然气二期储罐项目、能服森兰外高桥集中供能项目等清洁能源项目申请清洁基金委托贷款，目前两个项目已进入尽调阶段，其中森兰外高桥项目贷款资金有望于 2017 年底前发放。二是积极引入 EMC 创新贷资金支持合同能源管理项目。由申能财务公司将一批合同能源管理项目打包，向基金管理中心申请委托贷款，并由商业银行提供履约担保。截至 2017 年底，财务公司共向清洁基金申报项目 11 个，项目总投资合计 20 270 万元，预计项目实施后实现碳减排 19 289 吨。清洁基金经过审核，向财务公司发放 EMC 创新贷 6 000 万元。创新贷资金由财务公司按项目资金需求和开发进度分批转贷给节能服务公司，用于合同能源管理机制推广、工程建设、设备采购及技术革新，此种方式提高了资金的灵活性及利用率。财务公司作为合作金融机构，还按照 1:2 的比例，为节能服务公司提供配套贷款额度，用于节能服务公司在 EMC 创新贷额度之外的合同能源管理融资需求，对合同能源管理项目融资提供长期、持续、全面的支持。三是积极探索基于合作的市场化担保创新。2017 年以来，申能财务公司配合能服公司森兰外高桥项目

向清洁基金中心申请委托贷款,以能服公司森兰外高桥项目为借款人、财务公司为担保人。这是清洁基金中心成立以来,首次由省市级财政、商业银行以外的机构作为担保人,是财务公司配合清洁基金以市场化担保进行放款的一次创新试点。通过此次清洁委贷市场化担保试点,财务公司与清洁基金在前期已建立的良好合作伙伴关系和扎实的合作基础上,为后续双方在清洁基金的政策框架下合作开展更多业务创新提供了更广阔的合作空间。

十五、湖北低碳产业基金和绿色基金

2015年底,湖北省发起设立长江经济带产业基金,即由省财政出资400亿元作为劣后资金,通过让利的方式,吸引社会资本作为补充劣后资金,共同撬动优先级资金,完成2 000亿元母基金的募集,再通过设立若干子基金形成总规模为4 000亿元左右的产业基金群。基金重点投向新材料、节能环保、新能源、新能源汽车等战略性新兴产业,以推动低碳产业快速发展。2016年11月,湖北碳交中心与神雾环保签署低碳产业基金协议,拟发起设立有限合伙制低碳产业投资基金,助力湖北省低碳产业发展。

2016年5月26日,北京居然之家投资控股集团有限公司、武汉卓尔创业投资有限公司、北京信中利投资股份公司和北京约瑟投资有限公司共同发起设立湖北黄冈大别山绿色发展股权投资基金,以推进节能环保、新能源、新材料、先进装备制造、新能源汽车等新兴产业、高新技术产业的股权投资。2016年6月15日,湖北宜昌国投集团公司、武钢集团旗下资产经营公司及长安信托公司共同投资设立总规模200亿元的宜昌绿色发展投资基金,着力推进宜昌节能环保及新材料、新能源等新兴产业发展。2017年1月7日,中国华融资产管理股份有限公司联合阳光凯迪新能源集团设立华凯绿色产业基金,旨在依托生物质能源利用开发优势,加快绿色

生态扶贫项目建设，促进农民增收、农村发展、农业增效。绿色基金项目的开展，为湖北省绿色产业的发展提供了资金支持。

十六、甘肃出台引导政策鼓励设立绿色基金

引导设立各类绿色发展基金。推动建立以财政投入引导社会力量积极参与的资金筹措机制，整合现有各类相关专项资金，围绕石化、有色、冶金等传统优势产业优化升级和生物医药、新材料、新能源、文化旅游等战略性新兴产业培育壮大及脱贫攻坚、基础设施建设、教育医疗事业发展，引入金融和社会资本，设立绿色甘肃发展基金，支持兰州新区和有条件的市州政府与社会资本共同发起区域性绿色发展基金，重点投资绿色产业、绿色企业、绿色项目，按照市场化方式进行投资管理。探索通过放宽市场准入、完善公共服务定价、实施特许经营模式、落实财税和土地政策等措施，完善收益、成本风险共担等机制，支持绿色发展基金投资项目。支持绿色产业引入 PPP 模式，鼓励将节能减排降碳、环保和其他绿色项目与相关高收益项目打捆，建立公共物品性质的绿色服务收费机制。

十七、海南省积极鼓励发展绿色股权投资

2018 年 3 月底海南省出台的《海南省绿色金融改革发展实施方案》明确支持拓宽绿色产业直接融资渠道，文件支持海南省各级政府持续引导符合条件的股权投资基金、创业投资基金等私募基金依法合规参与海南省绿色企业投资，支持地方生态环境建设和绿色产业发展。同时支持各政府部门利用政府性基金和中小企业发展专项资金、扶持企业的自主创新资金等各类政府专项资金支持重点中小微企业发展，支持中小微企业加快推进股份制改造，加大后备上市资源培育力度。同时，随着海南自由贸易港的设立，将推动海南省依托优质的旅游、生态资源，实现金融发展与绿色环保更加紧密结合，助力完成"国家生态文明试验区"建设的重任。

第二节 地市级绿色产业基金运作模式及案例分析

一、云南普洱市绿色经济发展基金

2016年4月，普洱市人民政府与国开行云南省分行联合设立"普洱市绿色经济发展基金"，总规模50亿元，是全国首只绿色经济发展基金，中非信银（上海）股权投资管理有限公司为基金管理人。7月15日，"普洱市绿色经济发展基金"顺利实现首期10亿元资金交割，普洱国资公司出资2亿元劣后级资金，分行牵头募集8亿元优先级资金，期限5年，投资普洱交投公司股权，最终投向景文高速公路项目（财政部第二批PPP示范项目）。云南省普洱市是国家绿色经济试验示范区，自然资源丰富，发展基金设立后，将进一步提升普洱原生态与环境的保护水平，加快国家特色生物产业、清洁能源、现代林产业和休闲度假四大产业基地的建设进度。

1. 云南省出台绿色发展基金的相关政策。国家发展改革委于2013年6月正式批准普洱建设首个国家绿色经济试验示范区。为加快推进普洱市国家绿色经济试验示范区建设，充分发挥财政资金的引导作用，吸引社会资本参与普洱市绿色经济发展，根据《中华人民共和国预算法》、《中华人民共和国合伙企业法》和《政府投资资金暂行管理办法》相关规定，按照国家发展改革委批准的《普洱市建设国家绿色经济试验示范区发展规划》（发改环资〔2014〕434号）和云南省发展改革委批准的《普洱市建设国家绿色经济试验示范区实施方案》（云发改资环函〔2015〕517号）以及《云南省人民政府关于印发支持普洱市建设国家绿色经济试验示范区若干政策的通知》（云政发〔2015〕24号），普洱市制定出台了

《普洱市绿色经济发展基金设计方案》，于 2016 年 4 月 13 日注册成立了"普洱市绿色经济发展基金"。

2. 基金规模。普洱市绿色经济发展基金拟设总规模 50 亿元，首期发行 10 亿元，基金存续期 5 年，综合融资成本 6.7%/年；二期发行 12.5 亿元，基金存续期 8 年，综合融资成本 6.4%/年。截至 2017 年 5 月底，一、二期基金规模合计 22.5 亿元，资金已全部到位，并已全部投放，分别占基金总规模和已发行规模的 45%、100%。

3. 基金运作模式

（1）首期基金运作模式。普洱市绿色经济发展基金首期基金名称为普洱市绿色经济发展基金合伙企业（有限合伙），发起人为普洱市人民政府、国开行云南省分行、中非信银（上海）股权投资管理有限公司，基金规模 10 亿元。基金采取承诺出资、分期到位机制，即基金单次出资金额根据项目投资需求，分期到位。分级安排为普洱市国资公司代表普洱市财政局出资 2 亿元，为普通级投资人；国开行云南省分行牵头募资（由国开证券代表出资）8 亿元，为优先级投资人，与普洱市财政局的出资同比例到位。

收益分配：优先级资金享有约定的投资收益，收益以发行当期市场资金价格为准；基金需支付资金管理人的管理费、托管银行的托管费、应向普洱市当地税务局缴纳的税费等费用；普通级资金参与收益分配，收益分配顺序在优先级和各项税费之后，并对优先级资金承担收益差额补足义务。基金存续期内，按约定基金向优先级投资人支付预期投资收益，普通级投资人在基金到期后方可参与最终收益分配。

各方职责：普洱市人民政府牵头协调对接基金相关工作，包括基金的设立、协调融资平台、确定投资项目、投资条款和相关决策等；国开行云南省分行作为基金托管人、基金顾问和综合金融服务支持者，负责基金设立和政府的协调、基金募集、投资决策和协助投后管理等工作；中非信银作为基金管理人,负责基金的筹建工作,起草与基金组建相关的法律文件,并协调、安排相关方签署,以及基金设立、运营和投后管理等工作。

基金的交易结构如图3所示。

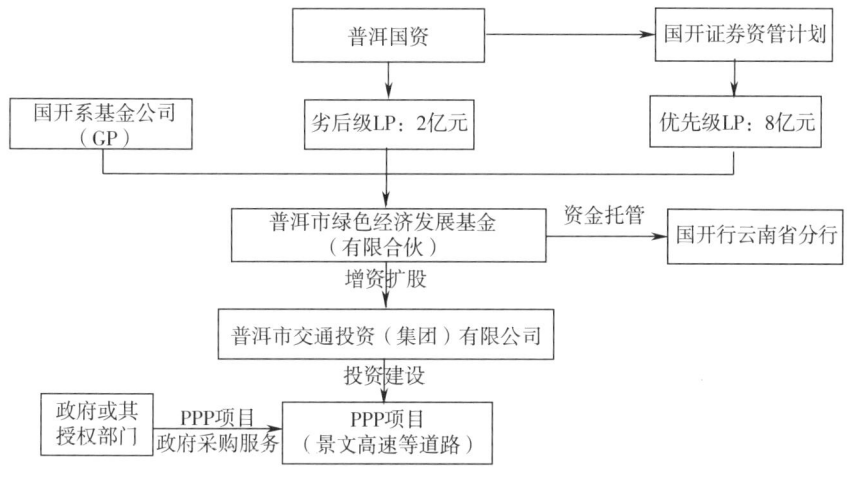

图3 基金交易结构

(2)二期基金运作模式。普洱市绿色经济发展基金二期基金名称为普洱市绿色经济发展基金合伙企业(有限合伙),发起人为普洱市人民政府、国开行云南省分行、中非信银(上海)股权投资管理有限公司,基金规模12.5亿元。出资比例为优先、劣后比例8:2,即国开行云南省分行牵头广发证券资管公司发行定向资产管理计划,募资优先级认购本期规模80%,普洱国资公司代表普洱市财政局出资劣后级认购本期规模20%。

收益分配及各方职责:基金按约定向优先级投资份额支付投资收益,普洱国资公司对该优先级份额收益承担差额补足义务;按约定,普洱国资公司回购优先级投资人广发证券定向资产管理计划持有的优先级份额;普洱市政府将基金优先级投资资金和投资收益需支付的资金以政府购买服务方式纳入年度财政预算。基金的投资决策委员会由普洱国资公司、国开行云南省分行、中非信银及基金优先级投资方委派,对基金重大事项进行决策，决策事项包括投资项目、资金用款等。

二期基金交易结构如图4所示。

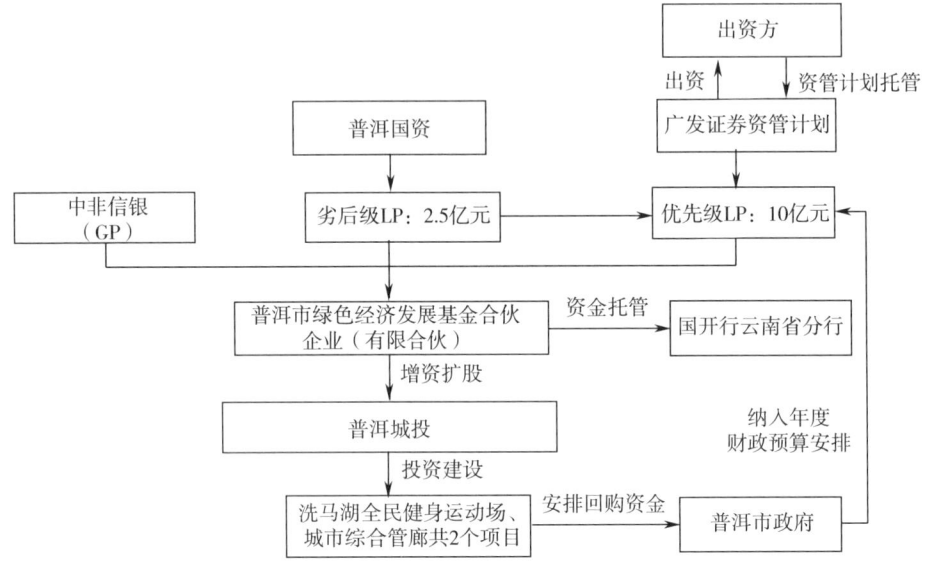

图4 二期基金交易结构

4. 基金投向。普洱市绿色经济发展基金主要投向于普洱市基础设施建设、绿色产业、生态环保、公共服务等绿色经济发展领域。首期基金10亿元以增资扩股形式投向于普洱市交通投资（集团）有限责任公司，用于景东至文东高速公路项目建设；二期基金12.5亿元以增资扩股形式投向于普洱市城建投资开发有限公司，用于普洱市城市地下综合管廊（一期）建设项目。

日前，财政部等六部委《关于进一步规范地方政府举债融资行为的通知》（财预〔2017〕50号）、财政部《关于坚决制止地方以政府购买服务名义违法违规融资的通知》（财预〔2017〕87号）出台以后对地方政府举债融资行为进行了规范、加强了管理，对地方政府参与设立绿色发展基金带来一定程度的挑战。

根据《普洱市绿色发展基金设计方案》，该基金主要投向于普洱市基础设施建设、绿色产业、生态环保、公共服务等绿色经济发展领域。据调查，普洱市绿色经济发展基金除20%由地方财政出资外，其余80%的资金主要来自金融机构。据官方资料显示，一、二期基金22.5亿元，主要投向了普洱市基础设施建设和公共服务领域。由于目前国家对"绿色项目"的界定较为模糊，基础设施建设、公共服务是否属于绿色项目颇有争议。而决策机制和信息披露，包括情况、管理模式、投资模式、风险揭示等均未按照基金信息披露亟待完善。

二、河北张家口市绿色发展产业基金

"普洱市绿色经济发展基金"设立后，新安江生态保护与产业发展基金（安徽省黄山市）、中节能海盐绿色发展投资基金（浙江省嘉兴市海盐县）、大别山绿色发展基金（湖北省黄冈市）、宜昌绿色发展投资基金（湖北省宜昌市）、张家口市绿色发展产业基金（河北省张家口市）、新都前海农行绿色发展基金（四川省成都市新都区）、浦银新都绿色发展基金（四川省成都市新都区）等相继设立。

例如，河北省张家口市目前正在抢抓京津冀协同发展、京张携手举办冬奥会和建设可再生能源示范区三大历史机遇。中美建筑节能与绿色发展基金与张家口市政府共同发起设立"张家口市绿色发展产业基金"，专注于张家口市及其周边地区绿色发展和节能环保领域的投资，旨在为张家口市的绿色节能产业发展提供金融服务，有助于张家口市作为2022年冬奥会的协办城市进一步促进节能减排，降低用能成本，发展绿色经济。

三、湖州市以绿色基金助力绿色发展

自2017年6月23日湖州市获批国家绿色金融改革试验区以来，该市积极建立以政府基金为引导，社会资本、金融机构广泛参与的绿色基金，在助推产业发展、特色小镇建设、企业股改挂牌、重点项目落地等方面的作用日益显现。截至2017年末，该市已批准设立政府产业基金（母基金）8只，批准设立子基金35只，总规模达235.21亿元。其中，由银行牵头或参与设立的产业基金10只、金额335亿元，如建设银行、华夏银行均在湖州设立了绿色基金。

为打造绿色制造名城和智能制造强市，设立湖州市"中国制造2025"产业母基金，总规模10亿元。此外，总规模达32亿元的3只市级子基金——"中国制造2025"新兴产业发展基金（规模10亿元）、"中国制造2025"军民融合产业基金（规模12亿元）和"安岱汇智"股权投资基金（规模10亿元）已设立。同时，以绿色金融改革创新试验区建设为切入点，在金融创新、绿色发展等领域发挥产业基金的引导作用。按照建设绿色金融改革创新试验区的具体要求，充分发挥财政资金的杠杆放大和引导效应，吸引社会、产业、金融资本，推动绿色发展基金，重点扶持地方金融、绿色园区和环保类产业，推动产业和金融的有机结合，助推本土重点产业发展。

四、西安市政府绿色基金发展情况

陕西金控集团根据陕西"十三五"规划中"要构建节能环保、低碳发展的绿色金融服务平台，以推动二氧化碳排放权、排污权以及节能量市场化交易"的要求，准备发行10亿元的人民币绿色债券，并以此设立总规模10亿元的绿色投资基金。据悉，绿色投资基金将作为母基金，以直投、跟投和参股设立子基金等模式运行。绿色金融服务平台五年内总规模将预计超过30亿元人民币。

换言之，陕西省政府联合金控集团利用两年多的时间以亚行主权贷款为突破口，建立了亚行贷款能效提升与环境促进项目新模式，并接受了亚行全面的体系建设培训，为后续体量更大，申请期限更短的非主权贷款赢得了宝贵的空间和时间，也为陕西省设立陕西省绿色金融服务平台打下了坚实的基础。

西安浐灞生态区作为西北地区首个国家级生态区，始终坚持"生态化、国际化、产业化、城市化"的总体发展导向，大力推进绿色发展、循环发展、低碳发展。绿色产业是浐灞生态区发展的脉搏，也是经济发展特有的核心生产力与竞争力。

借助生态和金融产业优势，浐灞生态区已在绿色金融领域取得了一定工作进展。首先，生态区成立了西安金融控股有限公司，搭建了绿色金融业务平台，目前正在筹备绿色金融交易中心和绿色产业引导基金，并计划发行绿色债券，吸引社会资本参与低碳发展建设。此外，生态区于2016年10月成立了灞柳基金小镇。在西安金融商务区内新设立，或由市外迁入并在区内正常营运的金融机构总部、地区总部（省市级以上）均能得到落户奖励，其财政补助最高可达1 000万元。另外，金融机构纳税年度起3年内全额返还企业上缴所得税地方留成部分，第4至5年，还可返还企业上缴所得税地方留成部分的50%。颇具吸引力的优惠政策已让小镇吸引了120多家金融机构入驻，资产管理规模已经超过千亿元。按照规划，到2021年，灞柳基金小镇的资产管理规模将达到5 000亿元。目前，灞柳基金小镇入选了西部地区将打造百座特色小城镇；未来，小镇还计划将自身打造成丝绸之路经济带上中国西部版"格林尼治"小镇，管理资产将超过万亿元人民币，并创建西部私募金融服务业发展示范区。

2017年，在浐灞生态区党工委和管委会的高度关注与大力支持下，西安金融控股有限公司发起设立了总规模100亿元的西安丝路绿色产业发展基金。

（1）绿色金融是助力生态区绿色产业发展的创新抓手

丝路绿色产业基金的设立，按照"生态立区、产业兴城"总体要求，充分运用财政资金撬动杠杆，引导社会资本投资于绿色环保产业、高科技产业、现代服务业等优质项目，特别是生态区内绿色产业项目，是适应金融产业发展新要求，加快区域金融产业发展，打造金融产业增长极的重要举措；是提升区域"颜值"，打造"人、城、水、绿"和谐共生的美丽画卷，建设美丽西安样板的关键实践。浐灞生态区依靠其生态优势，将通过发行绿色债券、发起绿色基金、参股绿色产业项目，以金融为手段建设绿色金融示范区，对于生态区深入贯彻落实党的十九大精神，践行"绿水青山就是金山银山"的发展理念，全面推进全域生态化、景观化、旅游化，补齐发展"短板"，奋力追赶超越具有十分重要的意义。

（2）运用政府引导概念吸引社会资本投入绿色产业发展

丝路绿色产业基金遵循"政府引导、市场运作、规范管理、助推实体经济发展"的基本原则，以政府财政资金为引导，撬动社会资本投向绿色生态等优质项目，引导区域绿色产业整合升级，以金融为手段全力助推绿色产业繁荣发展。以政府引导为引领和示范，充分发挥政府在资源整合调配方面的积极作用，一方面从资金、资源、要素市场等供给端提供支持，另一方面从符合区域生态环保绿色产业概念的重点企业、项目等需求端对接资源，确保基金作为绿色金融的创新手段发挥其应有的作用，将绿色理念与金融创新进一步融合，有效引导资本流向绿色产业，促进产业整合、转型与升级。

（3）丝路绿色产业基金框架概念

①基金名称。西安丝路绿色产业发展基金合伙企业（有限合伙）。

②基金性质。由浐灞生态区管委会批准设立的政府出资产业引导私募股权 FOF 投资基金。

③组织形式。基金采取有限合伙形式，委托普通合伙人西安浐灞基金管理有限公司作为执行事务合伙人负责基金运营。

④基金规模。基金总规模 100 亿元，首期募集资金 30 亿元。首期资金将通过政府财政出资、发行绿色债券、管理人跟投等方式，引导金融机构和社会资本参与募集。

⑤基金期限。基金存续期10年，经全体合伙人同意可延长基金期限。

⑥投资方向。投资于绿色环保产业、高科技产业、现代服务业的优质项目，主要以金融手段助力浐灞生态区绿色产业整合升级与繁荣发展。

⑦投资方式。设立子基金：主要围绕绿色产业、高科技产业、现代服务业、基础设施建设、PPP等领域布局，结合产业领域内细分行业或企业发展阶段，以市场化方式联合社会资本和金融机构共同发起设立有限合伙制的产业子基金；直投项目：直接投资于浐灞生态区重点发展的重大绿色产业项目股权。

⑧退出方式。通过并购、IPO、大股东回购、股权转让等方式实现退出。

五、安徽新安江绿色发展基金

为了鼓励支持社会力量投入新安江保护和建设，由国开证券联合国开行安徽省分行、中非信银投资管理有限公司与黄山市政府于2016年共同发起设立新安江绿色发展基金，这将撬动更多的社会资本，充分发挥补偿资金效益，有助于形成长效化保护和发展模式。业内人士表示，作为全国首只跨省流域绿色基金，既是落实国家《生态文明体制改革总体方案》的实际行动，更将在安徽省内乃至全国践行绿色发展理念带来重要的可借鉴和可复制性。

"源头活水出新安，百转千回下钱塘"。新安江发源于黄山市休宁县境内山间，是浙江省最大的入境河流，千岛湖年均入库水量的近68%源于新安江安徽段。2011年11月，为期3年的全国首个跨省流域生态补偿机制试点在新安江流域启动，每年由中央财政拿出3亿元，安徽、浙江两省各拿1亿元，共同设立每年总额5亿元的新安江流域水环境补偿基金。

2013年12月，国务院正式批复实施《千岛湖及新安江上游流域水资源与生态环境保护综合规划》。试点启动3年以来，皖浙两省共同治理呵护新安江水，取得了良好的效果。不过，对于治理一条江河，每年5亿元的财政资金多少有些杯水车薪。

作为全国首个跨省流域生态补偿试点，首轮的三年试点间，新安江水质稳中趋好，皖浙两省断面全面达标，浙江千岛湖营养化问题同步改善。

据介绍，首期基金按1:4结构化设计，试点资金4亿元，国开证券和国开专项基金合计募集16亿元，基金规模达20亿元。基金将主要投向生态治理和环境保护、绿色产业发展和文化旅游三大领域，经过严格筛选已确定首批十个项目，其中生态项目建设的投资额不低于20%，确保试点资金专款专用。截至目前，基金注册预核准、首批项目四项审批、项目公司增资扩股等前期工作已基本完成。

与此同时，安徽将水流域治理作为省政府"一号工程"，提出"政府引导、市场推进、社会参与"的原则，创新资金筹措机制，多渠道解决资金投入问题。

在此背景下，国开证券联合国开行安徽省分行、中非信银投资管理有限公司与黄山市政府共同创设了新安江绿色发展基金，就建立新安江社会化、多元化、长效化的保护和发展模式进行了积极的探索。国开证券同时也审慎处理好助力经济与防控风险的双重目标，他们设置多重风控机制，保护出资方利益，努力打造绿色金融生命力。

国开证券募集的首笔资金3 000万元投向了安徽省重点循环经济园徽州区循环园二期建设。据悉，该循环园是为重点解决徽州区环氧树脂等精细化工产业的发展与黄山环境保护矛盾所建立的循环经济园区，项目主要解决除臭污染，提升空气质量。

"政府主导、机制牵引、金融助力"方能引来各方社会资源。国开证券此次与黄山市政府联手创新的国内首只跨流域生态保护基金新安江绿色发展基金，充分显现了以市场化机制引导社会资金，让财政资金"种子效应"发挥引导作用。

六、沈阳市环境保护基金

为增强污染治理能力,提高环境保护投资效率,依据《污染源治理专项基金有偿使用暂行办法》等规定,沈阳市设立了环境保护基金,用于解决地区环境问题。

沈阳市环境保护基金来源广泛,主要包括七大资金来源:全市历年征收的超标污染费中用于污染源治理的资金;每年积累的污染源治理资金;贷款的利息、滞纳金和挪用贷款的罚息,扣除按国家规定支付银行手续费外,其余部分纳入基金;企事业单位治理污染自筹的资金;国家拨给地方的污染专项基金;市环保投资公司筹集的国际资金;其他有关资金。

沈阳市环境保护基金主要为企业提供贷款支持。明确规定了七类项目作为贷款范围:市重点污染源治理项目;"三废"综合利用项目;污染源治理示范项目;为消除污染,实行并、转、迁单位的污染源治理项目;国家、省、市下达的污染源限期治理项目;市环境保护局确定的其他治理污染项目;环境保护技术开发项目。

七、湖州市发展绿色基金的主要做法

自 2017 年 6 月 23 日湖州市获批国家绿色金融改革试验区以来,该市积极建立以政府基金为引导,社会资本、金融机构广泛参与的绿色基金,在助推产业发展、特色小镇建设、企业股改挂牌、重点项目落地等方面的作用日益显现。截至 2017 年末,该市已批准设立政府产业基金(母基金)8 只,批准设立子基金 35 只,总规模达 235.21 亿元。

(一)以点带面,助力产业发展

一是助推"中国制造 2025"试点建设。以"中国制造 2025"试点示范城市建设为着力点,在促进产业导入、结构升级、技术研发等方面充分发挥财政资金的杠杆放大作用。根据《湖州市建设"中国制造 2025"试点示范城市实施方案意见》，为打造绿色制造名城和智能制造强市，设立湖州市"中国制造2025"产业母基金，总规模10亿元。力求通过政府引导，吸引社会资本设立子基金等方式，在三年创建期间完成市级"中国制造2025"项下子基金规模100亿元以上，全市200亿元以上。目前，该市各县（区）已建立"中国制造2025"产业基金项下子基金21只，规模达到117.81亿元。此外，总规模达32亿元的3个市级子基——"中国制造2025"新兴产业发展基金（规模10亿元）、"中国制造2025"军民融合产业基金（规模12亿元）和"安岱汇智"股权投资基金（规模10亿元）已设立。二是助推绿色金融改革创新。以绿色金融改革创新试验区建设为切入点，在金融创新、绿色发展等领域发挥产业基金的引导作用。在前期与物产中大、中科金控、浙盐资本等积极对接的同时，成功吸引一定体量的银行、证券、保险等资金，拟设立规模不少于10亿元的绿色金融发展基金。按照建设绿色金融改革创新试验区的具体要求，重点扶持地方金融、绿色园区和环保类产业，推动产业和金融的有机结合。三是助推本土重点产业发展。以"4+3+N"重点产业发展建设为主战场，通过财政资金与社会、产业、金融资本联动，扎实推进重点行业提质增效。目前该市政府产业基金投资项目已覆盖信息经济、环保、健康、时尚和高端装备等重要领域。如通过政府直投方式投资2.01亿元扶持微宏动力项目，助推湖州新能源汽车产业发展；通过子基金投资大东吴钢构项目3 000万元，积极助力该市"金象金牛"重点企业培育。

（二）精准投放，聚焦重点方向

一是引入社会资本投资实体经济发展。坚持发挥财政资金的杠杆放大作用，按照"以资引资、以资引企、以资引智"的目标要求，在合作洽谈时明确要求合作方引进不少于基金总规模一定体量的项目落地湖州。力求通过产业基金的引导作用，推进国家"千人计划"、浙江省"千人计划"、"南太湖精英计划"等人才引进项目的落地，积极引导域外社会资本来湖州投资发展，带动一批好企业、好项目落户湖州。二是引导社会资本助推特色小镇建设。通过在产业基金方面给予充分的政策倾斜和扶持，积极实施特色小镇培育创建，设立并运作了一批"个性化"的子基金。如为支持该市美妆小镇建设，设立总规模为3亿元的"莫干望舒化妆品产业基金"；为助力丝绸小镇建设，设立总规模为3亿元的"丝尚产业基金"；为加快推进新能源小镇建设，设立总规模为63亿元"赛源产业投资基金"等，为该市形成产融结合的区域经济创新发展体系打下了坚实基础。三是引领社会资本助力重点企业挂牌上市。通过"环太湖中植永兴基金"以基金投资和带动项目股权投资的方式助力久盛电气实现新三板挂牌；通过"银江基金"成功助力奥奇食品实现新三板挂牌；通过"科威创业投资基金"顺利推动绿色新材股份有限公司登陆新三板。

（三）市场导向，做大做强规模

一是做大母基金。遵循"政府引导、市场运作、分类管理、防范风险"的运作原则，通过创新财政资金分配方式，充分发挥财政资金的杠杆放大和引导效应，吸引社会、产业、金融资本，促进该市政府产业基金的发展壮大。二是做强子基金。主动出击联络资本市场，加快推进子基金的设立和实施，建成了以政府产业基金为引导，利用各子基金构建涵盖支持初创期、成长期、成熟期等不同阶段企业发展的政府产业基金体系。三是做活社会资本。在发改委、经信委等市政府产业基金领导小组各成员单位的合力支持下，充分发挥了产投、旅投等国有企业的市场主体优势，积极对接各基金管理公司近20家。通过合作共建管理公司落户湖州、共同募集社会资本、带动域外企业落户湖州等模式，带动做活社会资本。

（四）专业运作，规范基金管理

一是完善管理体制。建立健全领导小组重大事项协调、决策程序、议事规则、设立审批程序，形成决策、管理与运营相分离，参与各主体权责明确且一致的产业基金管理体制，保障产业基金达到"设立快、投资稳、成效好"的目的，确保产业基金作用发挥与"中国制造2025"城市试点、绿色金融改革、"4+3+N"产业发展等重点项目相适应，与产业转型升级相适应。二是规范投资管理。充分发挥该市政府产业母基金的引导及放大作用，通过设立子基金，区域合作参股入股，委托管理等方式，发挥好母基金的引导带动作用，激发各领域专业基金管理公司的市场活力和专业能力，履行好合约规定的各方权利义务，做精做细做实各项投资工作，形成"结构合理、管理规范、控制有效、效益显著"的管理运作模式。三是加强风险防控。坚持将防风险放在基金管理和运营的核心地位，通过设立专家评审委员会、委托第三方机构专业评审等，加强对子基金及直投项目的分类管理，科学有效把控风险。同时，履行好对子基金的出资人义务，指导监督子基金管理公司建立健全投资管理、内部控制、监督审计、绩效评价、定期报告等管理制度和风险防控体系，规范子基金运作，防范和分散投资运营风险。

2018年4月17日，湖州市在北京发布《湖州市绿色企业认定评价方法》和《湖州市绿色项目认定评价方法》，并召开专家论证会。目前国内尚没有统一的关于绿色企业和项目的认定评价标准，湖州市发布的两项方法学将在当地先行先试，在实践中不断完善提升，力争为绿色金融的地方试点贡献经验做法。

《湖州市绿色企业认定评价方法》和《湖州市绿色项目认定评价方法》是在结合国际经验、国内相关标准和产业政策、浙江省和湖州市相关标准和产业政策基础上制定的，该方法学旨在科学认定评价绿色企业和绿色项目，打通绿色金融落地的关键瓶颈，为下一步将企业项目的绿色表现与财政政策、产业政策、环保政策挂钩打下了坚实的基础。

值得注意的是，本次发布的两项方法学在以下方面进行了探索创新：

引入"普绿"概念。根据该市面广量大的小微企业难以提供认定评价方法量化数据的现状实际，对规上和规下企业实施差别化的认定评价。

首先对企业（包括规上和规下企业）主营业务所属行业进行认定，识别"普绿"与"非绿"；在"普绿"的基础上，再对规上企业按照业务表现、环境表现和社会表现评价其绿度，按绿色程度分为"深绿、中绿和浅绿"。

建立"银行+中介"评价模式。建立"企业申请，主办银行初评，第三方中介机构复评"的评价模式。通过引入主办银行初评，将评价任务分解到各个银行，既缓解了政府机构人力不足的矛盾，又能倒逼银行提升能力建设。同时通过第三方评级机构复评，也可以防止以主观判断代替客观认定，避免"刷绿"、"洗绿"等行为。

实施在线绿色评价。将"方法体系+打分卡"嵌入湖州市绿色金融在线服务平台，金融机构信贷员在线输入企业（项目）各项指标数据，即可自动得出评价结果，开展绿色企业和绿色项目认定评价更加方便快捷。

八、江西省丰城市循环产业发展基金

目前，江西省探索设立了多只循环产业发展基金，有效地引导产业的转型发展，但江西省整体金融体系有待完善，还需探索适合江西的绿色金融发展模式，以绿色金融发展要点引导绿色基金发展，为绿色基金助力经济转型奠定基础。

江西作为绿色金融试点，相关政策要统筹兼顾环境、社会和经济效益，短期和中长期效益，科学处理金融支持绿色发展与自身可持续发展的关系，推进绿色金融良性循环发展。建立市场化、专业化的绿色金融运作和监管模式，完善激励约束机制，鼓励各类金融机构创新和发展绿色金融服务体系。优化政府、企业、金融机构、研究机构合作模式，探索建立社会责任与业绩增长相一致的业务体系。建立绿色金融组织体系，逐步提升服务绿色企业的专业能力。支持各类股权投资基金、创业投资基金和其他私募基金参与绿色投资。积极设立绿色担保专营服务机构，对符合条件的融资担保公司和融资租赁公司鼓励设立绿色专营机构。

全面提升和支持金融机构和大中型、中长期绿色产业项目投资运营企业发行绿色债券或项目支持票据的直接融资能力，拓宽中小绿色企业的资金渠道，鼓励以集合债等形式发行中小企业绿色债。支持保险资金与投资绿色环保项目相结合，以股权、基金、债权等形式支持大型健康养老、医护等项目建设。

夯实绿色金融基础设施，建立和完善赣江新区国有资本运营公司，设立赣江新区建设发展引导基金，重点支持新区重点产业发展和基础设施建设。建立绿色金融服务平台和备选项目库，优先将新材料等绿色项目纳入项目库，定期开展筛选和推荐工作，并根据项目的实际需要，积极做好融资服务。鼓励节能环保企业通过并购重组做大做强。引导金融机构和企业定期披露绿色金融项目环境信息，建立服务绿色产业和绿色项目的行政事务绿色通道。

为破解社会、经济、文化快速发展过程中的资金供求矛盾，推动城市金融、投融资等综合配套改革，促进循环工业园基础设施建设以及经济产业结构升级，丰城市设立了丰城市循环产业发展基金。其中，丰城市财政局作为基金发起人，是劣后级有限合伙人LP，占股比例不低于基金总额的19.99%。负责指导投资基金建立科学的决策机制，确保投资基金政策性目标实现，但一般不参与日常管理事务。中国农业银行总行作为基金投资人，是优先级有限合伙人LP，占股比例不高于基金总额的80%。专业基金管理公司（如农总行推荐的农银（苏州）投资管理有限公司）作为基金管理人，是一般合伙人GP（对基金投资承担无限法律责任），占股比例为基金总额的0.01%。负责基金的管理和募集，在丰城市人民政府安排下，对拟投资项目筛选、尽职调查，并对项目实施投资决策、产品设计和后期管理。

第三节　国企和政府合作绿色基金相关案例

本章通过介绍建银城投（上海）环保股权投资管理有限公司利用自身的优势，与各地方政府通过在新能源、水务、循环经济、固废处理等绿色领域开展合作的案例分析，表现了国企与地方政府在绿色基金合作中发挥各自优势的可借鉴合作模式。

建银城投（上海）环保股权投资管理有限公司由中国建设银行和上海城投集团共同出资设立。建银城投自成立以来，通过先行先试，充分开展绿色基金的前期探索和实践，已设立并管理了绿色环保股权基金、山东建齐基金等多只基金，在新能源、水务、循环经济、固废处理等绿色领域开展了一系列投资，服务于全国多地的绿色基础设施建设。目前，建银城投基金管理规模已达245亿元，成为国内最领先的绿色基金管理人。

建银城投运用独创的"融资、融智、融制"三位一体的管理理念，为各基金注入大量资金、专业技术资源以及高效管理，有效减轻了政府财务负担，提升了项目长期可持续性。

一、山东建齐基金

山东建齐基金总规模120亿元，是山东省PPP发展基金中规模最大的子基金。

山东建齐基金致力于充分利用金融市场，全面支持山东省水利、城镇化等绿色项目，服务国家绿色发展的战略要求。

项目案例：宁阳县引汶工程

宁阳县引汶工程是山东建齐基金首个投资的项目，是财政部第二批PPP示范项目。该工程是宁阳县具有重大意义的现代化大型水利综合利用工程，项目建成后能解决宁阳全县44%耕地面积的灌溉问题，并满足全县生活用水和工业用水需求,从根本上解决水资源短缺、水生态恶化、河道污染以及水景观品质差等问题,对于山东省的绿色生态发展起到极为重要的作用。

在宁阳县引汶项目中,建银城投优化了项目的资本结构,有效提高项目财务杠杆能力,进一步帮助项目引入建设银行等商业银行后续低成本的项目贷款。

在"融制"方面,建银城投借鉴世界银行全球范围的领先经验,帮助引汶工程设计了创新的收益模式以及动态调价机制。采用打包组合方式,将无收益的水库、灌渠等基础设施与收益性较强的水厂、电站结合起来。

二、河北京津冀协同发展基金

河北省财政厅设立了总规模 100 亿元的河北省京津冀协同发展基金。作为国家京津冀协同发展战略的重要载体,该基金将积极推动绿色投融资机制创新,统筹协调绿色城镇化建设,促进京津冀地区经济绿色发展的进程。PPP 京津冀协同发展基金将用于支持河北区域内纳入省级 PPP 项目库且通过物有所值评价和财政承受能力论证的 PPP 项目,以及京津冀协同发展战略背景下的优质项目。其中,河北省财政出资 10 亿元作为引导基金,银行机构、保险、信托以及其他社会资本出资 90 亿元。

建银城投结合河北省实际情况,设计了针对性、专业化的基金管理方案,并成功中标规模 30 亿元的 PPP 基金。

三、丽水基金

丽水基金规模 70 亿元,是由丽水市政府设立,致力于运用资本市场的力量实现丽水环境优化转型的基金,重点投向丽水生态保护和特色小镇等领域,包括培育绿色智慧小镇等特色小镇建设,以及与城镇居民基本生活需求相关的治水治气、治城治乡、五水共治等促进生态文明和绿色发展的项目建设。建银城投将借助金融资本力量，挖掘绿水青山潜力，在丽水经济发展中充分发挥绿色金融的作用，进一步支持丽水市的生态环境保护。

四、陕西榆林基金

建银城投申报榆林市政府设立的总规模为100亿元的榆林基金，致力于运用金融手段，服务榆林市水利环保、绿色基础设施建设的发展和转型升级，通过股权+债券的投放模式，为榆林市生态长廊、地下综合管廊等基础设施提供融资和建设、运营智慧经验。

五、石家庄蓝天环境治理产业转型基金

2017年5月26日，石家庄蓝天环境治理产业转型基金正式成立，旨在为石家庄市企业转型升级和环保治理能力提升提供强有力的资金支撑。石家庄蓝天环境治理产业转型基金是社会效益为先、经济效益为辅的社会产业引导基金，以政府投入一定规模的资金，撬动大量社会资金发展新兴产业、环保产业和绿色产业。该基金将主要致力于改善石家庄市大气环境质量，提升环境治理水平，加速产业转型升级；在环境治理过程中，帮助企业解决资金短缺问题，妥善解决保民生、促就业问题，实现石家庄市铁腕治污与经济稳增长的双赢。

作为政府引导基金，石家庄蓝天环境治理产业转型基金将充分发挥多方面优势，并与前海母基金等国内知名基金公司紧密合作，充分利用国家对环保治理的支持政策，实现可持续发展的目标。该基金计划2017年达到百亿元规模，并用5年时间达到千亿元规模。

第八章 市场化运作基金

党的十八届三中全会《中共中央关于全面深化改革若干重大问题的决定》指出，使市场在资源配置中起决定性作用和更好发挥政府作用。市场决定资源配置是市场经济的一般规律。同样，若想要发挥绿色基金的最大效用，在绿色基金的运作过程中也必须遵循这条规律。本章着重介绍了我国市场化运作绿色基金的成功典型案例，为今后绿色基金的市场化发展提供借鉴。

第一节 中保投京杭大运河建设发展基金

一、设立背景

2015年12月，中央城市工作会议在北京举行，会议要求"统筹生产、生活、生态三大布局，提高城市发展的宜居性。要强化尊重自然，传承历史、绿色低碳等理念，城市建设要以自然为美，把好山好水好风光融入城市。要大力开展生态修复，让城市再现绿水青山。城市交通、能源、供排水、供热、污水、垃圾处理等基础设施，要按照绿色循环低碳的理念进行规划建设"。为贯彻落实会议精神，随即召开的全国住房城乡建设工作会议敲定2016年住房和城乡建设部八大重点工作，其中重点是"推进城市修补、生态修复工作，把县城规划建设工作提上重要日程，改善县城人居生态环境"。由此可见，生态园林宜居县城建设已经成为党和国家在住建方面的主旋律和主基调。

早在 2013 年 12 月召开的中国城镇化工作会议中，习近平总书记就指示"要依托现有山水脉络等独特风光，让城市融入大自然，让居民望得见山、看得见水、记得住乡愁；要传承文化，发展有历史记忆、地域特色、民族特点的美丽城镇"。2014 年 3 月 5 日召开的第十二届全国人民代表大会第二次会议上，李克强总理在政府工作报告中提出要着重解决好"三个一亿人"的问题，即"促进约一亿农业转移人口落户城镇，改造约一亿人居住的城镇棚户区和城中村，引导约一亿人在中西部地区就近城镇化"。由此可见，城镇化已经成为党和国家领导人布局工作的重点方向。

新型城镇化重在提升质量，以城市群为主体形态，促进大中小城市和小城镇协调发展，优化城市内部空间功能。新型城镇化必须彰显生态文明，大力治理雾霾，加强污水、垃圾处理设施建设，建设绿色城市，创造宜居环境。而从全国范围来看，京杭大运河——中国古代劳动人民智慧结晶的代表作，其沿线城市正符合中央城市工作会议和中央城镇化工作会议所要建设城镇的一切要求，正符合国家所期望的新型城镇化的诸多特征。

二、京杭大运河两岸城镇化现状及投资意义

京杭大运河是中国、也是世界上最长的古代运河，是中国文化地位的象征，时至今日，大运河仍影响着沿岸 5 亿多人。运河北起北京，南至杭州，对中国南北地区之间的经济、文化发展与交流起了巨大作用。运河两岸经济发达，古城、古镇、古村落、古街道等历史建筑如一颗颗明珠镶嵌在两岸，人文鼎盛，底蕴深厚，锻造了"生生不息"的大运河精神。2014 年 6 月 22 日，京杭大运河成功入选世界文化遗产。保护大运河，修复大运河，建设大运河迫在眉睫。

鉴于此，为贯彻落实中央城市工作会议精神，结合国务院确定的 2016 年城乡住建工作重点，中国保险投资基金将积极参与京杭大运河沿线城市的生态文明及历史文化建设：以市场化方式，在财政部、住建部等

国家部委支持下,与大运河沿线省市政府共同发起设立"中保京杭大运河城乡生态园林生态宜居建设发展基金",支持京杭大运河沿线城市的生态文明及历史文化建设。

此次投资京杭大运河沿线城市,是为实现国家深化城镇化建设,全面建成小康社会宏伟蓝图迈出的积极一步;是为贯彻落实习近平总书记提出的创新、协调、绿色、开放、共享的五大发展理念进行的开拓性举措。结合国务院确定的"生态宜居县城"三年创建规划,基金将代表金融保险机构募集资金投资大运河沿线城市的基础设施、生态环境以及历史名片建设,重点投资道路交通、立体停车设施、地下管廊管线、海绵城市、园林绿化、垃圾处理等领域,争取将所投资城市建设成为生态宜居县城、国家园林城市、历史文化名城。此外,结合国家重点推动的大数据、物联网、云计算等现代化信息技术战略目标,在所投资区域创新城市管理,争取将其打造成国内领先的"智慧城市"、"创客空间"。

若该投资计划成功实施,将大幅提升当地居民的生活水平,改善当地居民的生活环境,提高当地居民的文化素养。此外,京杭大运河沿线的危旧房屋、棚户区和破旧厂房现状也将得到妥善解决。随着京杭大运河沿线城市经济,文化,生态的增长与改变,定会吸引一大批农业转移人口到该区域落户,吸引一大批有志青年到该区域发展创业,为实现人口从大城市逐渐向中小城市、由东部逐渐向中西部转移创造条件,对解决李克强总理提出的"三个一亿人"问题有积极意义。

三、中国保险投资基金介绍

2015年6月24日,国务院第96次常务会议审议通过《中国保险投资基金设立方案》(以下简称《方案》),按照市场化、专业化运作和商业可持续原则,组建中国保险投资基金(以下简称中保投),以金融创新更好地服务实体经济。作为中国保险投资基金的管理主体,中保投资有限责任公司（以下简称中保投资）依据国务院批复同意的《方案》，于2015年12月正式成立。公司注册在上海自贸试验区，目前储备项目逾2 000亿元，已投资400亿元，2016年计划投资超过1 000亿元。

此次中国保险投资基金积极参与京杭大运河沿线城市的生态文明及历史文化建设，符合中保投投资要求，符合保险业发展及"新国十条"的要求，符合保险资金属性和新形势下投资特点；通过市场化的方式参与国家重点支持的领域和方向，有望走出一条保险资金支持城市生态文明及文化发展的新路径，有利于提升保险行业在国民经济基础产业中的地位和影响力，使广大保户分享国家城镇化建设成果，具有重要的政治意义和良好的社会影响。

四、京杭大运河建设发展基金的深远影响

京杭大运河建设发展基金的设立，是中保投代表保险行业参与京杭大运河沿线城市的生态文明和历史文化建设，这是地方投融资体制改革的新探索，对促进投资主体多元化、多渠道提高社会资本使用效率具有深远影响。

1. 保险资金是中国金融市场上久期最长的资金，本次投资具有投资期限长（10～15年）、收益适中的特征，不会给地方政府带来明显的财政压力。

2. 本次投资是基金形式投资，以PPP模式或政府采购模式，投资于京杭大运河沿线城市的生态文明和历史文化建设项目的资本金部分。本次投资不仅不列入地方政府债务科目，而且将显著降低地方政府的当期资本支出压力。

3. 按照一般项目20%的资本金要求，500亿元的基金规模将撬动总额超过2 000亿元的社会资本，合计约2 500亿元的资金集中投放将在短期内大幅提升京杭大运河沿线城市的新型城镇化水平，将明显改善当地居民的生活环境，提高当地居民的文化素养。

五、基金合作意向方案

该基金为系列基金，分为 5~10 年期分别投资京航大运河沿线 5 个省：浙江、江苏、山东、河北、北京，与当地实力雄厚的平台机构或建筑单位共同发起设立"中保京杭大运河城乡生态园林生态宜居建设发展基金"。该基金投资框架和交易结构设计如表 1、图 1 所示：

表 1　　　　　　　　　　基金投资框架和交易结构

序号	项目	内容
1	基金名称	中保京杭大运河城乡生态园林生态宜居建设发展基金
2	基金规模	基金计划选取京杭大运河沿线城市进行投资，预计选择 5~6 个省 或省会城市，各投资 100 亿元，基金总规模不低于 500 亿元
3	投资期限	10~15 年
4	投资主体	由中保投资基金与京杭大运河沿线城市平台机构或建筑单位共同出资
5	基金形式	有限合伙制，由一名普通合伙人与多名有限合伙人共同组成
6	普通合伙人	普通合伙人即 GP，由中保投资担任
7	有限合伙人	"大运河沿线本级政府资金"改为"大运河沿线城市平台机构或建筑单位资金"
8	基金管理人	基金管理人由普通合伙人担任
9	投资项目	1. 纳入本级政府财政预算的政府采购项目，或 2. PPP 项目
10	还款来源	大运河沿线城市平台机构或建筑单位负责还本付息
11	基金决策	基金投资决策机构为投资决策委员会（"投决会"），负责基金的对外投资和投资退出的最终决策
12	投决会议事规则	每个投决会成员人数为 5 人，大运河沿线省级政府委派 2 人，中保投委派 2 人，住建部委派 1 人。投决会主席由中保投委派人员担任。投决会成员一人一票，投决会任何决议须经全体投决会成员五分之四以上方可通过
13	投资顾问委员会	基金募集结束后将组建投资顾问委员会，负责就基金的利益冲突及关联交易等问题向基金管理人提出建议
14	地方税收返还	基金投资运作过程中的增值税与印花税予以直接返还或以奖励的方式返还

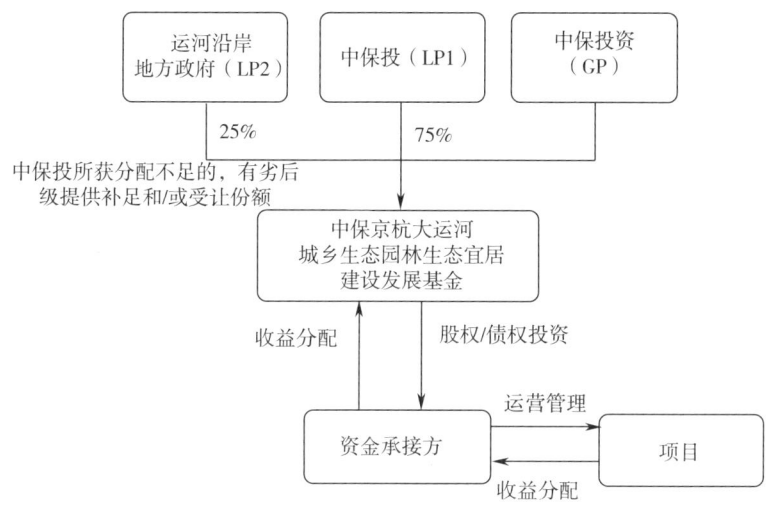

图1　中保投京杭大运河建设发展基金组织架构

按照国务院对于中国保险投资基金设立方案《批复》的指示，为符合保监会对于保险资金进行投资的要求，并保证保险资金的顺利投放，投资计划包含以下要素内容：

1. 基于国务院对"生态宜居县城"三年规划的战略部署，我们特申请住建部、财政部在政策以及资金支持上给予倾斜；

2. 在基金存续期内，当地政府应给予免征营业税/增值税与印花税的优惠，或者征收之后以奖励的方式返还；

3. 中保投有优先权参与大运河沿线的具体项目开发与建设；

4. 如届时遇到还本困难，由地方政府发行地方债置换投资本金与收益。

基于目前掌握的情况，我们认为本计划有望获得稳定的投资回报，符合中保投自身定位；可以带动大运河沿线城市的发展，符合国家战略要求。本计划具有重大的持续推进价值，中保投希望与各方积极配合，争取将该计划付诸实施，把大运河"生生不息"的精神传承发扬光大，将党和国家的城镇化战略与老百姓期望变成现实。

第二节 青云创投推动绿色发展的股权投资机构

青云创投成立于 2000 年，是中国绿色产业股权投资领域的开创者和领先者，也是全球最早专注于该领域的股权投资机构之一。其管理资金规模超 7 亿美元，旗下中国环境基金（China Environment Fund，共 5 只系列基金）投资于国内外清洁能源、环保、新材料、新能源汽车和智能技术等绿色科技领域的早期和成长期创新企业，致力于支持和协助受资企业通过技术和商业模式创新，推动和引领绿色发展。十七年来，青云创投凭借先发优势与良好业绩获得了来自政府、行业、企业的广泛赞誉。包括：在 2016 年中国母基金联盟的国家级私募股权基金排名中，青云创投获得中国创业投资基金第 26 名；荣获投中集团 2016 年最佳外资创业投资机构 Top30（第 18 名）等。青云创投的创始管理合伙人叶东先生被誉为中国清洁技术投资第一人。

青云创投秉承"利成于益"的投资理念和财务、环境、社会"三重底线"的投资实践，是国内率先将 ESG（环境、社会与治理）管理与审计纳入投资决策与投后管理流程的股权投资机构，体现了极强的社会效益和环境效益。

1. 基金介绍

青云创投于 2002 年发起成立的中国环境基金（China Environment Funds）是国内第一只致力于推动绿色发展的美元股权投资基金系列，关注能源与资源、生态环保、新材料和智能技术领域，投资人包括国际著名开发银行、家族办公室、世界 500 强跨国公司和主要金融机构等。

青云创投于 2016 年设立智能技术创新基金（Smartech Innovation Fund），瞄准中国、美国及以色列等国的尖端科技，关注物联网、人工智能、新材料等智能技术，投资人包括全球知名互联网和智能硬件企业、上市公司高管等。

青云创投的人民币基金系列立足于"基金＋基地"的运作模式，通过与地方政府和地方龙头企业开展深度合作，以股权基金投资国内外创新性技术，引导先进技术企业在基地落地，与地方产业形成互补联动，进而带动当地战略性新兴产业的发展升级。该模式能够实现良好的财务回报和社会环境效益。

截至 2016 年底，青云创投管理的资金规模超 7 亿美元。

2. 青云创投在绿色股权投资中的领先做法

（1）坚持责任投资、ESG、影响力投资

- 制定和遵守符合公司"利成于益"理念和对可持续发展有贡献的投资战略；
- 在投资前的评估中考虑环境和社会问题；
- 确保受资公司理解并遵循青云创投的 ESG 政策承诺；
- 确保投资协议中包含要求遵守适用的 ESG 法规和标准的契约条款；
- 通过适当的公司治理结构（比如董事会）推动受资企业解决 ESG 问题，持续提高 ESG 绩效；
- 遵照 ESMS 定期监督自身与受资公司的合规及持续改善情况；
- 定期向有限合伙人（LP）披露受资公司层面和基金汇总层面的 ESG 绩效；
- 青云创投对积极推动受资公司 ESG 合规和持续改进的员工给予奖励。

青云创投国内率先将 ESG（环境、社会与治理）管理与审计纳入投资决策与投后管理流程的股权投资机构，体现了极强的社会效益和环境效益。

ESG 是国际上用来衡量企业在可持续发展方面影响力的标准体系。青云创投在每笔投资前都会开展 ESG 尽职调查，在投后管理过程中从 ESG

角度对受资企业运营状况进行跟踪和监督，并且每年向基金投资人递交ESG报告。

2016年，青云创投与伊尔姆（ERM）环境资源管理咨询合作，基于早期和成长期企业的特点，共同开发了一套环境和社会管理体系（ESMS），通过合理引导，为创业企业植入社会和环境责任的基因。

ESMS的目标以及覆盖范围

ESMS的目标是构建一个正式的框架将公司有关ESG的原则融入业务流程，从而实现：

- 尽量减少投资对环境和社会的不利影响；
- 鼓励受资公司跟踪和披露他们为经济可持续发展带来的积极影响。

同时，ESMS也为青云创投的员工提供了一个日常工作实践指南，以促使其投资理念和投资原则得以实施。目前，青云创投已经将ESMS用于旗下中国环境基金（CEF）系列基金的所有投资和在管受资公司投后管理中。

参考的条例以及法规

该ESMS在指定过程中参考了相关条例法规，具体包括：

- 国家和省级政府制定的环境和社会相关的法律法规；
- 国际金融公司（IFC）绩效标准（2012），涉及高风险项目的相关行业指南以及针对金融中介机构的指导性说明（2012）；
- 国际劳工组织（ILO）的核心劳工公约；
- 联合国环境规划署金融倡议（UNEP FI）人权保护指导工具、联合国可持续发展目标（SDG）以及其他联合国的相关倡议。

（2）基于研究，用创新的方法定义绿色产业

目前，青云创投已经沿产业链投资和布局了近百家与绿色发展相关的早期和成长期企业，囊括环境技术、能源及资源技术、新材料技术和智能技术等四大技术领域，覆盖清洁能源供应、环境及生态系统、可持续工

业、可持续交通、可持续农业及食品、绿色建筑及设备、健康医疗、未来城市等八大行业应用方向。

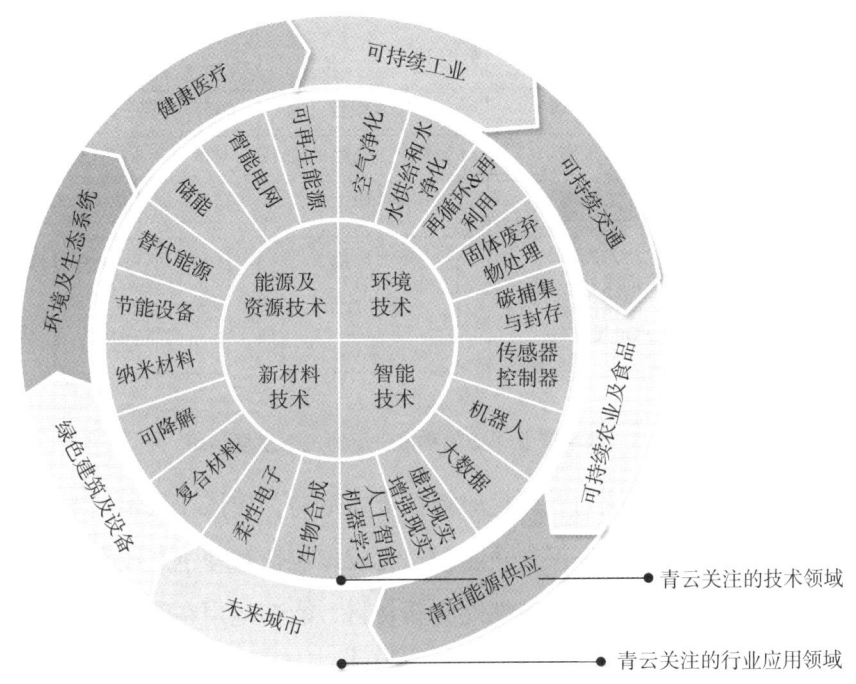

图 2　绿色发展相关的早期和成长期产业

在如何定义绿色产业和绿色投资方面，青云创投基于对行业的观察和 17 年的投资经验，总结出绿色产业的发展规律。绿色产业和绿色科技已经历了三个发展阶段：环保技术、清洁技术和可持续技术。其中，第一阶段为环保技术时代，这一阶段的公司专注于污水处理、固废处理、光伏模组制造等环境保护领域，呈现出政策导向、资本密集型的特点，通过迅速扩大规模来实现规模经济效益。第二阶段为清洁技术时代，电池材料、LED、半导体和新材料等技术成为投资界追捧的热点。这一阶段的公司重视创新，呈现出高附加值和轻资产的特点，但容易在商业化问题上遭遇瓶颈。第三阶段为可持续技术时代，代表性领域为自动驾驶、电动汽车、智能家居、虚拟电厂和智慧农业。这一阶段呈现出需求驱动、颠覆式技术和商业模式创新的特点。第三阶段的成功企业在技术和商业模式上均有所创新。它们不仅充分利用了智能技术，并且实现了与互联网的深度整合。

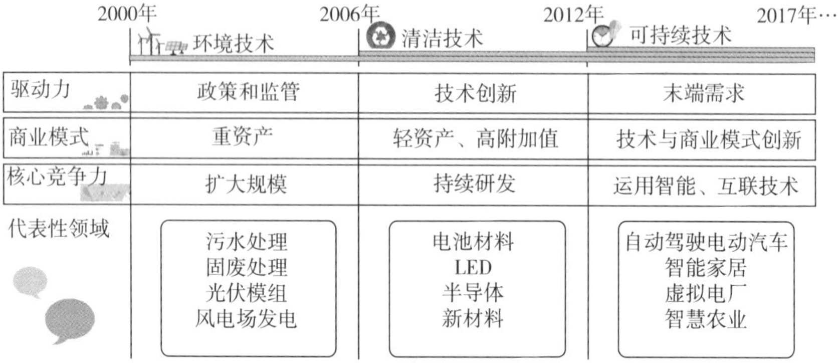

	2000年 环境技术	2006年 清洁技术	2012年 可持续技术 2017年…
驱动力	政策和监管	技术创新	末端需求
商业模式	重资产	轻资产、高附加值	技术与商业模式创新
核心竞争力	扩大规模	持续研发	运用智能、互联技术
代表性领域	污水处理 固废处理 光伏模组 风电场发电	电池材料 LED 半导体 新材料	自动驾驶电动汽车 智能家居 虚拟电厂 智慧农业

图3　绿色产业和绿色科技经历的三个发展阶段

因此，青云创投认为，绿色股权投资的范畴，应该不仅包括对绿色产业中的技术，如节能、环保、新能源；也应该包括对绿色产业发展有极大促进作用的技术，如某些特殊性能的新材料、能够运用在能源环境领域的大数据算法技术、工业物联网技术等。

（3）建立绿色产业生态圈，为受资企业整合战略资源

投后管理是投资基金重要的价值体现，也是实现绿色影响力与财务回报双丰收的重要一环。

青云创投在17年的绿色股权投资中积累了丰富的产业资源，其中包括：

投资人：中国环境基金的投资方涵盖了具有绿色投资理念的家族办公室、财务投资人、开发性金融机构及世界500强公司。上一章中提到的多家国际领先的投资机构均为青云创投所管理基金的投资机构。

行业领先企业：青云创投投资了近百家绿色产业企业，并与主要上市公司保持合作关系。

学校、研究机构：长期维护与绿色产业研究相关学校、行业协会、研

究机构的密切合作关系。

其他：其他投资人、孵化器、咨询公司、NGO 等。

在此生态系统的基础上，青云创投为其受资公司带来业务拓展、融资、合作伙伴、落地等方面资源，特别是在跨境资源整合方面具有独特优势。

青云创投在全球绿色产业及相关领域内积累了丰富的战略、产业、市场和政府资源，具备强大的跨境资源整合能力，主要体现为三种方式：

①满足中国市场需求，投资全球技术

这一类投资包括：总部位于美国马萨诸塞州的量子点显示技术市场领导者 QD Vision，总部位于加拿大渥太华的硅基氮化镓功率转化器件开发商 GaN Systems，创立于美国西雅图、提供高功率动态无线充电技术的 Wibotic 等。

②为进入中国的先进绿色科技企业对接战略合作资源

这一类资源整合的案例包括：Phononic 是青云创投于 2013 年投资的一家创业公司，总部位于美国北卡罗来纳州。公司通过改良半导体装置，提供均匀连贯、可持续、无污染的制冷、制热解决方案。相较传统的压缩机制冷方式，Phononic 的突破性在于产品体积只有名片夹大小，噪声和振动极低，并且无氟利昂排放。其技术在美国被应用于医疗试剂冷链运输、环境舒适性控制、通信设备热力管理等领域。青云创投成功牵线 Phononic 与中国领先的冰箱品牌战略合作，目前双方正在共同生产一款无氟酒柜。此外，青云创投还帮助紫岳 Rayvio 成功对接了广东省中山市的政府资源，中山翠亨新区已为 Rayvio 预留 1 500 平方米生产用厂房空间，并提供了可观的政府创新创业补贴。

③响应"一带一路"的号召，帮助中国绿色科技企业寻找海外业务拓展机会

福建永恒能源是一家提供高效洁净煤粉、燃气两用锅炉的整装设备运

营服务商，拥有相关领域专利技术，是目前国内煤粉工业锅炉领域唯一通过国家科技与环保部门审核的节能与减排一体化系统。放眼全球，除中国外，能源结构以燃煤为主的国家还有不少，南非就是一个煤炭占能源结构比例高达90%，且引发了严重城市雾霾问题的典型案例。青云创投将永恒能源的技术介绍到南非，成功帮助企业对接了南非的政府和企业资源，为国内先进的环保技术打开海外市场创造了机会。

3. 青云创投 ESMS——中国环境基金（CEF）受资公司案例1

CEF 于 2012 年投资福建永恒能源管理有限公司，公司注册地为福建省泉州市，所属行业为工业热能服务行业，员工人数为 100~200 人，属于扩张期企业。

（1）公司简介

福建永恒能源管理有限公司（以下简称永恒能源）于 2010 年在福建省成立，是一家"清洁热能整装系服务运营商"。公司致力于工业与民用热能领域的节能减排、高效环保、循环经济体系的研究与升级服务，推行锅炉大气污染物环境管理项目、工业热能供应合同能源管理项目。该公司通过超低排放的煤粉专利技术与天然气、生物质、地源热泵等供能相结合的方式，向工业用户供热和集中供暖项目提供 EPC（合同能源管理）、EMC（能源利用管理）和 ERC（合同排放管理）。永恒能源拥有国内煤粉工业锅炉领域唯一通过国家科技与环保部门审核的节能与减排一体化系统。标志性项目包括银川市最大的民用供暖锅炉，厦门市最大的热电联产项目以及和陕西省政府开展的公私合作项目等。

（2）环境和社会影响

永恒能源的清洁热能供应解决方案综合了高效煤粉燃烧、天然气、生物质、地源热泵等多项清洁能源供应技术路径，并可根据项目所在地的能源结构灵活调整供能方式。该公司研发的"超低排放高效煤粉燃烧技术"使得燃煤锅炉经过简单改造，可实现满足并超过国家排放标准的超低排放。在能源结构以煤为主的中国,永恒能源的解决方案为工业用户提供了廉价的低排放供热方式,为北方居民提供了清洁的供暖解决方案。因此,青云创投认为永恒能源的商业模式和运营符合以下联合国可持续发展目标(SDGs)。

(3) 投后环境社会绩效提升要点

● 永恒能源建立了完善的环境管理体系并且于 2015 年 12 月通过了 ISO 14001:2004 认证。这个认证涵盖了所有和 EMC 项目相关的环境管理行为。公司实施了规范的 EHS 绩效监测程序和管理审查程序来评估管理系统的有效性和对相应的法律义务和监管要求的合规状况。

● 永恒能源致力于通过技术创新追求可持续发展绩效和影响力,例如减少温室气体排放,定期开展环境监测,实现工作场所性别平等。

4. 青云创投 ESMS——中国环境基金(CEF)受资公司案例 2

CEF 于 2012 年投资 Enevate,公司注册地为美国加利福尼亚州,营业范围为电池技术。员工数为 40~50 人,属于早期成长期企业。

(1) 公司简介

Enevate 公司是全球领先的硅基锂离子电池技术公司,着眼于创新设计开发硅主导负极技术。总部位于美国加利福尼亚州尔湾市。Enevate 的突破性技术专利 HDEnergy Technology® 实现了硅主导负极的设计和制造。基于此技术的电动车新型锂电池可实现在能量密度和超速充电上的双突破,从而革命性地打破目前阻碍电动车市场规模扩大的技术壁垒。相比传统石墨主导负极锂离子电池技术,采用 Enevate 技术的锂电池性能显著提高。其技术优势包括超快充电(与加油时间相似),并同时具有高能量密度(里程增加 30%~50%),极寒气候下的卓越性能(低至 -40°C)和安全优势,以及降低成本。

(2) 环境和社会影响

Enavate 先进的锂电池技术主要目标应用为电动车用的动力锂电池。

全球车辆的电动化极大促进了资源和能源节约,从而降低对环境的影响,减少温室气体排放。Enevate 的技术在提高电池能量密度、实现极速快充、提高电池低温表现等方面的优势,根本解决了电动汽车用户体验方面的主要痛点。而且公司在全球市场采取的技术授权许可的推广方式也能更快速有效地占领市场。因此,青云创投认为公司的商业模式和运营符合以下几项联合国可持续发展目标(SDGs)。

(3)投后环境社会绩效提升要点

● Enevate 在 2017 年建立了一个完善的环境和社会可持续发展计划,该计划明确了公司 ESG 管理目标和优先原则。

● Enevate 通过制定了一系列具体的目标和承诺,促使公司的研发和创新,从而带来更多的社会和环境正面影响。通过建立一个上报和权责体系,Enevate 能够更好地评估公司实际运营的 ESG 影响。同时,公司尽可能地满足和超越相关法规条例的规定。例如:在政府部门零违规处罚记录;空气污染物排放低于相关设备许可证的申请门槛。

第三节 通用绿色发展基金

通用(北京)投资基金管理有限公司(以下简称通用基金)是由通用技术集团联合通用咨询投资公司发起设立的专业资产管理机构。基于通用技术集团及通用咨询投资公司几十年来在节能环保、基础设施等领域的业务积淀,通用基金已经形成了丰富的金融资源和项目资源,同时通用基金作为环境产业的整合者,经过多年发展,积累了丰富的投资、基金管理经验,在绿色金融领域进行了大量创新性探索。2016 年公司组织召开了"通用环境金融研讨会",与政府机构、研究院、央企、民企和金融机构等二十余家单位签署倡议书,共同倡议发起"通用绿色发展生态环境产业基金",此基金的投资重点主要聚焦于环境保护、生态建设、城市基础设施建设等环境及城市基础设施工程 PPP 项目、境内外优质环境企业并购、具备良好发展前景的环境类企业股权投资等项目。

一、风电光伏发电和华北供热公司项目

通用基金以专项基金的形式对新能源企业锋电能源进行投资近亿元，帮助其在风电、光伏发电、风机制造等领域进行开发。目前该企业已成功完成十多个风电及多个光伏项目，分别新增装机容量 100 兆瓦和 30 兆瓦。

供热改革是我国节能的重要途径之一。通用基金把握天然气取代传统燃煤供热的历史机遇，通过旗下综合性产业基金对民营企业华远意通公司进行股权投资，帮助其增强天然气供热能力、扩大供热范围，并推动其走向资本市场。该企业 2015 年共申报实用新型专利 8 项，发明专利 2 项；为"三北"地区 20 余万户居民供热达 2 432 万平方米，已成为万科、保利、中海、恒大等著名地产企业的长期战略合作伙伴。

二、水务基金

通用基金在节能环保产业与基础设施建设领域的投融资咨询方面也取得了丰硕成果。北京排水集团近年来面临着城市污水排放量增加和监测指标提高的双重压力，竭力寻求提升污水处理技术和能力。通用基金依托中国通用技术集团丰富的海外市场支撑体系，从全球范围内为该集团寻找合适的并购机会，最终确定了北欧一家公司作为并购对象并协助完成了全部并购过程。

石嘴山市是我国"一五"期间规划建设的国家级能源基地，煤炭、冶金、化工等重工业较为发达；多年来，受制于粗放的增长方式，水污染问题非常严重，古老的黄河和脆弱的生态受到严重威胁。

通用基金通过与石嘴山市政府合作成功设立产业发展引导基金，并在

该引导基金的鼓励与支持下，设立众多子基金，利用PPP模式规划建设4座工业污水处理厂，有针对性地对当地具备发展潜力的污水处理企业及项目进行扶持，按照市场化运作的方式，最大限度地发挥投融资平台的杠杆作用，有效撬动社会资本，以股权投资方式积极促进该市污水处理领域的转型升级。

通用基金长期践行央企责任，积极利用自身的产业及信誉优势，致力于引导绿色产业项目落地、撬动社会资金投入、促进传统行业转型升级、延伸绿色产业链。目前在节能环保产业方面，相继在中山、珠海发起设立了中山通用科技创业投资中心、珠海金控通用产业投资基金等多只基金。2017年9月15日，中山基金投资的节能环保企业华通热力（002893）在深交所正式挂牌上市。

为充分发挥央企资源优势以及环保产业龙头上市公司的产业资源和资金优势，2017年通用基金已与环保上市公司，共同成功注册设立北京通用×××环境产业投资中心（有限合伙企业）（以下简称通用环境产业基金），此基金总规模100亿元，重点投向水环境领域的PPP项目股权投资、并购及战略性投资，同时也将投资于其他环境产业的股权投资项目。以项目直投+FOF的方式投资；上市公司回购、资产证券化、打包上市等渠道退出。力求以央企的金融及项目资源结合环保龙头企业的产业资源，推进产融结合、打造生态环保产业链条。

三、通用环境产业基金方案

1. 基金名称

北京通用×××环境产业投资中心（有限合伙企业）。

2. 设立背景

环保行业多重利好发酵，行业持续高景气；我国国民经济持续发展，居民财富迅速累积，资本市场发展方兴未艾。随着金融体制和金融领域对外开放的推进，资本市场制度法规的日趋完善，环境产业和环保行业资本市场正处于难得的发展机遇期。

为分享环保行业的政策红利和我国金融改革发展的成果，实现多元化、跨越式发展目标，通用基金与环保上市公司，共同成功注册设立北京通用×××环境产业投资中心（有限合伙企业）。

3. 基金发行的客观条件

（1）通用基金的业务实践奠定产融结合的坚实基础

通用基金作为环境产业的整合者，经过多年发展，积累了丰富的投资和基金管理经验，某环保产业上市公司，计划为共同的发展目标和整体效益，通过参股、基金 LP 出资等方式进行产业整合。通用基金的金融资源与上市公司的产业资源结合，开创产融结合的新时代。

（2）"PE + 上市公司"模式成为资本市场追逐的热点

2014 年以来，"PE + 上市公司"模式作为一种市场创新手段，传统行业希望通过并购促进企业实现转型升级，新兴行业则希望通过并购与专业机构合作，掌握最新的技术、产业动态，实现产业链的完整布局，在实现资源双方的优势互补的同时，有利于激发市场活力，促进资本流动。近几年，我国上市公司并购重组活跃，资本市场已经成为并购重组的主渠道。相关数据显示，按全市场口径统计，2013 年上市公司并购重组交易金额为 8 892 亿元，2016 年已增至 2.39 万亿元，年均增长率达 41.14%，居全球第二位。2017 年前 10 个月，全市场实施并购重组超过 2 000 家（次），上市公司并购重组在加快国有经济布局优化、结构调整、战略性重组方面的主渠道作用日益彰显。"PE + 上市公司"模式受到上市公司和 PE 机构的广泛青睐，并逐渐发展成为资本市场并购的主流模式之一。数据显示，2014—2016 年，新成立的上市公司并购基金数量分别为 41 只、205 只和 609 只。2017 年以来，新成立的上市公司并购基金数量虽然有所下降，但也达到 400 余只。

这一模式的爆发，是设立通用环境产业基金的重要机遇。

4. 拟组建基金方案

■ 基金名称：北京通用×××环境产业投资中心（有限合伙企业）

■ 注册地点：北京丰台区

■ 基金规模：100 亿元

■ 基金期限：存续期 7～10 年

■ 组织形式：有限合伙

■ 基金管理人：合资基金管理有限公司

■ 出资安排：GP 普通合伙人 1 000 万元；LP 某环保上市公司出资 20%；其他 LP 出资约 80%，面向社会募集

■ 投资方向：环境保护、城市基础设施建设

■ 投资对象：水环境领域的 PPP 项目股权投资、并购及战略性投资，同时也将投资于其他环境产业的股权投资项目

■ 退出渠道：上市公司回购、资产证券化、打包上市等

5. 未来收益

■ 管理收益：基金管理公司每年获得基金规模一定比例的管理费收入

■ 后端收益分成比例：达到基金预期收益率以后，按照利益二八分成，即管理人获得 20%，其余 80% 由全体投资人按比例进行分配

6. 资金安全

■ 通用基金长期积累的优质项目来源

■ 上市公司提供优质项目资源及项目资产回购

■ 严谨规范的投资流程及对基金投资决策的有力控制

■ 针对投后项目在市场、管理、资金等方面的一系列增值服务

■ 投资项目合理有效的退出机制安排

■ 上市公司 20% LP 资金

7. 战略价值

■ 按市场化规律实现的产业基金模式,易于复制推广

■ 发挥央企优势,广泛调动地方资金、政策与项目资源;发挥环保产业龙头上市公司的产业资源及资金优势,承接项目落地

8. 基金发起人与合作分工

本基金由通用基金及某环保上市公司共同发起,总规模为100亿元人民币,分期实施。其中上市公司承诺出资20亿元人民币(20%)。

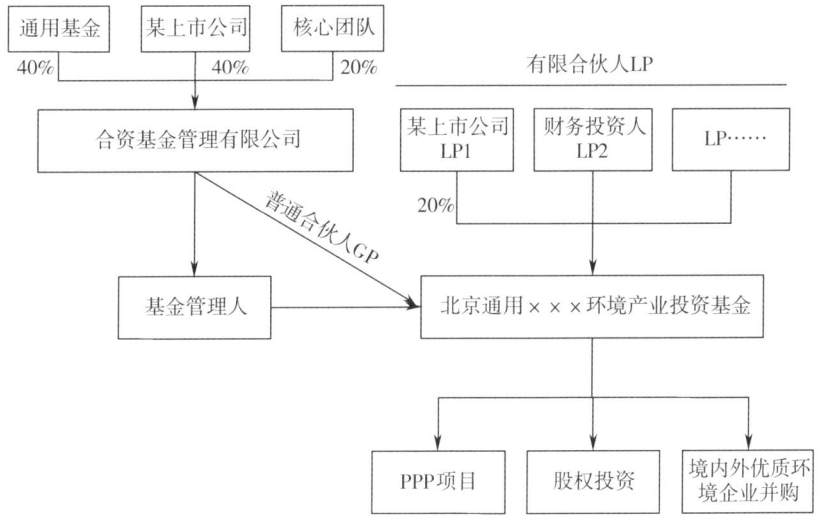

图4 通用环境产业基金组织架构

9. 基金的投资策略

■ PPP基金在所有金融产品中具有长期性、收益稳健的特性,同时我们将始终坚持"安全、稳健"的投资理念,兼顾资金的安全性与收益性,通过市场化运营,实现基金资产保值增值

■ 主要投资于环境保护、城市基础设施建设等方向

■ 重点投资对象包括水环境领域的PPP项目股权投资、并购及战略性投资,同时也将投资于其他环境产业的股权投资项目

■ 主要以股权形式投资于PPP项目公司资本金、子基金

■ 基金作为财务投资人，原则上在被投资企业中不谋求控股地位，参照行业惯例，对单个投资企业的占股比例原则上不超过49%；有特别需要的，经合伙人大会批准，也可控股投资

■ 建立完善的投资决策和风险控制机制。基金投资流程按照民主科学决策、有效防范风险、提高投资效率的原则制定，包括项目预选与立项、项目调查与评估、交易谈判、投资决策、项目管理和投资退出几个阶段。为控制投资风险，不得从事借贷担保业务，不得投资房地产，不得投资期货等金融衍生品，不得进行赞助捐赠等

10. 基金的退出与分配

■ 退出方式：基金可选择的投资退出方式主要包上市公司回购、资产证券化、打包上市等

■ 分配方式：有项目退出即进行现金分配，并采用优先劣后的分配方式

通用基金作为环境产业的整合者，经过多年发展，积累了丰富的投资、基金管理经验以及丰富的项目资源。上市公司具有领先的技术和产业经验。双方计划为共同的发展目标和整体效益，通过基金管理和GP、LP出资等方式进行产业整合。通用基金的金融及项目资源与上市公司的产业资源结合，开启生态环境建设新模式，全力推进产融结合、延长环境产业链，打造节能环保核心板块。

目前通用基金在节能环保产业方面，相继在中山、珠海发起设立了中山通用科技创业投资中心、珠海金控通用产业投资基金等多只基金。2017年9月15日，中山基金投资的节能环保企业华通热力（002893）在深交所正式挂牌上市。2017年通用基金已与环保上市公司，共同成功注册设立北京通用×××环境产业投资中心（有限合伙企业），已有优质项目储备及与多家单位签订合作意向书，目前资金募集工作正顺利开展。

第四节 环境监测基金

环保事业面临的一个普遍性难题是污染物排放量的准确监测。通用咨询和通用基金目前正在筹建国内第一只专门的环境监测基金,合作伙伴包括国家级产业发展基金、环保类上市公司、地方政府等。其目的就是帮助国家环保部及各级环保部门逐步建立起一套监测体系,实现对重点城市、重点排污主体工业废水、废气等重要污染物排放的实时和在线监测,为防污治污提供科学参考。

此外,近年来通用基金在为石家庄、延安、焦作等地方政府提供财务咨询服务中也在不断地推动地方发展绿色经济,改善环保基础设施、在为地方政府提供绿色资金支持的同时提供绿色智力支持。

第五节 华夏银行以基金绿助成长

华夏银行的绿色金融起步于国际合作,先后承接了世界银行中国节能项目(CHEEF)、法国开发署绿色中间信贷项目等,与国际机构的合作有力地提升了华夏银行绿色金融服务能力。

2016年,华夏银行独家承接了世界银行京津冀大气污染防治融资创新项目。该项目是世界银行在能源领域的全球首个采用结果导向型贷款工具的项目,也是中国第一个结果导向型项目,预计项目总投资将超过100亿元人民币。目前,本项目已向12个子项目发放贷款,贷款金额超过18亿元人民币,预计可节约标煤57.66万吨。

近年来,除积极推进国际合作外,华夏银行还通过基金等方式大力发展绿色金融。

为支持京津冀地区生态环境治理,华夏银行设立了碧水蓝天基金,基金总规模100亿元，主要投向京津冀节能减排，新能源，资源循环利用，水、土、大气污染治理，固体废弃物处理项目，并可延伸到产业链的上下游。目前该基金投放金额已超过73亿元。

以湖州市申报创建国家级绿色金融改革创新试验区为契机，华夏银行在杭州设立了首期100亿元的绿水青山专项基金，支持当地绿色发展。截至2017年6月底，该基金已完成审批项目16个，授信净额45亿元，实现投放33.4亿元。

2017年，华夏银行在国家金融改革创新试验区广州设立了珠海银隆新能源产业基金。基金规模超过20亿元人民币，用于支持新能源汽车行业发展。

未来，华夏银行将继续践行绿色发展理念，深化供给侧结构改革，持续发展绿色金融服务，为实现"绿助成长、美丽华夏"的美好目标而努力。

第六节 绿色技术银行

一、绿色技术银行的介绍

"绿色技术银行"是绿色发展领域落实2030年可持续发展议程的"技术银行"，是汇聚资源节约、环境友好、安全高效、生命健康等可持续发展重点领域中的先进实用绿色技术，强化科技与金融结合并实现科技成果的资本化、加快科技成果转移转化和产业化、同步服务于国内可持续发展和绿色技术领域南南合作的综合性服务平台，按照"政府引导、社会参与、公益性服务、市场化运作"运行机制建设。

2015年，习近平总书记出席联合国可持续发展峰会，代表中国人民同各国领导人签署了联合国2030年可持续发展议程，提出建立"技术银行"。2016年,李克强总理在主持联合国可持续发展座谈会上,正式宣布了《中国落实2030年可持续发展议程国别方案》,也明确提出建设"技术银行"与"可持续发展议程示范区",中国常驻联合国大使在多个国际场合介绍中国正在筹建"绿色技术银行"工作。科技部作为"绿色技术银行"牵头落实部门,将建设"绿色技术银行"列入2016年科技部党组一号文件、《全国社会发展科技创新"十三五"规划》。2016年9月,经过部市合作专题会商,绿色技术银行正式进入建设实施阶段,在上海先行先试。建设"绿色技术银行"也是我国落实联合国2030年可持续发展议程和气候变化巴黎协定的重要举措,是践行习近平总书记"创新、协调、绿色、开放、共享"五大发展理念、完善绿色技术转移转化机制的创新实践。

二、绿色技术银行的建设思路

"绿色技术银行"坚持"国际化、市场化、专业化"思维,按照"国际化"思维,发挥上海市建设全球科技创新中心和金融中心的优势,打造"绿色技术库"和"资源汇聚平台",集聚全球技术、资本、人才、管理等要素,创新绿色技术转移转化新机制,肩负起参与国际绿色技术转移机制建设的重任。依照"市场化"理念,发挥市场配置资源的决定性作用,打造"绿色技术金融平台",建立符合"银行"特征的运行管理机制,促进科技金融紧密结合。

秉持"专业化"思维,打造"一站式"创新服务平台,引导绿色环保领域科研活动面向产业发展,促进科研管理向创新服务转变,提供专业化咨询、管理、孵化、转移等服务。"绿色技术银行"将建立"三化"融合的科技成果转化机制,推动绿色科技成果向现实生产力转化。

三、绿色技术银行目前取得的阶段性发展

目前,上海市虹口区已依托"绿色技术银行"布局绿色技术产业,

这将是"绿色技术银行"第一个试点工作。虹口区正在打造"一圈一街一园"绿色技术产业集群，将发挥"绿色技术银行"的创新服务作用，提供从研发、转化到产业化"一站式"服务，实现群体技术产业化。

具体而言，一圈是指环同济经济圈，建立各类绿色技术研究中心和世界级水平的实验室，建成绿色技术创新企业的种子中心，几年后力争达到700亿元的产值规模；一街，指中山北二路绿色技术创新大街，将建绿色技术双创园区——绿色低碳示范区与实践区、打造绿色基础产业基地，包括企业服务、产品成果展示、信息中心和各类技术交易中介、技术评估机构；一园是上海节能环保产业园，通过科技创新服务功能性机构，支撑绿色技术在园内得到技术成果市场化价值的转化。

上海市虹口区作为绿色技术银行承载区，将为绿色技术转移转化服务机构入驻提供保障条件，评估中心作为国家级科技评估机构，将充分发挥自身资源和能力，探索合作模式，共同推进绿色技术银行建设。

四、绿色技术银行的未来规划

绿色技术银行将坚持国际化市场化专业化思维，基于创新链产业链和资金链的融合，加快绿色技术的转移转化，必将有力提升上海科技创新中心的辐射力和影响力。未来将发挥上海科创中心建设及上海自贸区政策叠加效应，为绿色技术先行先试、绿色产业基金运营提供政策支撑；研究和制定支持绿色技术转移转化众创空间、可持续发展议程创新示范区建设政策；在上海市虹口区落实绿色技术银行承载空间，充分利用人才、财税等政策，为绿色技术银行各参与主体的集聚、服务提供支撑。同时，加强人才培养。筛选、融合并组建国际、国内优秀的创新服务团队，培养一大批复合型绿色技术转移转化人才。

五、发展方向

绿色技术银行将牢牢掌握世界绿色技术发展大趋势，提供绿色技术发展领域的系统性总体解决方案。绿色技术银行致力于：

1. 着力推进绿色技术转移转化服务。围绕资源节约、环境友好、安全高效、生命健康等可持续发展重点领域，汇聚国内外先进绿色技术成果、人才等创新要素，提供技术标准、检测、筛选、评估、系统集成等服务，发展基于互联网的绿色技术交易模式，提供高性价比的、系统化的绿色技术转移转化一站式服务。

2. 着力推进绿色技术创新全链条的金融支撑服务。围绕绿色技术创新、转移转化及产业化和企业绿色技术升级改造的需求，建立绿色技术金融服务平台，设立绿色产业基金，综合运用绿色信贷、绿色债券、绿色基金投资、绿色保险、风险补偿等方式支持绿色技术转移转化，并推动开展绿色金融国际合作。

3. 面向企业着力推进绿色技术发展的综合解决方案。结合企业绿色发展需求，创新绿色技术和金融等要素相结合的新模式、新产品，探索以技术入股、技术资本化、股份化、技术与金融综合解决方案等方式，支持企业绿色技术改造升级，分享减排收益或企业上市收益。

4. 面向地方政府着力推进区域绿色发展系统解决方案。围绕2030年可持续发展议程创新示范区建设以及地方发展需要，结合地方特色和现实需求，提供绿色技术与金融的系统解决方案，探索地方财政投入和社会资本合作模式，开展绿色技术的集群式转移转化。

5. 着力推进绿色技术国际化转移转化服务。服务"一带一路"、南南合作等"走出去"国家战略，加强与联合国环境规划署等国际组织合作，推动面向发达国家的国际绿色技术收储与再创新，通过绿色技术与绿色金融的综合解决方案的中国模式，帮助发展中国家绿色发展或者在发展中国家开拓绿色发展市场。

第七节 绿色能源发展基金

中国绿色能源发展基金是中国绿化基金会主管的一只专项公益基金，是我国首只绿色能源类公益基金，于2016年10月31日在北京成立。中国绿色能源发展基金应运而生，它以促进绿色能源利用发展为宗旨，希望能借助这个平台，推动并支持全国范围内绿色能源项目的研究、开发和推广利用，在国家相关部委的大力支持下，中国绿色能源发展基金将从保持清洁、低碳、循环的绿色能源理念、方法和技术以及开展绿色能源发展领域的国际合作等多个方面提供高层次、宽视野、前瞻性绿色能源项目的资金筹集和咨询服务。

2017年5月25日，由浙江省能源集团有限公司发起，联合国内投资及金融机构共同组建的国内首只绿色能源产业基金——浙江浙能绿色能源股权投资基金在杭州举行签约仪式，基金目标规模500亿元，首期规模超200亿元。该基金致力于聚焦能源产业链投资，以绿色金融推动绿色能源发展，服务"两美"浙江建设，助力创建国家清洁能源示范省。

浙能绿色能源基金将用5年左右时间，在万亿级的绿色能源市场中，培育2家能源类上市企业，撬动千亿级以上社会资本，推进能源产业供给侧改革。

作为增量投资平台、大项目孵化培育平台和金融伙伴资源互动平台，浙能绿色能源基金将立足浙江、面向全国、放眼世界，以绿色金融推动绿色能源产业，布局能源清洁高效利用和天然气绿色能源项目，拓展风、光、水电等可再生能源及分布式能源项目，聚焦能源新技术、新装备、新材料等战略性新兴产业，培育发展新动能，打造浙江省最专业的能源产业基金，为投资者创造丰厚的回报，同时引领绿色能源发展，坚定不移地践行"绿水青山就是金山银山"的发展理念,为"一带一路"建设注入浙江动力。

2017年2月9日,中保投资基金与扬州市政府合作的中保投京杭大运河生态基金首笔资金20亿元成功放款。

中保投京杭大运河生态基金由中保投资公司与扬州现代金融集团作为双管理人共同发起设立,世界运河历史文化城市合作组织(WCCO)在基金设立过程中给予高度关注和积极推动,WCCO与中保投资公司及扬州现代金融集团建立紧密合作联盟,将把生态基金业务模式向运河沿线城市推广,预计全流域投资规模达500亿~1 000亿元人民币。

据介绍,这是中国金融业第一只以中华文明传承为投资主题的基金计划,第一个投资运河生态修复的基金计划,也是第一只综合对接城市基础设施建设、社会事业和民生工程的保险金融产品。

中保投资公司是国务院批准设立的保险资金联合投资平台,此次与扬州现代金融集团联合发起设立京杭大运河生态基金,旨在响应中央经济工作会议精神,把生态修复作为最优先的目标,统筹生产、生活、生态三大布局,支持运河沿线城市发展和扬州城乡文化产业发展及生态文明建设。

世界运河历史文化城市合作组织是由世界各国运河城市和相关经济文化机构结成的非营利性国际组织,2009年9月在民政部注册登记成立,其业务主管单位为文化部。成立以来主要以运河为纽带,举办世界运河名城博览会和世界运河城市论坛,共享发展经验,推动互利合作,促进运河城市共同发展和繁荣,现有70个以国内外运河城市为主的会员。

京杭大运河是中国文化的象征,两岸居住着3亿多人,千百年来"生生不息",对中国统一民族国家的形成,南北地区之间的经济文化发展与交流起了巨大作用。扬州市是大运河申报世界遗产的牵头城市,也是最早对运河实施保护和修复的城市。保险资金支持扬州市及京杭大运河相关的城乡基础设施、生态文明及历史文化等项目建设,结合交通、供水供热供电、垃圾处理以及海绵城市、管廊城市等项目投资,重点进行古城、古镇、古村落、古街巷和古建筑的维护改造。这一模式,开启了保险资金支持"特色小镇"生态及基础设施建设的新模式,为实现习近平总书记提出的"望得见山、看得见水、记得住乡愁"新型城镇化目标提供金融服务;也将吸引大批有志青年到该区域发展创业,促进人口从大城市逐渐向中小城镇转移,成为中保基金落实国务院提出的"三个一亿人"要求的自选动作。

为更好服务运河城市发展,WCCO与中保投资公司、扬州现代金融集团将联合更多金融机构,积极推广生态基金业务模式,目前已与多个运河城市政府沟通对接,后续投资项目在逐步落实中,预计投资总规模将达到500亿~1 000亿元人民币。本次投资主要采取基金模式,由中保基金以股权形式直接投资,不仅不会增加地方政府的财政负担,而且将显著降低当地政府的当期资本支出压力,是对地方投融资体制改革的新探索。同时,本次投资将撬动大规模社会资本参与小城镇建设,是中保基金落实国务院以及中国保监会关于"脱虚向实"要求的重要举措。

第八节 同方产城互兴母基金

同方金融控股(深圳)有限公司(同方金控)成立于1999年5月,为同方股份有限公司(同方股份,600100.SH)的全资子公司,也是同方股份旗下唯一的金融资产和投资的平台公司,注册资本44.7亿元人民币。

目前,同方金控旗下参控股多家金融机构,包括重庆信托、三峡银行、同方全球人寿等。同方金控同时还参控股多家国内优秀股权投资管理机构及国际资本平台,包括:同方厚持、华融泰、同方致远、中车同方、同方莱仕等,具有丰富的私募股权投资管理经验及项目储备。

同方金控致力于贯彻落实党的十九大精神,金融服务实体经济,结合股东同方股份的高科技产业背景,与地方政府及市场相关机构合作发行与管理基金。主要业务方向是,结合同方股份节能减排、新旧动能转换、大健康、大数据等事业板块,积极开展绿色投资,建设美好家园。

一、"产学研融"生态是同方金控绿色投资基金的核心竞争力

同方股份(600100.SH)是由清华大学出资成立的高科技上市公司,定位于多元化综合性科技实业孵化器,致力于科技成果转化和产业化。二十余年间,同方股份与清华大学多个院系合作,共建20多个联合研发机构,其中包括6个国家级工程研究中心,累计申请海内外专利和计算机软件著作权登记4 000余项,参与获得"国家科学技术一等奖"5项。紧跟国家战略,致力产学研协同创新。同方股份明确了"技术+实业","金融+资本"产融互兴的发展战略。形成了以科技实业为主业,金融投资与创新孵化平台为两翼的一主两翼发展格局。构建了以信息、大安全、节能、环保和生命健康等与国计民生密切相关的产业布局。

建立四大核心实业集群。同方股份结合产业板块协同性,梳理并建立了四大核心实业集群:"商用与消费电子设备+知识内容与服务"的互联网服务与终端实业集群、"大数据+软件/硬件+平台/系统集成"的智慧城市实业集群、"军用+安全检查"的公共安全实业集群、"建筑节能+工业节能+照明+水气渣+海绵城市"全方位的节能环保实业集群。

独具特色的科创融生态圈。目前,同方股份已在全国建设完成10多个与产业配套、具全球化产能的科技园区。同方股份还正采用科创园区+科创空间+科创金融+科创服务的方式,形成多层次产学研协同创新体系。以军工装备、公共安全、云计算与大数据、电子设备与商用消费、生命健康、环保、节能、灯光照明八大产业为依托,通过产业运营、科技孵化和金融资源的互荣互兴,形成共享、共创、共赢的科创金融生态圈。

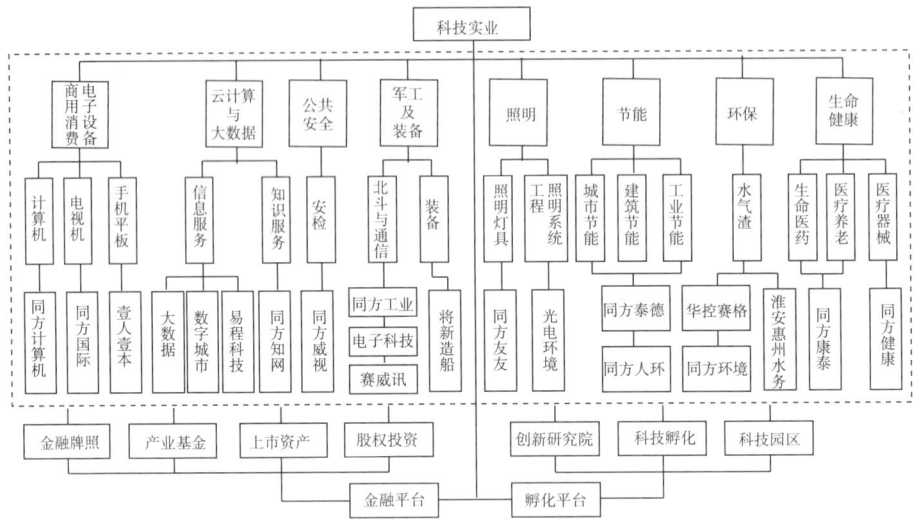

图 5 同方股份产业结构图

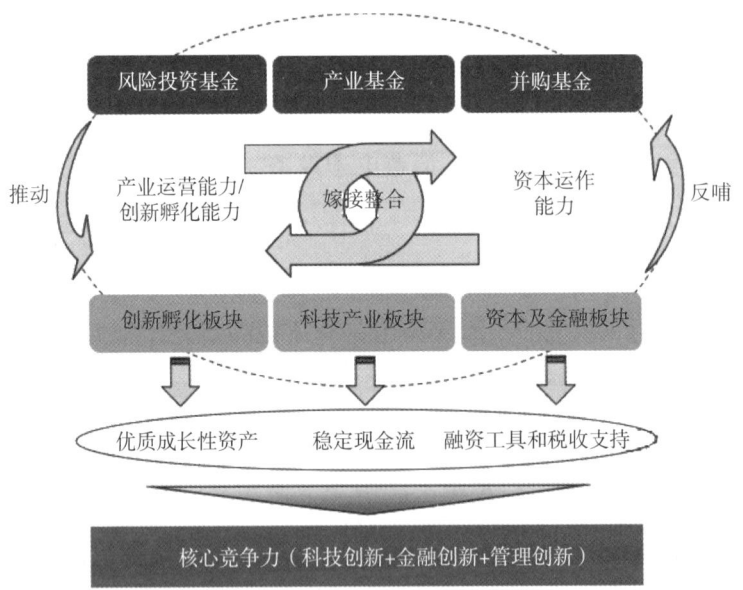

图 6 同方股份科创金融生态圈

二、集团化运作为绿色投资基金提供了可控的退出渠道

依托丰沛的产业及金融资源，同方金控在项目获取及项目退出通道方面具有独特优势，能够通过投资业务获取合理财务收益。目前，同方股份境内外上市公司平台近 10 个，为同方金控旗下基金提供了重要并购通道。

在 IPO 退出平均回报倍数降低，二级市场流动性紧张的情况下，同方旗下上市公司（华控赛格（000068.SZ）、泰豪科技（600590.SH）、同方康泰（1312.HK）、同方友友（1868.HK）、同方泰德（1206.HK）、中国医疗网络（383.HK）、同方健康（833151.OC）、同方瑞风（837326.OC）、鼎欣科技（870840.OC））将成为体系内基金有效的项目并购通道。

其他重要合作伙伴也将为同方金控基金业务提供重要支撑。

三、同方金控旗下绿色基金运作模式

未来 50 年，中国城市发展模式将发生颠覆式巨变。城市群的空间结构将发生断崖式重构，以城市群为主体构建大中小城市和小城镇协调发展的城镇格局。城市分线式地位将被打破，建立新型区域协作机制，具有区域协同性的二三线城市将会爆发式兴起与超越。产业与城市的关系将从单一经济贡献型向全面体系支撑型转变，即走向"产城互兴"。产业资本主导、金融资本联动将成为引领新型城市产业发展的产融促进模式。新型能源、生态安全、健康医疗、人工智能、消费升级、文化创意等复合型新兴产业将成为趋势和风口。

同方金控集中资源，重点围绕环渤海城市群、长江中游城市群、长三角城市群、成渝城市群及珠三角城市群发展设立产业基金。结合同方股份环保节能产业的技术实力优势，绿色基金是同方金控重点开发的细

分方向。

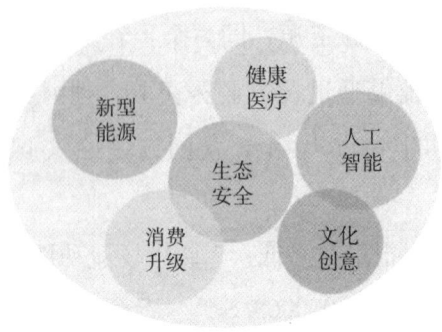

图7 同方金控重点产业部署

同方金控拟将与某省金融平台合作设立绿色发展基金并参与基金管理。双方将同比例入股成立基金管理公司，并为管理团队保留一定股权。基金设立后，将通过直接投资或设立子基金对外投资等方式，重点投向大气污染防治、能源结构调整、环境治理、绿色交通、绿色建筑等领域。基金优先投资于该省范围内的企业，对同方股份及其关联企业投资于该省内的绿色项目，在市场化条件下优先给予重点支持。

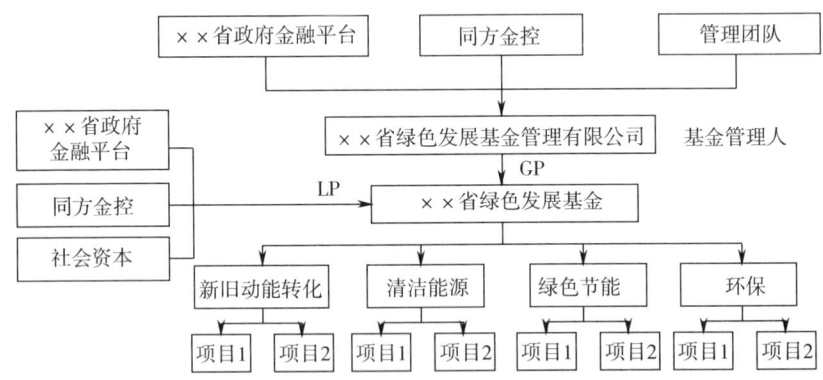

图8 同方绿色发展基金模式

第九节　中关村并购母基金及优车产业基金

一、中关村并购母基金简介

中关村并购母基金（Z-Park Fund，以下简称母基金）成立于2016年10月，是目前国内规模最大的并购母基金，首期募集规模119亿元人民币，未来计划共募集3期，总规模达300亿元人民币。

母基金出资方包括政府引导基金（海淀区产业并购引导基金）、国有资产运营公司（北京市海淀区国有资产投资经营有限公司）、大型国有企业（清华控股有限公司、中关村发展集团、北京能源集团有限责任公司）、中关村上市公司（用友网络、华胜天成、三聚环保、立思辰、神州高铁、神州数码、旋极信息、拉卡拉、佳沃集团、恒泰艾普、神州优车）以及金融机构（浦发银行、北京银行、邮储银行、南京银行、华龙证券）。

母基金以发展中国高精尖科技产业为己任，致力于提升所有合作伙伴的长远利益，投资重点包括TMT、消费升级及大健康等领域，投资标的集中在互联网和移动互联网、云计算、定位导航与空间信息服务、集成电路设计、生物医药、新能源、新材料、节能环保、文化和科技融合等。

母基金具有天然的绿色产业资源，LP中京能集团、三聚环保、恒泰艾普均在绿色产业领域有所建树。其中京能集团承载着首都能源供给和环境保护责任，在企业内部大力推广节能减排工作；三聚环保是一家为基础能源工业产品清洁化及生产过程清洁化提供服务的高新技术上市公司；恒泰艾普作为石化油服行业龙头企业，在深层水资源及地热资源开发利用领域具有国内一流技术。

母基金将绿色产业作为其重要投资方向之一。其中被投资企业——泰凌微电子为绿色制造概念企业，在低功耗无线芯片、智能照明、智能家居等领域独树一帜。母基金参与投资的优车产业基金为绿色交通概念基金，以"汽车共享、绿色出行"为发展理念，推动绿色健康的汽车消费文化，大量节约社会资源，推动低碳产业化发展。

未来，母基金还将进一步深耕于绿色金融领域，通过投资绿色产业项目及参与绿色产业基金，母基金将成为绿色革命的参与者，分享绿色产业的成长红利。

二、优车产业基金方案

1. 基金名称

福建优车投资合伙企业（有限合伙）（以下简称优车产业基金）。

2. 设立背景

汽车后市场利润空间巨大、市场亟待整合。21世纪以来，我国汽车市场经历了突飞猛进的发展，私人汽车拥有量从2000年的625万辆猛增至2015年的14 399万辆，翻了23倍。当前，汽车市场已经由"增量时代"逐步进入"存量时代"，后市场成汽车产业主要发力点。据统计，每1元的购车消费会带动0.65元的汽车售后服务，2015年中国汽车后市场规模为2.15万亿元。在发达国家市场汽车产业链中，汽车后市场贡献的利润已达到60%。

新能源汽车需求稳步增长，市场面临爆发。发展新能源汽车是我国的基本国策，战略意义巨大。目前中国已经是全球最大和增长最快的新能源汽车市场。据统计，2016年新能源乘用车产量34.4万辆，销量33.6万辆。受益于基本国策及各项利好政策的推动，新能源车生态系统的上中下游均蕴含丰富的机会，大有可为。从中长期看，在电池技术不断进步、制造成本不断下行背景下，积分组合制度作为长效机制，其落地与实施有望成为新能源乘用车新增长引擎，扶持行业的中长期发展。

智能驾驶行业蕴藏丰富机会，发展前景广阔。智能化是汽车产业的发展方向之一，智能驾驶技术不断发展，各大汽车厂商、互联网公司相继推出自动驾驶汽车计划，预计技术的持续进步使得高度自动驾驶的车辆有望于 2020 年出现。根据国金证券的预测，ADAS（高级驾驶辅助系统）市场未来五年复合增长率将接近 100%，市场在千亿级规模。

基于上述背景情况，为了以金融手段推动绿色低碳出行、促进绿色发展，并充分把握和分享汽车生态圈产业升级整合过程中蕴藏的投资机会，中关村并购母基金与神州优车股份有限公司（以下简称神州优车）、工商银行等投资方共同投资设立了以汽车后市场、新能源汽车、智能驾驶为主要投资方向的优车产业基金。

3. 基金投资方向优势

优车产业基金是专门面向汽车生态圈产业升级整合的人民币股权投资基金，基金总规模达百亿元，其投资方向优势主要体现在以下几个方面：

受益于技术革命和消费模式变化，汽车后市场蕴含万亿级的巨大投资机会。优车产业基的投资方之一的神州优车基于自身的网络资源和应用场景优势，纵向整合汽车后市场产业链，实现各业务板块网络、客户、数据等资源的共享，同时充分利用已搭建起的平台及生态圈中的其他业务板块之间的协同联动，凭借自身卓越的创新能力和基于大数据的消费者分析能力，进行消费模式的创新，进而挖掘产业链上更为多元的商业机会。基于此，优车产业基金立足出行共享等新兴出行模式，结合神州优车在出行领域的多年经营与投资经验，积极寻找共享出行优质标的，同时也将把握汽车产业链整合与升级的机会，在汽车后市场挖掘融资、保险及其他金融服务、智能大数据运营平台、新车及二手车交易平台、零部件改造等领域的投资标的。

新能源汽车加速发展催生了千亿级配套产业：（1）电池材料领域：2017 年 3 月，工业和信息化部、发展改革委、科技部、财政部四部委联合印发《促进汽车动力电池产业发展行动方案》，据此测算距离2020年目标还有70亿瓦时的产能释放空间，动力电池市场规模将超过1 200亿元；（2）电机电控领域：专用车2016年底进入《推荐车型目录》，即将成为新能源汽车爆发增长的细分市场，"十三五"期间，电机电控有望迎来高增长，中性情形下市场规模将达到1 080亿元；（3）充电设备领域："十三五"期间，充电设施投资将达到1 100亿元，充电设备制造商、充电设施运营商将迎来黄金发展期。在行业大发展的背景下，优车产业基金与神州优车将利用2B运营平台、应用场景和数据的优势，与新能源汽车企业形成协同效应。

根据《中国制造2025》，2020年DA（驾驶辅助）、PA（部分自动驾驶）市场占有率将达到30%，至2025年，DA、PA市场占有率稳定，HA（高度自动驾驶）将达到10%~20%。2016年3月出台的我国《"十三五"汽车工业发展规划意见》将智能网联汽车确立为重点发展对象，并提出到2020年具有驾驶辅助功能的智网联汽车渗透率达到50%，具有有条件自动化的汽车渗透率达到10%的目标。智能驾驶及车联网已提升至国家战略高度。根据预测，国内ADAS市场规模在2020年预计将达2 000亿元，此外，还有多个前瞻性领域具备广阔的市场前景，例如高精地图、行程规划、Car OS应用系统、信息安全、车联网等。优车产业基金将依托投资方神州优车现有丰富汽车产业链业务布局而形成的应用场景和大数据优势，在智能驾驶及相关的人工智能、大数据、互联网技术等领域积极寻找投资标的。

4. 基金方案概述

■ 基金名称：福建优车投资合伙企业（有限合伙）

■ 组织形式：有限合伙

■ 基金管理人：达孜天际线投资管理有限公司

■ 出资安排：神州优车、工商银行、中关村并购母基金以及其他社会

资本

■ 投资方向：汽车相关产业链纵向整合及消费模式的创新，新能源汽车及其上下游配套产业及新兴商业模式，智能驾驶及车联网相关技术及应用等

■ 投资对象：出行共享等新兴出行模式，融资、保险及其他金融服务，智能大数据运营平台，新车、二手车交易平台，零部件改造新能源电动汽车，新型动力电池及控制系统，高性能电机和电控系统，驿站充电网络的建设和运营，智能驾驶传感器，高精地图与智能的行程规划，深度学习与无人驾驶等

■ 退出渠道：股份回购、资产证券化、IPO 上市、上市公司并购等

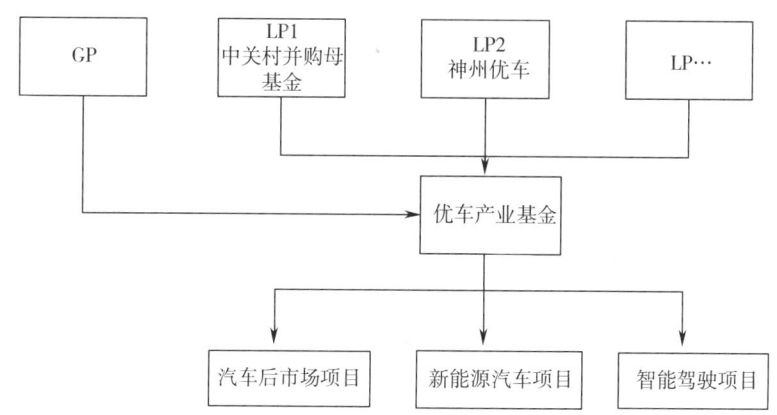

图 9　基金方案

5. 未来收益

预期收益：全体投资人获得基金项目投资增值后的基本收益分配。

后端收益分配：达到基金预期收益率后，全体投资人与基金管理公司之间就超额收益按比例再进行分配。

6. 基金主要投资方的优势

神州优车是中国出行和汽车领域领先的综合服务平台。作为具有丰富应用场景的平台公司，神州优车旗下集聚了"出行平台"（神州租车、神

州专车)、"电商平台"(神州买买车)和"金融平台"(神州车闪贷)三大平台,以及正在布局中的汽车生态圈的其他领域,为智能出行产业提供丰厚的渠道和资源。神州优车拥有丰富的行业资源以及实力雄厚的技术团队,优车产业基金与神州优车平台协同运作,可以共同挖掘智能出行产业的领先标的,实现企业业务发展与各方投资回报的共赢。

中关村并购母基金是目前国内规模最大的并购母基金,未来3~5年,中关村并购母基金预计带动和支持2 000亿元的投资并购规模,投向战略性新兴产业,带动技术创新和产业结构调整,支持大型科技创新型领先企业的战略并购,这将与优车产业基金实现有效协同。中关村并购母基金的投资方包括政府引导基金、国有资产管理公司、国有大型企业、上市公司以及大型金融机构。此外,中关村并购母基金与国内主要银行、证券公司、保险公司、信托公司以及外资金融机构等保持着良好的合作关系和沟通渠道,管理团队主要成员包括具有大型金融机构和市场化私募基金运作经验的专业人士,在境内外金融市场可调动的资源较为丰富和独特,能够帮助优车产业基金及其所投资的项目打通多元化和低成本的资金渠道,从而支持优车产业基金的业务发展。

第十节 绿色能源(上海)创新中心投资基金

一、基金设立背景

全球变暖大环境下,各国减少化石能源使用、大力发展绿色能源,已成为共识。传统能源面临融资难窘境,可再生能源呈现强劲发展态势,具备强大生命力。预计可再生能源份额在2030年前增加一倍,世界可以达到其可持续能源和气候变化目标。

2016年11月4日,《巴黎协定》正式生效。中国将能源消费目标定为到 2020 年，非化石能源占一次能源消费比重达到约 15%，单位国内生产总值二氧化碳排放量比 2005 年下降 40%~45%。"十三五"规划首次提出创新、协调、绿色、开放、共享五大发展理念，为确保"十三五"能源发展目标的全面落实，中国将坚持绿色低碳方向，积极发展太阳能、风能发电等可再生能源产业。

2015 年 5 月，上海市委、市政府发布《关于加快建设具有全球影响力的科技创新中心的意见》，提出将上海打造成国际科创中心，并配套相关政策支持和资源投入，占领新能源技术制高点。为配合上海市提出的战略目标，上海市科委联合 9 家单位，发起设立绿色能源（上海）创新中心，该中心将围绕新能源领域新材料、高端装备、新技术三大方向，开展共性技术孵化与应用，培育创新型高技术企业。

二、绿色能源（上海）创新中心

创新中心将搭建全球运营网络，组建产业和学术联盟，形成开放式产业综合服务平台。中心致力于绿色能源装备、材料及系统应用技术的创新和产业化服务工作。作为全球性的协同创新中心，集研发、工程、市场、孵化于一体，为创新企业及合作伙伴提供全方位服务和解决方案。中心在高效绿色能源技术开发、材料研制及系统技术的行业资源及产业服务方面拥有丰富经验。中心将建立三大支撑平台来支持其发展，首先是金融平台：绿色能源（上海），创新中心投资基金；其次是产权交易与技术转化平台：大虹桥商务中心；最后是技术支持平台：航天工程中心。

三、绿色能源（上海）创新中心投资基金简介

2017 年 4 月，由上海市科委牵头，绿色能源（上海）创新中心投资基金正式成立。协鑫金融（集团）控股有限公司担任管理人，同时引进绿色能源（上海）创新中心、绿色技术银行两家单位作为基金的基石投资人。基金规模10亿元人民币，存续期7年，投资方向锁定绿色能源、储能技术、节能环保、智慧能源等新能源新技术领域。

绿色能源（上海）创新中心由协鑫智慧能源、上航工业、天合光能、腾晖光伏、阿特斯、协鑫集成、远东智慧能源、林洋光伏、芈林软件等9家新能源行业龙头企业共同发起。基金将充分发挥发起人在各自主业范围内的优势，精选优质标的企业。绿色技术银行是由国家科技部、外交部联合上海市等有关方面，依据"创新、协调、绿色、开放、共享"五大发展理念设立，服务于政府参加国际间绿色技术转移转化谈判、政策制定、机制建设，培育具有全球影响力的绿色科技产业的综合性科技服务平台。

四、基金管理人

协鑫金融（集团）控股有限公司是协鑫集团旗下专注于绿色金融领域的专业化金融控股集团。公司目前开展金融牌照、产业基金、资产管理等三大类业务，与协鑫集团主业实现产融结合，引导社会资本进入清洁能源、节能、环保等实体经济。

基金由协鑫金融（集团）控股有限公司下属的鑫恒盛投资管理有限公司担任管理人，该公司具备绿色能源领域投资的专业管理实力，已在中国证券投资基金业协会备案，并成功发行第一只绿色产业类投资基金：方达鑫绿色投资基金，基金规模30亿元人民币。

五、基金投资与退出

基金将通过股权投资方式扶持绿色能源（上海）创新中心及上海市范围内处于初创期、早中期的创新型绿色能源企业与项目的培育和发展，促进其融资渠道多元化，加快推进创新成果产业化。科技部、上海市科委对项目进行全程把控与筛选，实现优中选优。基金到期后，将通过IPO、股权转让、上市公司并购等多种渠道实现退出。

六、市场化层面绿色基金的案例分析

在国家的大力支持下，绿色产业基金呈现出蓬勃发展的态势。下文主要从不同的产业基金以及地方产业基金中选取具有前瞻性及代表性的案例进行说明。

第十一节 绿民投产业链基金

在绿色发展和新型城镇化的背景下，消费者除了注重房屋本身的质量，更追求舒适、绿色、健康、节能的居住环境与品质。在城市低碳绿色发展的背景下，绿色建筑和绿色地产得到市场的广泛关注，房地产行业的绿色化转型也成为趋势。当代置业和喜神资产于2015年以来持续所做的一个主要资管平台创新模式——绿民投产业链基金，它开创了产业地产金融合作新模式，基于"互联网＋绿色产业供应链金融"，致力于通过产业合伙、资本合伙、模式创变和平台孵化，整合产业链优质资源，通过打造国内首家专注于绿色建筑领域的供应链和不动产股权投资基金，实现优质资产＋、传统融资＋、合作伙伴＋和业务杠杆＋。绿民投产业链基金通过"互联网＋绿色制造＋绿色建造＋绿色金融＋绿色消费"的组合，将原有房地产产业结构和资本结构进行价值重构，推动绿色建筑领域供应链金融、员工持股跟投、产业上下游资本合作、战略供应商合纵连横、绿色商业模式孵化等复合模式的整合与创新。我们认为绿民投产业链基金的模式有"三个结合"和"五大优势"，即轻资产与重资产相结合、绿色地产与绿色金融相结合、优质资产与资本市场相结合，具备了杠杆优势、全产业链金融服务优势、全生命周期成本优势、项目与平台互相促进的优势以及良性循环生态圈的优势。

绿民投产业链基金将投资人范围锁定为绿色地产行业内领先的开发商和上下游企业以及关注绿色金融的金融机构，在充分发挥以当代置业为代表的绿色地产商的资源优势和地产专业优势，以及喜神资产的行业平台领先的金融与平台专业优势的基础上，引入优秀的产业上下游供应商的金融资源，使其参与投资并参与投资过程及项目建设过程。

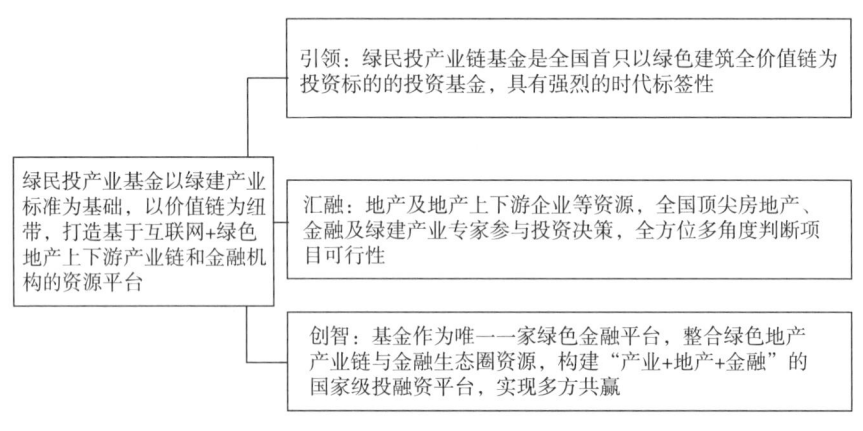

图10 基金发起人及管理人

依托战略基石投资人当代置业（1107.HK）和全联地产商会指导下的喜神资产的战略股东背景，形成联合管理的基金平台，聚焦大资管时代地产深度整合的行业机会，力争为投资者实现中国房地产及相关市场的投资价值。

绿民投产业链基金的合伙人可通过投资基金获得多重受益。基金将以绿色地产项目为主要投资方向，比例不低于80%。此类地产项目除了满足基本的"绿色"的要求以外，还需满足区位、去化周期以及内部收益率测算的要求。以绿色产业领域项目为投资方向：其中绿色地产项目比例不低于80%，项目必须位于一二线城市核心区或潜力片区的区位标准，并且去化周期不超过3年，项目测算内部收益率不低于15%；绿色PE、VC孵化项目不高于20%，满足PE、VC领域的国际投资标准，采用与知名风投基金联合投资方式，推动项目合作。

当前绿建行业在我国仍处在"发展阶段",行业标准亟待统一。绿民投致力于成立绿色建筑产业联盟,联手行业内领先的企业代表,通过不断成熟壮大,在收获良好的效益基础上,吸引广泛的市场关注。基金将以推广绿色建筑为根本理念,协助我国绿建行业的标准的建立、确立和推广。目前基金中的全体合伙人已经有许多绿色建筑、建筑智能化及大数据互联网领域的专家,并曾积极地参与业内国家绿色建筑各个细分领域的行业标准的制定。

绿民投产业基金的组建,标志着代表绿色地产开发的当代置业、代表平台投行资源整合角色的喜神资产、代表产业资本角色的中民投资本、启迪金控、代表行业大数据与互联网平台的广联达和代表绿色建筑未来的上下游供应链企业(弘高创意等优质产业供应商)多方共同迈出了坚实的一步。各方将基于绿民投产业基金着力打造绿色房地产开发平台和绿色建筑轻资产孵化平台,形成行业模式优化的生态体系,助力各自主业的发展,为企业赢得未来、为行业贡献力量、为社会创造价值。最终推动绿色产业分工的进一步深化,实现绿色产业的投资商、开发服务商、产业运营商和绿色金融机构的基于产融结合的未来新模式。

第十二节　中国节能海盐绿色基金

一、基金背景

2014年以来,中国节能环保集团公司(以下简称中国节能)和中国国际工程咨询公司合作,积极推动国家节能环保和绿色发展领域投融资体制改革,并战略性地组建"中节能中咨环境投资管理有限公司"(以下简称中节能中咨公司),旨在打造集节能环保项目整体解决方案和投融资方案设计、政府引导基金管理等功能为一体的创新型环境投资管理公司。

2015年，中国节能与浙江省嘉兴市海盐县签署战略合作协议，就共同发起设立规模200亿元的中节能海盐绿色发展投资基金（以下简称投资基金）和规模20亿元的中节能海盐绿色发展产业基金（以下简称产业基金）达成一致意见，并于2016年4月1日签署合作协议。

二、基金简介

海盐基金以投资基金为平台和纽带，运作地方政府绿色发展PPP项目，通过投资基金打包海盐重大节能环保项目进行整体解决，可充分发挥中国节能的综合优势，以投资基金为平台，为地方政府引入社会资本、先进的国内外节能环保及技术，加快海盐县生态文明建设，带动产业结构调整，促进海盐的经济发展。

"以投资基金为平台，汇集整合央企与地方资源，建立内部协同机制，形成强大中国节能合力"的海盐模式。

三、基金进展情况

海盐的绿色发展理念和对绿色产业的巨大需求，与集团的发展战略高度契合，海盐已纳入投资基金支持范围的项目总投资达325亿元。2016年7月1日，海盐基金管理公司成立，并于12月完成中国证券投资基金业协会的私募基金管理人登记。12月，海盐投资基金成立，并签约首期投资科创产业园项目。2017年2月，海盐产业基金成立，3月，海盐产业基金投资力源环保公司获县政府批准。2017年8月，中节能海盐绿色发展科创技产业园PPP项目通过了项目论证，项目推进速度进一步加快。

四、基金意义

我国节能环保产业发展潜力巨大，地方政府结构转型和污染治理需求的逐步释放，以及PPP模式的大力推行，都将为节能环保产业带来广阔的发展空间。总结海盐模式的成功经验,深入探索节能环保产业与金融行业的产融结合模式,在资源更丰富、发展潜力更大的其他城市和地区大力推广应用,有利于推动节能环保产业的繁荣发展。

第十三节 "一带一路"绿色投资基金

绿色产业基金推进"一带一路"绿色化的进程。值得一提的是,"一带一路"的绿色化投资已经得到很多关注。2015年3月8日,全球首只致力于丝绸之路经济带生态环境改善和生态光伏清洁能源发展的股权投资基金——"绿丝路基金"在北京正式启动,全称是绿色丝绸之路股权投资基金。

1. 绿丝路基金设立方式

"绿丝路基金"采用合资形式,非公开募集。基金首期募资300亿元,由亿利资源集团、泛海集团、正泰集团、汇源集团、新华联集团、均瑶集团、平安银行、中(国)新(加坡)天津生态城管委会联合发起。

2. 绿丝路基金范围

基金首个投资项目规模为50亿元,主要用于投资生态光伏项目,拟在河北京张生态走廊区域投资集"发电+种树+种草+养殖"于一体的立体式生态光伏产业。

基金期限为整体存续期10年,其中投资期为5~8年,管理和退出期2~5年;基本的法律结构为有限合伙制企业,成立国际国内优秀专业基金管理团队,负责基金的日常运营和管理。

当前,绿色发展是大势所趋,"一带一路"战略规划又将生态环保、防沙治沙、清洁能源等列为重点发展产业,绿色丝绸之路面临千载难逢的发展良机,有专家指出,预计未来10年国家在"一带一路"的投资将超过20万亿美元左右,能源、生态是重点投资方向,仅能源领域就将超过5

万亿美元,"绿丝路基金"发展空间不可限量。

"绿丝路基金"还与联合国环境规划署国际科学家网络以及国内外知名大学和研究机构合作,成立了科学指导委员会,以加强对丝绸之路经济带相关信息的跟踪评价,从而为基金健康发展提供科学支撑,提高资金使用效率。

第十四节 绿色私募股权和创业投资基金

由于绿色行业具有可投资范围广、政策扶持,市场空间巨大、环保产业具有良好的市场表现等投资价值,目前,节能减碳、生态环保已成为很多私募股权基金和创业投资基金关注的热门投资领域。

绿色环保产业基金是由建银国际和上海城投公司共同发起设立的、专注于中国环保领域的股权投资基金,将通过市场化、产业化方式推动中国环保事业的发展,并为投资者提供分享绿色经济发展成果的渠道。首期目标规模约为20亿元人民币,远期规模200亿元。以公司型组织形式组建,基金管理人由银建国际和上海城投共同出资成立。基金募集面向金融机

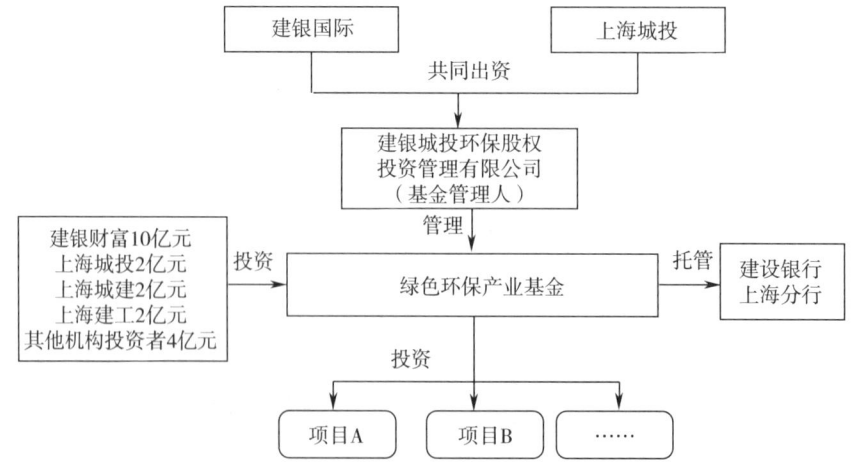

图11 绿色环保产业基金组织架构

构、企业、投资机构、有投资能力的自然人等。绿色环保产业基金按照"3＋1"的模式来寻找项目："3"指建设银行，上海城投和政府行业主管部门的网络或推荐；"1"指投研团队对项目进行挖掘。期限为5＋2年，可以以境内外上市、注入上市公司、向第三方转让、资产证券化、被有实力的企业回购等方式退出。

在投资策略和风险控制方面，绿色环保产业基金的投资标准分为财务标准和非财务标准。财务标准主要考察净利润、增长率、现金流等指标；非财务标准则偏重当地区域重要环保产品、管理团队、技术专利的等因素。投后管理机制上将投后管理纳入考核激励机制，并对被投企业进行主动型管理包括完善被投企业法人管理结构，提供资金、技术、人才、市场和并购方面的支持，为退出目标做前期准备等。在风险控制中，运用分散投资、掌握一定定价权、利用上海城投产业资源把握行业发展趋势等方法对主要风险进行识别和控制。

此外，2010年以来，还有一些大型企业也积极参与绿色基金设立和运作中来，例如中国节能环保集团公司联合银行、保险公司、工商企业等设立的绿色基金已超过50亿元人民币；亿利资源集团、泛海集团、正泰集团、汇源集团、中国平安银行等联合发起设立了绿丝路基金，致力于丝绸之路经济带生态改善和光伏能源发展等。

第十五节　环保类上市公司＋PE成为发起绿色并购基金的主要力量

2015年以来，环保类上市公司成为发起设立绿色基金的主要力量，共计有35家上市公司宣布设立环保并购基金，基金总规模为76.62亿元。

一、云投生态设"云南云投生态环保产业并购基金"

据云投生态2016年2月公告，拟出资1亿元与银都实业共同发起设立云南云投生态环保产业并购基金,总规模拟不超过20亿元人民币,其中第一期基金募集目标规模10亿元。基金投资领域包括生态环保行业、环境工程行业、生态文化旅游行业、能源管理服务行业等。

二、盛运环保拟参设产业并购基金

2016年1月14日,盛运环保公告,安徽盛运环保(集团)股份有限公司与德阳长盛基金拟设立设立长盛环保产业基金管理公司。可以设立各环保子基金,各子基金发起设立后将以环保固废行业为投资方向,投资方式以股权投资为基础,对于涉及环保固废行业并购重组的投资,可采取股权+债权的组合投资方式。各子基金总规模原则上不超过20亿元人民币。

三、格林美拟联合设立10亿元智慧环保云产业基金 加速"互联网+环保"布局

2016年1月19日,格林美发布公告称,公司拟与江苏广和慧云科技股份有限公司,并联合双方确认的第三方慧云环保(湖北)有限公司,共同设立"格林美智慧环保云产业基金"。公告显示,格林美智慧环保云产业基金以有限合伙形式设立,基金规模不超过10亿元人民币,出资总额1.5亿元,其中,格林美认缴6 000万元,慧云股份认缴4 000万元,慧云环保认缴5 000万元,其余资金以募集方式解决。

该基金拟以互联网、大数据和环保产业为投资方向,拉动政府国资平台及金融资本,投资智慧环保分布云网络平台建设及采购用于政府的信息化与废物处理的解决方案,服务于各地的智慧信息化与废物处理服务市场。开展以湖北省为立足点,辐射中国主要地区的智慧化与环保化业务,在格林美优势业务地区进行智慧环保网络平台的投资建设布点,并为城市投资采购信息化与环保化解决方案,推动城市与城乡绿色

发展。

除此之外，已有众多上市公司宣布设立环保并购基金，包括南方泵业设立"环保科技并购基金"；再升科技发起设立"再升盈科节能环保产业并购基金"；高能环境设立"磐霖高能环保产业投资基金"等。进入2016年后，环保并购基金持续得到市场关注，这种热潮势必引起一股并购热潮。

第九章 我国绿色公募基金的发展现状及问题分析

随着人们对环境的要求不断提高,绿色基金受到了越来越多的关注。以公募方式发行的绿色基金也成为了绿色基金发行的主要方式之一。公募发行方式所具有的独特优势推动了绿色基金的发展。本章着重介绍了公募绿色基金的概况、存在的问题以及相关建议,为中国绿色公募基金的发展厘清方向。

第一节 公募基金视角下的绿色投资

在党的十九大报告中,首次将"美丽"一词纳入社会主义现代化奋斗目标。近年来,随着环保政策的严格执行和环保督察的密集发布,政府在环境治理中承担越来越重要的主导作用,未来监督执法的力度将持续加强并成为常态,倒逼污染企业偿还环保坏账,也体现了国家对于生态环境治理的决心和信心。"十三五"环保投资将进一步加大,下一个五年,环保产业仍然处在行业发展的上升期,具备较好的投资价值。

一、资本市场助力绿色产业

回顾绿色产业在资本市场的演变,在2012年发布的"十二五"国家战略性新兴产业规划中,七大战略性新兴产业被正式提出,其中节能环保位列首位。截至2018年1月,绿色环保产业整体规模已达数万亿元,资本市场对于绿色产业的迅速扩容提供了鼎力支持。Wind数据显示,与环保产业直接相关的上市公司超百家，总市值超过 1 万亿元；与环保间接相关的如公用事业、新能源等上市公司超千家。从很多环保上市公司的发展节点也可以看出，登陆资本市场对其发展有着重要的里程碑意义。

1. 获得资本市场的信用背书，有利于环保企业拓展业务

中国环保企业发展中遇到的最大问题，是信任的问题。过去，产生污染源的实体企业，一直千方百计绕开监管。比如人们会发现，很多城市从市中心去往郊区的途经之道，常在周末排放出刺鼻的味道，这都是当时各地重污染企业"躲监管"的一个缩影。而当时的环保企业，只是作为应付监管的"配套工程"存在；过去的资本市场，也认为环保只是一个政府的面子工程，"务虚为主、不挣钱"。但在中国不断强调环保治理的政策环境下，政府和各类社会资本与环保企业的合作逐渐加深，绿色产业"不挣钱"的旧观念在资本市场的实践中被不断证伪。

中金公司研究报告显示，环保上市公司 2013—2016 年的营业增速年化增长率为 21%，2017 年环保行业上市公司的营收总额超 3 200 亿元，同比上涨 37%。其中，工业节能减排和环境修复是盈利增长表现最好的板块，工业节能减排的净利润增长一直保持在 35% 以上，年均增速为 65%。环保板块盈利能力的增强，既受益于国家对环保治理的重视，也吸引了资本市场的更多关注。

上市企业作为公众公司，能够获得资本市场的支持，也更注重市场声誉。在政企合作密切的环保领域，政府也更倾向和环保类上市公司合作。一些大的政府工程类项目，也更倾向选择此类上市公司执行，这都是看重上市公司信用背书的体现。

2. 上市后的经营模式更加多元化，介入资本市场后的商业模式更深化

2010 年之后，环保公司纷纷启动上市，其中上市较早的，借助资本市场的力量迅速成长为行业中的大公司，龙头效应显著。

比如云南滇池、无锡太湖，都存在全国出名的老大难湖水污染问题，特别是在1991—1992年，问题非常突出，在国内环境科学的教材中都是典型案例。公开资料显示，"十二五"期间，滇池治理累计投资近290亿元，从"九五"到"十二五"期间，滇池治理累计投资已达501亿元。在云南省"十三五"时期滇池治理目标中，滇池治理未来还将投入近200亿元。滇池治理，只是中国生态环境治理改善的一个缩影，在幅员辽阔的中国，生态治理仍有较大的市场空间。

环保行业是一个重资产行业，如果缺乏资金的支持，一个初创企业想要做大不太现实，连发展过程都会非常艰难。很多上市公司，通过合资公司的模式迅速拓展异地业务，对当地生态改善提供了技术支持和运营服务，获得了较好的经济效益。

以碧水源为例，作为膜法水处理行业的领军企业，2010年4月在创业板上市，目前已经成长为市值近500亿元的上市公司。碧水源上市后，也不断开拓深化新的商业模式，成为国内环保行业最早尝试PPP模式的企业之一，开创了民营水务公司与地方国有水务公司合作。

借助资本市场的力量，碧水源已经从一家上市初期只"生产和提供应用MBR技术的核心设备膜组和核心部件膜材料"的生产销售公司，将其商业模式深化为"提供城市生态环境治理、市政与给排水工程建设服务"，目前已与全国超30多个省市国有水务公司成立了200多家合资公司，服务人口近1亿。

二、二级市场的绿色投资逻辑

生物质发电、生物质燃料、集中供热改造、大气治理、环卫装备及运营、垃圾污水处理、废物回收利用、危废处理、清洁能源、环境监测、环境系统信息化等，二级市场关于绿色产业的投资主题已愈加细分，对应的上市公司应运而生。在绿色产业的投资中，如何挖掘具有投资价值的上市公司？在纷繁复杂的技术背后，透过现象看本质，通过近 10 年的投资研究实践，鹏华基金已经厘清了绿色产业二级市场投资逻辑的主要脉络。

1. 大规模、低成本地进行商业化实践的能力

环境工程专业是一门应用技术科学，所运用的工艺流程基本都是既有的；环保技术是技术的应用，比拼的是如何低成本的商业化、如何吸引更多的社会资本。研究环保上市公司的投资价值，归根结底，是看上市公司对环保技术商业化的实现程度，讨论技术领先的实际意义并不大，因为一些超前的技术有可能仅限于实验室阶段，并不能以较低成本进行大规模的运用和实践。

因此，从资本市场的投资视角来看，技术固然重要，而更重要的是上市公司如何能够以最低的成本、大规模地把环保技术商业化。这是环保类上市公司商业价值的基石。

2. 丰富的大型项目经验和运作能力

如上所述，环保类上市公司要有承接大项目的能力，基石在于"技术方案可以进行大规模的商业化实践、具备较好的性价比"，这对于环保公司非常重要。很多公司开始都是科研院所的实验室阶段，有能力去做各种方案，但能够让社会资本愿意投资，就需要具备规模效应。过去，社会资本不愿意投资环保行业，原因就在于规模比较小。承接大型环保项目，需要有丰富的项目运作经验。如果没有资本市场的支持，环保类上市公司就没有足够的资金进行研究、没有足够丰富的项目经验，就无法持续转动这个商业模式。

政策支持也是环保类公司快速发展的重要保障。在 PPP 政策不断健全完善的大背景下，环保 PPP 项目也获得了发展改革委和财政部资产证券化的明确支持。财政部在文件中直接提出"优先支持水务、环境保护等市场化程度较高、公共服务需求稳定、现金流可预测性较强的行业开展资产证券化"。PPP 项目为上市公司开启了参与环保投资的大门。一些抓

住机遇的环保类上市公司率先尝试了 PPP 模式，跑马圈地获取各地方政府的市政环保项目订单，以此积累了一些大型工程运营经验。

3. 抓住源头治理的投资机会

目前国内环保产业仍然处在发展初期，环保投资拼的是眼界，要看清楚大方向。无论是国内还是国外，环保投资价值链上移都是趋势，即从应对式治理的投资机会，转移到源头治理的投资机会。党的十九大报告明确指出，建设生态文明是中华民族永续发展的千年大计，要"实行最严格的生态环境保护制度"。在中央经济工作会议中，"污染防治"作为"三大攻坚战"之一被提出，《水十条》《大气十条》以及《土十条》等政策更加详细地规定了环境治理的目标。

污染防治是一项系统工程，绿色发展理念也将倒逼经济发展实现结构转型。政府通过源头治理——减少污染源企业，让经济实体适者生存，这是最强势的治理模式——政府制定了很严格的环境治理标准，并且严格落实，不再选择性执法——可能在短期内给部分区域发展带来"阵痛"，但从中央密集发布的环保法规来看，污染防治攻坚战注定是一场持久战。

以上这些都体现了政府对于环境治理的决心，随着未来环境标准的制定门槛进一步提高，环保防治的相关产业有望发展壮大，那些技术相对优势、商业模式深化、市场占有率较高的环保公司也会得到长足的发展。环保投资价值链也正在从被动的末端治理，转向为主动的源头治理。

三、资本市场的绿色投资实践

十几年前，污染物的排放没有法律法规的约束，或者是有一些约束却不能执行，环保产业也都是靠政府补贴；十几年后的今天，政府制定了更加严格的规则，明确细化了各类污染物排放的规则，并严格执法，使用税收、收费等机制来灵活调节，环保付费机制和形式也在不断多元化。政府通过研究环境污染源的构成，分析污染源的来源，对与之相关的排放企业制定收费和惩罚机制，在支付方式上也在不断创新和细化。

比如即将实施的乘用车新能源汽车的"双积分制"（《乘用车企业平均燃料消耗量与新能源汽车积分并行管理办法》）、碳排放权交易机制、用电网收入转移支付来补贴和支持清洁能源的公司等。在发展改革委出台的《关于全面深化价格机制改革的意见》中，明确提出到2020年要基本确立促进绿色发展的价格政策体系，包括进一步完善高耗能、高污染和产能严重过剩等行业的差别电价和水价政策；全面推行城镇非居民用水超定额累进加价制度；完善污水和垃圾处理收费制度，再生水回收利用价格政策；健全和完善可再生能源和清洁能源的开发利用价格政策。由政府订好标准、严格执行、环保收费机制多元，这让环保产业的发展更加可期，也让资本市场的绿色投资，不论是一级市场、一级半市场还是二级市场，在环保领域的绿色投资都将更加欣欣向荣。

以前一级市场的环保基金比较匮乏，是由于很多环保公司是地方国有企业，创投入股的可能性比较小。且环保企业的商业模式使其在发展的初始期亟须大量资金支持，尚不能形成稳定的现金流，同时多是对公业务，面临一定风险和不确定性，令投资人很难甄别，最终导致一级市场的投资偏谨慎。而随着环保产业的不断发展，政策环境的明朗化，以及典型案例的示范效应，开始有更多环保基金、清洁能源产业基金等参与一级市场投资。

东江环保作为一家民营环保科技企业，于2001年引入中国风险投资、上海联创、深圳高新投三家风险投资公司，通过风险投资的力量，于2003年成功在香港创业板上市，成为国内第一家在境外上市的民营环保企业；公开信息显示，2008年2月，深圳高新投通过股权转让方式退出，6年间的投资回报达到30倍以上。2012年，东江环保成功发行A股登陆深交所中小板，中国风投和永宣创投（前身为"上海联创"）所持股份转为A股，按照当时发行价计算，这两家机构账面回报倍数分别约80倍和

65 倍。

借助资本市场的力量，东江环保逐步成长为中国危废处理行业的领先企业。而通过 IPO 退出机制，让风险投资机构赚得盆满钵满，成为环保行业一级市场投资的典型案例。

第二节　中国绿色公募基金的基本状况

公募基金中，以绿色投资为其主要投资标的的主题基金，在基金契约中明确将环保、生态、美丽中国、清洁能源等相关上市公司作为基金的主要投资标的，一般规定投资于环保产业的上市公司发行的股票占非现金资产的比例不低于80%。

Wind 数据显示，截至 2017 年 12 月 31 日，全市场共计 52 只环保主题基金，其中包括 13 只指数基金，15 只普通股票型基金，8 只偏股混合型基金，16 只灵活配置型基金，累计规模 397 亿元。明确以绿色投资为主题的公募基金，在整体 2.7 万亿元股票混合的公募基金中占比仅 1.5%，未来仍有较大的市场发展空间。Wind 数据显示，鹏华旗下有 4 只绿色投资基金，包括鹏华环保产业、鹏华健康环保、鹏华中证环保产业指数基金、鹏华中证新能源指数基金，均明确以优质的环保产业上市公司为投资标的，截至 2017 年底上述 4 只基金的管理规模近 8 亿元。

公募基金可以通过直接交易股票，来实现在环保板块中的价值发现。自 2010 年以来，股价涨了 5~10 倍的环保股标的不在少数，不仅让二级市场参与者有所收益，也让主题基金的持有人分享到股价上涨的红利。Wind 数据显示，2010 年以来，中证环保指数成分股中多只基金股价表现突出，利亚德、隆基股份、三聚环保、兴源环境等公司股价上涨 8 倍左右，三安光电、东方园林等股价也涨幅分别超 4 倍和 6 倍。

二级市场扮演了重要的价值发现的功能，让民间资本愿意参与环保企业的投资。正是因为产业有赚钱效应，也吸引了一些原来主营业务非环保的上市公司转型来做环保，资本市场资源优化配置的作用得到体现。以鹏华基金为例的公募基金，未来也仍将有机会分享环保上市公司业务快速增长的收益。

以华宝基金为例。华宝基金目前有3只绿色概念基金（含未发行），分别为生态中国混合、绿色主题混合与上证180碳效率指数基金。生态中国混合基金为绿色概念基金，成立于2014年6月13日，截至2017年底累计净值为2.28亿元，基金投资范围包括：新能源行业与节能减排相关上市公司、环保行业上市公司、其他生产经营活动中对环境影响较小或有利于改善生态环境的相关行业上市公司。绿色主题混合基金是目前市场中绿色程度较高的主动型基金[①]，上证180碳效率指数基金是目前唯一一只跟踪上证180碳足迹的指数型基金。

一、主动型基金——绿色主题混合基金

绿色主题混合基金是基于全样本上市公司的主动型基金，其定位是将上市公司中有"绿色"标签的公司筛选出来，结合对公司基本面和行业前景的分析，主动投资获取超额收益。绿色主题基金主要从三个大的方向来综合评价上市公司的"绿色"：即绿色收入、绿色投入和负面新闻管理。

1. 绿色收入和绿色投入

基金采用富时对绿色收入与绿色投入的计算方法，从企业完整生命发展周期拆分企业的业务和战略，而不是简单地把与环保节能相关的行业选择进来，把真正关注绿色发展方向的企业纳入到可投资的范畴。绿色收入范畴包括公司的某些业务（包括货品、产品和服务）是否适应、减轻、

---

① 基金投资于绿色主题类股票的比例不低于非现金基金资产的80%。

修复了气候变化、资源消耗或者环境污染,如果有,该部分业务收入就符合绿色收入。绿色投入范畴包括公司的设备或资金投入(包括固定资本投入和非固定资本的投入)是否适应、减轻、修复了气候变化、资源消耗或者环境污染,如果有,该部分业务收入就符合绿色投入。在确定了公司的收入拆分和资本开支拆分是否符合上述的"绿色"标准后,将这些符合的业务分类和投入分类划分到对应的行业细分[①]。

2. 负面新闻管理

除定量分析外,绿色主题基金还增加了负面新闻筛选的维度,目的是应对突发性的负面新闻事件。负面新闻范畴包括:上市公司年报、社会责任报告、环保部、两个交易所、主流媒体网站等跟踪上市公司可能受到的环保处罚,超标污染排放等信息。一旦股票池内的公司发生了上述的行为,基金将根据对绿色收入和投入的影响评估给予降级或禁投处理。

3. 股票池构建和维护

为在投资中能够有效评估目标公司对绿色环境的影响、对环境风险的认识和控制程度以及对于环境保护所作出的贡献,基金综合考虑各上市公司绿色收入、行业属性、污染和排放、环境负面信息等因素对初选股票池进行综合评价,优选各个行业在环境责任方面表现较为突出的公司形成绿色主题股票池。在定性和定量分析的基础上,完成股票的绿色评价,基金主要投资于绿色评价排名相对靠前的上市公司。

二、被动型基金——上证180碳效率指数基金

上证180碳效率指数基金标的为中证与Trucost公司合作编制的上证180碳效率指数,这是国内首只专注碳排放并且使用碳效率数据确定指数

---

① 行业细分的标准参考《"十三五"节能环保规划》《绿色债券支持项目目录(2015年版)》中所列举的细分行业。

权重的股票指数。

1. 碳效率数据采集及计算模型

Trucost 运用其环境数据方法论和模型为上证 180 碳效率指数的编制、维护和运营提供碳排放计算。由于中国的上市公司环境数据披露还处于非常初级的阶段，尚未出台相应的信息披露法规，因此上证 180 的碳排放数据主要依靠 Trucost 的模型估算。Trucost 的环境数据方法论分为四个步骤：

一是上市公司的财务数据分析拆解。Trucost 通过年报等公开信息获得上市公司业务收入构成，再将业务收入按照 North American Industrial Classfication System（NAICS）的分类标准拆解至各细分行业，当前模型共有 464 个细分行业。

二是运用投入产出模型计算环境数据。Trucost 为 464 个细分行业分别建立了环境数据模型。模型包括直接排放指标、间接排放指标和环境成本计算三大要素。直接排放指标计算每百万美元业务收入的生产过程产生的排放；间接排放指标运用经典的投入产出理论计算产生每百万美元业务收入的整个上游供应链所产生的排放。将各项细分业务收入所计算出的直接排放和间接排放加总得到一家公司的整体环境数据。环境成本计算是将环境排放数据通过赋予单位环境成本的方式货币化，以便与业务收入比较得出单位收入对环境产生的影响比例。

三是核对和纳入公开环境披露数据。Trucost 将通过模型估算出来的环境数据与上市公司自身披露的数据互相印证。有部分公司披露了环境排放等数据，但由于环境数据过于笼统，没有拆分到细项，仍使用 Trucost 的模型来估算环境排放数据。如果 Trucost 核算证明公司公布的环境数据在合理范围内，Trucost 会直接采用上市公司披露的数据。

四是形成公司环境报告。通过上述步骤的分析和计算，Trucost 将为每一家公司形成环境数据报告，并发送给公司核对。如果核对过程中公司提供了新的数据也会重新录入数据库。

2. 指数编制方案

在获得上证 180 指数（母指数）所有成分股的碳排放数据后，上证 180 碳效率指数根据下列规则编制和维护：

一是选样方法方面，剔除上证 180 成分股中过去一年碳足迹超过 1 000（tonne CO_2/USD mln）的股票，剩余股票作为 180 碳效率指数样本。

二是权重设置方面，指数在一级行业层面与上证 180 指数保持行业中性，即 180 碳效率指数的一级行业权重与上证 180 指数的一级行业权重相同；在此基础上，每一个一级行业内样本股的权重分配与其碳足迹的倒数成正比。

三是指数调整与母指数上证 180 指数相同。

3. 指数基金碳效率计算

根据 Trucost 出具的 2017 年上证 180 碳效率指数的环境报告，假设分别投入 1 亿元至上证 180 指数和上证 180 碳效率指数，上证 180 指数组合在 2016 年整年中产生的碳排放为 5 671 吨，而 180 碳效率指数产生的碳排放为 1 249 吨，碳效率组合减少了 77.98% 的碳排放。考虑两个指数组合产生的不同业务收入的影响，上证 180 指数组合的每百万元业务收入产生的碳排放为 65.38 吨，而碳效率组合每百万元业务收入产生的碳排放为 16.68 吨，碳足迹（即单位收入碳排放）减少了 74.49%，3.54% 的减少来自于行业配置，70.96% 来自于选股。上证 180 碳效率指数基金基于上市公司的碳足迹数据，在剔除碳足迹较高的股票之后，剩余股票按照碳足迹倒数进行加权，用于反映上海市场低碳排放公司的绩效。

第三节 我国绿色公募基金存在的问题

根据我国绿色公募基金的发展现状，结合华宝绿色基金调研中发现的问题，本书认为目前绿色公募基金存在以下问题。

一、绿色主动基金的绿色程度不高

指数基金基于绿色、环保、低碳的权重计算方法反映样本股票的绿色程度，由于其配置的被动性绿色程度较高；主动型绿色基金根据一定的绿色标准对"绿色"标签股票进行比例配置，绿色程度由基金公司、基金经理确定。目前大多数主动型绿色基金对"绿色"的定位是投资于新能源行业、节能减排行业、环保等行业的上市公司，并且配置比例不固定。实践中，基金经理根据个人判断投资于收益比较可观的绿色板块证券即为进行了绿色投资，甚至有时候没有投资于绿色证券，基金都被相应地标为"绿色"基金，一定程度上具有"漂绿"嫌疑。以华宝生态中国混合基金和成立于2011年收益率超过300%的兴全绿色投资混合基金为例，基金对绿色证券的配置比例没有要求，对绿色上市公司的定义也比较模糊[①]，没有使用系统性计算方法计算标的证券绿色程度，是否投资于绿色证券取决于基金经理的投资策略与偏好。

二、绿色基金指数编制过度依赖国外指数公司

在国外发达国家资本市场，绿色投资于20世纪90年代得到广泛认可并开始流行，为满足多样化绿色证券投资需求，MSCI、富时、Trucost、STOXX、S&P等公司先后研发出一系列成熟的绿色、环保、低碳指数与计算方法引导绿色投资。相比之下，我国绿色证券市场发展较晚，国内绿色计算方法与指数发展较落后。目前大型基金公司大多数与国际指数公司合作开发绿色基金，指数公司使用其成熟的计算方法计算证券的绿色程度并构建证券池。采用国际指数公司绿色计算方法虽然可

---

① 绿色上市公司主要指新能源行业与节能减排相关上市公司、环保行业上市公司、其他生产经营活动中对环境影响较小或有利于改善生态环境的相关行业上市公司。

在短时间内加速绿色基金的发展,但从长远来看,不掌握绿色核算这一"核心竞争力"使绿色基金的研发不具备自主性,我国投资机构在国际竞争中仍处于劣势。

三、投资者对绿色基金的认可程度有待提升

目前,市场上绿色长期投资者数量并不多,很多投资者认为绿色是绿色,投资是投资,没有把两者统一起来。另外,还有投资者认为企业承担绿色责任会增加成本,绿色投资可能会牺牲收益,不愿意投资绿色基金。以上证180碳效率指数基金为例,剔除碳足迹较高的股票之后,剩余股票按照碳足迹倒数进行加权,180碳效率指数获得了超过上证180指数16.89%的收益。

表1　　　　　　　　　　180碳效率指数基金表现

	180碳效(%)	上证180(%)	超额收益(%)
2013.6.28至年底	9.30	5.25	4.05
2014	65.15	59.60	5.54
2015	7.50	-0.61	8.11
2016	-12.18	-9.64	-2.54
2017.8.25	11.71	14.99	-3.28
成立以来	90.36	73.47	16.89

数据来源:华宝基金,中证金融研究院整理。

随着党的十八大报告把环境保护、资源能源节约、发展可再生能源等纳入"生态文明"范畴,环保产业提升到前所未有的高度,大量以环保为主题的基金相继推出①。投资者已经逐渐认识到投资绿色基金是收益与

---

① 目前绿色投资主要涵盖三个层次:清洁能源产业;环保产业;积极履行环境责任、向绿色产业转型、在绿色相关产业发展过程中作出贡献的其他行业及公司,其中前两个产业投资较多。

社会责任"双收"的,但对绿色基金的具体资金投向、计算模型、编制方案等要素的理解仍需进一步加强。

第四节　相关建议

一、优化绿色公募基金认定与监管

鉴于目前我国没有对绿色基金操作层面的认定标准,建议:一是明确绿色基金投资范围。按照国家相关政策中对污染防治、保护生态环境及减缓气候变化等的规定以及绿金委出台的《绿色债券支持项目目录》设计绿色公募基金的认定标准,对使用公开、权威的"绿色"方法筛选投资标的基金也应该纳入绿色公募基金认定范围。二是设定绿色基金投资比例。基金投资于绿色标准证券的比例应至少达到50%,并随着绿色基金的发展可酌情考虑提高"绿色"比例。三是加快绿色基金的审批。建立审批绿色通道,对符合绿色认定及投资比例的公募基金加快审批并进行持续监督,形成示范效应。

二、发展绿色中介机构

与发达资本市场国家相比,我国绿色中介机构的发展滞后,国际话语权较弱。为推动绿色基金在投资决策过程中应用科学的工具开展环境评估,逐步改善国际中介机构在国内绿色证券核算、核查、认证等环节中占主导地位的现状,建议鼓励国内绿色指数机构、认证核查中介机构的发展,增强国内中介机构在绿色投资领域的话语权。

三、提升公募基金绿色投资影响力

一是提倡公募基金投资以促进环境保护、应对气候变化为出发点,通过公募基金的带头示范作用,推动绿色产业实现可持续发展。二是鼓励公募基金通过加入负责任投资原则、清洁空气投资者沙龙等国际国内知名倡议组织的形式获得绿色产业的政策及技术支持,有效管理投资风险,并通过投资者网络扩大绿色投资影响力。

第十章 绿色产业担保基金

绿色产业担保基金能够降低银行对绿色项目的风险厌恶,从而降低绿色项目的融资成本。通过有效担保,政府可以用很小的财政资源,撬动几十倍的社会资本,从而实现资金支持绿色产业发展的最大化效用,为绿色产业发展降低融资风险。

研究表明,我国环境污染问题十分严重,这很大程度上与高污染产业结构、能源结构和交通结构有关。要实质改善我国环境,不仅要依靠更强有力的末端治理措施,还必须采取一系列财税、金融等手段,改变资源配置的激励机制,让产业结构、能源结构和交通结构变得更为清洁和绿色。只要金融资源配置从污染性行业逐步退出,更多投向绿色、环保行业,其他资源配置将随之优化。因此,大力发展"能产生环境效益以支持可持续发展的投融资活动"的绿色金融成为我国解决环境污染问题的重要措施。

在全方位实施绿色发展进程中,如何运用行政的、法律的、经济的措施和制度安排,建立绿色产业担保基金,市场化引导社会资本扶持、支持、促进绿色产业健康、有序发展,提高投资效率,是促进绿色金融发展的重要方面。

第一节 开展绿色金融担保服务的必要性

一、可有效减缓解决绿色金融面临的挑战

1. 绿色金融面临的挑战

《G20绿色金融综合报告》指出:绿色金融是指"能产生环境效益以

支持可持续发展的投融资活动"。"环境效益包括减少空气、水和土壤污染，降低温室气体排放，提高资源使用效率，减缓和适应气候变化并体现其协同效应等"。在经济发展中，由于环境效益具有明显的外部性，需要发展环境外部性内部化的金融活动，即发展绿色金融，以支持可持续发展。

《G20绿色金融综合报告》指出了绿色金融面临的四大挑战：

（1）如何有效地将环境外部性内部化。

（2）期限错配。

（3）信息不对称。

（4）分析能力不足。

因此，如何建立和完善环境外部性内部化的机制和体系，调整金融机构对环境风险的认知，改善与环境因素相关的金融风险的理解与定价，满足在建筑、交通、能源、基础设施、水以及污染治理等主要绿色领域的投资需求，以提升区域环境友好型投资，是决定绿色金融发展成效的关键。

2. 绿色金融担保服务的功能

（1）保障绿色债权实现。吸引投资人投资绿色产业的前提是债权实现有保障。信用担保最基本的特征和功能是保障债权的实现。当绿色市场交易主体在经济活动中产生债权债务关系时，专业绿色金融担保机构作为第三方为绿色企业向金融机构提供担保，如绿色企业不履行债务，将由担保机构代为清偿。保障债权实现是促进债务合理、适当履行，保护债权人利益的重要措施，也是市场经济有序运行的必要制度基础。只有充分保障债权人利益，督促债务人切实履行义务，才能逐步形成稳定的绿色市场秩序、安全的交易环境和良好的绿色信用文化。

（2）减少信息不对称。吸引投资人投资绿色产业的基础是调整金融机构对环境风险的认知，减少信息不对称。在市场经济中，专业绿色金融担保机构作为绿色担保产品和服务的提供者，拥有较强的信息搜集及管理功能、先进的风险识别及管理能力、有效的风险控制手段，它的参与能够有效降低交易双方的信息不对称，减少逆向选择风险和道德风险，优化资源配置。

（3）降低市场交易成本。绿色企业融资发展的基础是市场交易成本可接受。绿色金融担保一方面提高绿色企业的信用能力，增加其市场信任度；另一方面通过承担绿色企业的部分或全部违约风险，降低投资风险。这大大降低了绿色市场主体的交易成本，有利于促成市场交易达成、提高市场效率，在市场交易中发挥着"润滑剂"的积极作用。

（4）信用增级。经济社会中，由于资本实力、经营时间、市场规模等因素的差异，不同主体间存在着信用差异。当绿色市场交易主体的信用等级不足以参与特定经济活动或者实现特定的经济目的时，客观上就产生了信用增级的市场需求。虽然专业绿色金融担保机构提供的担保服务并不能改变市场交易主体本身的信用状况和等级，但是能够有效增加其参与绿色市场交易的机会，促进资金融通和交易完成。

（5）经济杠杆。专业绿色金融担保机构是专门经营绿色风险的机构，它能够利用自身信息搜集及风险控制能力，在风险可控的前提下实现合理的担保放大倍数。担保放大比例越高，其对社会资源和生产要素的引导作用就越大。

（6）风险管理。绿色金融担保是一种有效的、市场化的风险管理手段。一方面，绿色金融担保可以合理降低、分散、转移投资人面临的信用风险，保障投资人的权益；另一方面，绿色金融担保机构通过风险识别、风险控制、风险分散、风险组合等先进的管理方式对绿色企业进行全程监管，减少其出现信用风险的概率。

可以看出，担保具有保障债权实现，减少信息不对称、降低市场交易成本、信用增级、经济杠杆和风险管理六大功能，通过绿色金融担保服务可以调整金融机构对环境风险的认知，改善与环境因素相关的金融风险的理解与定价，调整和完善环境外部性内部化的机制和体系，满足产业、能源和交通等主要绿色领域的投资需求，可用市场化手段，有效解决绿色金融面临的四大挑战。

二、可有效减轻公共财政的财政负担，提高财政资金使用效率

多项研究估计，为实现绿色经济发展和推动生态文明建设目标，绿色产业在"十三五"期间，每年需要3万亿~4万亿元的投资，政府出资占比只能是10%~15%，社会资本投资比重必须占85%~90%。在目前价格体系无法充分反映污染项目负外部性和绿色项目正外部性的情况下，可用通过政府支持的担保手段和经济杠杆放大担保倍数，抑制对污染行业的过度投资，用有限的政府资金，撬动几倍、十几倍的社会资金配置到绿色产业，可有效减轻公共财政的财政负担。

"有一个比较经典案例，就是美国能源部对新能源项目启动的担保计划。在项目启动时，美国能源部做了很多调研，发现很多新能源项目风险很大，如果给这些项目提供贷款，市场预计贷款违约率会达到10%。但是，为了能源清洁化的国家战略，美国政府决定出资推动担保清洁能源项目。国会特批资金用于覆盖贷款违约损失。在接受贷款的清洁能源项目完成后，发现实际的贷款违约率只有2.2%，大大低于预期。所以，美国政府仅仅使用2.2%的财政资金，就撬动了大量民间资金投入到清洁能源产业，成功帮助核能、风能、光伏等清洁能源行业在美国快速发展。"可见，开展绿色金融担保服务，可提高财政资金使用效率。

三、可市场化实现国家产业政策目标，促进绿色产业可持续发展

目前，我国的绿色融资主要来自银行的绿色信贷，得到隐性的公共财政和担保。隐性担保中断了市场"创造性破坏"的机制，不利于绿色产

业的可持续发展。而政府通过支持担保，担保用市场化手段，通过政策性担保和信用增级方式支持绿色产业发展，变隐性支持为显性支持，一方面可实现政府的政策目标，另一方面政府摆脱了绿色项目包含的复杂技术、市场风险和政策风险的信息劣势，可有效避免政府直接干预所诱发的大规模、高速度且长期限的金融错配，提高资本配置效率，促进绿色产业可持续发展。

四、可成为实现政府特定目标的金融工具

目前，我国大力推进绿色发展，其投融资运行机制的基本特征是：企业自主决策，银行独立审贷，政府政策引导，发展资本市场，健全服务体系。政府通过发布绿色产业政策、优惠政策和"十三五"规划及年度支持政策，包括：建筑、交通、能源、基础设施、水以及污染治理等主要绿色领域的"白名单"政策，引导区域绿色产业发展；担保作为投融资服务体系的重要组成部分，其中介服务及资金导向功能作用将越来越明显。绿色金融担保以政府政策为依据，以市场化管理方式，决定是否提供绿色担保服务、服务额度多寡、服务期限长短和服务费用高低等因素，促进区域绿色产业市场化健康、良性发展。

在供给侧改革的框架下，政府完全可以在不直接干预银行和企业决策的同时，通过具有金融业务资格的中介组织，运用绿色金融担保手段，引导资金流向，支持绿色企业发展，提高投资效率，从而达到实现政策意图的目的。应该说，这是健全绿色金融服务体系的一个重要方面。

设立担保基金，实现政府政策意图，是国外大多数国家和地区（如韩国、法国、中国台湾、菲律宾等）的普遍做法，且起到了积极效果。从实践看，欧美国家的贷款担保业务，基本上都是体现国家政策或是制度方面的安排，成为实现政府特定目标的金融工具，具有明显的政策性。

五、设立政府性绿色金融担保基金是政府大力倡导的

2015年8月1日,国务院常务会议提出:鼓励有条件的地方设立政府性担保基金,对银行业金融机构担保贷款发生的风险给予合理补偿;建立政府、银行和融资担保机构共同参与、共担风险机制和可持续的合作模式,设立国家融资担保基金,推动政府主导的省级再担保机构在3年内实现基本全覆盖,与融资担保机构一起,层层分散融资担保业务风险。

2015年8月13日,国务院发布《关于促进融资担保行业加快发展的意见》,在国家层面,研究论证成立国家融资担保基金,让该基金通过股权投资、技术支持等方式,支持省级再担保机构发展。省级人民政府推动省级再担保机构以股权投资和再担保业务为纽带,构建统一的融资担保体系。

2015年12月22日,由中国人民银行发布第39号公告,决定在银行间债券市场推出绿色金融债券,加快绿色金融体系建设。2015年12月31日,发展改革委出台《绿色债券发行指引》,明确对节能减排技术改造、绿色城镇化等12个具体领域进行重点支持。2016年8月31日,央行等七部委联合发布《关于构建绿色金融体系的指导意见》,明确要求:"鼓励和支持有条件的地方通过专业化绿色担保机制、设立绿色发展基金等手段撬动更多的社会资本投资于绿色产业"。这表明国家对于绿色产业的支持力度正从单纯的政策鼓励,逐渐转变为涵盖金融的全方位支持。

第二节 开展金融担保服务,实践特定目标

从实践来看,运用担保工具实现特定目标是可行、有效的。

1. 地方政府设立专项担保基金,支持区域中小企业发展

从1996年开始,上海市财政局与中投保公司就如何建立社会化的小

企业融资担保体系问题，进行了全方位的探索，并联合开展了小企业贷款担保业务的尝试。为了进一步推进和完善上海小企业信用担保业务的发展，保证担保业务规范、持续、健康地发展，在上海市政府和财政局领导的推动下，1999年5月在上海市成立中投保上海分公司，以上海财政出资的担保资金为依托，专门从事政策性中小企业贷款担保业务。

中投保上海分公司成立后，在上海市政府、上海市财政局和各商业银行的大力支持和密切配合下，运用"政策性资金、法人化管理、市场化运作"的经营理念，有计划、有目标、有步骤地建设"以国家产业政策和企业政策为导向、以各级政府财力为支撑、以高新科技成果转化和中小企业为主要服务对象、以专业担保公司为运作主体、以商业银行网络为依托，能够有效地分散、控制和化解风险"的信用担保体系，与十多家商业银行建立了密切的合作关系，为上海市的小企业提供了快速、便捷的贷款担保服务。

经过多年的经营发展，中投保上海分公司的政策性中小企业信用担保业务逐步从摸索阶段走上了规范化和规模化的轨道，为上海市的许多小企业提供了快速、便捷的贷款担保服务，为缓解小企业融资难、担保难的矛盾发挥了积极的作用。在国内，上海市小企业信用担保体系在扶持企业发展、涵养税源、促进经济发展、推进社会诚信体系的建设等方面发挥了重要的示范和引导作用。在政策性小企业信用担保业务规模和体系建设等方面，中投保上海分公司一直处于全国前列。

截至2017年10月底，中投保上海分公司累计承做担保项目21 021项，为企业提供担保贷款额达488亿元。

中投保上海分公司经过多年运作，担保业务收入并不足以弥补担保代偿支出，但加上担保资金的运作收益，现金收支基本可以达到平衡。中投保上海分公司担保业务风险管理的主要特点有：

（1）建立了比较完善、有效的风险分散体系。上海分公司对各商业银行严格实行"比例担保"的制度,只为担保贷款本金的80%~95%提供担保,建立了银行与分公司共同审查项目、共同把握项目风险的机制;通过市、区(县)两级财政对项目进行有效的审查和跟踪管理,并共同承担担保项目的代偿和损失责任,提高了区县财政参与项目管理的积极性和责任心。

(2)除分公司自身日常监督管理外,还定期委托上海市财政局会计管理中心和事务所对在保项目进行跟踪检查,及时发现情况,提高了担保项目的运作质量。

(3)上海市财政局严格遵守合作承诺,担保代偿及损失全部由市级担保资金和区县担保资金共同承担。

2. 世行赠款设立专项担保基金,支持节能减排

(1)EMCo 贷款担保计划的由来

2003年3月24日中投保公司与国家经贸委签订了《世界银行/全球环境基金 中国节能促进项目二期担保计划实施协议》(以下简称实施协议)。"世界银行/GEF 中国节能促进项目"旨在提高我国能源利用效率,减少温室气体排放,保护全球环境,同时促进我国节能机制转换。世行节能项目二期(简称项目二期)的主要工作一是建立 EMCo 技术支持和技术服务体制,二是建立 EMCo 贷款担保基金,实施 EMCo 贷款担保计划,增加 EMCo 获得商业贷款的机会。

2003年11月13日第一笔 EMCo 担保专项资金到位后,项目二期正式启动,EMCo 贷款担保计划于2004年开始正式实施。项目二期的实施,自赠款协议生效之日(2003年6月18日)起至2009年12月31日止。

(2)EMCo 贷款担保计划运作模式

世界银行为提高全球环境基金赠款在促进中国企业节能减少二氧化碳排放过程中的使用效率,使用部分赠款建立了 EMCo 贷款担保专项资金,通过担保的"杠杆"效应,带动国内商业银行信贷资金的投入的一种

GEF 赠款使用模式。中投保公司受中国政府有关部门的委托，经世界银行同意，作为 EMCo 贷款担保计划的执行机构，为符合合同能源管理要求的节能企业提供融资担保服务。节能企业实施合同能源管理项目的资金，可以通过中投保公司的信用担保，从商业银行获得贷款支持。

EMCo 贷款担保计划运作模式如图 1 所示。

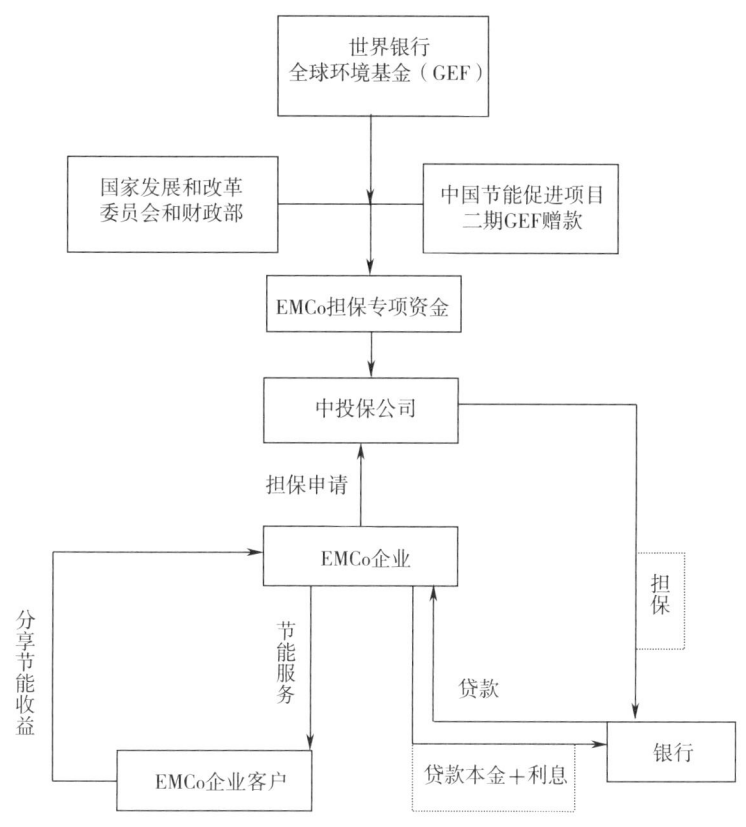

图 1　EMCo 贷款担保计划示意图

（3）EMCo 贷款担保计划的特点

①担保的政策目标

EMCo 贷款担保计划作为项目二期的一部分，通过在中国推广以"合同能源管理"机制运作的节能项目，减少二氧化碳的排放，为解决全球温室气体效应的问题作出贡献。因此，EMCo贷款担保计划的担保对象必须是以"合同能源管理"机制实施节能项目的节能企业，其实施的节能项目必须能够减少二氧化碳的排放。

②政策性风险资金支撑

EMCo贷款担保计划为实现在全球减少二氧化碳排放的目标，由全球环境基金提供的赠款作为担保风险资金，即项目二期EMCo担保专项资金。该基金是专门用于为EMCo企业实施合同能源管理项目提供融资担保，承担第一位代偿责任的专项风险准备金，资金规模SDR16 640 000（约2200万美元）。

③委托有资质的法人运作

中投保公司接受世界银行和中国政府有关部门的委托，作为项目执行机构实施担保计划，受理EMCo企业的贷款担保申请，为经审查合格的EMCo企业及实施合同能源管理项目企业的资金需求提供贷款担保。

④通过商业化运作实现政策性目标

EMCo贷款担保计划作为项目二期的一部分，其运作遵循商业化原则，运用商业化担保的风险控制手段，通过有效的风险控制措施，在实现为EMCo提供最大限度担保的同时，最大限度地保全担保的风险准备金。

（4）EMCo与"合同能源管理"

①合同能源管理

"合同能源管理"是EMCo的一种经营方式，是EMCo和客户双方都能从中受益的一种双赢机制。EMCo运用合同管理模式为客户企业实施节能项目时，必须保证：EMCo与客户签订节能服务合同，为客户提供一条龙的综合性服务，并确保获得合同中规定的节能量；EMCo从节能项目的节能效益分享中收回投资并获得一定利润，项目的节能效益应超过该项目总效益的50%。

②EMCo

EMCo 是以"合同能源管理"(Energy Performance Contracting – EPC)这种节能新机制运作并为客户实施节能项目的实体,我们称为"节能服务公司"(EMCo – Energy Management Company)。EMCo 是一种基于"合同能源管理"机制运作并以盈利为直接目的的专业化公司,EMCo 与愿意进行节能改造的客户签订节能服务合同,向客户提供能源审计、可行性研究、项目设计、项目融资、设备及材料采购、工程施工、人员培训、节能量监测,直到改造系统的运行、维护与管理等服务,并通过与客户分享项目实施后产生的节能效益来收回投资、获得利润并滚动发展。

EMCo 是商业化运作的公司,盈利的手段是以"合同能源管理"机制实施节能项目。在能源审计和改造方案设计的基础上,EMCo 与客户进行节能服务合同的谈判,在合同所规定的费用全部支付完以后,EMCo 把项目移交给客户,客户即拥有项目的所有权并享有全部节能效益。EMCo 实施节能项目的成败关键在于对项目风险的分析和管理。

(5) 对申请贷款担保企业基本要求

申请担保贷款必须用于实施以"合同能源管理"机制运行的节能项目。项目能形成较好的节能和减少二氧化碳排放的效益和经济效益,并满足两个条件:①实施节能项目的收益至少有 50% 来自能源节约或者能源费用的减少;②以"合同能源管理"方式实施节能项目。

(6) EMCo 贷款担保计划运行成果

从 2004 年 EMCo 贷款担保计划正式实施,截至 2009 年 12 月底,项目二期 EMCo 贷款担保计划共实施了 6 年,担保基金(准备金)分期到账共计 2 200 万美元,按平均汇率 1∶6.83 计算,担保基金(准备金)折合人民币 15 028 万元。担保支持的 148 个项目,总投资 90 997 万元人民币,是担保基金(准备金)的 6.06 倍,其中贷款本金 57 372 万元,是担保基金(准备金)的 3.82 倍,担保总额 51 655 万元,是担保基金(准备金)

的 3.44 倍。节约标准煤 58.99 万吨/年，减排量 37.68 万吨碳/年。融资担保项目覆盖了全国 22 个省市。中投保公司和全国 12 家银行以及 6 家省级担保机构共同参加到这一贷款担保计划之中。EMCo 融资担保所支持的绝大多数项目无代偿解除。考虑到代偿损失和支付管理费两大支出因素和准备金资本孳息、担保费收入两大收入因素，总体上，到位担保准备金基本持平，即世行赠款实际上基本没有动用，还原数保留在担保资金账户之中。

该项目担保基金（准备金）良好的保值效果，项目担保过程中所累积的大量经验和形成的技术标准，为中国继续利用这笔资金支持 EMCo 的发展奠定了坚实的基础。这种模式为世界银行的 GEF 赠款使用及支付方式开创了新的思路，得到了世界银行的高度评价，并在其他发展中国家给予推广。但由于种种原因，在我国未能得到应有的重视，二期项目结束后，没能如世界银行所愿，将这一模式继续推行下去。

3. 国际金融公司的风险分担计划

国际金融公司（IFC）作为世界银行集团的成员组织，是发展中国家规模最大、专门针对私营部门的全球性发展机构。它在推动发展中国家私营部门的可再生能源发展、能效项目及基础设施建设中，积极和银行、保险等金融机构合作，运用风险分担机制（risk-sharing facility），大比例撬动金融资源投入到能效和可再生能源行业中的商业机会，推动温室气体减排和全球可持续发展。以下简述其实施的典型风险分担计划——节能减排融资项目（CHUEE）。

(1) 项目简介

2006 年，为应对全球气候变化以及应中国财政部的要求，IFC 设计了中国节能减排融资项目（CHUEE）。自成立至今，CHUEE 项目得到了全球环境基金、芬兰政府、挪威政府和中国财政部的支持。该项目是一个应对中国能源和环境挑战的新型市场化解决方案。CHUEE 项目的启动实施使中国经济中的主要各方——银行、公用事业公司、政府部门以及能效设备和服务供应商——得以第一次携起手来，开创了一种可持续金融的模式，通过能效和可再生能源项目的实施，这个模式成功地减少了温室气体的排放并促进了经济的可持续发展，成为商业化典范。

CHUEE 项目主要目标是：支持国内商业银行对节能减排项目融资，实现可持续发展；推动国内商业银行采取"风险定价融资"的贷款方式，提高合作银行在项目贷款的开发、审核和后期管理等方面的能力，协助商业银行深入能效融资市场；改善能效和可再生能源项目的外部融资环境；实现每年 2 000 万吨二氧化碳及其他温室气体的减排；推动中国"绿色金融"的深入开展；拓宽私营企业能效和可再生能源项目的融资渠道。

（2）项目结构

银行业对节能减排所起的作用十分关键。许多能效和可再生能源项目通过银行获得资金，才能完成项目建设。为推动此类融资，CHUEE 项目为银行的能效和可再生能源项目贷款提供担保，分担部分财务风险。CHUEE 项目还帮助银行评估能效和可再生能源行业的风险和商业机会。IFC 同时也向其他项目合作伙伴提供必要的支持。

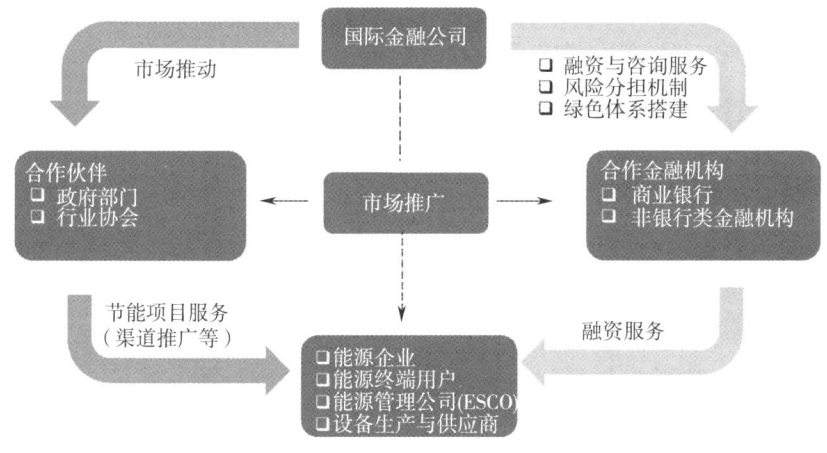

图 2　IFC CHUEE 项目结构图

(3) 项目影响

①商业银行

2006—2015年，IFC为国内商业银行提供风险分担，即对于加入能效和可再生能源融资组合的所有贷款，由IFC承担一定比例的损失，减轻银行的信贷风险。目前，该项目项下有7家国内银行，分别是兴业银行、北京银行、上海浦东发展银行、江苏银行、南京银行、上海银行、日照银行、中国农业银行。在IFC的支持下，CHUEE项目的合作银行建立自己的可持续融资产品，从而扩充其产品线，吸引新客户。CHUEE项目帮助银行提高销售、实现信贷组合的多样化。此外，CHUEE项目帮助银行建立绿色金融业务支持绿色项目发展，更好地实现企业公民的社会责任，从而为中国的节能节废和环境改善作出自己的贡献。

②中小企业

企业投资能效和可再生能源项目，不仅可实现温室气体减排，更可以通过提高盈利能力和效率增强竞争力。鉴于CHUEE项目的成功经验，2012年到2014年IFC设计了服务于中小企业的节能减排融资项目（CHUEE SME）：项目专注于支持商业银行向中小企业发放能效贷款；项目得到了中国财政部和全球环境基金的资金支持，项目期间与包括兴业银行、北京银行、上海银行以及南京银行等4家商业银行合作，解决中小型企业的融资困难；项目第一次将水能效纳入项目范畴。

③CHUEE与省财厅的合作

2013年，在财政部清洁能源基金及相关省财厅的大力支持下，CHUEE团队推出了"CHUEE Provincial"（CHUEE省项目）合作模式。该模式通过国际金融公司、财政部清洁能源基金、省财政厅和城市商业银行间的合作，充分发挥项目各参与方的优势。省财厅的直接参与大力地支持了地方银行的深度参与，运用市场化手段撬动社会资本支持节能减排，创新了财政资金支持节能减排的方式。CHUEE项目通过该模式成功地推动了江苏省江苏银行和山东省日照银行在绿色金融业务方面的快速发展。

④政府部门

IFC 已与财政部建立了伙伴关系，推广能效和可再生能源行业中的商业机会。为推广绿色金融，IFC 计划与国家和省市级的一些政府部门展开合作。IFC 通过提供全球和各地区的经验，帮助政府部门实现节能环保指标。有了政府部门的强有力支持，IFC 还可以制定高效的行动方案，帮助开发更多的能效和可再生能源项目、提高市场的认识程度、深化人们对于能效和可再生能源市场的理解。

⑤行业协会、设备供应商、能源管理公司（EMC 和 ESCO）

能源管理公司为客户提供设计和实施能效项目的咨询服务。IFC 与其合作银行携手能源管理公司促进知识分享和行业经验交流。IFC 已帮助合作银行与数家大型能效和可再生能源设备供应商建立合作关系。利用这种合作关系，银行可以更好地营销能效/可再生能源贷款，分散风险，复制业务模式。此外，CHUEE 项目撰写并发布一系列能效和可再生能源的商业案例研究，帮助这些市场合作伙伴为其客户创造更大价值。

（4）适用的项目类型

可再生能源发电、设备升级、节能、能效提高及相关服务。具体包括但不限于以下行业及领域：

①余热回收利用；

②工业工艺改造；

③节电项目；

④工业锅炉改造；

⑤以清洁燃料替代煤或油料；

⑥建筑节能；

⑦可再生能源；

⑧其他清洁发展机制项目。

此外，2013 年 IFC 与德国慕尼黑再保险公司合作成立一个创新性的风险分担计划——拉美基础设施建设风险分担计划。IFC 将为慕尼黑再保险公司提供最高 1 亿美元以支持推动拉美基础设施领域建设。

在 2013—2017 年 5 年里，风险分担计划将覆盖慕尼黑再保险公司在相关建设、工程及采购承包人发行的保证型债券风险敞口。通过再保险水平上的峰值敞口缓释，这个风险分担计划将增强慕尼黑再保险公司为保证型债券敞口提供再保险的能力，以此促进拉美的基础设施发展，从而促进相关国家的经济增长和生活水平的提高。

4. 利用亚行主权贷款，建立绿色金融平台，促进京津冀区域大气污染治理

2017 年 6 月 16 日，亚洲开发银行、国家开发投资公司及中国投融资担保股份有限公司共同发起的亚行贷款"京津冀区域大气污染防治中投保融资促进项目"正式启动。作为项目实施机构，中投保将利用亚行主权贷款，通过金融机构转贷形式，综合利用多种金融工具，重点使用征信和金融手段，建立绿色金融平台，促进京津冀区域大气污染治理。该项目是亚行在中国资金量单体最大的项目之一，贷款 4.58 亿欧元，贷款支持期限 15 年，总投资规模将超过 270 亿元人民币，项目范围涵盖节能减排、清洁能源的推广利用、废弃物能源化利用、绿色交通等，重点支持当前重点地区和城市煤炭消费减量替代工作。贷款资金将投向京津冀及山东、山西、河南、内蒙古、辽宁等周边区域，支持优化能源结构、移动源污染防治、工业企业污染治理及面源污染治理等项目治理等类项目的实施。项目完成后，京津冀区域预计节约标准煤消耗量 4 020 吨，减少二氧化碳排放 855 万吨（以碳计），同时相应减少排放烟气 3 800 亿立方米，烟尘 78 万吨，二氧化硫 51 吨，氮氧化物 36 万吨，较大促进京津冀区域空气质量的提升。

此后，中投保在总结世行经验的基础上，不断拓展低碳领域担保业

务，通过承做公共融资担保业务和综合商业担保业务，以与能源企业、政府引导基金合作等多种方式，设立绿色产业基金，开展绿色投融资担保服务，累计提供了近 300 亿元人民币增信支持，为中国各地区环境综合治理、供水及污水处理、城市绿化等城镇化建设相关领域提供了有力的融资支持。

第三节 设立绿色金融担保基金的设想

根据对国外担保业的考察研究，结合 20 多年的摸索和实践，根据当前发展绿色金融的要求，2017 年开始，有计划、有目标、有步骤地建立以区域绿色产业政策为导向，以政府担保政策为引导，以绿色企业为主要服务对象，以专业高信用等级的担保公司（担保基金管理机构）为运作主体的绿色产业担保基金体系，并逐年发展壮大。

一、以区域绿色产业政策和企业政策为导向

专业担保公司主要从事能够体现区域市"十三五"期间，包括：建筑、交通、能源、基础设施、水以及污染治理等主要绿色领域，政策意图的信用担保业务。通过绿色金融担保所特有的金融服务功能，引导社会资金流向绿色产业，推动区域绿色产业的振兴和发展，促进区域绿色产业政策目标的实现。

二、以政府绿色金融担保政策为引导

区域政府为绿色产业担保基金的建立和运行提供补贴引导资金以及税收和法规等方面的支持，并对担保的健康发展进行指导和监督。

三、以区域绿色企业为主要服务对象

"十三五"期间，区域以绿色企业"白名单"方式，细化可操作的绿

色产业政策，并通过市场化、差别化补贴政策、税收优惠政策等综合调整、治理，引导政策目标实现。

四、以专业担保公司为运作主体

区域财政出资建立的担保基金，可按照"保本微利"的原则，委托高信用等级专业担保公司管理，并受托参与市与区县共建的担保基金的管理。担保公司在政府政策指导和监督下，按商业原则选择项目，市场化经营业务，杜绝政府行政干预。

五、以银行、保险、信托、租赁公司等金融机构为基础

基金运行期间，区域市推行与银行、保险、信托、租赁公司等金融机构开展比例担保的合作，积极开展为绿色企业和金融机构的担保服务。

第四节 设立绿色金融担保基金的路径

一、绿色金融担保基金设立要点

建立以区域绿色产业政策为导向，以政府性担保基金为引导，以绿色企业为主要服务对象，以专业担保公司（担保基金管理机构）为运作主体的绿色投融资担保基金体系，并逐年发展壮大。

1. 基金名称：中国绿色投融资担保基金。
2. 基金形式：有限合伙制，由一名普通合伙人与多名有限合伙人共同组成。普通合伙人即 GP，由中投保公司担任；有限合伙人即 LP，可由政府引导资金、绿色企业资金、其他社会资金等组成。

3. 基金用途。

（1）信用担保。以基金规模为限，以 5 倍为最大杠杆倍数，开展绿色金融担保业务。投融资担保领域、方向、原则：

领域：中国区域绿色产业、绿色能源和绿色交通等领域；

方向：政府绿色责任项目、企业绿色责任项目、绿色技术服务项目和环保等绿色产业项目；

原则：市场化运作、试验区优先、政府支持优先。

（2）流动性备付。按照担保规模、期限、风险的匹配度，动态确定、调整流动性备付额和现金管理额。

（3）项目投资。按照担保规模、期限、风险的匹配度，动态确定、调整长、中、短期项目投资以及项目最高投资额。

4. 基金规模：政府资金和其他合伙人企业（1∶2 比例）共同发起"绿色金融担保母基金"例如 150 亿元。按 1∶5 比例放大，可形成 750 亿元担保基金规模；年担保放大 5 倍，可形成年 3 750 亿元担保规模。

5. 基金管理人：选择国内有 AAA 级信用担保资质的专业担保管理机构作为基金管理人，开展绿色金融担保业务，或由普通合伙人认可的符合证监会要求的企业担任。

6. 基金期限：存续期 7 年，投资期 5 年，退出期 2 年，经合伙人大会审议，可延长 3 年。

7. 基金管理费：按基金规模 1% 年收取管理费。

8. 收益分配：以 5% 年化收益率（单利）为基准，超过基准收益部分按二八分成，在普通合伙人和有限合伙人间进行分配。

9. 基金退出。

（1）基金到期，清算分配。

（2）基金管理人承接未到期的担保责任；投资人按基金承担风险比例份额给基金管理人提供反担保。

二、绿色金融担保基金运作模式

1. 母基金

（1）注册资本："母基金"合伙人共同出资注册成立中国绿色投融资担保基金公司，注册资本150亿元，由合伙人代表共同负责对"母基金"进行管理。

（2）组织管理：设立合伙人联席会、投资决策委员会、专家咨询委员会等议事决策及管理机构，其主要职能是基金投向、重点项目筛选、绩效评价等事宜的审核和把关。

（3）设立"子基金"管理公司：按照基金市场化模式，同省区、政府绿色投资平台合作，设立区域"子基金"管理公司，由区域"子基金"管理公司负责组织担保项目的实施。

2. 子基金

（1）资金募集：通过"母基金"引导资金的注入，再吸收区域其他社会资本如省区、市政府绿色投资平台的注入，二次放大后形成各"子基金"的担保基金规模。

（2）担保投资："母基金"统一风险控制标准，"子基金"按照政府政策和规划负责区域绿色项目的投融资担保；资金可以控制风险、提高收益、符合产业政策为原则，市场化委托"母基金"统一管理。

（3）基金管理："子基金"按照"母基金"的"风控"标准，负责投融资项目运作、风险管理、收益分配、基金退出等全过程管理。

（4）基金退出：通过股权、债权、担保、破产清算等方式确保基金退出。

3. 运作方式

（1）基金投资

目的：担保基金投资包括长、中、短期投资、流动性管理、支付与备付等。其目的：在确保担保信用可覆盖的前提下，按商业化原则，实行动态差异化投资，提高基金的收益率，基金得到保值、增值；以政府绿色产业政策目标为导向，优先投资绿色产业或比例控制投资绿色产业同时，投资其他高收益产业，对担保业务提供支持，增强担保业务的实力。

原则：遵循安全性、流动性、收益性以及遵守监管规定。

（2）担保增信

①主要担保品种。从国际情况看，结合目前我国绿色企业实际，为促进绿色产业发展，担保品种大致可以分为：

绿色中小企业信用担保。一般定位为政策性业务，主要是绿色中小企业融资担保，又以贷款担保为主要形式，主要是服务于符合特定绿色政策目标的企业以及人群；

绿色金融担保，包括债券担保、结构化融资担保、PPP模式担保等；

保证担保，包括绿色工程保证担保、履约担保、司法担保、海关担保等其他担保，如"债权+股权"等多种模式担保。

②绿色企业担保政策。主要有：

绿色企业担保对象、品种、反担保措施及其风险控制标准政策；

担保额度、担保期限、担保费率等运作标准政策；

担保业务流程、担保代偿和追偿等程序标准政策。

③风险控制策略。主要有：

信用风险控制。通过对绿色企业信用评估与风险规避，限额管理与分散化，设置抵押物，信用风险转移工具（如保险、再担保、分保），以及其他信用衍生工具（如资产证券化、信用违约互换）、信用风险经济资本管理等方式，实现信用风险控制。

市场风险控制。通过对绿色企业担保限额（交易限额、风险限额和止损限额）管理及区域分配、对冲交易、市场风险经济资本管理等方式，实现市场风险控制。

操作风险控制。通过健全完善担保机构的制度环境,包括公司治理、内部控制、合规文化及信息系统四个主要方面,采用监督复核、差错率考核、操作风险的缓释和转移、操作风险的承担等工具,控制操作风险。

流动性风险控制。通过资产负债的流动性进行管理,提高资产流动性,匹配负债流动性要求;拓展流动性渠道,制定应急计划等方式,控制流动性风险。

(3) 绿色企业担保管理制度安排

担保基金的管理制度安排来自于基金的经营宗旨以及管理规定。基金的经营宗旨应得到所有利益相关者的认可,并被整个机构所了解。

三、绿色金融担保基金运营管理

1. 治理架构

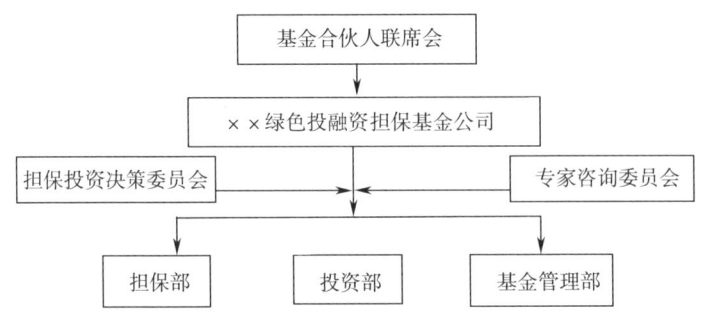

图3 绿色担保基金治理架构

(1) 基金合伙人联席会。按照《合伙企业法》及《有限合伙协议》规定,行使出资人权利。

(2) 担保投资决策委员会。基金最高投资决策机构,批准有关基金投资、担保及投资、担保处置事项。由基金出资人代表组成,设委员 5~7 名。下设风险管理委员会和审批委员会。

(3) 专家咨询委员会。绿色技术、运营和服务的专家团队,实现技术与担保投资的有效结合。可聘请行业专家组成专家库,开展业务咨询。

2. 担保投资决策与限制

(1) 担保投资决策:风险管理委员会下设项目论证委员会,论证委员会通过后,有项目审批委员会审批,形成审批决议;

(2) 担保投资限制:对单一被担保投资企业及其关联企业担保投资金额合计不超过基金出资额的10%;对单一被投资企业投资后,不成为该企业第一大股东;不得直接投资证券二级市场的股票。但参与IPO新股申购、上市公司定向增发、以并购为目的而购买上市公司股票不在此限。

3. 业务流程

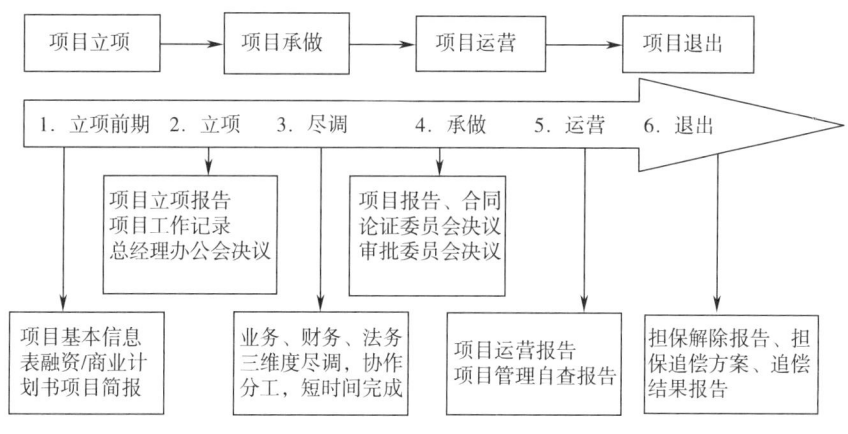

图4 业务流程

4. 风控体系

利用中投保成熟的风控体系和风险策略,进行风险管理。

(1) 设置专门风险控制部门。主要承担担保投资项目的风控责任,对担保投资项目出具风险评估意见。

(2) 建立风险控制制度。通过业务流程及风险管理制度的制定与执行,将风险控制在最小范围内。

（3）实施全过程项目风险控制。

①投前风险控制

➤ 项目经理+风控经理两线评价项目，业务+财务+法务三维度开展尽职调查，专家及中介专业支持；

➤ 按照分层决策机制，保证基金担保投资策略执行和目标实现；

②担保投资决策过程风险控制。

有限合伙人代表进入投委会，投委对重大担保投资项目有一票否决权；

③担保投资后风险控制

④资金风险控制

➤ 委托一家商业银行对基金资产进行托管及监控；

➤ 聘请会计师事务所对基金进行年度财务审计。

5. 信息披露

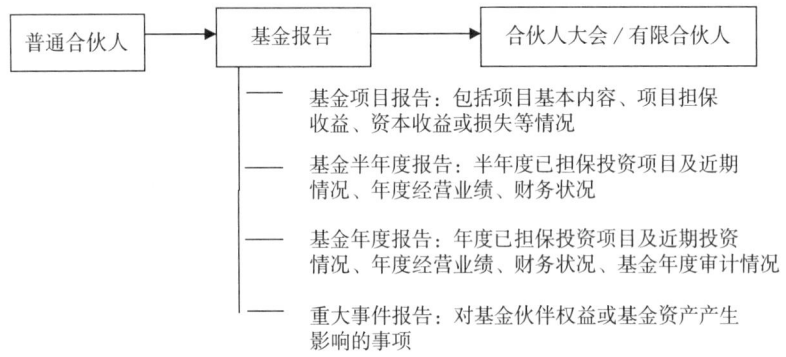

图5 信息披露要求

6. 分配机制

（1）基金收益分配机制特点：

①按照国内股权投资基金通行惯例，收益部分"2:8"分成；

②优先级有限合伙人分配次序先于普通合伙人，普通合伙人分配优先于劣后级合伙人；投资本金收回先于利润分配；有限合伙人与普通合伙人分享投资利润。

（2）基金收益分配机制。基金在有可供分配资产（包括现金和资产）按照如下顺序进行收益分配：

①100%向优先级有限合伙人分配，直至优先级有限合伙人均收回其认缴出资额以及其认缴出资额5%年化收益；

②如有余额，按比例100%向普通合伙人和劣后级有限合伙人分配，直至普通合伙人和劣后级有限合伙人收回其认缴出资额以及其认缴出资额5%年化收益；

③如有余额，20%向普通合伙人分配；如有余额，80%向有限合伙人分配。

第五节 绿色产业担保基金发展需要解决的问题

一、完善绿色产业信用体系，加快推动绿色产业信用担保的发展

信用担保是绿色产业信用体系的有机组成部分，是绿色产业信用管理和服务链条的重要环节，能有效提升市场主体的信用水平，扩大信用交易规模，优化资源配置，提高市场运行效率，转移和分散信用风险，促进绿色产业发展。区域市绿色产业信用担保尚未起步，在绿色信用担保法律环境、市场环境、监管机制、担保机构实力、担保品种、风险控制及资源配置功能等方面，亟须按建立绿色产业信用体系的要求完善。为此，应当从构建区域绿色产业信用体系的层面出发，对绿色产业担保的运行制度框架、行业定位、发展目标、监管机制、法律体系等方面进行综合考量和规划，在促进绿色产业担保基金自身健康持续发展的同时，推动区域市绿色产业信用体系的不断完善和健全。

二、区域开展绿色金融担保基金的必要条件

1. 需要绿色金融担保的有效需求

目前,受制于绿色金融担保市场环境、市场成熟度发展阶段的制约,绿色产业市场主体普遍缺乏使用各类担保产品保护自己合法利益的意识;区域市政府部门对利用绿色金融担保产品的经济手段,加强绿色生态建设管理的重要性,认识上尚有很大的距离;绿色产业市场规模不清晰,对担保产品的真实需求尚未得到合理挖掘;尚缺乏操作可期的发展规划。因此,"十三五"期间,区域市政府在挖掘、创造绿色金融担保的有效需求方面,建议:

(1) 构建、实施有效完整的区域绿色产业目标、标准和政策、资金支持体系;

(2) 培育区域市绿色产业担保市场,促进绿色产业担保发展。每年公布、并明确承诺实施的绿色项目清单。包括:绿色产业市场领域资金缺口;绿色金融项目规划融资需求规模,需要实施绿色金融担保政策支持的潜在机会等。

2. 需要增加绿色金融担保的有效供给

目前,从绿色金融担保服务的供给来看,无论是信用产品本身,还是信用服务机构,区域市都完全不能满足发展绿色经济的要求,整个担保行业都具有市场规模小、经营分散的特点,行业整体水平不高、市场竞争基本处于无序状态。因此,"十三五"期间,区域市政府在增加绿色金融担保的有效需求方面,建议:

(1) 推动建立严格规范的绿色产业信用担保运作模式。强化绿色企业经营管理和信用约束机制,建立必要的绿色金融担保偿还机制,促进银行建立快速通道和风险分担机制。

(2) 政府相关部门建立统一的绿色企业征信系统,并对绿色担保机

构开放。

（3）提升相关担保机构规范运作和风险控制能力，建立、完善和健全绿色产业担保监管体系。通过许可经营管理的方式将绿色产业担保机构纳入监管；建立并积极发挥绿色担保产业协会等自律组织的行业自律、协调组织、培训交流等作用，有效利用评级、银行等外部机构组成的社会监督和管理力量，推动绿色担保行业的健康发展。

（4）实施政府导向性政策措施，促进绿色金融担保健康发展。对于开展绿色金融担保的企业，满足政府要求的前提下，可以给予相关政策扶持，主要有：政府税收政策、各种补贴、补助、奖励等政策的统一、清晰、规范，体现目标的一致性和可预期性；有关绿色产业相关的政府行政事务的绿色通道和创新服务；绿色企业发债、上市的绿色通道；对担保对象的风险约束的制度安排和创新支持。

第四篇
绿色基金的中外合作

· 中美绿色基金
· 亚洲开发银行——绿色金融促进基金
· 战略投资基金的国际经验

国外绿色基金的发展较早，在基金的发展和管理等方面积累了丰富的经验。本篇将对如何吸引国际资本，包括与国际金融机构合作，通过设立中外合作基金，从资本与技术层面推动绿色基金和可持续发展进行探讨。

第十一章　中美绿色基金

中美绿色基金（曾用名"中美建筑节能与绿色发展基金"）是 2015 年 9 月习近平总书记访美期间，由中美政界和商界领袖共同倡导设立的一只纯市场化绿色引导性基金。2016 年 6 月，该基金正式被纳入第八轮中美战略与经济对话的重要成果清单，进入了发展的快车道。

作为专注于绿色产业发展的私募股权基金，中美绿色基金创新性地提出了——P. R. I. M. E. 商业模式，即在政策的指引下，以专业投资团队执行"产业+资本+技术"的投资策略，支持具备优秀管理运营团队的企业，实现"投资·绿动中国"。该模式的核心是整合，即对政府政策、绿色技术和产品、多种形式的资本来源、全国性的最优秀执行团队和适宜的本地商业模式的系统化整合。

中美绿色基金在运作过程中采取了"纵横交错"的投资策略。纵向是指投资或控股一个全国性的优秀企业，帮助其进行绿色技术提升和商业模式升级；横向是指通过和地方政府合作设立地方绿色发展基金，将产品和服务落地和推广到全国市场。例如，该基金与张家口市政府合作设立"张家口市绿色发展产业基金"，从丰富的被投企业中选择适合在当地落地的项目，在助力张家口实现"转型升级、跨越赶超、绿色崛起"的同时，创造绿色 GDP。2017 年 11 月，该基金和北京环境交易所联合公布，邀请相关机构，开始共同筹备"雄安智慧绿色基金"，协助雄安的绿色发展和高科技产业的引入和发展。

从实际操作来看，中美绿色基金的运作模式是一种新型国际 PPP。相较于传统 PPP，"P. R. I. M. E."模式下的 PPP 在整个项目运行周期中，更加强调政府和私营资本的合作，更加注重市场化的手段，也更加突出了主动管理的职能。此外，利用跨境"产业＋资本＋技术"的协同，这种新型PPP模式提升了整个项目的运行效率和成功概率，降低了地方政府的资金压力和兜底风险。经过实践，中美绿色基金证明了绿色投资的市场化之路是可行的。在下面的章节中，我们将详细探讨中美绿色基金的案例。

2015年11月，周小川行长发表了《深化金融体制改革（学习贯彻党的十八届五中全会精神）》，其中重点强调"坚持绿色发展理念，建设绿色金融体系"，明确指出"通过创新性金融制度安排，引导和激励更多社会资金投资于环保、节能、清洁能源、清洁交通等绿色产业"以及"建立绿色产业基金"等方向。

2016年2月，G20财长和央行行长会公报指出"基金建立了G20绿色金融研究小组"、"研究如何提高金融体系动员私人资本进行绿色投资的能力"，首次将绿色金融投资指向了非公领域，希望通过政府部门的引导，调动非政府资源参与到绿色发展中。随后，在中证金融研究院《加快建立绿色证券制度 服务支持生态文明建设》中提到"建议鼓励构建多样化的绿色基金，以适应不同类型绿色项目的融资需求，加快建立支持绿色PPP项目的绿色基金体系"。

2016年6月，第八轮中美战略与经济对话圆满闭幕。在闭幕式上，国务院副总理汪洋发表讲话，在关于中美两国金融合作方面，"两国同意开展绿色金融合作，加快筹建中美绿色建筑能效基金"。至此，作为第八轮中美战略与经济对话的重要成果之一，中美绿色基金的筹备组建工作开始加速推进，在绿色金融的舞台上崭露头角。

2016年10月，基金管理人中美绿色投资管理有限公司取得国务院批示并经国家工商总局核准批准成立，并在证监会的大力支持下，于2017年1月4日完成私募基金管理人资格备案，中美绿色基金正式启航。

第一节　中美绿色基金模式

中美绿色基金作为一只跨境合作创新型绿色基金，从创立之初便走出了一条独特的道路。

一、纯市场化运营的绿色基金

2016年9月，人民银行等七部委联合发布《关于构建绿色金融体系的指导意见》，明确提出"支持设立各类绿色发展基金，实行市场化运作"，"支持社会资本和国际资本设立各类民间绿色投资基金"。

在中国资本市场的固有印象中，绿色基金往往与政府运营、非市场化、投资亏损等概念画上等号。由于在以往的实践中，一方面，由于政府长期同时扮演指导者和基金运营者的双重角色，绿色投资往往也离不开政府补贴，很多产业型绿色基金仅仅是躺在财政上吃饭，无法真正地发挥产业引导、促进产业绿色发展的作用；另一方面，目前我国的绿色产业投资处于发展初期，模式处在探索和实践中，在此之前，一些绿色投资由于没有找到合适的商业运作模式，都处在非盈利状态，使市场投资者形成了绿色投资无法产生经济效益的错觉。

按照《关于构建绿色金融体系的指导意见》的精神，中美绿色基金的一个独特之处就在于，它是一个完全市场化运作的基金。中美绿色基金志在成为中美两国绿色股权投资的标杆以及市场化执行者，基金坚信绿色投资是未来的重要发展方向。结合国际上相关绿色投资的先进经验，基金认为，只要走对了路，选取适当的商业模式，绿色投资不但能带动产业蓬勃发展，更能为投资人产生丰厚的价值回报。

中美绿色基金的管理团队都是在中美两国资本市场具有多年从业经验的资深人士，不但拥有国际投资经验，同时深谙中国本土市场规则；资金也是通过市场化的手段从各类社会资本处募集而来；基金的投资和运营参照国际私募基金惯例，实行董事会及下属投委会等委员会管控、专业市场化管理团队运营的模式。

七部委《指导意见》所提倡的市场化运作、社会资本与国际资本的参与等方面，都与中美绿色基金的实际情况高度吻合，中美绿色基金的整体情况完全符合国家构建绿色金融体系的要求。

二、创新的运作模式

基于这样的理念，通过2016年基金筹备期间在市场上的摸索和尝试，中美绿色基金结合市场的实际情况和中国绿色发展的现状，构建了一个简称为P. R. I. M. E. 的运作模式平台，包括政策支持（Policy）、技术研究（Research）、技术整合（Integration）、资本推动（Money）以及强大管理执行力（Execution）五个重要支柱。基金认为，通过这样一个平台，基金可以在各个相关领域开启绿色股权投资的一个新的视角。

第一，绿色金融的运作离不开绿色发展政策的支持。中央及地方对绿色发展的支持，是最重要的引导力量。无论是对绿色产业扶持政策、或相关部门的监管理念，都能很好地为市场及投资人提供参考价值，同时提振市场信心，推动具体项目尽快落地。中美绿色基金获得了来自中央及地方政府的大力支持，这种支持是中美绿色基金能够平稳运作的保证。

第二，绿色股权投资必须建立在对绿色发展技术的深刻理解之上，能够搭建资本与技术之间最直接的沟通桥梁。对国内市场现状来说，先进国家的绿色发展技术及产品，是目前最需要借鉴和学习的。在市场上，单一的技术很多时候并不能够提供最优化的解决方案，所以市场需要对先进技术的引入与整合，提供一个整体解决方案。这不仅对各行业的绿色发展是重要的，同时对投资也是一个极大的帮助。中美绿色基金独一无二的结构设置在于：下设中美绿色技术研究院，作为技术集成和产业孵化平台，通过吸收中美先进技术，设计有效的工业化产业整体技术解决方案，以此对接中美绿色基金所投资的纵向产业平台公司以及平台与城市相结合的具体项目公司，使其在发展过程中逐步打造具有企业自身发展特色的核心技术体系，成为行业标杆，引领行业发展。

第三，整合，这主要包括两方面：一是如上段所述，技术产品的整合以提供性价比最高的整体技术解决方案；二是技术创新和商业模式创新的整合以实现最快速的大规模商业推广，这也是一项关键的环节。与欧美相比，中国的商业形态是呈"跨越式"的，中国的商业形态是其他国家所没有的。中美绿色基金通过商业模式和技术创新的结合，打造出新商业模式，然后在全国乃至海外市场推广，可以帮助企业快速扩大市场占有率。

第四，资本的推动是金融行业的本质，也是绿色金融支持绿色发展的最重要力量。中美绿色基金除了自身所带的资金，一方面，会同优秀的行业领军企业联合成立行业产业基金，坚持"产业+资本+技术"的模式，以金融资本为抓手，通过产业思维对合作企业所在行业的纵深产业链进行系统性地价值挖掘，把产业做深做透；另一方面，在与各地方政府横向合作关系中，针对城市节能和绿色发展的需求，结合城市的资源禀赋和历史积累，为其提供"技术+资金+平台公司"的一站式解决方案，通过共同设立地方绿色产业基金或者引入中美绿色基金所投资的平台公司的方式，将美国的先进技术和产品因地制宜地运用于符合各地需求的项目中，有效地帮助城市产业转型发展，形成良性产业发展链条，实现长期绿色低碳发展。

第五，执行。要把一个项目做好，需要优秀的执行团队。中美绿色基金的管理团队都是在中美两国资本市场具有多年从业经验的资深人士，不但拥有国际投资经验，同时深谙中国本土市场规则。此外，中美绿色基金在运作过程中采取了"纵横交错"的投资策略。纵向是指投资或控股一个全国性的优秀企业，拥有在该细分行业最优秀的执行能力，帮助其进行绿色技术提升和商业模式升级；横向是指通过和地方政府合作设立地方绿色发展基金，将产品和服务落地推广到全国市场。

例如，在纵向产业平台公司投资方面，中美绿色基金投资控股了一个全国性的商业建筑节能改造公司——上海东方低碳科技产业股份有限公司。东方低碳是中国建筑节能领域内较为成功、经验较为丰富的建筑节能服务机构，其业务范围覆盖高端五星级酒店、三甲医院、政府大楼、城市综合体和工业洁净厂房等各类地产类型，在国内高端酒店节能领域处于市场领先地位。东方低碳在全国超过20个城市，与所有在华运营的国际五星级酒店管理集团开展合作，成功完成了包括上海金茂大厦、北京银泰中心、上海浦东香格里拉大饭店在内50个大型项目的综合节能投资，整体节能率均在20%以上，项目一般的投资回收期在2~3年。同时，中美绿色基金下设的中美绿色技术研究院，通过与美国顶尖技术公司通用电气、霍尼韦尔、联合技术、江森自控、陶氏化学等公司进行战略合作，充分整合各家公司提供的产品和服务，为东方低碳提供整体技术解决方案。2017年4月，中美绿色基金以东方低碳为执行单位，发起了"中美绿色合作——商业建筑节能行动计划"，计划三年在全国范围内完成500个大型商业建筑合同能源管理项目，推广美国领先的节能技术，同时带动约50亿元人民币的国内投资。这样的投资，一方面能够帮助促进中国的商业建筑领域的节能减排，具有商业性、示范性和可推广性；另一方面能够帮助服务对象降低成本，提升绿色品牌，增强其竞争力，实现多层次共赢的局面。

又比如，中美绿色基金投资参股了一个全国性专注绿色消费服务升级的民用建筑改造公司——好享家舒适智能家居股份有限公司，该公司致力于成为中国最大的舒适智能绿色家居集成服务商。公司是一个利用互联网平台及绿色技术联合驱动下的消费服务升级的典型项目，利用互联网平台打造全国性的服务网络，通过引入先进的绿色技术或绿色产品，将高效的空调、供暖、新风、净水、新能源产品等整合起来形成一体化的服务。公司与中美绿色基金合作之后，希望通过中美绿色基金在美国市场的资源以及技术研究院的技术整合能力，引进一批符合中国消费者需要的先进绿色产品或技术，应用到一体化服务方案中，提升公司的绿色发展水平。同时，公司的业务模式，能够将绿色概念和绿色家居生活方式推广到城市的千家万户中，提高社会群众对绿色发展的认知水平，响应习近平总书记关于"推动形成绿色发展方式和生活方式"的重要指示。

另外，中美绿色基金投资参股了一个全国性的热力公司——北京首创热力股份有限公司。公司以蒸汽或热水为供热介质，在合理输送半径内以供热管道为传输载体向某一特定地区的居民和企业进行集中供热，其热力来源主要是利用发电厂余热、废热，是一种绿色能源升级利用，这种模式能够帮助降低企业成本，产生客观的经济效益；同时，城市集中供热相比分散式供热在能源利用效率、污染物排放水平等方面拥有明显优势，集中供热公司可以帮助加快推倒"小煤炉"、减少散煤燃烧，降低各类污染物的排放，为早日解决中国的雾霾问题作出切实有效的贡献。首创热力致力于成为全国范围的优秀热力平台公司，通过在全国范围内推广废热利用供热模式，一方面，为公司本身以及众多的产业投资人获取丰厚的回报；另一方面，帮助实现降低碳排放、减少空气污染的环境治理目标，促进产业绿色发展。

中美绿色基金还将投资的一个农村消费服务绿色升级项目"汇通达"。公司致力于成为中国农村生态电商平台的创领者，采用创新模式快速整合农村夫妻老婆店为会员店，打造以家电为入口、电子商务为运营平台、全方位服务平台为核心能力、渠道金融为连接手段的新型农村电商绿色服务平台。公司利用互联网O2O整合农村基层销售网络，将原来主要经营农资、小商品等的店面，逐渐转型为包括新农村绿色产品销售的网点，主要包括新能源电动皮卡、农村分布式光伏包以及其他绿色新农村产品等。该项目能够协助实现中国农村市场的互联网化和绿色化，满足农村消费绿色升级的需求,并促进中国农村的绿色发展水平。另外,中美绿色基金在后续过程中,还将协助公司开发环境友好型化肥等产品,进一步拓宽销售产品范围,倡导农村绿色发展理念的深入化推广。

在绿色交通领域,中美绿色基金开篇布局专注于痛点多且改善需求迫切的传统停车行业,通过投资支持领先的第四代智慧停车技术公司智慧互通。同时,中美绿色基金与智慧互通共同发起 50 亿元的"中美绿色智慧停车基金",旨在通过专门投资城市的停车体系,通过技术改造、运营提升和统一管理,在政府端解决停车难、出行难的民生问题;在商业端盘活存量资产、实现物业增值,借助产业和资本的力量,打造中国第一只高科技驱动的智慧停车产业基金。目前,智慧互通已签约石家庄主城区 327 个停车场,为其提供智能停车管理+电子支付停车收费运营管理解决方案等一系列方式,首先实现安装城市智慧泊车平台建设和优化管理。

而在横向发展方面的案例,中美绿色基金与张家口市达成了深度合作关系。张家口市作为 2022 年冬奥会的联合举办城市之一,同时也是国家可再生能源示范区和京津冀协同发展的重要区域,未来面临巨大发展机遇。中美绿色基金与张家口市的金融平台张家口金控集团共同发起设立 35 亿元人民币"张家口市绿色发展产业基金",将共同投资中美绿色基金纵向平台公司在河北实施的项目,以此实现中美绿色基金助力张家口市"转型升级、跨越赶超、绿色崛起"的愿景。

以上案例可以看出,中美绿色基金通过展示市场化运作能使绿色投资产生可观的盈利。而专业基金管理人的运作,可以打造出细分行业可持续性发展的标杆企业,为投资人产生可观的投资回报。

三、经济效益与社会价值的有机统一

中美绿色基金是经济效益与社会价值有机统一的整体。一方面,中美绿色基金通过展示市场化运作能使绿色投资产生可观的盈利,打造细分行

业可持续性发展的标杆企业，经过专业基金管理人的运作，能够为投资人产生可观的投资回报；同时带动社会经济的绿色发展，引导更多的社会资本投资绿色领域，这是中美绿色基金为投资人以及整个资本市场所创造的经济效益。另一方面，基金管理人会将部分净收益捐赠给公益基金会，用于支持绿色发展的研发、教育与培训，提供针对绿色发展的无偿援助、咨询与规划以及促进中美交流的社会活动，在各地创造绿色就业机会等。同时，通过推动消费服务绿色升级、绿色建筑、绿色能源、绿色医疗健康等行业的发展，降低资源消耗和环境污染，提升各细分行业的绿色发展水平，提高和改善大气、水、土壤等环境质量，响应生态文明体制改革措施，为中国的环境治理贡献力量，这是中美绿色基金不忘初心，以绿色为名的承诺。

四、先进的投资理念和国际化的专业团队

中美绿色基金旨在通过投资促进中国经济的绿色可持续发展，以长期价值投资理念去寻找和投资代表中国未来经济发展，具有市场竞争力的细分产业和商业模式。基金的投资理念主要在以下几个方面体现其独特性：

1. 专注"产业+资本+技术"的战略协同，成为被投资企业的战略投资人

中美绿色基金通过长期的股权投资理念，寻找具有长期成长驱动力的行业、经过市场验证的成熟商业模式和最优秀的管理团队。同时，以产业思维对被投资企业所在行业的纵深产业链进行系统性地价值挖掘。

2. 深耕行业布局，以成长期投资为导向

中美绿色基金将始终坚持专注行业、以成长期投资为导向的投资策略，与优秀的企业管理团队合作，抓住成长机遇、释放创造持久价值的潜力。基金重点围绕绿色能源及节能环保和绿色智慧城市及美丽乡村两大主线进行投资布局，涵盖商用建筑节能、绿色智能健康家居、数据中心节

能、清洁热力、钢铁行业重组和绿色提升、绿色智慧停车、绿色公寓等领域。长期、深入其专注的行业，使基金的专业人员积累了深厚的行业知识，能够与被投资公司管理团队就业内情况进行顺畅、深入的沟通，还能带来业内广泛的人脉，因此在寻找投资项目、创造投资机会、并购扩张以及设计和执行退出方案等方面具有明显的优势。由于对行业的深刻了解，中美绿色基金还能够根据经济周期、资本市场周期和对风险与回报前景的分析，灵活掌握投资与退出时机。

3. 行业专精形成极具竞争力的项目能力

中美绿色基金的潜在投资项目主要来源于基金的自有项目渠道。通过行业深耕策略，中美绿色基金的资深高管建立了深厚的行业资源及关系网络，其将充分发挥行业内企业家和管理团队作为战略合作伙伴在项目获取、谈判、尽调执行等方面的优势，获得高质量项目源。同时，基金也将充分利用其在各类相关机构和相关行业协会的资源，拓展项目来源。

4. "三分投，七分管"，充分发挥全方位投后管理优势

作为被投资企业的资本合作伙伴，中美绿色基金管理团队在投后支持服务方面具有丰富经验。通过这些经验，基金将形成独特的投资管理风格。中美绿色基金高管团队具备处理复杂问题的投资智慧与能力；基金的行业投资专家、管理团队以及行业战略合作伙伴，将从优化运营水平，发挥运营和战略的系统效应、管控人员结构、完善公司治理和管理机制等方面优化被投资企业；基金的投后专家团队，会协助投资团队从财务、人力资源、资本市场融资、公共关系、政府关系等多方位为被投资企业提供经验丰富的投后管理服务，更加直接地提升公司质量、创造公司价值，进一步降低投资风险；基金基于过往的国际投资经验，可以从优化战略、海外拓展、融资并购等方面为被投资企业提供有力的增值服务；中美绿色技术研究院整合中美领先绿色技术和产品，为被投资企业和项目提供整体解决

方案，确保项目质量。

以上投资理念，是中美绿色基金团队经过多年的行业经验积累以及有针对性地分析之后，在不断地摸索和碰撞中产生的。中美绿色基金团队汇聚了一批国际顶尖的私募股权投资领域的资深人士，核心高管中有多名来自国际私募股权投资基金——美国华平投资集团，具有多年的国际化私募股权投资经验；同时，吸纳了美国本土资深金融人士及包括中国再保险集团前CFO在内的中国本土金融资深人士，在中国国内资本运作经验也非常丰富；另有技术研究院网罗了一批国内顶尖技术人才，对于绿色技术发展与整合有极强能力。有了这样一个团队，在中美绿色基金的国际性、技术性、投资专业性等几个方面，就有了其独特的价值。

第二节 中美绿色基金发展道路上的挑战

中美绿色基金自筹备组建以来，得到了众多政府部门的支持和帮助，也获得了相关行业监管部门的肯定，同时其独特的运作模式在市场上取得了良好的反馈，并在绿色投资相关产业中具备了一定的影响力。但是，私募绿色股权投资基金作为中国资本市场的新生事物，尤其是像中美绿色基金这样基于中美跨境创新绿色合作产生的全新事物，更是市场上独一无二的存在。由于任何新生事物的诞生总是伴随着质疑的声音，中美绿色基金一路走来，也曾经或正在经历着种种障碍。

首先，就如上文所提到的，市场对于绿色基金有一种固有印象，导致基金在商业化资本运作中，会产生一定的难度。商业化投资人认为一般的绿色基金是依赖政策存在的，在市场化的运作中很难产生盈利，通常是"赔本的买卖"；另外，一般的绿色基金其资金来源通常是财政拨款，没有进行过市场化的募资，导致投资人对于如何对绿色基金进行投资没有一个相对明晰的概念，仍然沿用旧的判断标准来对创新型基金进行考量。这使得中美绿色基金在市场化募资的过程中遇到了不小的阻力,对于中美绿色基金这一类创新型基金全新概念的阐释和推广,都有一定的难度。

其次,在七部委发布了《指导意见》之后,各机构、监管部门迅速出台了一系列的配套措施,鼓励各种形式的绿色金融的发展;各地方政府也陆续发布了构建绿色金融体系建设实施方案,对绿色金融加大了政策支持力度。但是落到具体执行层面时,所依据的细则还并不完善:投资人对于绿色项目商业化的能力信心不足,认为其无法产生足够的收益,规则没有真正去引导和教育投资者如何进行绿色投资;绿色金融产品在设计和发行的过程中,无法突破原有的规则限制,达到真正创新的结构,配套的细则尚未落实到位等。这使得中美绿色基金在运作的过程中缺失实践细则,在某些方面的运作中无法找到政策依据。

最后,中美绿色基金是中美双边合作的产物,基金在积极地拓展中美双方在绿色发展领域的全面合作,并从管理团队、商业模式、投资方向和潜在标的等方面已经做好了相应的准备工作。当前,由于我国中外合资企业性质在合伙企业领域中的限制,使中国的有限合伙人和外国的有限合伙人很难共同认购一个有限合伙企业。在这样的背景下,中美绿色基金也找到了相应的结构设计,但是实际操作层面的效率却没有有效发挥。另外,由于我国当前在外汇管制的限制,使中美绿色基金在投资海外绿色技术标的时也面临外汇审批的不确定因素,妨碍了基金通过投资引进先进的美国绿色技术公司的商业计划。在《生态文明体制改革方案》提出要"积极推动绿色金融领域各类国际合作"之后,这就是一系列有待解决的问题。

虽然有以上种种困难,中美绿色基金依然坚定地依靠市场化的操作来寻求解决方案,希望通过自身的努力,能够为绿色金融的国际双边合作树立一个良好的典范,为推动绿色金融国际合作贡献微薄之力。

第三节 政策支持

基于以上几方面的原因,提出促进绿色基金发展的相关建议如下。

一、请求继续出台股权投资实施细则以推动绿色股权投资的发展

目前绿色金融体系中,被较多关注的有绿色债券、绿色信贷、低碳经济、绿色 PPP 项目等,对于绿色股权投资并没有提供更多的支持。例如,虽然鼓励银行参与绿色股权投资,但银行在实际操作中仍然是以信贷的审核标准来进行判断,或者更多时候以明股实债的方式。绿色股权投资与普通的股权投资有一定差别,现有的股权投资的标准并不一定完全适合绿色股权投资;绿色股权与绿色债券的差别就更大了。绿色债券是被动的,只有当主体达到了绿色标准,才能纳入绿色债券的范围;而绿色股权则是主动的,绿色股权投资在介入之后,可以促进和推动主体提升绿色水平,成长为更符合绿色标准的企业。总的来说,目前的绿色金融政策主推的方向,还与真正成熟的绿色股权投资基金所需要的有一定差距。因此对于绿色股权基金,请求加以政策的倾斜,有针对性地出台更多的实施细则,鼓励包括银行、保险公司、母基金等更多的传统 LP 机构认购绿色股权基金的份额,从最关键的募资角度帮助绿色股权投资更好地发展。另外,为鼓励更多的经验丰富的投资人进入绿色股权投资的领域,可以从基金管理公司和其高管的税收政策等方面进行鼓励,比如一定程度的减免其增值分成部分的税收等。

二、拓宽国际绿色投资的渠道

一些发达国家的绿色股权投资开展较早,积累了丰富的经验,其资本

市场对于绿色股权投资的认识和理解是成熟的,这样的成熟市场所孕育的标的项目非常适合目前在中国处于新生时期的绿色股权投资行业。但由于国家外汇政策的限制,资本出境投资具有一定难度,这使得处于发展初期的绿色股权投资基金可能失去众多优质的投资标的,也对绿色金融的国际合作产生了不小的阻力。因此,针对绿色股权投资,希望监管部门在外汇管制方面给予一定的便利和优惠,可以考虑安排一定的外汇配额给满足条件的绿色产业机构投资人(Qualified Green Institutional Investor,QGII),使绿色股权投资的国际合作渠道能更加宽广,为国家更快更好地引进能够解决中国环境问题的优秀绿色技术。

三、对绿色基金所投资的被投企业给予政策优惠

我国的绿色产业正处在蓬勃发展的阶段,很多新兴的绿色技术仍然处于发展的较早期,但假以时日并辅以资本的推动,这些绿色技术一定会孵化出一批大有可为的企业。但在目前我国的资本市场中,绿色技术企业在现有的条件下,想要在贷款获取、股权融资或者上市等资本运作层面有非常大的难度,长此以往,必将对绿色技术企业的发展形成困境,继而阻碍绿色金融的全面健康发展。因此,建议政策在中小型绿色企业发展方面多给予优惠,比如针对绿色技术企业贷款、上市等资本运作开通绿色通道、对满足条件的企业实行绿色税收优惠政策等。

四、设立绿色发展银行,实现投贷联动

在绿色金融作为国家战略推广之后,很多银行也有针对性地推出了关于支持绿色企业发展的各种措施,比如农业银行、兴业银行等,纷纷推出了针对绿色发展的鼓励性业务模式。但是,这些业务多数针对于基础建设等大型的民生项目,对于中小型绿色技术企业的帮助比较有限。关于在银行的支持层面,可以考虑引入类似美国硅谷银行的运作模式,设立专注于

支持中小型绿色技术企业发展的"绿色发展银行",同时参考国家针对高新技术企业的政策支持方法,实行绿色投资基金和银行资本的"投资先行、投贷联动",先投资、再贷款,从各方面对小企业进行扶植和帮助,彻底解决中小型绿色技术企业融资难的问题,使得更多的绿色技术企业能在绿色金融的帮助下,走得更远,走得更好。

第十二章 亚洲开发银行——
绿色金融促进基金

亚太地区作为世界人口密度最大和全球最富活力和经济增长潜力的地区，亚太经合组织 21 个成员的经济总量占世界经济总量近 60%，在世界经济格局中有着举足轻重的地位和作用。而这些成果也是建立在牺牲本地区自然资本的前提下获得的，因此亚太地区也面临着更为严峻的气候和环境考验。亚洲开发银行通过设立绿色金融发展基金，希望通过这一平台解决亚太国家应对气候和可持续发展的资金难题。

第一节 设立的背景

一、消失的自然资本：过往商业模式的转折点

2003—2013 年亚太地区极端天气引发的灾害带来约 7 500 亿美元损失；2010—2030 年期间预计每年碳密集型能源及其对健康的危害导致 450 万~530 万人死亡；另外，每年因气候变化导致的死亡人数预计为 400 000~700 000 人。这是过去几十年来不可持续的发展和增长模式带来的显著后果，全球的自然资本——空气、土地和水资源被不断侵蚀，并到了资源缺乏、污染的紧要关头。[①] 鉴于经济快速发展、消费习惯改变、大规模人口增长以及城镇化的影响，亚太地区尤其脆弱，已经出现了明显的

---

① DARA 和气候变化脆弱国家论坛，2012，《气候变化脆弱监测：热地球的冷计算指南（第二版）》，马德里，16~18 页。

水资源短缺和空气污染的问题,同时全世界 18 个污染最严重的特大城市中有 10 个在这一地区。① 预计亚太地区的气候变化影响成本要高出全球平均水平。

因此,对全部发展融资的决策,尤其是具有大规模影响的基础设施融资实行绿色化势在必行。这意味着项目融资决策不仅需考虑直接财务成本或经济收益,也要考虑项目环境影响的非直接成本和共同效益。这对大部分中小企业来说至关重要,它们需要依靠财务支持机制向技术解决方案迅速转变,以获得更大的绿色影响力。所有项目选择的决定都应考量综合的绿色成本和效益。

二、全面的金融绿色化

过去几年内,金融市场出现了许多绿色产品,如绿色债券、绿色信贷、绿色保险、绿色股票、绿色标准。联合国气候变化大会上达成的《巴黎协议》,《2030 年可持续发展议程》,以及联合国的《亚的斯亚贝巴行动议程》均在 2015 年得到通过,使绿色金融更受关注。绿色金融不仅是单一的产品或融资活动,而是使用不同金融工具的整个体系,目标是推动绿色经济朝着低碳、可持续和包容方向发展。因此,绿色金融是一种"气候变化+"的融资方式,将融资与自然资本、社会和财务可持续性联系起来(见图 1)。

三、需求巨大:比政府和社会资本合作模式更进一步的"金融+"

2016—2030 年期间亚洲发展中国家基础设施融资需求(包括气候缓

---

① 亚洲开发银行,2016,《2016 年亚太地区关键指标》(第四十七版),马尼拉;B. K. Sovacool,2014,亚洲发展中国家的环境、气候变化、能源安全问题,《亚洲开发银行经济体工作报告》系列:第 399 号,马尼拉。

解和适应成本）预计为 26.2 万亿美元，实现全部投资，尤其是最关键的基础设施投资绿色化，是一项巨大的挑战。①

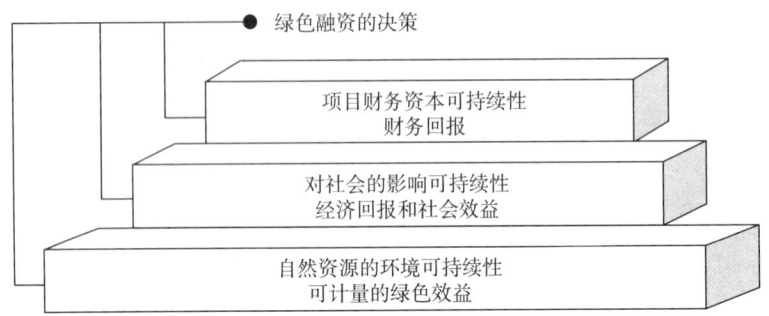

图 1　绿色融资的决策

鉴于这些资金要求、以及每年不断增加的融资赤字，必须改变政府/公共支出方式——不仅是从可获得的资金量角度，而且应从技术创新、实施改善、管理效率等方面进行改变，在整个项目周期测量这些方面的成本影响。需从更多的来源中寻求绿色金融，并在使用时提高效率。

以中国为例，私营部门预计将为约九成的绿色投资填补平均 50% 以上的投资缺口。② 尽管许多国家和发展机构专注将政府和社会资本合作作为撬动"私营"部门的重点，要满足巨大的资金要求，需要通过更大范围、更多努力来撬动全部社会金融资源，尤其是机构投资者和居民部门，包括养老金和保险资金、私募股权基金、企业社会责任基金以及商业银行。亚洲的养老金和保险资金资产已经达到约 10 万亿美元，随着行业渗透从低起点向更深层次发展，这一规模还会增长。③ 绿色融资尤其需要一个有流动性的资本市场，以增加通过债务和股权基金获得机构资金和投资

---

① 亚洲开发银行，2017，《满足亚洲基础设施建设需求》，马尼拉。
② 绿色金融工作组，2015，建立中国绿色金融体系，绿色金融工作组报告，北京（中国人民银行和联合国环境规划署调查）。
③ G. Inderst，2016，基础设施投资、私有资金和机构投资者：从全球视角看亚洲，《亚洲开发银行学院工作报告》系列：第 555 号，东京。

者的途径。这一点在 UNEP 对在印度建立绿色金融体系的建议中也有所说明。①

由于投资人对项目的风险知觉,大多数基础设施受限于可融资性。私营部门识别的关键风险包括:(1)收入的不可预知性,尤其是在运营初期;(2)土地征用问题;(3)环境批复延误;(4)施工期延误;(5)成本增加;以及(6)长期融资缺乏。此外,机构投资者同样担心退出项目的方案,而有充足流动性的资本市场是关键。绿色基础设施项目很可能因为额外的绿色成本而增加以上风险,比如,需要更加先进的技术来满足绿色目标,然而项目的绿色目标一般无法量化,无法作为项目的直接收入效益(见图2)。

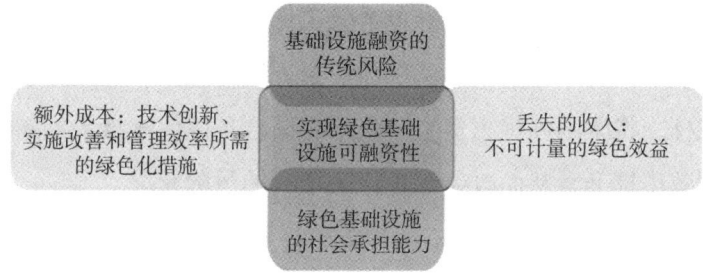

图 2　绿色基础设施的可融资性

因此,通过使用政策工具和成本更低的优惠性资金,以缓解风险、创造急需的可融资绿色项目是政府和多边发展银行应承担的角色。政府和多边发展银行不是作为项目的主要出资方,而是作为风险减缓者或杠杆提供者。这样,是否成功使用主权资金可以不再依据自身所创造的资产,而是根据撬动私营部门资金的金额和多样性来衡量。

公共投资可以带动私有资金的比例为 1∶3 或 1∶5。在亚太地区,即使实现每 1 美元公共资金撬动 1 美元私营部门资金对于基础设施发展也是一

---

① UNEP 和 FICCI,2016,可持续财政体系在印度,UNEP 调查:可持续财政体系设计,日内瓦。

个良好的开端。

最后,许多绿色金融活动涉及使用债券筹集资金,一般依赖企业或政府的资产负债表,而不是特定项目。然而,绿色增长是基于众多绿色基础设施项目,这些项目制定了激进的绿色目标,能够以项目为基础吸引私营部门的绿色资金。应善加利用政府和多边开发银行的优势,最终目标是令绿色的项目融资成为主流资金来源。

四、绿色倡议和基金:路线图

绿色倡议包括加拿大的绿色市政基金,印度的可行性缺口补助计划,印度尼西亚的热带景观融资基金,以及全球绿色增长研究所提出了国家融资工具的概念。中国人民银行绿色金融工作组和UNEP提出的一系列综合建议,提供了关于可能撬动私营部门资金方法的意见和建议,包括综合利用各种杠杆,将激励性优惠资金与政策相结合,以促进技术创新、实施改善和管理效率提升,从而改善绿色金融项目的风险状况。

第二节 绿色金融促进基金的目标及机制

绿色金融促进基金的概念考虑了以上因素,以创建全国层面或区域性的绿色金融工具:

直接促进特定国家的可融资性绿色基础设施项目库;

帮助项目创建财务可融资以及环境可持续模式,制定有时限的绿色目标;

利用主权和开发资金来缓解风险,明确使用前提,即在项目层面实现绿色指标并撬动私营部门资金进行混合融资;

在基金层面也同时获得私营部门资金;

强化绿色增长政策和撬动效应,降低外部债务以逐渐减轻财政负担。

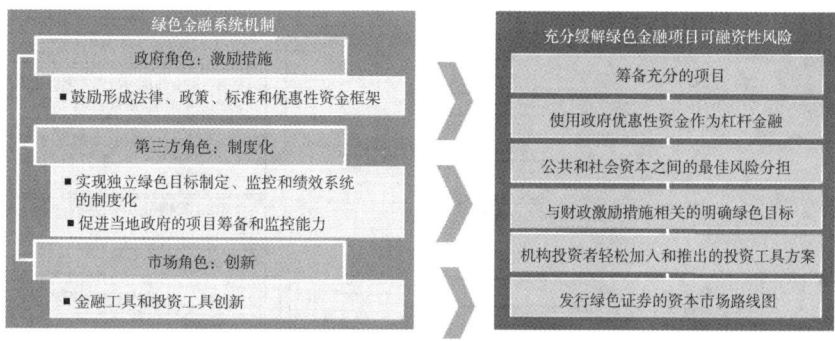

图3　绿色金融项目充足的风险缓解杠杆

与普通绿色金融方法相比，绿色金融促进基金的特有目的为项目明确的绿色目标提供激励机制，通过解决可融资性问题，将资金流向与财务和环境可持续性相联系。

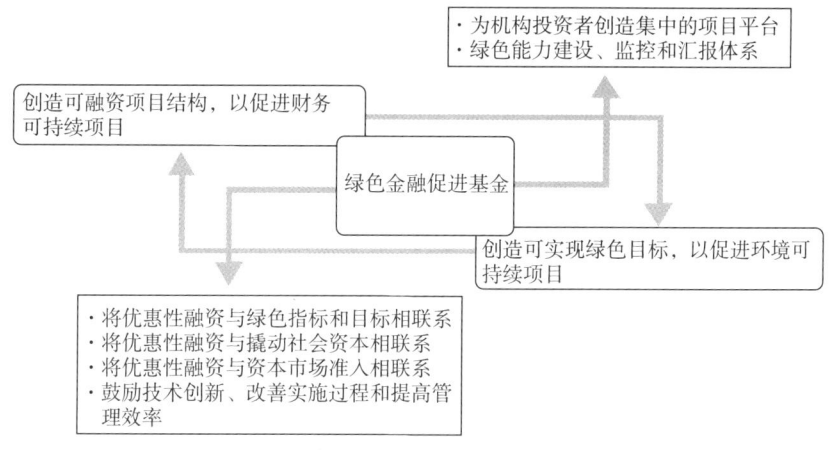

图4　绿色金融促进基金的基本原理

基金的整体范围和规模在概念化思维图中进行了概括，并标注了总体结构。所有的假设很可能需要据各个国家和行业背景进行调整。基金并不能解决全部绿色金融挑战。诸如监管体制、监控机制和行业发展目标与计划是政府和开发机构需要考虑的更大的问题，但这并非本出版物的重点内容。

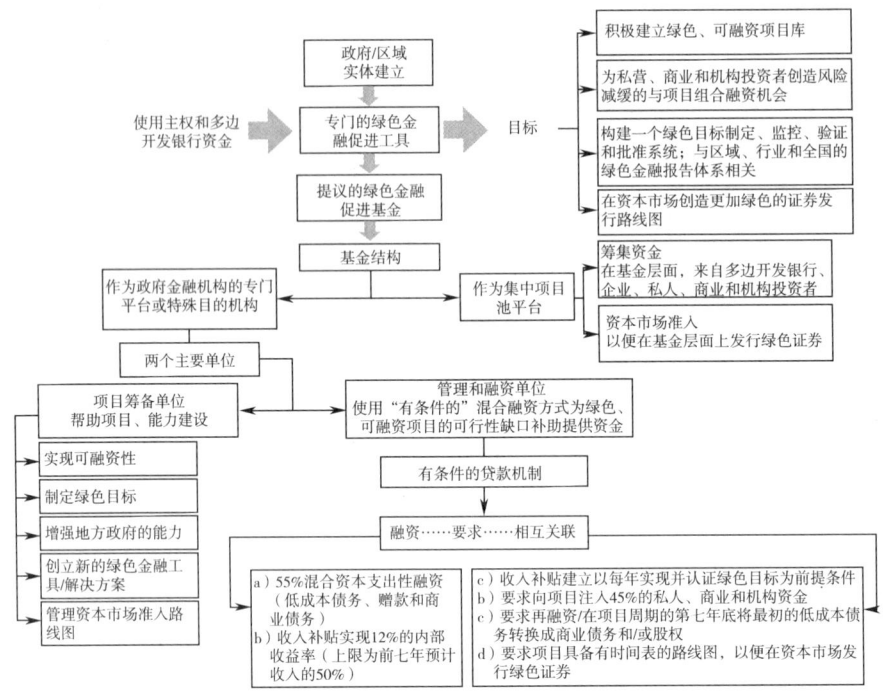

图 5 基金的整体范围和规模概念化思维图

一、财务和环境可持续性的两大支柱

绿色金融促进基金的设计是依据实现绿色金融的两大支柱，即财务可持续性和环境可持续性下的多个关键原则（见图6）。

其中主要考虑的因素包括：

（1）混合融资作为激励手段：为降低前期项目融资成本，使用优惠性债务加上一小部分赠款是十分必要的，但不高于项目总成本的50%，并且可以在项目风险降低后触发再融资。

（2）量化绿色效益、转变为项目"收入"：此前清洁发展机制、核证减排量交易等多个方案进行了探索。考虑到国际碳市场每吨二氧化碳当量价格低至0.40美元，以及亚太地区更加复杂的市场结构，绿色金融促进

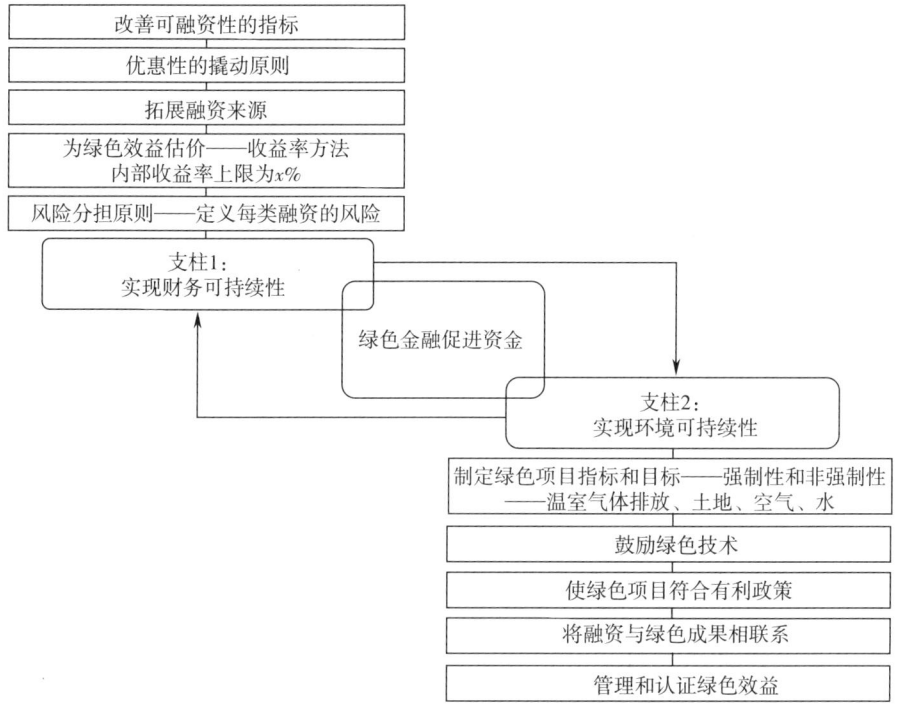

图6 财务和环境可持续性两大支柱

基金将采用更简单的原则,即使用最低收入担保方法,将绿色效益作为"影子收入"或"收入补贴",确保在项目运行的最初几年实现12%的内部收益率。

(3)缓解建设期风险:基金在项目建设和早期运营阶段(预期一共七年)提供更大的资金份额,通过将项目建设风险主要分配至绿色金融促进基金,从而降低该风险。在项目周期的第七年底由私营部门再融资取而代之。

(4)撬动原则:绿色金融促进基金已考虑了撬动效应,即提议在资金开支阶段(最低公共资金和社会资本比率为1:1)利用杠杆作用,在项目稳定运营阶段,通过再融资吸引私营部门,从而提高杠杆比率(假设在项目周期前七年实现)。

(5) 深化混合融资：优惠性债务、私人债务和股权，以及通过资本市场筹集的资金都包括在促进基金混合融资方法当中。这一基金作为项目库组合工具，分散并减缓了风险。投资者可以在组合层面参与，或是通过个别项目参与。通过提供不同风险类别和不同渠道，使项目获得更大范围的私营部门资金。

(6) 资本市场准入：资本市场准入可以在基金层面筹集资金进入资本市场，或在项目运营稳定后，在项目层面发行绿色证券，进入资本市场。

(7) 绿色指标目标：该原则旨在使基金支持的每一个项目包含有时限的指标：

- 至少一个测量温室气体减排的指标；
- 至少两个测量项目改善环境和社会影响对土地、空气和/或水的可持续性所做贡献的指标；
- 将绿色效益收入补贴支付与（第三方认证的）以上指标的成绩联系起来。

(8) 集中的项目池：机构投资者认知的单个项目风险可以通过向项目组合进行投资而分散。因此，建议将基金设计成集中（项目组合）工具，也可以在直接项目层面融资，视不同渠道资金的需求而定。

二、基金层面的绿色金融促进基金机制

在基金层面（见图7），绿色金融促进基金将可以混合：

- 开发银行优惠性资金和其他绿色资金；
- 通过政府、银行发行绿色债券筹集的或基金自身筹集的商业资金；
- 以特定项目为目标，从机构和商业投资者处获得的商业资金承诺或筹集的资金；
- 政府的年度预算转移性支出，用于满足项目的绿色效益收入补贴

需求。

这些资金按照预先决定的每个项目对应的最大激励类融资金额、通过基金流向符合融资条件的项目（基于上述两大支柱和有时限的指标设计项目标准），需依据同样可以从其他商业和私有来源筹集融资差额的项目情况而定。

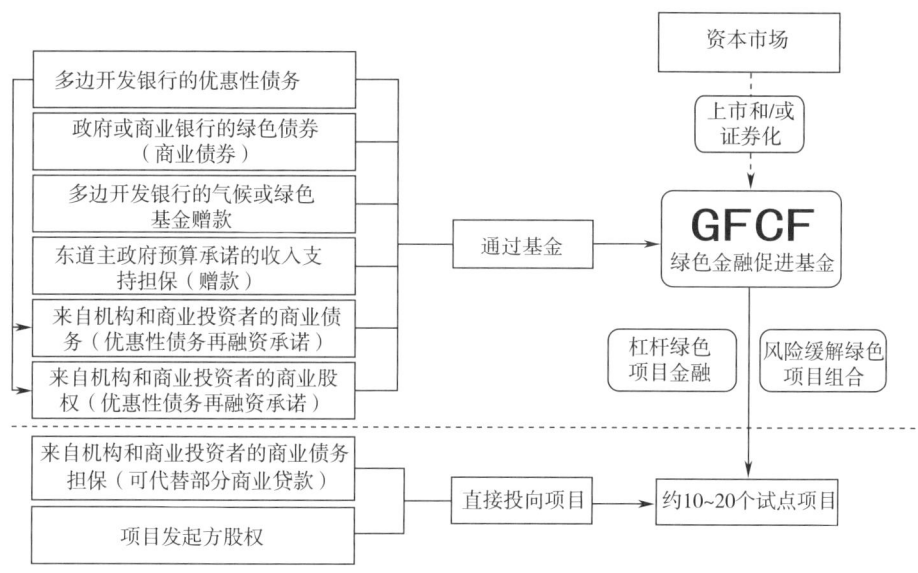

图7　基金层面的绿色金融促进基金机制

三、项目层面的绿色金融促进基金机制——基本方法

实现项目层面融资的基本或简单方法和更加复杂或第二阶段方法，都已经包含在绿色金融促进基金支持单个项目的设计之中（见图8）。

绿色金融促进基金支持符合条件项目的基本或简单方法的机制建议如下，建议的数字仅作说明用途，需要根据行业和国家背景进行调整。

首先，基金将为项目的资本支出提供资金，预选决定的资金混合方案为：

- 50%的优惠性资金（含45%优惠性债务，5%赠款），受限于最高为 12% 的项目内部收益率。

• 5% 的商业资金（股权或债务），例如发行绿色债券筹集的资金。

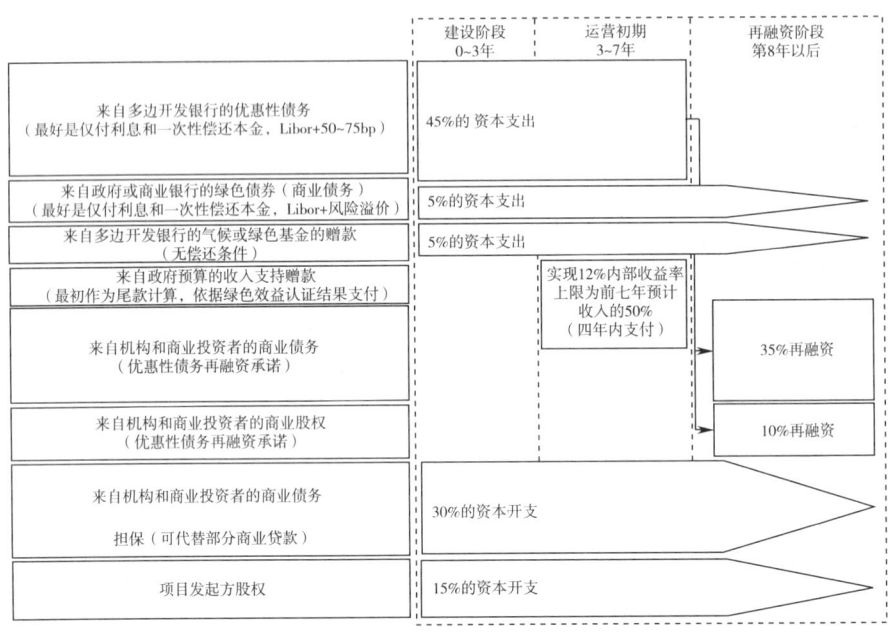

图 8 项目层面绿色金融促进基金机制

绿色金融促进基金将融资与撬动社会资本和再融资触发机制联系在一起：

• 要求基金支持的单个项目直接筹集 45% 的商业资金（30% 债务和 15% 股权）；

• 要求在开始运营后的合理时间内（3~4 年项目运营期或项目周期中第 7 年，可视作合理时期，但可能需要调整），基金提供的 45% 的优惠性债务应全部由商业资金置换，以使得债务/股权资本结构达到 70% 的商业债务/25% 的股权；

• 基金最初的 5% 商业资金和 5% 赠款资金可以保留；

• 如果私营部门再融资没有实现，基金可以继续提供 45% 的融资支持,然而临近再融资时贷款条款将有所改动,反映更多商业因素。

依据不同市场专家的建议,绿色金融促进基金更加复杂的资产证券化结构提议是:(1)将已运营的项目与部分未开工项目放入项目池;(2)确保从这些项目到基金有稳定的现金流,这些现金作为股息或偿还债务现金流取决于基金最初注入项目资金的属性;(3)创造第二种由地方或省政府向基金提供的收入支持方法,比如说,1%政府收入"绿色税"——理由是通过改善健康、减少污染,绿色项目将会对政府预算产生影响(尽管难以量化)。例如,这些节省下来的资金,在其他条件一样的情况下,可以作为项目的额外"绿色收入";(4)鉴于这些收入支持,基金可以发行获得适当信用等级的长期债券,从而在市场上从机构和社会影响投资者处筹集资金(见图9)。

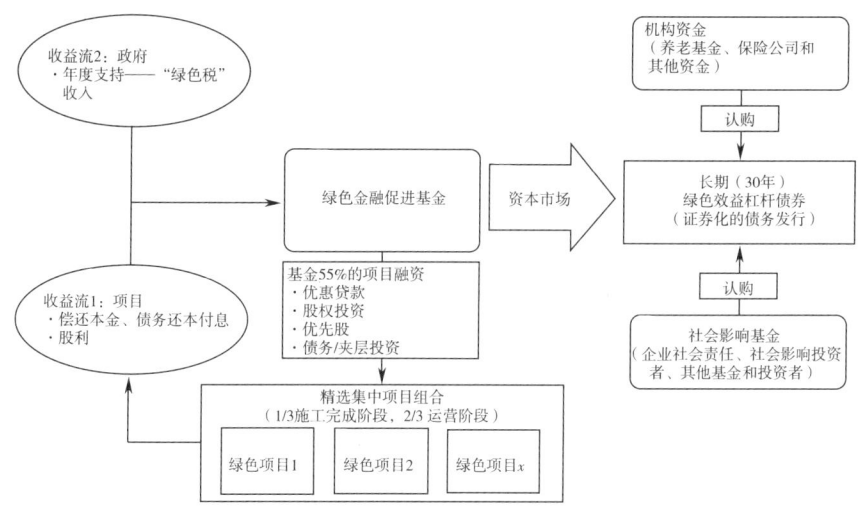

图9 绿色效益杠杆债券

绿色金融促进基金的这种方法可以减少采用政府资金进行大规模资本支出的负担,而是通过创新和经过检测的资产证券化结构更好地利用年度预算内资金。

第十三章 战略投资基金的国际经验

过去十五年间，政府发起的战略投资基金数量在不同收入水平的国家都实现了快速增长。战略投资基金在努力实现经济政策目标的同时也要确保商业财务回报，即所谓的双底线。本书建议，经构建和管理的战略投资基金可视为有效工具，有助于把私人投资者引入重点投资领域，进而放大公共资本影响力。战略投资资金成功与否，取决于该基金能否平衡政策与商业目标、发掘投资机会以及确保适当的基金管理能力。

过去 15 年，政府发起的战略投资基金数量激增，不仅为投资者创造了收益，也促进资本流入国家和地区经济重点领域。战略投资基金的作用远不止提供公共资本这一种。得到良好管理的战略投资基金可创造诸多机会，如吸引私人投资、深化本地资本市场和帮助政府建立作为专业长期投资者的能力。在最优情况下，战略投资基金还为投资项目的建构和融资带来高度专业的知识和部门特有知识。战略投资基金作为共同投资者，为私人投资者提供了某种程度的隐性的政治和监管风险保险，特别是对一些主权风险敞口往往更大的基础设施项目。

不过，对现有文献的研究揭示，战略投资基金的成立与运营并非毫无挑战。基金的高效运营需要高水平的基金管理能力、独立性和透明度。战略投资基金需要平衡政策与商业目标，发掘投资机会和确保合适的人员配置。

第一节 战略投资基金的定义

本部分将战略投资基金定义为具备以下全部四项特征的专项投资基金：

- 由一国政府、多国政府或政府所有的全球性或区域性金融机构发起和/或提供全部或部分资金；
- 按双底线的目标投资，旨在获取财务和经济回报；
- 代表发起人作为专业投资者运营；
- 主要以股权投资耐心提供长期资本，但也可进行准股权或债权投资。①

附件1包含一份战略投资基金的不完全名单，并按地区范围对其分类。

战略投资基金种类各异，投资倾向于集中在基础设施项目和/或基金，但也可为中小企业提供私募股权和风险资本投资。借鉴 Clark 与 Monk（2015）对主权发展基金开展的研究，对战略投资基金进行分类。两位作者将主权发展基金定义为公共部门发起的商业投资基金，融合了财务绩效目标与发展目标。两位作者建议，主权发展基金应有四项运营战略且彼此不排斥：(1) 加强——对国有控股公司、基础设施或其他房地产进行结构调整、专业化改革与创新，推动商业化和获取更高回报；(2) 挤入私人资本——充当关键部门或项目的基石性投资者；(3) 催化——对新产业进行种子投资，由此实现经济多元化，摆脱不再盈利也不具有长期可持续性的产业；(4) 金融化——深化本地金融市场，通过资本市场增长以及专注于本地区机会的新型金融中介与投资者涌现，支持金融化发展进程。每项战略均可根据投资目标，从战略到商业双层推进，与国家禀赋和优势或多或少相一致（见图1）。

---

① 关于投资基金的现有文献尚未分析战略投资基金。本部分试图定义战略投资基金及其如何运营。

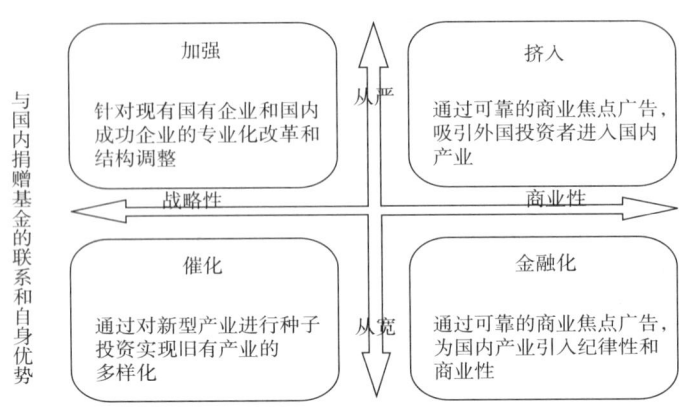

图 1　战略发展基金分类

与主权财富基金相同,战略投资基金的资金来源包括国际收支顺差、官方外汇业务、私有化收入、养老储备基金、财政盈余、政府借款或政府担保借款和/或商品出口收入（主权财富基金国际论坛,2009）。但货币主管机构用于平衡国际收支的外汇储备、政府雇员养老基金、传统公共企业运营资金和为个人利益管理的资产不是主权财富基金和战略投资基金的资金来源（国际货币基金组织,2014）。

国际、双边或多边金融机构、国家开发银行和一些注重商业发展与气候融资的机构不是战略投资基金。虽然这些机构可能符合上述四项标准,但在治理结构和/或投资政策、寻找交易对象和人员配置方面与战略投资基金不同。在所有这些方面,这些机构更类似于政府机构而不是战略投资基金,正如本书将进一步探讨的那样,战略投资基金结构更为灵活,从私募股权模式借鉴许多做法。例如,南非公共投资公司是一家国有资产管理公司,代表政府雇员养老基金（89%）、失业保险基金（6%）和其他公共基金进行投资,其主要投资目标是实现高于客户标准的强劲长期资本回报,同时有助于南非和非洲其他地区更广泛的社会和经济发展。南非公共投资公司没有正式的双底线,作为养老基金管理公司,不符合国际货币基金组织和主权财富基金国际论坛对主权财富基金的定义。同理,即使采用负责任的投资原则（如加州公务员退休基金），养老基金也不是战略投资基金。

公共养老基金至少部分资金来自雇员缴款，信托责任面向缴款人。具体而言，对于固定缴款计划，信托义务是最大限度提高缴款人退休时收到的养老金重置价值。因此，养老基金的投资完全是商业性的，不能以"双底线"为目标。养老基金可以而且正在按商业条款投资战略投资基金。例如，南非政府雇员养老基金投资泛非洲基础设施发展基金。另一方面，养老储备基金资金一般来自预算转移支付，目标是为未来政府支出保留预防性储蓄，其中可能包括对未来养老金领取者没有合约义务的公共养老金（国际货币基金组织，2008）。养老储备基金的运营与其他长期政府储蓄基金非常相似（Shields，2013）。有些养老储备基金，如澳大利亚未来基金和爱尔兰战略投资基金，将商业和发展目标结合起来，这些基金是战略投资基金，而新西兰养老金基金等其他基金，纯粹按商业条款投资，不是战略投资基金。

完全由政府或地方实体出资且服务政治目标的政府所有投资基金，以及不寻求私人资本在基金或项目层面参与的政府所有投资基金，也不是战略投资基金。这些基金是进行公共投资的公共资金池，通常用于基础设施投资，原则上可以通过正常预算程序落实。它们是财政基金，本质上是政府的准财政工具。与战略投资基金一样，财政基金为公共投资提供更多功能，因为管理和专业能力集中在一个专门机构。它们唯独关注政策目标使得这些目标的实现比战略投资基金更直接，但这也切断了私人资本来源，因为盈利能力是吸引私人投资者的关键因素。此类政府所有基金中规模最大的是中国的丝路基金。这个基金最近宣布对外部资金来源开放，但至今仍完全由国家资助（《华尔街日报》，2015）。

主权财富基金可能表现出战略投资基金的一些特点，特别是在涉及双底线目标的国内投资战略方面。例如，马来西亚国库控股公司和尼日利亚主权财富基金管理局所有的尼日利亚基础设施基金。然而，与战略投资基金不同，主权财富基金的国际投资通常仅受商业原则指导。另外，只有国内投资使命的主权财富基金，如果具有第二章列出的四个特征，则可被视为战略投资基金。

战略投资基金通过旨在让私营部门高度参与的直接投资来支持当地经济发展。为实现目标，战略投资基金采用各种方法：一些专注于国内业务的战略投资基金由公私部门所有，而其他则由政府全资拥有；一些战略投资基金在全球或地区范围内运作，可能由多个政府资助。例如，菲律宾基础设施投资联盟是一个为期10年的封闭式战略投资基金，管理者是一家专业的私人投资管理公司——麦格理基础设施管理（亚洲）有限公司。这家公司只在菲律宾国内投资广泛的基础设施项目。菲律宾基础设施投资联盟于2012年由菲律宾政府在亚洲开发银行的援助下创建，一家国内、一家国外养老基金是两个最大股东。塞内加尔战略投资基金也只在国内投资。它成立于2013年，作为外部投资的催化剂，支持发展强大的地方经济和创造就业。然而，其资本结构比菲律宾基础设施投资联盟简单得多。它由塞内加尔政府全资拥有，并代表政府以私募股权公司形式运营。因此，其投资战略受政府的国家发展计划密切指导。欧洲战略投资基金是一只区域性战略投资基金。它成立于2015年，资金来源于欧盟委员会提供的160亿欧元首期损失担保机制和欧盟长期公共贷款机构欧洲投资银行提供的50亿欧元（《欧盟时事通讯》，2015）。该基金由欧洲投资银行管理，旨在通过欧洲投资银行和欧洲投资基金带动600亿欧元的额外投资，并在三年内为私营部门投资至少释放3 150亿欧元[①]。专栏1简要描述了菲律宾基础设施投资联盟、塞内加尔战略投资基金和欧洲战略投资基金。

专栏1：战略投资基金投资战略举例：菲律宾基础设施投资联盟、塞内加尔战略投资基金和欧洲战略投资基金

菲律宾基础设施投资联盟是一个注资额6.25亿美元的10年期封闭式

---

① http://www.eif.org/what_we_do/efsi/.

私募股权基金。该基金由外部私营公司麦格理基础设施及有形资产投资基金管理，其政策目标包括：（1）吸引顶级国际合作伙伴参与菲律宾的基础设施投资；（2）促进国内基础设施融资的竞争；（3）为运营绩效良好的基础设施资产建立二级市场。

菲律宾政府请亚洲开发银行制定融资解决方案，帮助弥合基础设施缺口。亚行对菲律宾基础设施投资联盟的支持建立在以前的立法和财政改革的基础上（如公私合作机制改革、制度和上网电价改革等）。

菲律宾基础设施投资联盟是融合国内知识与国际经验的多方联盟：

● 菲律宾政府服务保险体制基金是一项大型国内社会保障基金，想要投资国内基础设施，但在基础设施投资方面经验很少或没有。菲律宾政府服务保险体制基金持有菲律宾基础设施投资联盟64%的资产。

● 荷兰APG集团是欧洲最大的养老基金，在直接和间接基础设施投资方面拥有丰富经验。荷兰APG集团拥有菲律宾基础设施投资联盟24%的资产。

● 亚行为这一新基金工具的概念、设计和实施提供指导，持有菲律宾基础设施投资联盟4%的资产。

● 麦格理基础设施及有形资产投资基金是一家经验丰富的国际基金管理公司，持有菲律宾基础设施投资联盟8%的资产。它管理菲律宾基础设施投资联盟，负责基金总体使命中的所有重大投资、撤资和管理决策。

菲律宾基础设施投资联盟旨在为仅在菲律宾的核心基础设施资产提供股权和准股权（夹层债务）融资。它在广泛的基础设施部门（包括电力、运输和电信）寻求投资绿地和棕地项目组合，并在绿地风险方面设置上限（Lewis，2013）。菲律宾基础设施投资联盟财务绩效信息不对外公布。然而据报道，菲律宾政府服务保险体制基金表示，有意将对菲律宾基础设施项目的投资翻一番，增至8亿美元，因为菲律宾基础设施投资联盟提供了很好的收益和风险多样化（采访菲律宾政府服务保险体制基金主席Robert Vergara，《菲律宾星报》，2016年2月7日）。对菲律宾基础设施投资联盟财务绩效的评判得在这一十年期封闭式基金到期时进行。

塞内加尔战略投资基金是一家战略投资基金，致力于代表政府发挥私募股权投资者职能，借此吸引私人投资到塞内加尔。该基金成立于2013年，旨在投资国家发展计划——塞内加尔紧急计划框架下刺激经济增长和创造就业的项目，同时为当代和子孙后代创造财富。其政策目标包括支持战略经济部门、可持续就业和中小企业，以及优化和管理国有资产。

塞内加尔战略投资基金作为一家金融中介，有信誉，可接入国际投资者网络，也有组织、谈判和执行交易的能力。该基金的投资最低预期回报率为12%，目标乘数为1:12。其投资标准在国内媒体随处可见，借此建立合法性并缓解接手不达标项目的压力。塞内加尔战略投资基金，如有必要吸引外部资本到高优先级项目，可以使用超过最低预期回报率的收益率，以此支持外部投资者的更高收益或风险缓解。此外，在特殊情况下且需获得董事会批准，它可从具有更高回报的项目交叉补贴另一个项目（其预期回报低于最低预期回报率，但具有显著的正外部性），这样总体预期回报仍高于最低预期回报率。

欧洲战略投资基金自2015年开始运作。该基金旨在通过为战略投资动员私人融资，帮助填补欧洲的融资缺口，并成为欧洲投资计划的三大支柱之一。在欧洲战略投资基金支持下，欧洲投资银行集团为经济可行的项目提供资金、为其增值，包括比普通欧洲投资银行项目风险更高的项目。此外，欧洲战略投资基金旨在加强欧洲监管环境，并支持整个欧洲的投资环境。

欧洲战略投资基金重点关注以下关键部门：

（1）战略性基础设施，包括数字、运输和能源基础设施；

（2）教育、研究、发展和创新；

（3）可再生能源与资源效率的提升；

（4）支持中小企业。

根据上述目标，欧洲战略投资基金的主要成功指标是其对基金确定的重点部门投资担保所释放的外部投资额。欧洲战略投资基金旨在以1∶15的乘数用自身投资带动总投资。截至2016年4月,欧洲战略投资基金在欧盟28国中的26国批准了249项交易。

资料来源:根据Inderst(2016a)、Foce Consultora 2016和各基金网站资料改编。

战略投资基金也可作为风险投资基金。第一个由国家发起的风险投资基金项目由美国和英国政府创立,旨在帮助快速成长的年轻企业融资和提升第二次世界大战后的生产力。在20世纪60年代,这些基金代表了在美国筹集的大部分风险投资(Lerner等人,2012),其中一些项目仍在运作。例如,小企业投资公司项目成立于1958年,由联邦担保的风险资本池组成。目前,国家发起的风险投资项目在新兴市场与发展中经济体越来越多(EY,2015)。塞内加尔的Teranga资本是2016年发起的股权投资基金。该基金面向前景良好的国内中小企业,融资需求在7.5万~30万欧元之间。除了以持少数股权形式参与的长期融资,Teranga资本还提供管理培训,以支持中小企业在销售和营销、会计、环境、社会与治理(ESG)标准等方面的成长和巩固。塞内加尔战略投资基金作为有限合伙人投资Teranga资本,其他投资人还包括Sonatel、Askia保险和两个私人专业投资者等普通合伙人和基金管理公司。另一家战略投资基金非洲农业资本基金通过投资东非的中小企业,为非洲资金不足的农业部门提供增长融资。非洲农业资本基金由美国国际开发署和其他六个投资者于2011年创建,由Pearl Capital Partners管理。非洲农业资本基金计划通过股权投资向小农投资2 500万美元,目标是年复合收益率约15%。以色列和巴西政府也通过发起种子基金发展起成功的风险投资产业(参见专栏2)。

专栏2:以色列和巴西的风险投资基金

以色列的Yozma项目成立于1993年,资本1亿美元,最初寻求吸引有经验的国际风险投资者,这些投资者必须拿出1 200万美元的自有资本与以色列公司合作。Yozma 将为此类投资者提供 800 万美元配套投资，并设置回报上限以进一步吸引私人投资者。促成其成功的因素包括：（1）资本分散在许多小型基金；（2）促进本地与国际风险投资人之间的关系；（3）建立企业孵化器和税收奖励以补充这项计划（Yozma，2016；经合组织，2003；Druid，2009）。自从 Yozma 成立以来，以色列的风险投资部门从零走向世界最高的风险投资渗透率，即风险投资额占国内生产总值（GDP）的比例，2012 年达 0.36%。[①]

巴西的 Inovar 项目为风险投资者增加了提供大量能力建设的职责。Inovar 于 2000 年推出，旨在传授企业家如何筹集资金和与持股合伙人合作。有限合伙人需要学习如何评估基金，普通合伙人学习如何选择公司、管理基金、评估投资机会和管理投资组合公司。专门的组织框架和税收激励措施必须落实到位。最初，Inovar 发起的风险投资基金只需从私人投资者筹集 20% 的资金作为市场行为验证，其余由政府提供有回报上限的贷款。此后，Inovar 模式出口到其他拉丁美洲国家。2014 年，这项计划管理了 1.97 亿美元的风险投资组合（EMPEA，2016；Leamon 和 Lerner，2012）。

资料来源：作者基于各种来源汇编。

战略投资基金也可以是专题投资者。特别是在清洁能源融资方面，建立的几个战略投资基金都旨在吸引私人投资参与风电、太阳能发电和地热发电基础设施与能源效率。一些气候类战略投资基金由多边金融机构资助，包括由亚行与全球能效和可再生能源基金建立的亚洲气候伙伴基金。全球能效和可再生能源基金是由欧洲投资银行和欧洲几国政府建立的公私股权混合基金（见专栏3）。绿色战略投资基金也在国家层面出现。例如，挪威最近宣布计划建立一个专注于国内的可再生能源投资基金 Fornybar AS，而中国政府也在考虑建立一个国家绿色投资基金。

[①] 经合组织在线图书馆，2013；安永会计师事务所的数据是 0.65%（EY，2015）。

专栏 3：绿色战略投资基金举例

亚洲气候伙伴基金是亚洲开发银行、金融服务集团欧力士和资产管理公司荷宝联合发起的一项 4 亿美元基金。亚洲气候伙伴基金使私募股权在环境行业、资源效率和亚洲可再生能源部门高效投资。除私募股权形式，亚洲气候伙伴基金还提供其他资本参与方式，例如亚行的信贷增发、气候融资基金和合作组织的商业贷款。

全球能效和可再生能源基金是一只位于卢森堡的国际基金，可谓基金的基金。该基金利用公共部门资金促进私营部门对清洁能源项目的投资。全球能效和可再生能源基金创立于 2008 年，欧盟、德国和挪威出资 1.12 亿欧元，此后又从私人投资者额外获得了 1.1 亿欧元资金。全球能效和可再生能源基金的投资旨在实现"三重底线"：获得可持续能源、应对气候变化和提供有吸引力的财务回报。其目标是促进足以产生 1 吉瓦清洁能源产能的投资，从而减少 200 万吨二氧化碳排放，同时有希望支持 300 万人的能源需求。

资料来源：全球能效和可再生能源基金 2015。

第二节 战略投资基金的出现与成长

过去十五年中，至少已成立了 26 只战略投资基金，还有 13 只计划成立。[①]例如，已成立的战略投资基金有巴林的塔拉卡特（2006 年）、意大利的战略投资基金（2011 年）、哈萨克斯坦的 Baiterek（2013 年）、全球能效和可再生能源基金（2008 年），亚洲基础设施基金（InfraCo Asia）（2010 年）和非洲可再生能源基金（2014 年）。

---

① 数字可能有点保守。由于缺乏投资基金及其业务的公开数据，很难评估哪些基金表现出"战略投资基金"的分类特征，就像第二章中定义的那样。

毫无疑问，影响战略投资基金建立的因素有很多，但2008年金融危机后的长期投资资金缺口扩大可能是其中之一。确实，附件1中列出的26只战略投资基金中有17只在2008年后建立。非洲基础设施基金（InfraCo Africa）和印度尼西亚基础设施担保基金等战略投资基金，成立目的是向基础设施领域挤入私营部门资金。其他基金，例如由公私资本共同资助的麦格理墨西哥基础设施基金和菲律宾基础设施投资联盟，旨在提高政府有效投资公私合作项目的能力。公私合作项目历来用于将私人资本引入基础设施项目，而如仅有公共资本参与则太复杂或太昂贵。2015年全球在基础设施领域的公私合作投资达1.2万亿美元（PPI数据库）。虽然战略投资基金可能占此类投资的很大一部分，但由于缺少投资交易的公开信息，很难估算其贡献度。

各国政府还建立战略投资基金以支持国内资本市场。特别是在新兴市场与发展中经济体，当地金融市场可能缺少维持经济发展所需的金融产品或中介，或者金融中介的密度可能太低，无法确保金融服务提供商之间的高效竞争。作为政府发起的金融中介机构，战略投资基金可以为整个经济或某些部门提供尚未商业化的金融服务和产品。例如，印度尼西亚基础设施保证基金就是这种类型的战略投资基金。

无论是发达经济体还是新兴市场和发展中经济体，政府越来越关注通过扶持创新型中小企业的成立和发展来提高当地私营部门的竞争力。根据经合组织最近的一项研究，初创的中小企业是全球净增就业岗位的主要来源。在研究考察的所有经济体、部门和年份中，初创企业在创造就业方面都有不成比例的贡献度（Criscuolo等人，2014）。在资本市场不发达的国家，中小企业往往无法获得融资。尽管如此，以色列和巴西取得了前景良好的结果（参见专栏2），持少数股权以有限合伙人身份投资混合私募股权和风险投资基金的战略投资基金，可从中借鉴有用信息。

最后，战略投资基金数量越来越多，这可以反映出其发起人越来越相信这些基金能够解决市场失灵和经济外部性等问题。① 战略投资基金的双重财务和经济目标意味着，投资既由市场力量指导，即以财务回报率衡量，也由上级政策驱动，即以经济回报率或其他参数衡量（参见第五章）。外部性可以导致经济回报率高于或低于财务回报率。例如，一个基础设施项目可能有正经济外部性，但没有充分反映在财务回报上（Gelb等人，2014）。发电厂在获得自身收益的同时，还可改善当地工业的用电便利，从而提高当地生产力。如果发电厂是风电场，还将降低相应发电量的碳排放，产生超出投资项目本身的收益（正外部性）。过去几年，全球能效和可再生能源基金、亚洲气候伙伴基金和欧洲战略投资基金等战略投资基金相继出现，以满足气候融资方面紧迫的投资需求。鉴于预计会有较大融资缺口以及公共部门可用资源有限，战略投资基金挤入私营部门融资的能力备受气候融资关注。

第三节 战略投资基金的结构与市场行为验证

战略投资基金的结构差异很大，从私人管理公共资本、到公私混合基金、再到完全国有的直接投资基金等不一而足。一般来说，结构选择取决于战略投资基金市场与政策目标之间的相对重要性。如果政府按照反映政策重点的条款投资私人基金，或公共实体作为公私混合基金中的有限合伙人分担风险，就会选择私人管理公共资本。在这种模式下，投资决策由管理基金的私营部门普通合伙人独立制定，或由独立的投资委员会制定。投资委员会可能有也可能没有政府代表，而总体投资政策由基金董事会制定，董事会通常由有限合伙人控制。基金管理公司和普通合伙人可能需要持有总资本金的一定比例。例如，菲律宾基础设施投资联盟就是这种模式。

---

① 外部性是指经济活动的结果由无关的第三方承受。外部性可以是正面的，也可以是负面的。与投资项目相关的外部性是指项目对经济和社会产生的更广泛影响。

对于完全由政府所有和/或运营的基金，市场行为验证可能来自每项投资的所有权份额限制，即把战略投资基金的投资限制在一定规模的非控股参与。除了公私混合基金，基金管理通常由政府所有的基金管理实体负责，运营深受政府影响（参见附件1）。

私人资本参与基金结构的程度（一般）随着市场行为验证的程度提高而提高。

虽然获得大量私人融资是战略投资基金的重点，但值得一提的是，更高乘数意味着战略投资基金对政策目标的控制更少。在基金的基金模式下，公共发起人对被投资基金投资的控制可能仅限于环境、社会和治理报告的监督，而像塞内加尔战略投资基金这样的直接投资基金可以对政策目标有更多控制。

阿尔伯塔省遗产储蓄信托基金虽然不是战略投资基金，但说明了确保投资项目市场行为验证的重要性（参见专栏4）。阿尔伯塔省遗产储蓄信托基金有一套复杂目标和相应的复杂结构。强调公共投资和对基金治理与投资决策的重大政治影响，导致其绩效不佳，对不经济项目的资助导致许多贷款被注销（Morton和McDonald，2015）。

专栏4：阿尔伯塔省遗产储蓄信托基金

阿尔伯塔省遗产储蓄信托基金于1976年由加拿大阿尔伯塔省成立，其目标是：（1）为未来储蓄；（2）推动或多元化经济发展；（3）提高阿尔伯塔省居民的生活质量。20世纪80年代初，基金向加拿大其他省政府贷款。后来，基金资金用于大型基础设施项目。投资包括向国有企业提供低息融资，向阿尔伯塔省内公司融资以鼓励石油行业以外的多元化发展，鼓励社会投资（如公园和医院）以及投资加拿大股市。

基金的五个投资部门中有四个特别引人注目，因其包括常规上由一般预算承担的活动。为这些活动设立的制衡不如通常用于一般预算的制衡。

事实上，通过将资金转移到目标宽泛的基金，行政机构（通过内阁）以非常自主的方式确定支出重点。虽然对这些决定有事后评估，而且事后评估可能导致立法机构拒绝批准进一步将资金转入基金，但评估作用较弱，支出决定一旦做出，就不会轻易扭转（Bacon 和 Tordo, 2007）。

由于没有进行本底分析，很难评估基金在多大程度上能够实现政策目标。1995 年，基金使命交由全省公民投票，而后其国内发展职责于 1997 年停止。此后，基金成为纯粹的储蓄基金，作为商业投资者运营，其唯一目标是最大限度提高股东也就是阿尔伯塔省公民的财务回报（Warrack 和 Keddie，日期不明；Smith, 1991）。

具有国内投资使命的其他主权基金，如马来西亚的国库控股公司和新加坡的淡马锡，在确保市场行为验证和创造财务回报方面似乎做得更好，同时也更好支持了国家经济。这些基金的初始资金组成是即将全部或部分私有化的国有企业和其他资产。因此，这些基金以国有控股公司形式运营。由于基金职责是私有化国有资产，因此其管理和投资决策过程从一开始就与市场力量接触和受其验证。此后，基金扩展到外国资产，同时保持其公共政策目标。例如，马来西亚国库控股公司的外国投资在某种程度上由加强部门与产业联系的目标驱动，这些联系有利于马来西亚经济和马来西亚公司。

第四节　战略投资基金的双底线

原则上，投资的政策目标应按几种公认方法之一以预期经济回报率表述（参见附件2）。虽然外部性可能难以识别和客观量化，但经济回报率是反映投资项目社会和经济影响的一项指标。然而在实践中，多数战略投资基金使用更简单、虽然不太全面的指标。例如，全球能效和可再生能源基金使用清洁能源产量衡量政策成果。欧洲战略投资基金的主要政策成功基准是，在基金认定的重点部门，其投资担保所释放的外部投资额，目标是创造1:15的投资乘数。爱尔兰战略投资基金依据额外性、无取代、零无谓损失等三重标准衡量其政策目标，详情参见专栏5。

专栏5：爱尔兰战略投资基金的双底线

爱尔兰战略投资基金于2014年12月开始运营，由国家养老储备基金出资76亿欧元。爱尔兰战略投资基金的首要目标是在商业基础上投资，以支持爱尔兰的经济活动和就业（爱尔兰国库管理局，2015a）。基金将其所投资金的乘数目标明确定在1:2.6。

爱尔兰战略投资基金成立遵循的立法列出以下投资标准：

- 投资绩效目标是超过政府债务的平均成本。
- 在2025年之前，不得从爱尔兰战略投资基金提取资金用于补充预算。此后，可向财政部支付每年最高4%的股息。
- 投资不得在任意一年对爱尔兰政府的净借款产生负面影响。

爱尔兰战略投资基金用以下三个概念衡量其投资活动的经济影响：

- 额外性：由于投资超出本来反正都会有的水平，因此可能有助于对毛附加价值/国内生产总值产生额外的经济利益。
- 取代：由于其他经济领域的收益减少，因此在总体经济水平上衡量投资所产生的额外性减少。
- 无谓损失：即使没有这笔投资也会取得投资产生的经济利益，就出现了无谓损失。

爱尔兰战略投资基金寻求将大部分资本（长期来看约占投资组合的80%）分配给重点部门，这些部门可能具有较高潜在经济和就业影响。同时，基金也确保所有投资满足基金的商业回报目标。剩余资本投资于提供短期收益的资产，作为市场活动的加速器或应对市场失灵的情况。有些部门的无谓损失和取代率最低，而额外性最高，比如出口、制造业和国际贸易服务的相关部门。

具有经济额外性和低取代与无谓损失的投资机会可能对长期总体经济水平产生较大经济影响。经济额外性可以有多种形式，包括产出（营业额）、利润（运营盈余）、就业、净出口和资本支出增加。通过促进经济的未来竞争力，提供有利的基础设施也将在未来产生额外性。与此类似，研发的创新和投资具有长期额外性，可能不会立即显现，但对长期可持续的经济增长来说很有必要。

资料来源：《爱尔兰战略投资基金投资战略摘要》（爱尔兰国库管理局，2015b）。

第五节 公共资本乘数

公开资料显示，战略投资基金的公共资本乘数差异很大。专栏6简要描述了公共资本乘数的计算方法，并将这种方法用于有公开资料可查的几只战略投资基金。虽然乘数并不反映战略投资基金能否高效运作，也不反映其投资产生的更广泛社会经济影响，但确实有助于反映基金挤入外部资本的能力。然而，请注意以下重要的几点：

1. 定义。乘数可以指不同维度（例如，不同比率、融资工具、公私资本定义、承诺投资或投资的定义等）。例如，外部资本可能来自其他政府机构或多边发展机构，而非私营部门。

2. 额外性。公司/项目中的私人投资可以独立于公共资本参与，特别是当预期财务回报有吸引力时。在这种情况下，预计乘数会被夸大。

3. 预期。乘数可以指预期投资额而非实际投资额。

4. 期望。乘数可以导致机械或其他不切实际的期望。

专栏6：公共资本乘数

公共资本乘数的概念最早是在"欧洲2020项目债券计划"的制定过程中得到突出使用，这项计划在2012年通过。公共资本乘数被定义为某一项目中的总投资与公共资本的比率。乘数可在基金层面和项目投资层面计算。整合两个层面的结果即可得出总乘数。具体公式如下：

- 基金（或投资工具）乘数＝基金或机制总规模/公共资本
- 投资乘数＝项目总投资/基金规模
- 总乘数＝总投资额/公共资本

关于乘数的信息非常有限。尽管公共资本乘数是欧盟/欧洲投资银行创设基金衡量成功的显性指标，也是其信息披露的组成部分，但其他战略投资基金并不汇报其乘数。因此，表1是根据新闻稿和其他公开资料估算得出的数据。

表1　　　　选定基金的资本乘数：初步估算值

基金	年份	资本规模	基金乘数	投资乘数	总乘数
欧洲战略投资基金	2015	210亿欧元	1x	6.7x	6.7x
玛格瑞特基金	2010	7.1亿欧元	1x	11.8x	11.8x
全球能效和可再生能源基金	2008	1.12亿欧元	2x	35.8x	~71x
爱尔兰战略投资基金	2014	76亿欧元	1x	2.4x	~2.4
泛非洲基础设施发展基金	2007	6.25亿欧元	4.2	4	16.7x
菲律宾基础设施投资联盟	2012	6.25亿欧元	25x	未知	~25x
麦格理墨西哥基础设施基金	2008	4.08亿欧元	5x	10.3	51.7x
塞内加尔战略投资基金①	2016	2 800万欧元	1x	9.6x	9.6x
欧洲2020项目债券计划	2012	2.3亿欧元	3x	~6x	~19x

注：表中乘数是世界银行根据实际投资额的公开信息估算，通常指具体项目的乘数，因为在投资组合层面的详细信息通常不公开。此外，在项目层面公私资本相应份额的信息也不公开。因此，表中给出的估值仅供参考。由政府全资所有的基金在基金层面的乘数为1。

资料来源：改编自 Inderst（2016b）。

---

① 塞内加尔战略投资基金的平均乘数目标为10。事实上，2015年2月，塞内加尔战略投资基金完成对一个4 116万欧元项目的融资。这个项目是在距离达喀尔100公里的 Santhiou Mékhé 建设30兆瓦的太阳能发电厂及其输电线路。其合作方包括设在巴黎的 Meridiam，这是专注公共基础设施项目的全球投资者和资产管理公司。第三个股权投资者是 Senergy SUARL，这是一家从事能源项目开发的塞内加尔公司。这三家公司合资成立的 Senergy PV SA 公司负责开发这个项目。塞内加尔战略投资基金提供了100万欧元的股权和准股权融资，占项目公司股本的32%。法国开发署的私营部门机构 Proparco 提供了3 450万欧元的非优惠债务融资。这个项目获得了主权政府350万欧元的担保，使项目的投资乘数达9.6。

在所有其他条件相同的情况下,乘数大小似乎与基金结构相关。直观感觉,与同私营部门合作直接投资具体项目的战略投资基金相比,按基金的基金形式构建的战略投资基金应有更大乘数,尽管额外性在基金的基金层面更难确定。在基金的基金结构中,例如全球能效和可再生能源基金,乘数效果分三阶段体现:(1)在基金层面,通过与其他投资者共同投资,作为混合型基金的基金有限合伙人;(2)在所投资的基金层面,通过在基金的基金中持有少数股权,参与所投资基金;(3)在个别项目层面,通过所投资基金的少数股权或债务头寸,参与个别公司或项目。在塞内加尔战略投资基金等直接投资基金中,乘数效应发生在个别投资层面,在某些情况下通过特殊目的载体发挥作用。例如,非洲基础设施基金(InfraCo Africa)、加纳 CenPower 和 Kpone IPP 天然气项目创建了 Cenpower Generation 有限公司,并从非洲(70%)和国际(30%)投资者筹集了 9.03 亿美元资金。

战略投资基金的投资策略也影响其公共资本乘数的大小。直观感觉,战略投资基金的运营模式如果类似公共发起的风险投资基金,乘数可能就比从事股权和债务投资的战略投资基金更小。这是因为股权投资风险较高,财务杠杆率也不同。然而,通过参与私募股权投资(与私营部门共同投资,或投资私营部门管理的风险投资基金),战略投资基金可以提高对没有信用或运营记录的初创公司进行复杂和风险评估的能力,同时降低投资风险。此外,也可为信贷增发和总体混合融资估算出乘数(Brown 和 Jacobs,2011)。

第六节 战略投资基金投资战略

当政策要求优先于商业考虑时,战略投资基金可能难以吸引私人资本。降低风险和/或提高回报等机制可以帮助克服这一挑战。例如,如要用基金内的公共资金增加私人投资者的风险调整回报率,战略投资基金可以利用私人基金投资相对高风险的地区或项目,但需以低风险溢价融资。典型工具是第一亏损股权和回报上限。第一亏损股权是指,公共部门投资者在战略投资基金中持有第一亏损头寸的股权,从而在战略投资基金内增加可在私营部门投资者亏损之前就失败的项目数量。在回报上限安排中,政府的资本投资回报有上限,而允许共同投资者获得更高投资回报。例如,欧洲东南欧发展基金(EFSE)就设有第一亏损安排(参见专栏7)。

专栏7:设有第一亏损安排的战略投资基金

位于卢森堡的欧洲东南欧发展基金是一家混合型战略投资基金,有承诺融资额7.56亿欧元(约合11亿美元),来自捐赠机构、国际金融机构和私人投资者。公私合作模式使欧洲东南欧发展基金能从私人机构投资者筹集资金,以补充国际公共捐赠人用于发展融资的资金。此外,基金还为协调其区域内的捐赠活动提供了一个平台。这种资源共享使公共资金的影响力倍增。欧洲东南欧发展基金扮演了市场推动者、促进者和风险承担者以及新金融产品的创新者和孵化器等角色。捐赠人或公共资本构成第一亏损部分,发生损失时首当其冲。国际金融机构的投资构成夹层部分,私人投资者构成最高部分。鉴于这种投资结构,欧洲东南欧发展基金能在市场条件下为合格投资者提供长期融资。在进行投资时,代表不同风险部分的不同资金来源汇集为欧洲东南欧发展基金的单一资金来源。对于在各国的投资组合,不同风险部分占资金池总额的比例保持不变。因此,捐赠人和其他投资者按其对欧洲东南欧发展基金的原始名义出资额,持有资金池的特定份额。

资料来源:Wang 等人,2013;EFSE 网站 http://www.efse.lu/about-the-fund/mission/。

战略投资基金还可面向有影响力的投资者或商业导向型金融机构。此类金融机构认同基金的政策目标，并且往往比传统投资者要求的财务回报更低（参见专栏8）。例如，非洲可再生能源基金从非洲可持续能源基金获得融资，后者是非洲开发银行管理的基金，回报率上限是4%。

专栏8：公共财政和有影响力的投资

新兴和前沿经济体在私人投资者和企业眼中有很好前景。这些投资者想多样化投资组合并进入新的高增长市场。然而，（实际或感知的）高风险通常是投资障碍。公共和慈善基金可以利用自身资源转变被投资项目或公司的风险回报状况，为私营部门的参与创造有利条件。公共、慈善和私人资源的这种混合可以促使大量投资更多进入对可持续发展至关重要的领域，包括基础设施、气候变化解决方案、农业、医疗和金融服务等（经合组织，2015）。

有影响力的投资者有多种财务回报预期。有些投资者特意选择优惠收益投资以最大化影响力，或通过接受交易中的较高风险头寸吸引更多投资。其他人追求具有市场竞争力和领先市场水平的回报，这通常是出于其对投资者的信托责任。根据全球有影响力的投资网络（一家致力于提高有影响力投资的规模和效果的非营利组织）2015年开展的一项调查，25%受访的有影响力投资者表示，目标回报率在市场回报率下方且接近市场回报率，16%表示目标回报率在市场回报率下方，且接近资本保值水平。①

如第二章所述，各国政府可以多种方式为战略投资基金融资，包括股权投资和/或贷款。特别是基金公共发起人可向基金转贷，利率参照发起

---

① 调查结果详见 https://thegiin.org/impact-investing/need-to-know/#s5。

人融资的较低利率。国家如有较高信用评级或能从国际金融机构借款，就能在借款成本与其主权基金投资的预期风险调整回报之间获得息差。战略投资基金的资金如果来自政府借款，就可选择利用基金投资的预期风险调整回报与借款成本之间的息差，提供优惠信贷或更高回报率以吸引私人投资者，从而增加乘数。① 另外，通过仔细构建转贷价格和时间表，政府可将其对原始贷款人的义务与战略投资基金的还款时间表分开，从而允许战略投资基金的投资管理不受原始还债时间表影响。根据良好的公共财政管理原则，对基金股权投资和/或贷款需要通过财政部（代表基金所有权）划拨，作为负债列入政府账户，并获得议会批准。

与其他有政府参与的金融机构一样，战略投资基金可能比传统金融机构更有优势，因其有获得公私合作投资机会的特权，而且与本地公私投资者彼此信任。Clark 和 Monk（2015）认为，这种优势可以解释几家主权财富基金为何能取得很高财务回报，尽管在肩负国内投资使命的同时还要兼顾社会和经济目标。例如，新加坡淡马锡（40 年来总股东回报率为 18%），马来西亚国库控股公司（10 年内部收益率为 13%），南非公共投资公司（10 年内部收益率为 16%）和巴勒斯坦投资基金（10 年内部收益率为 10.3%）。作者注意到，这些基金发挥了财富创造者而非财富发现者的职能，像私募股权和风险投资者一样，直接持有项目相对较多股份，然后积极参与投资运营。此外，作为公私合作项目的共同投资者，战略投资基金允许政府获益，如果公私合作项目变得有利可图，也让国家利益相关方对其利益受到保护而放心，从而降低公私合作合同未来重新谈判的可能性。

---

① 必要前提是，基金公共发起人的借款条件全部或部分适用于基金。

第七节 战略投资基金面临的共同挑战

尽管战略投资基金旨在实现广泛的政策目标,其中一些可能与国家和所处环境的具体情况有关,但也都面临共同挑战。下文将探讨主要的共同挑战。

一、吸引私营部门投资

良好治理。为吸引私人资本投资战略投资基金或共同投资,战略投资基金需要首先是一个值得信赖的投资者。对许多投资者而言,公司治理是其投资决策过程中考虑的关键因素之一。例如,一马发展有限公司是 2009 年成立的战略投资基金,旨在将吉隆坡发展为金融中心,自 2015 年初开始受到全国关注,因为当时未能向银行和债券持有人偿还 110 亿美元(约合 71 亿英镑或 99 亿欧元)。一系列调查发现这家公司的治理能力薄弱,这削弱了该战略投资基金的信誉和吸引投资者的能力。因此,从战略投资基金的角度来看,在其相应立法、细则和其他政策与程序文件中纳入稳固的公司治理机制,并将这些机制传达给投资者是非常重要的。良好的公司治理安排确定了清晰的使命与目标,为战略投资基金的董事会和管理层设置激励机制,使其追求股东目标,促进股东和所有者的绩效监督。这对于战略投资基金和其他国家发起的机构来说特别重要,因为这些机构需要明确的政策和机制来应对财务与公共政策目标相结合的复杂使命(Gelb 等人,2013)。强有力的公司治理,特别是政府和发起人的所有权角色、基金董事会的监督角色以及基金管理公司的投资和退出决策角色之间要明确区分,这有助于保证效率和问责制度。透明和及时的会计信息报告和强大的外部审计系统有助于提高战略投资基金的市场信誉,特别是当基金参与公私合作项目时(Corbacho

和 Ter – Minassian，2013）。①

战略投资基金结构。混合型战略投资基金，即由公私资本共同参与的战略投资基金，表现出高度的市场行为验证，而且可能产生较高的总乘数。由于私营部门在基金层面参与，因此混合型战略投资基金可能展现出有竞争力的财务回报。例如，菲律宾基础设施投资联盟、非洲可再生能源基金和亚洲可再生能源基金就是这种模式。② 然而，外部基金管理公司本身可能没有动力去实现战略投资基金投资的较高乘数，因为这可能导致交易更复杂、更耗时，也未必会让战略投资基金取得与所持项目资本份额相应的更高回报。将外部基金管理公司的报酬与实现乘数基准挂钩可以降低这种风险。对于完全国有和/或管理的战略投资基金，把战略投资基金的投资限定在少数股权参与，可以实现项目的市场行为验证，并增强投资决策的效力。这样，对私营部门共同投资者的尽职调查可以确定所投项目或公司的盈利能力（Gelb 等人，2013）。

选址。基金所在的辖区可能会影响投资者对基金活动效力的认识或评估，因为这种效力部分取决于监管质量、法治和所在国的整体制度质量。制定有指导基金运营的有效法律、法规和监管标准的知名国际金融中心可能有助于提升投资者信心。国际战略投资基金，如非洲可再生能源基金、全球能效和可再生能源基金或亚洲气候伙伴基金，倾向于设在卢森堡、毛里求斯或新加坡等知名辖区，因为这些国家的监管框架具有吸引力和成本效益。税收优化也是选址的重要参数。

---

① 基金的目标和使命、国家所有权职能的组织以及战略投资基金内部管理机构和流程的制度安排，通常在相应的专门立法、公司法、金融部门法规和基金章程中有明确规定。《圣地亚哥主权财富基金运营原则》（IWG，2008）以及公司治理良好实践的现有文献，包括《经合组织公司治理原则》（经合组织，2004）和《经合组织国有企业公司治理指引》（经合组织，2005），为有效的公司治理提供了详细框架（Gelb 等人，2013）。

② 非洲可再生能源基金和亚洲可再生能源基金的净内部收益率为 20%。菲律宾基础设施投资联盟不公开内部收益率。然而，在最近一次采访中，其股东菲律宾政府服务保险体制基金表示，支持第二只基础设施战略投资基金（http://www.manilatimes.net/gsis-calls-for-more-infra-investment/257275/）。

仅在国内市场投资的战略投资基金通常设在业务所在国，与其持股结构无关。这可能是因为需要吸引国内机构投资者，此外还与税收和本国政府考虑对基金进行控制有关。在适当情况下，可以考虑双重注册，这样可提供一定程度的绝缘，让投资决策免遭过多政治干预，这是每个国有企业都面临的最大威胁，也让投资争端解决程序不受过多政治干预。

二、发掘可投资项目

项目准备。许多新兴市场和发展中经济体缺乏将可投资项目转化为实际交易的能力，这是公私合作融资的障碍，即使在其他情况下可以获得资本。亚洲和非洲的实证经验表明，在将可投资项目转化为实际交易方面，项目准备机制不够有效（亚当·史密斯国际集团（Adam Smith International），2016；国际通信协会，2014）。为加快项目计划的形成和公私合作交易的准备与收官，新兴市场和发展中经济体的几国政府正在建立基础设施公私合作项目风险基金。例如，塞内加尔战略投资基金通过寻找财务和技术合伙人并与其合作，从初步发掘到交易收官全程发展和构建起战略项目。基本模式是基金负责管理公私合作交易从准备到财务收官的全部阶段。公私合作项目风险基金可以在发起和构建项目后，有权代表政府参与，持有项目特殊目的载体的股权和/或夹层股权。这样，公私合作风险基金将有直接动力去创造可行和有利可图的项目。这种基金可以设为完全国有的战略投资基金，也可设为公私混合型的战略投资基金，甚至还可设为战略投资基金下属的子基金或成分基金。例如，塞内加尔战略投资基金是一只完全国有的战略投资基金，包含公私合作风险基金职能。将风险融资功能纳入同一只基金（而不是另设成分基金），使政府能在财务收官后利用项目准备成本，因为届时战略投资基金可将项目准备成本转换为股权、成本退款或成交费。

从国家预算中发掘项目。由于战略投资基金是部分或全部国有，有机会根据项目可行性将其投资战略向业务所在国确定的经济发展重点靠拢。与政府的密切关系使战略投资基金更易从以下各方发掘项目：国家基础设施总方案、主管经济各部门的部委、公私合作项目、国企和公用事业公司、政府和开发银行开展的公私合作研究、其他战略投资基金和主权财富基金。此外，战略投资基金还可从私人发展商（主动提议）、商业银行和私募股权基础设施风险基金等各方发掘项目。例如，塞内加尔战略投资基金就是这种模式。如果从国家发展计划和其他政府相关项目计划中发掘项目，不得妨碍战略投资基金充分独立做出可行的投资决策，以使战略投资基金能够吸引私人资本。如果依据议会立法以独立实体形式成立战略投资基金，则可能有助于解决这一问题，塞内加尔战略投资基金就是如此。战略投资基金的法律独立性也可以解决公共投资部门通常面临的挑战。因为公共投资部门是国家财政的一部分，而战略投资基金可在公共部门报酬范围之外制定员工报酬政策，有必要借此吸引和留住私营部门的高技能投资管理人。

三、平衡政策和商业目标

投资目标。成功实现双底线目标要求基金管理者投资财务回报有竞争力的项目，足以吸引各种风险偏好的投资者，同时还要实现经济政策目标及相应的经济回报。如第六章所述，一方面，当政策要求优先于商业考虑时，即使战略投资有良好的公司治理，仍可能难以吸引私人资本。另一方面，如果基金把政策目标定得太宽松，而只注重回报最大化，最终可能会沦为反正都会发生的投资，挤出而不是挤入私营部门资本，导致在整体经济层面的负乘数。

绩效指标。经济回报率是衡量投资项目对整个社会经济和社会影响的综合指标，公共部门和捐赠界将其作为经济分析的一部分广泛使用（世界银行，2013，2014）。① 项目的经济分析工具超出了对经济回报率的估算，可用于解答更多问题，如项目对其执行实体、社会和各利益相关方的影响。经济分析还可帮助识别项目风险和评估可持续性（Belli 等人，2001）。然而，本书提到的战略投资基金都没有使用经济回报率评估投资机会，也没有在财务和经济目标之间做出明确取舍。在实践中，战略投资基金采用简化方法：评估满足财务回报基准的投资机会，将其与经济指标对比，这通常是项目经济及衍生影响的替代指标，例如创造就业、促进新公司成立、减少碳排放和政策目标的其他替代变量。例如，爱尔兰战略投资基金通过各种替代变量（包括就业、企业层面的增值和所投项目的基础营业额）衡量其投资的社会和经济贡献（参见专栏5），每六个月公布一次经济影响数据。

战略投资基金运营的投资领域通常受限，即仅投资于其所有者事先确定的部门、主题或资产类别（例如，爱尔兰战略投资基金、非洲可再生能源基金、全球能效和可再生能源基金）。受限的投资领域原则上包含预计最有助于实现战略投资基金政策目标的部门和主题，即预期经济回报率较高的部门。这种方法不仅简单，还有多项优点：使战略投资基金可以围绕几个明确划分的专业领域定制组织架构（人员配置和业务流程），还有助于为经济影响确定有意义且易于理解的替代变量。

使用经济回报率的替代变量虽是战略投资基金的普遍做法，但只能对项目的社会经济影响进行局部评估，而且与更全面的经济分析相比，更易受选择偏差影响。使用经济回报率这一指标尽管不完美，但便于评估具有

---

① 经济分析比财务分析更复杂，因其使用投入和产出等经济指标，而不是市场价格，还包括非市场影响（外部性或间接影响），这些都不属于财务分析。经济价值无法体现在市场上，因此其估算要求分析师做出一系列具体假定。关于经济和金融分析、用法和各自局限的对比，有大量文献。参见示例 Kholi（1993）和欧盟（2014）。

相同内部收益率和现金情况项目的相对吸引力。例如，给定相同的内部收益率和现金情况，很难选择是投资产生出口的项目还是减少温室气体排放的项目。通过在可能和适当情况下估算经济回报率，战略投资基金可更易比较预期结果各异的选项，并优化投资组合的经济影响。当可投资项目的数量大于战略投资基金的可用资源时，这点就显得尤为重要。此外，还应考虑采用无法量化影响的其他指标。

经济分析是公共部门组织和国际金融机构投资决策过程的有机组成部分。这些组织的经验可以帮助引导战略投资基金设计衡量双底线的方法，同时保持其私营部门属性。

四、确保合适的人员配置

人力资本。人力资本是解释公司绩效的关键因素。对此，比较优势的资源基础理论研究人员作了重点强调（Acedo、Barroso 和 Galan，2006；Barney，1991；Barney、Wright 和 Ketchen，2001；Coff，1999）。这种理论认为，价值资源在公司内的分布不同，例如人力资本，是绩效差异的原因。研究人员普遍认为，人力资本蕴含的知识是最普遍的价值资源，也难以模仿（Coff，1997；Grant，1991，1996；Kogut 和 Zander，1992）。高回报和风险多样化历来是私募股权、风险资本和整个投资业的主要关注点。针对人力资本在经济领域日益增长的重要性，出版了大量研究论文，但很少专门针对投资业。虽然不可否认的是，投资基金绩效受许多外部因素驱动，如有利市场环境、稳定或增长的经济环境等，但在日益全球化的经济中，成功的内在基础驱动因素是组织的人力资本质量。

关键技能。最佳投资公司的各级员工有以下共同点：（1）创造价值的知识和技能；解读目标市场趋势的能力，即财务意识；（2）能够快速实施正确的投资方法，即商业意识；（3）接入广泛关系网，能接触各类人和利益，即人际能力（Warner，2006）。

在某些新兴市场和发展中经济体，国内外高素质投资专家越来越多，这有助于战略投资基金的建立和运营。例如，尼日利亚和塞内加尔能为各自基金配置海外人才，这些人在金融领域有着广泛的国际经验。

相互促进。战略投资基金的成立初衷通常是挤入私人投资者，同时与私营部门共同融资可以提供市场行为验证和额外的专业知识，以提高投资决策质量和促进员工沿学习曲线成长。当投资合伙人总体利益诉求一致时，这种模式效果最好（Gelb，2013）。战略投资基金在资本结构中整合公私资金来源，即混合型战略投资基金，有助于让有限合伙人和普通合伙人的利益保持一致，也可能很适合解决有限合伙人人力资本不足的问题。然而，即使作为有限合伙人，战略投资基金也需要获得并保持足够水平的项目选择与评估能力，而且要有监督普通合作人活动的能力。

员工报酬政策。战略投资基金能在公共部门报酬体系之外制定报酬政策，这也是吸引和留住高技能投资管理者的关键因素。这可能需要专门立法。例如，塞内加尔战略投资基金受益于立法，使其与其他国有企业不同，可以代表政府作为独立的私募股权公司运营。该基金给出相对有竞争力的报酬和福利，以吸引和留住私营金融部门的高度专业人员。求职者的经验和教育背景由专业招聘公司筛选。作为选拔过程的一部分，求职者要通过财务资质测试。在中低收入国家，如果支付高工资可能在政治上有挑战，捐赠人可以提供技术援助机制，帮助为成功运营战略投资基金所需的专业人员付工资。

过去十五年间，政府发起的战略投资基金数量迅速增长，为挤入私人资本参与基础设施公私合作项目/基金和中小企业基金提供了新机遇。战略投资基金旨在实现多个政策目标，其中一些目前可能因国家和具体情况各异。有些战略投资基金只在国内投资，由公私营部门所有，而其他则由政府全资所有。有些战略投资基金在全球或地区范围内运营，可能由几国政府资助。

尽管种类多样，但所有战略投资基金的目标都是挤入私人资本。要么在基金层面以有限合伙人身份参与混合型基金或投资其他基金，要么在项目层面联合投资和/或使用各种提高回报和降低风险的工具。与私营部门联手投资使公共部门获得乘数效应，乘数范围从典型战略投资基金直接投资的 1:12 到混合型基金的 1:70。战略投资基金的资本乘数大小并不反映其能否高效运营，也不反映投资产生的更广泛社会经济影响，但确实是反映市场行为验证的指标，这是成功的一个关键因素。

战略投资基金的资金来源可包括国际收支顺差、官方外汇业务、私有化收益、养老储备基金、商品出口收入、国际金融机构捐赠和私营部门投资者。合伙人如有较高信用评级或能从国际金融机构借款，就能以较低成本转贷给战略投资基金。在这种情况下，战略投资基金可以根据政策目标的必要性和合理性，利用低成本贷款与投资预期风险调整收益之间的息差，提高私人投资者的回报或降低投资风险。

战略投资基金面临着共同挑战。无论运营所在国或投资领域如何，都需调和（并适当衡量）政策与商业目标，这意味着既要实现有吸引力的投资回报，也要实施有意义的社会和经济影响。基于样本战略投资基金目标、战略和运营的公开信息，本书发现战略投资基金双重目标中隐含的一些挑战，并概述了战略投资基金应对挑战的方法。

当政策要求优先于商业考虑时，即使战略投资基金采用良好的公司治理原则，而且所在国拥有良好监管质量、法治以及整体制度质量，战略投资基金也可能难以吸引私人资本。发掘可投资项目也可能很困难，特别是在能力不足和信息不对称的情况下，很难编制一份文件齐全的可融资项目计划。从国家预算中发掘项目，可使战略投资基金的战略与运营所在国的发展重点保持一致。战略投资基金与政府的密切关系使基金更易从国家发展计划中获得项目，其他政府相关项目计划不得阻碍战略投资基金完全独立做出可行的投资决策。

为了能像专业投资者一样运营，战略投资基金需要留住专业人员，他们拥有价值创造方面的知识和技能，具备解读市场趋势并快速采取相应行动的能力，还能接触到广泛的关系网。与有经验的私营部门投资者共同投资，可为战略投资基金提供市场行为验证和额外的专业知识，以提高投资决策质量和促进员工沿学习曲线成长。战略投资基金能在公共部门报酬体系之外制定报酬政策，这也是吸引和留住高技能投资管理者的关键因素。

尽管数量不断增加，与政策制定的相关性不断增强，但战略投资基金并非现有文献深入分析的对象。本书首次尝试识别其特征，根据投资战略对其分类，并找出其成功面临的共同挑战和应对挑战的方法。

附件1　按照发展目标进行国内投资的战略投资基金和主权财富基金

附表1　战略投资基金

国别	名称	年份	规模（10亿美元）	融资来源	目标	行业	所在国
巴林	塔拉卡特	2006	11.10	石油收入	建设蓬勃发展的多元化经济，而不是仅有油气行业，重点为子孙后代创造可持续的收益和财富。核心行业包括基础设施、金融服务、电信、房地产、交通和制铝等	金融服务；电信、科技和媒体；一般服务；工业制造和服务；物流和运输；建筑；私人教育；房地产和旅游；消费者和医疗	巴林

续表

国别	名称	年份	规模（10亿美元）	融资来源	目标	行业	所在国
法国	法国国家投资银行	2013	2015年325.78亿欧元	法国信托局、前主权财富基金、战略投资基金和法国创新署共同出资	法国国家投资银行对中小企业提供援助和金融支持，促进其接触银行和股权资本投资者，特别是在高风险领域，如初创、创新、发展、国际化以及并购等阶段	先进材料、航天、汽车零件、生物技术、合同研究、油气工程、在线视频服务、外科设备和银行卡等	法国
加蓬	加蓬战略投资基金	2012	0.14	石油收入的10%汇入基金，50%的资金来自预算结余	通过直接投资支持本地中小企业发展；更多利用本国自然资源的收入；多元化政府收入和降低风险；广泛支持政府战略经济政策目标。旨在发展行业创造足够收入的能力，替代石油收入，降低加蓬对碳氢化合物行业的依赖程度	保险、木材、采矿、服务、材料、电信、碳氢化合物、通用贸易、工业、运输、地产和酒店业、汽车业、银行业	加蓬
爱尔兰	爱尔兰战略投资基金	2014	8.36	国家养老储备基金的部分资产成为爱尔兰战略投资基金的资产	爱尔兰战略投资基金的双重使命——投资回报与爱尔兰经济影响——代表了投资新的"双底线"方式，而且将要求所有交易对爱尔兰既有经风险调整后的商业收益，也有经济影响。在最近重组后，爱尔	股权投资：13%（2.1%用于新兴市场，10.9%用于中小企业）金融业：65.7%（现金45.5%；其余是债券）基础设施：4.6%私募股权：5.9%商品：3.3%基础设施：交通、	爱尔兰

续表

国别	名称	年份	规模（10亿美元）	融资来源	目标	行业	所在国
爱尔兰	爱尔兰战略投资基金	2014	8.36	国家养老储备基金的部分资产成为爱尔兰战略投资基金的资产	兰战略投资基金增加了公司债券敞口，减少了其他资产配置。然而，所有投资都把目标定在爱尔兰本地机会，以促进爱尔兰经济、创造就业机会和吸引外国投资。可以直接投资基础设施和私募股权	教育、科技、发展、风电等 自然资源：能源、农业、垃圾和水 尽管具体资产类别没有设置目标，但爱尔兰战略投资基金80%~85%的资金将分配给经济影响力最大的行业，15%~20%分配给短期利益项目，例如就业项目或加速资本市场正常化的项目	爱尔兰
意大利	意大利存贷款银行股权公司	2011	49亿欧元	90%来自政府所有的意大利存贷款银行（经济和财政部所有的银行），10%来自Fintecna	意大利存贷款银行股权公司投资具有重大国家利益的公司，目标是通过规模增长为股东创造价值，提高运营效率，在国内外市场聚合与提高所投公司的竞争力。意大利存贷款银行股权公司是机构运营者，主要收购具有"重大国家利益"公司的少数股权，这些公司在经济、财务和股权方面表现均衡，并有充足盈利能力和发展前景，适合为投资者创造价值	100%私募股权：研究、创新和高科技占14.45%；国防与国家安全占2.89%；金融业占6.94%；工业/制造/机械占30.64%；基础设施占16.18%；"意大利制造"占29%（2013）	意大利

续表

国别	名称	年份	规模（10亿美元）	融资来源	目标	行业	所在国
哈萨克斯坦	Baiterek	2013	12.7	控股公司	使命：通过资助和支持经济重点行业，实施公共政策和国家项目，寻找社会导向任务的解决方案，实现2050年战略制定的目标，以促进哈萨克斯坦可持续经济发展2023年愿景：作为哈萨克斯坦政府主要金融机构，支持经济多元化、现代化和可持续发展，为国家的社会导向任务提供解决方案。主要目标：（1）提供全方位的融资工具；（2）支持中小企业；（3）支持新型现代经济部门和经济创新发展；（4）支持国家公司的出口活动；（5）支持和推广经济适用房	基础设施、交通、金融、能源、电信和中小企业等。清晰的"双底线"指标，例如就业创造、公司成立、补贴、项目融资和住房运营等	哈萨克斯坦
马来西亚	马来西亚国库控股公司	1993	34.9	私有化国家机构的政府股份。发行伊斯兰债券	促进经济增长，代表政府进行战略投资，促进国家建设；培育马来西亚某些战略产业的发展，以追求国家的长期经济利益。通过直接投资和资金承诺投资私募股权。总体而言，灵	多个行业，但专门针对清洁能源和技术。传媒占22%，医疗占17%，电力占15%，金融服务占14%和房地产占11%。已知房地产占10.6%，基础设施	马来西亚

第四篇 绿色基金的中外合作

续表

国别	名称	年份	规模（10亿美元）	融资来源	目标	行业	所在国
马来西亚	马来西亚国库控股公司	1993	34.9	私有化国家机构的政府股份。发行伊斯兰债券	活使命使其战略范围较广，包括增长和早期启动工具	占8.7%，其余是股权和私募股权。2015年，国内市场占55%，新加坡占12%，中国占7%，印度尼西亚占6%，土耳其占7%	马来西亚
墨西哥	国家基础设施基金	2008	14.26	政府预算和现有基础设施项目收益	国家基础设施基金通过提供不可退款和可退款的金融产品，促进公共、私人和社会参与基础设施建设。这项工具旨在创造必要条件以促进国内外私营部门投资墨西哥基础设施，借此协助完成基础设施项目。把公私合作项目用作政策主渠道。为私营部门发展项目的规划、设计、建设和最终移交提供支持、融资和专业知识，也投资基金，并以基金的基金形式运营	基础设施；股权、债务和夹层。行业：航空/航天、桥梁、教育机制、能源、医疗/医疗设施、铁路、公路、海港、电信、运输、隧道、公用事业、垃圾处理和水	墨西哥
墨西哥	麦格理墨西哥基础设施基金	2010	408.00	国家基础设施基金出资8 100万美元；麦格理出资5 900万美元；七家养老基金出资2.68亿美元	位于墨西哥的基础设施资产，基金将对其管理、运营和战略方向有重大影响	基础设施：公路和铁路、机场和港口、水和废水、能源和公用事业以及社会和通信基础设施	墨西哥

续表

国别	名称	年份	规模（10亿美元）	融资来源	目标	行业	所在国
摩洛哥	摩洛哥旅游发展基金	2011	1.80	2/3来自政府预算，1/3来自哈桑二世基金（国有）	促进国内外对旅游业投资。通过吸引投资者与合作伙伴，构建和执行投资交易，支持和管理投资组合内的投资，基金将整合摩洛哥旅游业的融资	旅游	摩洛哥
尼日利亚	国家基础设施基金，尼日利亚主权财富基金管理局的三家基金之一	2011	0.54	原油出口的额外收入	投资有助于促进尼日利亚必要基础设施建设的项目。国家基础设施基金投资占尼日利亚主权财富基金管理局投资的40%（即13.5亿美元的40%）。根据下列标准选择项目/行业：国家重点和对全国经济发展有潜在影响、可能带来有吸引力的商业和社会回报、有利于监管环境以及有能力释放私营部门的参与动力	基础设施：发电、配电和输电基础设施、医疗基础设施、房地产、农业、交通基础设施、水利基础设施等	尼日利亚
巴勒斯坦	巴勒斯坦投资基金	2003	0.76	国家预算	通过战略投资加强地方经济，同时为基金最终股东——巴勒斯坦人民最大化长期回报。为此，基金鼓励巴勒	公共股权占36.8%（国内占75%）；固定收益占6.8%；私募股权占37.2%（信息技术、小额信贷、农业、旅游、	巴勒斯坦

续表

国别	名称	年份	规模（10亿美元）	融资来源	目标	行业	所在国
巴勒斯坦	巴勒斯坦投资基金	2003	0.76	国家预算	斯坦私营部门增长，在西岸和加沙地带的重要经济部门投资社会责任项目。具体而言，基金希望促进创造就业机会，以此刺激经济增长	医疗、教育服务和小型可再生能源）；私人债务、房地产、基础设施和自然资源的占比未知	巴勒斯坦
菲律宾	菲律宾基础设施投资联盟	2012	0.63	麦格理出资5 000万美元、亚行出资2 500万美元	利用私营部门资本推动基础设施建设。基金力求在关键行业投资一系列绿地和棕地项目，包括公私合作、水和垃圾、公路和铁路、公共交通、港口和机场、发电和输电、可再生能源、天然气输送和电信等	基础设施：风电、天然气、运输、热电、太阳能和水	菲律宾
俄罗斯	俄罗斯直接投资基金	2011	13.00	石油收入	通过与大型国际投资者共同投资，吸引长期直接投资资本，在商业基础上对俄罗斯经济的战略行业进行股权投资。每项交易都要与国际投资者共同投资。主要投资俄罗斯，在俄罗斯以外允许最多配置20%的资金	基础设施、零售业、能源、物流、机场、信息技术、电信、纺织、铁路、采矿、农业、交通	俄罗斯

续表

国别	名称	年份	规模（10亿美元）	融资来源	目标	行业	所在国
塞内加尔	塞内加尔战略投资基金	2012	0.76	国家预算	投资项目以刺激经济增长和创造就业机会，主要促进投资，作为共同投资者参与中小企业和战略行业的旗舰项目以及结构合理的项目，以此吸引投资者，有效管理国有资产，创造财富和可持续的就业岗位	农业、渔业、基础设施、物流、工业中心、能源、社会住房、采矿、服务业（信息技术、医疗、教育、旅游）20%的资产通过风险投资支持中小企业	塞内加尔
越南	越南国家资本投资公司	2005	1.00	政府预算	越南国家资本投资公司的任务是根据市场机制监控和投资自有资本。此外，越南国家资本投资公司负责制定推广战略，以支持越南的市场开发、就业和经济增长。越南国家资本投资公司的创立宗旨还包括减少国内公司的政府所有权，旨在促进企业重组和国企改革	基础设施、金融、交通和医疗	越南

第四篇 绿色基金的中外合作

地区	名称	年份	规模（10亿美元）	融资来源	目标	行业	所在国（地区）
非洲	新兴非洲基础设施基金	2002	0.5977	私营部门基础建设发展组织信托基金出资3.881亿美元；德国复兴信贷银行出资1.066亿美元；荷兰发展金融公司出资5 300万美元；南非标准银行出资2 500万美元；渣打银行出资2 500万美元	为撒哈拉以南非洲私营部门基础设施项目提供长期贷款。明确衡量项目影响、投资额、创造就业机会、建筑岗位创造和福利落实情况	能源、基础设施等	英国
非洲	非洲基础设施基金（InfraCo Africa）	2005	0.126	奥地利发展署、荷兰国际合作总署、瑞士联邦经济总局和英国国际发展部出资590万英镑。通过私营部门基础建设发展组织信托基金筹款	InfraCo Africa旨在通过促进投资撒哈拉以南非洲的基础设施项目，促进经济发展，从而减少贫困。基金针对处于初始阶段的项目，因为这种项目资金需求相对较少，但风险较高，可能会吓跑私营部门投资者。因此，InfraCo Africa在建设开始前弥合概念、早期发展和高级发展之间的差距。公司可投资支持商业可行的基础设施项目，而且董事会认为这样做也具有额外性	基础设施：能源、交通、水	毛里求斯

续表

地区	名称	年份	规模（10亿美元）	融资来源	目标	行业	所在国（地区）
非洲	泛非洲基础设施发展基金	2007	0.63	总计6.25亿美元：南非政府雇员养老基金出资2.5亿美元；巴克莱/南非联合银行出资1.25亿美元；南非开发银行出资1亿美元；英国耆卫保险公司出资5 000万美元；非洲开发银行出资5 000万美元；南非标准银行出资1 500万美元；利宝人寿保险公司出资1 500万美元；大都会资产管理公司出资1 000万美元；社保和国家保险信托基金出资1 000万美元	投资能源、交通、信息通信技术、水和环境卫生等行业的基础设施项目。泛非洲基础设施发展基金专注于规模非常大的投资，其股权投资可达2 500万～1.2亿美元	基础设施：能源、交通、信息通信技术、水和环境卫生	毛里求斯
全球	全球能效和可再生能源基金	2008	2.2亿欧元	私营部门出资1.1亿欧元，欧盟中的德国和挪威出资1.12亿欧元	全球能效和可再生能源基金通过私人投资为新兴市场和发展中国家的能效和可再生能源项目提供全球风险资本。全球能效和可再生能源基金专注非洲、亚洲和拉丁美洲。基金支持多种能效和可再生能源项目与技术，如小水电、生物质能、风电和太阳能	绿色基础设施、可再生能源和清洁电力、资源效率；中小企业	卢森堡

续表

地区	名称	年份	规模（10亿美元）	融资来源	目标	行业	所在国（地区）
全球	全球能效和可再生能源基金	2008	2.2亿欧元	私营部门出资1.1亿欧元，欧盟中的德国和挪威出资1.12亿欧元	发电项目。全球能效和可再生能源基金的成立宗旨是利用公共部门的种子资金，促进私营部门对基金与基础项目的投资；欧洲投资基金协助发起人建立和启动全球能效和可再生能源基金。欧洲投资基金和欧洲投资银行将选择投资机会，监控投资和筹集资金	绿色基础设施、可再生能源和清洁电力、资源效率；中小企业	卢森堡
亚洲	亚洲可再生能源基金	2009	8 600万欧元	全球能效和可再生能源基金出资1 250万欧元；BIO出资600万欧元；其余资金来自OPIC、Bio、CDC、Calvert、DEG和FMO。首轮融资5 070万欧元，第二轮增至5 190万欧元。OPIC也出资6 200万欧元，亚行出资2 000万美元	亚洲可再生能源基金计划向处于开放阶段的可再生能源项目和项目发展商提供500万~1 500万欧元的股权投资。项目发展商负责部署和运营经济回报上成熟的技术。基金将这些投资整合为运营投资组合，并通过成功退出创造良好回报，业务主要在印度、菲律宾、斯里兰卡和东南亚。一般而言，基金投资经济回报上成熟的技术，有经过验证的成功记录，即中小水电、风电、太阳能光伏发电、地热发电和生物质能发电等	可再生能源：主要是风电、小水电、生物质能发电、太阳能发电和甲烷回收	英国

续表

地区	名称	年份	规模（10亿美元）	融资来源	目标	行业	所在国（地区）
亚洲	亚洲基础设施基金（InfraCo Asia）	2010	0.085	英国国际发展部出资6 080万美元；澳大利亚外交贸易部出资1 430万美元；瑞士联邦经济总局出资1 000万美元	创造可行的基础设施投资机会，平衡东道国政府、当地社区和国内外私营部门投资者的利益。对于满足额外性、商业可行性和发展影响力等三重标准的项目，InfraCo Asia直接提供发展资本，并从第三方和InfraCo相关项目筹措项目债权和股权资本	能源和电力、水和垃圾管理、交通、农业、仓储和物流、电信、石油产业链、采矿和上游油气、城市基础设施	英国
欧盟和中亚（EUCA）	麦格理基金（2020欧洲能源、气候变化和基础设施基金）	2010	7.1亿欧元	总计7.1亿欧元：欧洲投资银行、法国信托局、意大利存贷款银行、西班牙官方信贷局、德国复兴信贷银行和波兰储蓄银行各出资1亿欧元；欧盟委员会出资8 000万欧元；马耳他瓦莱塔银行和葡萄牙储蓄总行共出资3 000万欧元	进行资本密集型基础设施投资，并将目标定在具有吸引力的长期稳定风险调整回报。绿地占65%，棕地占35%	交通、能源、成熟的可再生能源	卢森堡
东亚和太平洋	亚洲气候伙伴基金	2014	0.44	亚行、欧力士、荷宝	亚洲气候伙伴基金是由亚行、荷宝和欧力士公司共同管理的基金，由英国政府支持，在亚太地区对各种环保和低碳交易提供股权投资。基金目标是	以下三大行业的广泛投资机会：（1）可再生能源；（2）资源效率；（3）环境产业。重点国家是中国和印度	中国香港特别行政区

续表

地区	名称	年份	规模（10亿美元）	融资来源	目标	行业	所在国（地区）
东亚和太平洋	亚洲气候伙伴基金	2014	0.44	亚行、欧力士、荷宝	投资私人控股公司，而这些公司正受益于新兴亚洲市场的宏观经济和环境动能。投资对环境和社会有积极影响，并有可能为投资者带来具有商业吸引力的年度回报。特别关注中国、印度和东南亚	以下三大行业的广泛投资机会：（1）可再生能源；（2）资源效率；（3）环境产业。重点国家是中国和印度	中国香港特别行政区
非洲	非洲可再生能源基金	2014	0.2	全球能效和可再生能源基金、非洲开发银行（2 500万美元）、非洲可持续能源基金（2 550万美元）、全球环境机制（1 000万美元）、非洲可持续能源基金项目支持机制（450万美元）、西非开发银行、西非国家经济共同体投资和发展银行、荷兰开发金融公司、Calver投资公司、CDC集团、BIO、OeEB、华莱士全球基金、Sonen Capital、伯克利能源和欧洲投资银行	可再生能源基金专注于撒哈拉以南非洲，投资规模为1 000万~3 000万美元。融资类型：股权项目融资（30%~50%的项目在去除费用、附带权益和税收后要求有市场水平的回报）；通过项目支持机制提供技术援助/赠款；夹层债务	并网阶段的可再生能源项目，包括小水电、风电、地热发电、太阳能发电和生物质能发电项目	肯尼亚

续表

地区	名称	年份	规模（10亿美元）	融资来源	目标	行业	所在国（地区）
欧盟和中亚（EUCA）	欧洲战略投资基金	2015	23.1	160亿美元来自欧盟；50亿美元来自欧洲投资银行；210亿欧元来自欧洲战略投资基金	作为欧洲投资计划的三大支柱之一，利用私人资金投入战略基础设施，弥补当前欧洲投资缺口。在欧洲战略投资基金的支持下，欧洲投资银行集团将为能增值的经济可行项目提供资金，包括比普通欧洲投资银行活动风险更高的项目	多元化：战略基础设施、教育和研发、可再生能源和资源效率、中小企业支持。行业：能源29%、研发23%、交通13%、数字化13%、中小企业9%、环境和资源效率9%、社会基础设施4%	卢森堡

附表2　　　　　　　　　规划中的战略投资基金

地区	名称	年份	规模（10亿美元）	融资来源	目标	行业	所在国（地区）
非洲	新兴非洲基础设施基金	2002	0.5977	私营部门基础建设发展组织信托基金出资3.881亿美元；德国复兴信贷银行出资1.066亿美元；荷兰发展金融公司出资5 300万美元；南非标准银行出资2 500万美元；渣打银行出资2 500万美元	为撒哈拉以南非洲私营部门基础设施项目提供长期贷款。明确衡量项目影响、投资额、创造就业机会、建筑岗位创造和福利落实情况	能源、基础设施等	英国

续表

地区	名称	年份	规模（10亿美元）	融资来源	目标	行业	所在国（地区）
非洲	非洲基础设施基金（InfraCo Africa）	2005	0.126	奥地利发展署、荷兰国际合作总署、瑞士联邦经济总局和英国国际发展部出资590万英镑。通过私营部门基础建设发展组织信托基金筹款	InfraCo Africa 旨在通过促进投资撒哈拉以南非洲的基础设施项目，促进经济发展，从而减少贫困。基金针对处于初始阶段的项目，因为这种项目资金需求相对较少，但风险较高，可能会吓跑私营部门投资者。因此，InfraCo Africa 在建设开始前弥合概念、早期发展和高级发展之间的差距。公司可投资支持商业可行的基础设施项目，而且董事会认为这样做也具有额外性	基础设施：能源、交通、信息通信技术、水和环境卫生	毛里求斯
非洲	泛非洲基础设施发展基金	2007	0.63	总计6.25亿美元：南非政府雇员养老基金出资2.5亿美元；巴克莱/南非联合银行出资1.25亿美元；南非开发银行出资1亿美元；英国眷卫保险公司出资5 000	投资能源、交通、信息通信技术、水和环境卫生等行业的基础设施项目。泛非洲基础设施发展基金专注于规模非常大的投资，其股权投资可达2 500万~1.2亿美元	基础设施：能源、交通、信息通信技术、水和环境卫生	毛里求斯

续表

地区	名称	年份	规模（10亿美元）	融资来源	目标	行业	所在国（地区）
非洲	泛非洲基础设施发展基金	2007	0.63	万美元；非洲开发银行出资5 000万美元；南非标准银行出资1 500万美元；利宝人寿保险公司出资1 500万美元；大都会资产管理公司出资1 000万美元；社保和国家保险信托基金出资1 000万美元	投资能源、交通、信息通信技术、水和环境卫生等行业的基础设施项目。泛非洲基础设施发展基金专注于规模非常大的投资，其股权投资可达2 500万~1.2亿美元	基础设施：能源、交通、信息通信技术、水和环境卫生	毛里求斯
全球	全球能效和可再生能源基金	2008	2.2亿欧元	私营部门出资1.1亿欧元，欧盟中的德国和挪威出资1.12亿欧元	全球能效和可再生能源基金通过私人投资为新兴市场和发展中国家的能效和可再生能源项目提供全球风险资本。全球能效和可再生能源基金专注非洲、亚洲和拉丁美洲。基金支持多种能效和可再生能源项目与技术，如小水电、生物质能、风电和太阳能发电项目。全球能效和可再生能源基金的成立宗旨是利用公共部门的种子资金，促进私营部门对基金与基础项	绿色基础设施、可再生能源和清洁电力、资源效率；中小企业	卢森堡

续表

地区	名称	年份	规模（10亿美元）	融资来源	目标	行业	所在国（地区）
全球	全球能效和可再生能源基金	2008	2.2亿欧元	私营部门出资1.1亿欧元，欧盟中的德国和挪威出资1.12亿欧元	目的投资；欧洲投资基金协助发起人建立和启动全球能效和可再生能源基金。欧洲投资基金和欧洲投资银行将选择投资机会，监控投资和筹集资金	绿色基础设施、可再生能源和清洁电力、资源效率；中小企业	卢森堡
亚洲	亚洲可再生能源基金	2009	8 600万欧元	全球能效和可再生能源基金出资1 250万欧元；BIO出资600万欧元；其余资金来自OPIC、Bio、CDC、Calvert、DEG和FMO。首轮融资5 070万欧元，第二轮增至5 190万欧元。OPIC也出资6 200万欧元，亚行出资2 000万美元	亚洲可再生能源基金计划向处于开放阶段的可再生能源项目和项目发展商提供500万~1 500万欧元的股权投资。项目发展商负责部署和运营经济回报上成熟的技术。基金将这些投资整合为运营投资组合，并通过成功退出创造良好回报，业务主要在印度、菲律宾、斯里兰卡和东南亚。一般而言，基金投资经济回报上成熟的技术，有经过验证的成功记录，即中小水电、风电、太阳能光伏发电、地热发电和生物质能发电等	可再生能源：主要是风电、小水电、生物质能发电、太阳能发电和甲烷回收	英国

续表

地区	名称	年份	规模（10亿美元）	融资来源	目标	行业	所在国（地区）
亚洲	亚洲基础设施基金（InfraCo Asia）	2010	0.085	英国国际发展部出资6 080万美元；澳大利亚外交贸易部出资1 430万美元；瑞士联邦经济总局出资1 000万美元	创造可行的基础设施投资机会，平衡东道国政府、当地社区和国内外私营部门投资者的利益。对于满足额外性、商业可行性和发展影响力等三重标准的项目，InfraCo Asia直接提供发展资本，并从第三方和InfraCo相关项目筹措项目债权和股权资本	能源和电力、水和垃圾管理、交通、农业、仓储和物流、电信、石油产业链、采矿和上游油气、城市基础设施	英国
欧盟和中亚（EUCA）	麦格理基金（2020欧洲能源、气候变化和基础设施基金）	2010	7.1亿欧元	总计7.1亿欧元：欧洲投资银行、法国信托局、意大利存贷款银行、西班牙官方信贷局、德国复兴信贷银行和波兰储蓄银行各出资1亿欧元；欧盟委员会出资8 000万欧元；马耳他瓦莱塔银行和葡萄牙储蓄总行共出资3 000万欧元	进行资本密集型基础设施投资，并将目标定在具有吸引力的长期稳定风险调整回报。绿地占65%，棕地占35%	交通、能源、成熟的可再生能源	卢森堡

续表

地区	名称	年份	规模（10亿美元）	融资来源	目标	行业	所在国（地区）
东亚和太平洋	亚洲气候伙伴基金	2014	0.44	亚行、欧力士、荷宝	亚洲气候伙伴基金是由亚行、荷宝和欧力士公司共同管理的基金，由英国政府支持，在亚太地区对各种环保和低碳交易提供权投资。基金目标是投资私人控股公司，而这些公司正受益于新兴亚洲市场的宏观经济和环境动能。投资对环境和社会有积极影响，并有可能为投资者带来具有商业吸引力的年度回报。特别关注中国、印度和东南亚	以下三大行业的广泛投资机会：（1）可再生能源；（2）资源效率；（3）环境产业。重点国家是中国和印度	中国香港
非洲	非洲可再生能源基金	2014	0.2	全球能效和可再生能源基金、非洲开发银行（2 500万美元）、非洲可持续能源基金（2 550万美元）、全球环境机制（1 000万美元）、非洲可持续能源基金项目支持机制（450万美元）、	可再生能源基金专注于撒哈拉以南非洲，投资规模为1 000万~3 000万美元。融资类型：股权项目融资（30%~50%的项目在去除费用、附带权益和税收后要求有市场水平的回报）；通过项目支持机制	并网阶段的可再生能源项目，包括小水电、风电、地热发电、太阳能发电和生物质能发电项目	肯尼亚

续表

地区	名称	年份	规模（10亿美元）	融资来源	目标	行业	所在国（地区）
非洲	非洲可再生能源基金	2014	0.2	西非开发银行、西非国家经济共同体投资和发展银行、荷兰开发金融公司、Calver投资公司、CDC集团、BIO、OeEB、华莱士全球基金、Sonen Capital、伯克利能源和欧洲投资银行	提供技术援助/赠款；夹层债务	并网阶段的可再生能源项目，包括小水电、风电、地热发电、太阳能发电和生物质能发电项目	肯尼亚
欧盟和中亚（EUCA）	欧洲战略投资基金	2015	23.1	160亿美元来自欧盟；50亿美元来自欧洲投资银行；210亿欧元来自欧洲战略投资基金	作为欧洲投资计划的三大支柱之一，利用私人资金投入战略基础设施，弥补当前欧洲投资缺口。在欧洲战略投资基金的支持下，欧洲投资银行集团将为能增值的经济可行项目提供资金，包括比普通欧洲投资银行活动风险更高的项目	多元化：战略基础设施、教育和研发、可再生能源和资源效率、中小企业支持。行业：能源29%、研发23%、交通13%、数字化13%、中小企业9%、环境和资源效率9%、社会基础设施4%	卢森堡

附表3　　　　　　　　　规划中的战略投资基金

国别	名称	年份	规模（10亿美元）	融资来源	目标	行业
孟加拉国	基础设施基金	计划中	1.50	外汇储备	发展基础设施和促进经济增长	基础设施
喀麦隆	战略投资基金	计划中	—	—	—	未知
科特迪瓦	战略投资基金	计划中	—	—	—	未知
埃及	战略投资基金	计划中	—	50%来自阿拉伯投资基金	基础设施基金	基础设施
加纳	加纳基础设施投资基金	2016	0.25	预算	加纳基础设施投资基金90%的交易必须满足基金最低预期回报率，而且必须完全商业可行；10%必须有较高社会影响，而且仍有正的内部收益率。最低预期回报率尚未确定	基础设施
印度	印度基础设施基金	2016	3.00	预算	主要进行长期股权投资，对象是在印度发展和运营基础设施资产/项目的公司。投资组合预期包含绿地、棕地与核心基础设施子行业的运营资产/项目	基础设施
尼日利亚	基础设施基金	2016	25.00	国内外资源，包括尼日利亚主权财富基金和国内养老基金	投资尼日利亚交通和能源行业	基础设施
挪威	Fornybar AS	计划中	—	—	清洁能源基金	绿色金融

续表

国别	名称	年份	规模（10亿美元）	融资来源	目标	行业
南非	绿色战略投资基金	2016	—	预算	促进清洁技术和低碳基础设施投资	绿色金融
泰国	泰国未来基金	2016	3.00	预算	利用私营部门/机构资金共同投资泰国基础设施。汇集资金投资于公私合作项目和政府资助的基础设施资产	基础设施
突尼斯	计划中的战略投资基金	计划中	—	—	—	未知
巴基斯坦	巴基斯坦基础设施基金	计划中	—	—	弥补基础设施融资缺口	基础设施
亚洲	亚洲气候融资基金	计划中	0.60	1亿美元来自亚行；5亿美元来自德国私营部门	撬动公私部门对气候变化缓解与适应的投资，支持第21届联合国气候变化大会《巴黎协定》的目标	气候变化缓解与适应

附件2 估算投资的经济回报率和政策效率

项目的经济回报率可用成本效益分析估算。项目效益是指项目对一国更广泛的经济影响。例如，积极影响包括促进增长，消除贫困，减少收入不平等和减少碳排放。项目成本是指机会成本，即不用相同资源投资最佳选项而丧失的效益。丧失的项目效益和成本用影子价格计算，影子价格是指商品、服务或生产要素等可获得性的边际变化导致的福利增加值。

项目经济分析可采用多种方法估算影子价格，具体取决于可用数据情况。

在最高级层面，可用动态宏观经济优化模型估算影子价格。例如，动态可计算一般均衡（DCGE）模型基于此前几类动态投入产出模型和线性规划收费模型。DCGE 模型依据投入产出情况和资源约束，模拟出随时间推移的最大产出。该模型的双重解决方案在模拟层面为每种产品和资源每年生成一套影子价格。①

还可单独估算影子价格，方法是通过调整观察到的市场价格以反映经济机会成本。多数情况是在国内价格水平下用本国货币进行分析。为此，以外币标价的进出口产品的边境价格要按本国货币等值转换，使用影子汇率反映外汇对本国的机会成本。鉴于固定汇率制、进口关税、进口配额限制以及出口税和补贴等，影子汇率可能与市场汇率不同。

反过来，由于政府和私营部门市场参与者导致的额外市场扭曲，以本国货币计算产出和投入的影子价格也可能与市场价格不同，包括扭曲市场的国内税和补贴（如销售税）或非竞争性市场结构（如垄断或寡头），还包括市场无法内化（或仅部分内化）的外部性，例如温室气体排放。

估算非交易商品和服务的影子价格可能有难度。非交易实物投入的估值分多步进行，包括评估市场扭曲、估算商品影子价格的上下限以及基于供需弹性估算商品的机会成本。例如，在没有给定土地价格的情况下，对土地其他用途的估值可能需要依据土地租赁价格的净现值。此外，在普遍失业情况下，估算影子工资需要参照保留工资，不同影子工资要估算不同技能、时间和区位。

在筹备 2015 年 12 月巴黎《联合国气候变化框架公约》第二十一届缔约方大会过程中，对气候变化缓解和适应项目的经济回报率分析得到大量关注。由于现有部分碳市场的价格可能恰好与碳的社会成本相等，一国对各种温室气体排放项目的选择可能偏离全球福利最大化的目标。特别是，如果碳的市场价格低于影子成本，但碳的转换价格（即在此价格上国家

---

① 在优化理论中，双重问题的解决方案得出每种资源约束对模型目标函数的边际贡献，这是相应资源的影子价格。

发现两个可选项目价值相等）介于二者之间，那么国家将选择高碳排放项目，而如果国家选择低碳排放项目，全球环境将更好，从而产生融资缺口。另外，如果转换价格不介于市场价格和碳的影子成本之间，则国家偏好与全球偏好相一致。

同时，在不确定性条件下，包括环境不确定性，对影子贴现率的估算得到大量关注。假设项目的边际净收益随受益人越富而越小，那么在一个不断增长的经济体中，未来福利价值就小于当前福利。这是因为随着经济发展，受益人未来将更富有。估计消费的边际效用弹性一般在1~2。因此，影子贴现率估计一般介于人均消费预期增长率的1~2倍之间。

理论上，未来消费增长的不确定性意味着未来消费边际效用的不确定性更大。这反过来意味着影子贴现率应随时间推移而下降。冲击（如自然灾害）对长期风险调整贴现率的影响不明，因为它降低了无风险利率，并可能增加风险溢价。如果资产 β 值大于相应风险厌恶的两倍，则可能产生风险调整贴现率结构期限更长[1]。如果投资项目机会包含的小 β 值项目够多，这样的结构将促使有远期收益的项目吸引更多投资。这反过来将有利于在气候适应领域的投资，更一般地说，有利于达到自然灾害应对能力标准的项目。

算出项目的经济回报率后，可用经济回报率与公共资本投资总额的比率估算投资的政策效率。

资料来源：Dang 和 Mourougane，2014；Tan 等人，2001；Gollier，2015；Hamilton 和 Stöver，2015；Squire 和 van der Tak，1975。

---

[1] 术语 "β" 是衡量资产安全波动性（或系统风险）相对于市场整体水平的指标。

第五篇

绿色基金助力城市绿色发展的进程

·如何全方位推动绿色低碳城市发展进程
·绿色基金助力地方绿色金融试点的落地

在全球化经济绿色发展的背景下，我国将生态文明建设作为发展的目标之一，城市建设也越来越重视低碳发展。本篇通过介绍如何全方位推动绿色低碳城市的发展过程和工具，以及绿色基金如何在实操层面推动城市的低碳发展，给出了绿色基金助力城市绿色发展的路径参考。

第十四章　如何全方位推动绿色低碳城市发展进程

目前，应对气候变化成为全球各国政府的共识，低碳经济成为广泛认可的发展模式。近年来，中国积极推动绿色低碳发展的国际潮流，统筹国内国际两个大局，提倡"创新、协调、绿色、开放、共享"五大发展理念，低碳发展和应对气候变化已成为中国生态文明建设的重要途径。推动中国城市的绿色低碳发展，无疑会进一步促进区域协调发展，推动环保绿色产业发展和生态环境改善，推进供给侧结构性改革和消费端转型的进程。

第一节　绿色低碳成为城市发展的方向

近年来，我国政府高度重视应对气候变化工作。2014年9月《国家应对气候变化规划2014—2020》实施（以下简称《规划》）。《规划》支持低碳发展试验试点的配套政策和评价指标体系逐步完善，支持形成一批各具特色的低碳省区、低碳城市和低碳城镇，支持建成一批具有典型示范意义的低碳城区、低碳园区和低碳社区，城市建设领域、城市交通和城市生活方式等方面加强碳排放控制。《规划》明确提出完善应对气候变化投融资政策，完善投资政策引导社会资本、低碳领先企业和国际资本等投资低碳行业，培育广泛的金融支持环境和多元的投资机构。

2015年12月，中央城市工作会议明确提出"推动形成绿色低碳的生产生活方式和城市建设运营模式"，强调城市建设的绿色和低碳理念。以

"生产空间集约高效、生活空间宜居适度、生态空间山清水秀"为核心的低碳发展观已成为中国城市发展和城市经济建设的共识，成为城市管理者的行动准则。

2016年初，国务院召开会议，"坚持绿色发展，着力改善生态环境"，明确提出加快推进绿色城市、智慧城市、人文城市建设，加快财税体制和投融资机制的改革，创新金融服务。2016年"发展绿色金融，设立绿色发展基金"被列入"十三五"规划。绿色金融正式成为中国可持续发展的新引擎。"绿色可持续、特色有支撑"，将是中国新型城镇化发展的方向，也是区域经济发展应秉持的理念。

第二节　绿色低碳城市的政策扶持体系构建正当其时

目前，围绕绿色低碳的主线，我国已经初步建立起全方位的政策扶持体系，正在全面支持并推动城市的绿色低碳发展和转型升级。

首先是顶层设计，规划先行。我国开始明确推动"城市群规划"，从城市发展顶层设计的高度，明确跨省级行政区域的低碳发展和生态保护目标。

从2016年开始，国务院开始制定并批准跨区域的"城市群"规划，根据规划的要求，跨区域的城市群都必须提出资源集约节约利用、发展循环经济、强化节能减排、实现绿色低碳发展的重点任务和具体举措，提出城市群内生态文明制度建设的具体内容。目前，国务院已经批准了长三角、长江中游、成渝、哈长等城市群发展规划。国家发改委于2016年12月11日进一步明确提出2017年将启动珠三角湾区城市群、海峡西岸城市群等跨省域城市群的规划编制，均明确提出低碳发展的规划目标。

其次是综合示范，鼓励创新。目前，我国已成功实施多项关于城市低碳发展的专项试点示范和配套政策,推动全国进入低碳城市发展的快车道。

国家生态文明建设试点示范区是国家发展改革委根据"五位一体"要求,从2013年开始启动的示范项目,旨在加快推动生产方式、生活方式绿色化,加快健全系统完整的生态文明制度体系。目前,生态文明建设试点示范区已经批复二批,入选城市除将获生态补偿、财政转移支付等一系列优惠政策支持外,还将迎来生态制度建设和体制机制创新的先行先试的战略机遇期。

低碳省区和低碳城市试点从2010年由国家发展改革委启动,首批确定在广东等五省和天津等八市开展低碳试点工作,后又于2012年确立28个城市和海南省为第二批低碳试点。2017年初,又确定了在全国45个城市(区、县)开展第三批低碳城市试点。按照要求,各试点城市将结合本地区自然条件、资源禀赋和经济基础等方面情况,探索适合本地区的低碳绿色发展模式和发展路径,加快建立以低碳为特征的工业、能源、建筑、交通等产业体系和低碳生活方式。目前,该试点已成为我国控制城市碳排放总量和峰值的重要抓手,鼓励"中国达峰先锋城市联盟"城市和其他具备条件的城市提前完成达峰目标。

绿色低碳重点小城镇试点示范工作从2011年由财政部、住房和城乡建设部和国家发展改革委共同启动,首批选定包括北京市密云县古北口镇等7个镇为作为试点。在此基础上,国家发展改革委于2016年启动了第一批国家低碳城(镇)试点,首批入选广东深圳国际低碳城等8个试点地区。试点地区不仅获得配套政策和资金支持,也承担展现我国低碳发展成就、引领全球低碳发展的责任。

"十三五"时期,国家将组织创建100个国家低碳示范社区,将低碳理念融入社区规划、建设、管理和居民生活之中,推动城乡社区低碳化发展。今后在推进包括低碳城市、绿色低碳重点小城镇在内的区域低碳发展试点示范过程中，加强投资政策引导、强化金融支持至关重要。

最后是分类试点，重点突破。国家关注重点行业和部门的低碳试点，促进城市在能源、交通、节能和资源循环利用等低碳发展的重点领域实现突破。

新能源示范城市，由国家能源局组织实施，旨在关注城市能源部门的绿色低碳发展，对新能源技术在城市供电、供热、供暖和建筑节能中的应用进行试点和示范，目标直指城市能源部门的碳减排。整个示范项目于2014年确定第一批示范城市，到2016年已经取得了明显效果。

低碳交通运输体系城市试点，由交通运输部从2011年开始推动。城市交通长期依赖化石能源，是城市碳排放的三大重点部门之一，由于交通排放造成的雾霾正日益成为影响城市居民最大的困扰，发展清洁交通的需求十分急迫。2016年，交通运输部再次强调要加快推进绿色低碳交通运输体系建设的试点，推进现代综合交通运输体系建设。

节能减排财政政策综合示范城市，是财政部和发改委针对为节能减排行业的专项示范项目，旨在推广先进节能环保技术产品，改造提升传统产业。示范城市通过财政资金的引导，依托市场机制，吸引社会资金加大节能减排投入，加快构建节能减排长效机制。

第三节 绿色基金等金融工具支持城市低碳发展

2016年绿色金融成果斐然，正全面助力中国城市的绿色低碳发展，支持低碳项目的建设并提供投融资支持。2016年8月30日，中央全面深化改革领导小组第二十七次会议顺利召开，会议审议通过关于构建绿色金融体系的指导意见。8月31日，中国人民银行、财政部等七部委联合印发了《关于构建绿色金融体系的指导意见》引起了各方关注。构建绿色金融体系，不仅有助于加快我国经济向绿色化转型，也有利于促进环保、新能源、节能等领域的技术进步,加快培育新的经济增长点。应该说,构建和完善绿色金融体系是一个系统工程,需要中央部门、地方政府、金融机构和企业的协力配合。

2016年11月7日,国务院印发了《"十三五"控制温室气体排放工作方案》,为确保完成"十三五"规划纲要确定的低碳发展目标任务,方案进一步提出要"探索集约、智能、绿色、低碳的新型城镇化模式,开展城市碳排放精细化管理","支持优化开发区域在2020年前实现碳排放率先达峰","以碳排放峰值和碳排放总量控制为重点,将国家低碳城市试点扩大到100个城市,探索产城融合低碳发展模式,将国家低碳城(镇)试点扩大到30个城(镇)"。《方案》中提到要创新区域低碳发展试点示范,以投资政策引导、强化金融支持为重点,推动开展气候投融资试点工作。《方案》还指出,要出台综合配套政策,完善气候投融资机制,更好发挥中国清洁发展机制基金作用,积极运用政府和社会资本合作(PPP)模式及绿色债券等手段,支持应对气候变化和低碳发展工作以投资政策引导、强化金融支持为重点,推动开展气候投融资试点工作。

2016年12月5日,国务院印发的《"十三五"生态环境保护规划》明确提出,"建立绿色金融体系",涵盖"绿色评级、绿色信贷、绿色保险、绿色债券、绿色股票指数及其相关投资产品,绿色发展基金"等内容,并且明确提出建立市场化运作的各类绿色发展基金。

2016年,"发展绿色金融,设立绿色发展基金"被写入"十三五"规划,成为中国可持续发展的新引擎。绿色发展和绿色金融必将在"十三五"期间成为中国经济持续健康发展的新动能。未来,如何通过绿色金融工具的创新带动更多民间资本开展绿色投资,促进城市绿色转型将得到更多关注。

在国际合作和共同应对气候变化方面,2016年,G20财长和央行行长会议正式将七项发展绿色金融的倡议写入公报。G20会议对政府通过绿色金融带动民间资本进入绿色投资领域达成全球性的共识。许多国家面临财政资源的制约，中国为全球在绿色投资方面，提供了有价值的战略框架和政策指引。

总结成绩，可以明确的是，绿色金融已成为我国国家战略的重要组成部分，也为推动区域和城市绿色投融资提供了基础的政策框架。但是，我们也应清醒地认识到，在现有宏观金融形势和金融改革背景下，我国的绿色发展仍面临着诸多投融资方面的挑战，与国家的绿色低碳发展目标还存在一定距离。其中，最显著的挑战是：如何将绿色金融的重大顶层设计落地实施，尤其是在中国城市的绿色低碳转型过程中予以贯彻执行。

在具体金融工具方面，针对绿色投融资经常面临的期限错配、信息不对称、产品和分析工具缺失等问题，绿色信贷、绿色债券、绿色股票指数和相关衍生产品、绿色发展基金、绿色保险和碳金融等金融工具，在2017年及整个"十三五"期间，应逐步形成合力。通过创新金融工具和服务手段，通过更好地研究和服务绿色低碳产业，金融市场可以通过多维度的金融工具创新，满足绿色产业投融资需求，形成可持续金融推动力，服务好实体经济的绿色低碳转型升级。

在项目融资方面，对于城市中能源、环保、交通、市政等领域的低碳发展项目特别是公共基础设施的项目，PPP融资模式在2016年已经开始逐步推广，未来应得到更加广泛的使用。政府通过特许经营权、合理定价、财政补贴等公开透明方式，完善收益成本风险共担机制，实现政府低碳发展目标。投资者则按照市场化原则出资，分享低碳项目的投资收益。

在区域和城市绿色低碳发展方面，PPP引导基金的模式也得到显著发展，2016年，财政部与国内大型金融机构共同发起设立的PPP融资支持基金落地，财政部与山东、山西、河南、江苏、四川及新疆等地也成立了不同规模的PPP引导基金。省级或城市政府也在积极推动，出资成立引导基金，再以此吸引金融机构和社会资本。目前，通过合作成立产业基金母基金的方式引导资金筹集和投向已经取得显著成效，未来产业基金母基金也将在区域和城市的低碳发展方面发挥更大的作用。"十三五"环保市场潜力巨大。建立公共财政和私人资本合作的 PPP 模式绿色发展基金，提高社会资本参与环保产业的积极性，是推动绿色基金发展的重要路径。绿色基金可以用于雾霾治理、水环境治理、土壤治理、污染防治、清洁能源、绿化和风沙治理、资源利用效率和循环利用、绿色交通、绿色建筑、生态保护和气候适应等领域。

2017 年，我们应该当对绿色金融助力城市低碳发展的执行层面给予更多关注和研究，分析地方城市（包括绿色交通、绿色建筑等行业）低碳融资障碍；探讨绿色债券、绿色发展基金、绿色保险等绿色金融工具在试点地区中面临的机遇挑战和实施路径分析；以政府与社会资本合作 PPP 模式推动绿色发展基金的落地和推动进程。同时，对于城市的绿色低碳发展，我们应加大以绿色债券市场推进城市绿色发展进程，以互联网＋绿色金融创新为绿色化提供快速的融资路径。

展望 2017 年，随着改革的不断深化，绿色金融等工具创新和逐步落地实施，并将在全球市场进一步展示中国在绿色低碳发展和绿色金融创新方面的领导力，未来需要多方合力稳步推动中国城市低碳绿色发展的进程。

第十五章 绿色基金助力地方绿色金融试点的落地

2017年6月14日,国务院常务会议决定在浙江、江西、广东、贵州、新疆5省(区)选择部分地方,建设各有侧重、各具特色的绿色金融改革创新试验区,在体制机制上探索可复制可推广的经验,推动经济绿色转型升级。会议同时决定,支持金融机构设立绿色金融事业部或绿色支行;鼓励小额贷款、金融租赁公司参与绿色金融业务;支持创投、私募基金等境内外资本参与绿色投资。绿色金融和绿色基金再次引发各界关注。

第一节 推行试点的必要性

近年来,"坚持绿色发展,着力改善生态环境"已成为各方共识,我国明确提出加快推进绿色城市、智慧城市、人文城市建设的目标,加快财税体制和投融资机制的改革,创新金融服务。"发展绿色金融,设立绿色发展基金"已经被列入"十三五"规划,成为中国可持续发展的新引擎。

目前,地方政府参与绿色金融的积极性很高,其中浙江、贵州、广东、新疆、内蒙古、云南、河北、湖北、山东、陕西、江苏等地已开始了绿色金融的初步探索并积累了一定经验。绿色金融体系的重要组成部分绿色信贷、绿色债券市场、绿色基金、绿色保险在全国部分地区开花结果,但由于缺乏统一的监管和法律标准、评估口径,各地绿色金融发展也存在诸多问题,亟待配套政策的落地。

就目前而言,绿色金融发展模式不能"一刀切",应根据各地的资源条件和经济特点来发挥本地优势，走出一条适合本地的绿色金融发展模式。首批试点的五省区是国家综合考虑经济发展阶段、空间布局、地区特色产业等因素选出的：浙江、江西、广东、贵州、新疆五省区实现了东部、中部和西部的空间全覆盖；五省区前期对绿色金融进行了探索和实践，并取得一定成果；在前期的探索和实践中，五省区已建立或承诺了财政税收优惠等方面的激励机制，为绿色金融的试点营造了合适的发展环境。

差异性的地方试点表现为在实践中先行先试，以点突破，积累经验，全面推进；以地方试点探索政策框架和金融工具的可行性，发现绿色金融的共性和规律，为大范围的推广提供理论框架，以便未来能更广泛地推进绿色金融实践。

为实现金融支持支柱产业绿色改造升级的目标，我们必须充分运用绿色信贷、绿色债券市场、绿色基金、绿色保险等绿色金融工具，引导市场绿色产品创新的积极性，以支持传统产业绿色升级为根本目的，以绿色金融工具创新为手段，形成经济建设与生态文明建设相协调，让市场在资源配置中起决定性作用；转变传统金融思维定式，以金融组织、融资模式、服务方式和管理制度为突破口，引导投资结构调整，推动经济转型升级。

第二节 充分运用绿色基金发挥政府与市场的合力

一、完善试点地区绿色金融专项政策

政策不确定性会造成不必要的风险预期，强烈的政策信号在地方层面的绿色金融框架下可减弱政策不确定性，增强投资者的投资信心。鼓励试点区金融机构和银行业积极开展绿色金融，设立绿色金融事业部或绿色支

行，引进专业人员开展业务。在风险可控、设计合理的前提下，建立适用于试点区的绿色金融指标评价体系，定期进行绿色融资实施情况考核，设立相关绿色融资企业和绿色评级标准体系。划拨专项绿色发展区域，运用PPP模式实现区域的基础建设，为该模式在本地区的推广积累经验。鼓励符合条件的民间资本设立绿色银行、绿色保险公司、绿色基金等，支持银行业开通绿色融资租赁项目，用于支撑地方绿色产业的发展和升级。

二、发挥绿色基金的投资引导作用

绿色金融的投资周期长、回报率低是金融机构和普通投资者普遍存在的误区。因此，正确引导投资者的投资观念，厘清绿色经济的投入产出模式，是协调经济效益与社会效益关系的关键。同时，如何协调中央政府和地方政府、政府和市场的关系，使得绿色金融自上而下的推广方式与自下而上的落实方式有效结合，是发展绿色金融的主要挑战之一。例如，如何实现GDP考核与绿色生态效益的可替代性考核，帮助地方政府寻求新的经济增长点，实现绿色经济效益的长期可持续发展，值得深入探讨。

大力支持地方绿色基金发展。绿色基金是绿色金融体系中资金来源最广的融资方式，包括但不限于绿色产业基金、担保基金、碳基金、气候基金等。地方政府在财力有限的情况下，可以通过PPP模式的绿色引导基金来支持地方绿色发展，通过放宽市场准入、完善公共服务定价、实施特许经营模式、落实财税和土地政策等措施，完善收益和成本风险共担机制，支持绿色发展基金所投资的项目，保障社会资本进入的公平性；积极创立绿色私募股权和创业投资基金，加大对节能减排和生态环保产业的投资，为地区绿色产业的发展提供充足的融资手段支持。

三、积极通过机制创新引导民间资本进行绿色投资

相关部门应陆续出台具体政策解决民间资本融资难、融资贵等问题。

例如，内蒙古、江苏、浙江、重庆等地设立民营企业投资引导基金，在低碳环保、市政基础设施、先进装备制造、科技成果转化等领域扶持创新型企业发展。同时，要有效保障投资人的利益，真正搭建民间资金与政府项目之间的普惠桥梁。未来也可以考虑设立担保基金，包括绿色中小企业信用担保、绿色债券、绿色PPP项目担保等，并通过市场化与差别化的担保政策、补贴政策、税收优惠政策等进行综合调整。目前内蒙古、云南、河北、湖北等地已经纷纷建立起绿色发展基金和环保基金。同时，也可以考虑运用担保基金有效地解决环保企业尤其是中小企业的融资难问题。担保基金可以涵盖绿色中小企业信用担保、绿色债券、绿色PPP项目担保等，以担保的完善推进绿色产业融资的风险管理与激励机制创新。

第三节 完善绿色基金制度框架

目前，绿色发展基金主要投向节能、污染防治、清洁交通、生态保护等领域，项目具有投入大、周期长、收益低等特点，对社会资本缺乏吸引力。未来如何建立有效的政府和社会资本成本效益的分担机制值得深入探讨。

一是完善绿色发展基金制度框架。加快绿色发展基金法制化进程，明确绿色发展基金的概念界定、资金投向、运作模式、发展目标、监管机制等，通过立法确定约束性指标，明确各责任主体的法律责任，规范各参与主体的行为，以此促进绿色发展基金良性发展。二是健全绿色发展基金管理机制。建立健全绿色发展基金的各项内部制度，包括设立合适的风险应急机制、内部管理控制制度、行业发展自律制度、基金筛选机制、风险监控机制等方面的制度。完善信息披露机制，监管部门需要以完善的信息披露机制、以全面客观的信息披露内容整合资源，为社会投融资主体、政府部门、金融机构等部门提供良好的信息。三是建立绿色发展基金激励机制，提高社会资本参与度。政府应完善绿色经济考评体系和考核办法，细化社会资本参与绿色项目的财政贴息办法、补贴办法、税收优惠政策、项目优先准入等优惠政策；SPV 公司应立足于市场，合理设计、规划和整合项目包，提高整个项目包的收益率，以此吸引更多的社会资本，降低项目运营的风险。四是建立绿色基金风险防范机制。建立绿色金融风险防范机制，健全问责制度，制定投融资风险考核机制，引进第三方绿色评估机构，将绿色投资业务开展成效、环境风险管理情况纳入金融机构绩效考核体系。制定专门的绿色融资审查体系，从绿色项目的备案到绿色投融资资金的使用方向都要建立考核体系，严格监督资金的使用方向和影响结果，确保绿色融资资金投向真正的绿色项目上。依法建立绿色项目投资风险补偿制度，通过担保和保险体系分散金融风险。建立绿色金融信息交流交易平台，解决市场中的信息不对称问题，防范漂绿行为发生，加强绿色金融体系本身的抗风险能力，加快绿色金融助力低碳绿色发展的进程。

第六篇
社会责任投资基金

· 责任投资基金
· 中国社会责任投资实例

社会责任投资基金是作为绿色基金的最初形式出现，在投资过程中采用的投资理念和投资形式，为后来绿色基金的发展奠定了基础。本篇介绍了国内外社会责任投资基金的运作和发展，以及对中国社会责任投资的一些案例进行了分析。

第十六章 责任投资基金

社会责任投资（SRI）是过去三四十年在欧美兴起的新投资理念，也被称为伦理投资、责任投资。近年来也有人用 ESG 来指代更广义的社会责任投资。ESG 是环境（E）、社会（S）和公司治理（G）的简称，即倡导在投资决策过程中充分考虑环境、社会和公司治理因素的投资理念。这些概念虽有细微区别，但内涵是大体相似的。

最近十年，国际资本市场对上述投资理念表现出越来越浓厚的兴趣，越来越多的投资者和资产管理公司将责任投资引入公司研究和投资决策的框架，设立社会责任投资基金。本章梳理了社会责任投资基金在国内外的发展路径，并提出中国发展社会责任投资基金的初步建议。

第一节 责任投资基金的兴起与发展

一、从公众运动到绿色金融

责任投资一般涵盖社会、环境和公司治理因素。我们透过对环境因素的分析（即绿色金融），可以分析出责任投资发展的一般规律。

在西方，绿色金融的诞生与发展经历了比较漫长的一个过程。核心根源可以追溯至第二次世界大战之后发达国家所经历的黄金经济增长，这时候的发达国家开始出现环境污染、资源短缺等问题。因此，在二十世纪六七十年代，欧美开始出现公众环保运动，抗议无节制地使用资源和破坏环境的经营生产行为。这些运动使得绿色环保成为一种价值取向，这种价值取向逐步影响到公众消费选择，有的消费者更偏好绿色的产品甚至愿意为绿色支付溢价。如此一来，环境因素就从公众运动渗透到消费领域，催生出绿色消费。

绿色消费代表着一部分消费者的消费需求，有需求就会刺激供给，因此，企业出于自身利益的考虑就会提供绿色产品，包括在生产过程中更加注重环保问题。这样，绿色消费就逐渐刺激了绿色生产的进步。循环经济、绿色制造、全生命周期评估（LCA）等概念就是在这一时期（二十世纪八十年代）的欧美市场产生的。

此后，随着越来越多的生产企业开始关注绿色生产、绿色制造，加之环境法律法规的完善，投资者也慢慢意识到企业环境绩效可能会影响到企业财务绩效。于是，绿色金融就开始进入投资者的视线范围。在欧美社会，较为显著的变化出现在二十世纪九十年代中后期，并在新世纪蓬勃发展。一个重要事件是2006年联合国责任投资原则（UN PRI）的诞生。

"公众运动—绿色消费—绿色生产—绿色金融"，这便是西方国家绿色金融发展的一般规律，也可以说是责任投资发展的一般规律。如果将这一规律应用到中国市场，就不难发现：绿色金融和责任投资理念在中国出现和流行只是一个时间问题。西方国家大概用了40年，中国可能只要20年，因为我们经济发展的速度更快，环境问题的爆发也更为集中，国际压力也比当年欧美国家所面临的国际压力强。因此，投资者应该早做准备，迎接绿色金融的浪潮。

二、责任投资满足差异化的投资需求

以上是从价值链传递的角度来分析绿色金融和责任投资理念。我们也可以从金融产品的特征这一视角进行分析。从这个视角看，欧美责任投资的历史大概可以分为三个阶段。

第一阶段是信仰主导的。最早的责任投资出现在一百多年前，是和宗教信仰有关的（因此常被称为伦理投资）。有的教会对教徒的商业活动和投资活动有明确要求，譬如不能从事酒精、赌博、军工等生意，因为有违教义；有的宗教基金就秉承了这样的理念，制定了严格的投资原则，将一些行业排除在外，相关的股票还被称为"罪恶股票"（Sin Stocks）。直到现在，此类基金仍活跃在资本市场，如英国教会执委会（The Church Commissioners）就管理着 67 亿英镑资产。

第二阶段是个人偏好驱动的。二十世纪七十年代，环境保护、反歧视等公众运动风起云涌，一些个人投资者因价值取向的不同产生了不同的投资偏好。他们不仅关心投资的回报率，还关心钱投到哪里、产生了何种影响。美国早期的责任投资基金 Domini Funds 的创办人多米尼女士曾讲过当年进入责任投资领域的原因是，希望创造一种新的投资产品，能满足爱鸟人士的投资偏好，这些人希望赚钱，但不希望赚钱的手段破坏鸟类的栖息地。这个阶段的责任投资，实际上是为了满足差异化的投资需求。当然，有这样的投资偏好的个人投资者并不是很多，所以责任投资还局限在一个小众市场，鲜见大规模投资。

第三阶段的特征是风格化。最近十年，越来越多的研究表明，责任投资产品的抗风险能力较强，长期回报相对稳定，逐渐成为市场认可的一种投资风格。有的资金譬如养老金、保险资金对此投资风格有强烈偏好，十分愿意将资产配置到这样的投资产品中，责任投资的市场因此逐步拓宽和繁荣。2006 年，高盛发布研究报告，将公司治理因素与传统的责任投资因素（环境因素加社会因素）整合在一起，发明了 ESG 概念，进一步强化了这一投资风格，因为公司治理是几乎所有投资者都会关注的长期影响因素。此后，责任投资和责任投资理念被越来越多主流投资者接纳，许多知名资产管理公司现在都有 ESG 相关的投资产品。从某种意义上说，风格化的责任投资也是为了满足差异化（长期稳定回报）的投资需求。

可见，责任投资在其诞生和发展的过程中都展示了很多独特的特点，并形成特有的投资风格。资本市场的投资者是多元化的，总会有投资者青睐责任投资的风格;更何况,随着环境问题的日渐严峻,责任投资因素对投资回报的影响也日趋明显,国际市场上加入责任投资阵营的资金正持续增加。对中国市场来说,没有或少有人谈责任投资理念,并不意味着中国没有这个需求;恰恰相反,这意味着中国市场对责任投资的陌生。中国有越来越多的年轻人进入资本市场,他们会比上一代更关心自己的钱被用到何处;中国的养老金和保险资金正准备加大股市的资产配置,如何维持长期稳定回报也是他们关注的问题。责任投资理念恰恰可以满足这些投资者的差异化需求,因而前景广阔。

三、把责任投资变为信托责任

近几年,责任投资领域出现新趋势,即将责任投资纳入到法定义务的范畴。这一思路大概从2008年萌芽。联合国环境规划署(UNEP)前执行主任 Achim Steiner 先生指出,"全球金融危机后,各界均认识到金融系统不仅必须健全稳定,还必须在向绿色低碳经济转化的过程中保持可持续性。因此,为实现我们所期待的可持续发展,需要针对可持续发展目标对金融系统进行重新组合"。为此,UNEP 发起了 UNEP Inquiry 工作小组,与 IMF、世界银行、G20 等多边组织(机制)及多国监管机构进行对话、研究、合作,探讨在金融监管基础架构中引入绿色元素。

国际上已出现立法实践,将 ESG 因素纳入金融业强制监管范畴。欧洲在这方面比较领先。2014 年,欧盟通过了非财务信息披露指令,要求规模超过 500 人的公共利益组织(Public – interest Entities)必须定期披露与环境、社会议题相关的信息。按照不少欧盟国家的定义,公共利益组织通常包括信贷和保险机构在内,这意味着欧盟范围的很多银行、保险及他们旗下的资产管理机构会被要求披露 ESG 信息。[①] 此外,法国也于 2016

---

① 欧洲议会和欧盟委员会:DIRECTIVE 2014/95/EU(http://eur – lex. europa. eu/legal – content/EN/TXT/? uri = CELEX%3A32014L0095)。

年通过了《推动绿色增长之能源转型法案》（*Energy Transition for Green Growth Act*），明确要求：第一，上市公司应在年报中披露因气候变化所带来的财务风险，为减小财务风险所采取的做法；以及气候变化对公司的运营、所生产的产品和服务的影响（2012年法国的Grenelle II 法案已要求上市公司披露其运营对环境、社会的影响）。第二，银行及信贷机构应在年报披露过度杠杆的风险及常规压力测试所暴露的风险。第三，机构投资者应在年报披露ESG因素如何在投资决策中予以考虑，机构政策如何与国家能源与生态转型战略保持一致。①

在其他金融市场，关于责任投资的约束虽然还没有落在立法上，但也已经由监管机构、行业组织借由"投资管理准则"（Investment Stewardship Code）的形式向市场发出明确的信号。目前，至少已有南非、英国、日本、马来西亚、中国香港、中国台湾等六个金融市场采取了此类实践。分述如下。

南非：《南非责任投资准则》（CRISA），由南非董事协会（IoDSA, Institute of Directors in Southern Africa）在2011年发布，投资者自愿采纳，引入"不应用则解释"规则。该准则的第一条原则指出"机构投资者应将可持续发展包括ESG因素纳入投资分析及投资活动的考量"。第二条原则规定机构投资者应该制定投资政策以说明ESG因素会被纳入考量。第五条原则规定机构投资者应该将相关信息对外披露。②

英国：《英国管理准则》（*UK Stewardship Code*），由金融信息披露委员会（FRC）发布，于2012年生效，投资者自愿采纳，引入"不遵从就解释"规则。该准则的第四条原则指出，"机构投资者应建立明确行动指引，说明何时、如何实施投资管理行为"。在释义中，该准则解释说，投

---

① IEA: Energy Policies of IEA Countries – France 2016 Review（https://www.iea.org/publications/freepublications/publication/Energy_Policies_of_IEA_Countries_France_2016_Review.pdf）.

② IoDSA: CRISA（http://www.iodsa.co.za/?page=CRISACode）.

资者在一些情况下要积极与所投资的公司进行沟通，包括但不限于对"公司战略、业绩、治理、薪酬或包括因环境与社会因素招致的风险管理方法"存在担忧的情形。①

日本："负责任的机构投资者的诸原则"《日本版管理守则》由一个特别专家委员会在2014年2月制定，以原则性的描述为主，投资者自愿采纳。该准则的第三条原则指出，"机构投资者应密切监控所投资的公司，以便投资者可以善尽投资管理职责，最终促进所投资公司的可持续增长"。在释义中，该准则解释说，投资者的关注应该是多方面的，应该包括公司如何应对由社会和环境因素招致的风险。②

马来西亚：《马来西亚机构投资者准则》（*Malaysian Code for Institutional Investors*），由小股东权益监管机构（MSWG）和马来西亚证券委员会在2014年6月发布，也是一个自愿准则。该准则的第五条原则题为"整合可持续发展因素"，明确指出"机构投资者应将公司治理及可持续发展因素整合到投资决策流程当中"。在具体释义中，该准则进一步对机构投资者的相关政策、执行情况、评估方法做了详细的规定。③

中国香港：《负责任的拥有权原则》（*Principles of Responsible Ownership*），由香港证监会在2016年3月发布，投资者自愿采纳，引入"不遵从就解释"规则。该文件的第二条原则"投资者应监察并参与其所投资公司的事务"下有一条文，规定"投资者应鼓励其所投资公司就环境、社会及管治事宜制订政策，并就可能影响所投资公司的商誉、声誉及表现

---

① FRC：The UK Stewardship Code（https：//www.frc.org.uk/Our-Work/Publications/Corporate-Governance/UK-Stewardship-Code-September-2012.pdf）.
② 金融厅：Principles for Responsible Institutional Investors《Japan's Stewardship Code》（http：//www.fsa.go.jp/en/refer/councils/stewardship/20140407/01.pdf）.
③ MSWG，马来西亚证券委员会：Malaysian Code for Institutional Investors（https：//mswg.org.my/sites/default/files/IIC/MICC.pdf）.

的重大环境、社会及管治事宜,参与该公司的事务。"①

中国台湾:《机构投资人尽职治理守则》,由台湾证交所公司治理中心在 2016 年 6 月发布,投资者自愿采纳,引入"不遵从就解释"规则。该守则的第二条原则是"制定并揭露利益冲突管理政策",这里所指"利益冲突"就包括"机构投资人为特定客户或受益人之利益,而为对其他客户、受益人或利害关系人不利之决策与行动",考虑的范畴延伸至更大范围的利益相关方。该守则的第三条原则是"持续关注所投资公司",该守则建议投资者关注的资讯类型包括"环境影响、社会议题及公司治理情形"。②

第二节 国外责任投资基金的运作

一、国外责任投资基金的类型与规模

国外参与责任投资的基金规模正在逐步扩大。这可以从 UN PRI 会员数量增长情况,以及会员旗下管辖的总资产情况反映出来。按照 UN PRI 统计,2017 年 6 月,全球已经有 50 多个国家 1 749 个签约机构(包括资产所有者、投资者和中介服务机构)签署了 PRI 合作伙伴关系,管理了超过 62 万亿美元的资产。2015 年,投资管理机构将 ESG 议题纳入决策的比重上升至 95%,比上年增长了 2%。将 ESG 因素纳入公司分析是最常见的 ESG 融合战略,为 84% 的 PRI 签署者在上市股票中运用。63% 的投资者与 50% 的投资管理机构邀请政策制定者或标准设立者参与 ESG 专题活动。

2017 年全球共有 23 家机构加入责任投资原则。在亚洲,责任投资则

---

① 香港证监会:《负责任的拥有权原则》(http://www.sfc.hk/web/TC/files/ER/PDF/Principles%20of%20Responsible%20Ownership_Chi.pdf)。
② 台湾证券交易所:http://cgc.twse.com.tw/pressReleases/promoteNewsArticleCh/1206。

仍然处于早期阶段，不过政策制定者对责任投资的兴趣日益增加。从 2011 年到 2014 年，亚洲（日本除外）责任投资的资产规模同比增长了 22%，逐步呈现出快速发展态势。

总体来说，欧洲投资者比其他地区的投资者更热衷责任投资。根据欧洲责任投资论坛（Eurosif）统计，2015 年欧洲约近 11 万亿欧元资产采取了责任投资理念，这一理念又可以进一步拆分为负面筛选、参与式与股东投票、可持续主题等各种细分的策略。其中，约 10 万亿欧元资产（含与其他方法重叠的部分）采取了负面筛选的方法，这一数字比 2013 年增长了 48%。①

从国别角度来分析，瑞士、英国、德国和荷兰的基金公司是欧洲地区比较惯常采用负面筛选方法的几个国家。

在美国，虽然进入社会责任投资领域的资本不及欧洲，但在 2016 年初也有 8.7 万亿美元的规模，比 2014 年增长了 33%。②

二、公募基金的责任投资管理

公募基金是责任投资最重要的一支力量。与普通的共同基金公司一样，这些被称之为社会责任基金的公司也是以谋利为目的的。不同之处在于，后者在谋求利润的同时，会考虑环境、社会等非财务指标，并认为对环境、社会因素的关注可以确保目标资产质量更好、可以获得个人和机构投资者的认可、可以创造新的利润增长点等。此类基金在欧美市场的发展也充分证实了这一点。

通常，此类基金采取两种策略。第一个策略是"投资筛选"

---

① Eurosif: European SRI Study 2016（http://www.eurosif.org/wp-content/uploads/2016/11/SRI-study-2016-LR-.pdf）.

② US SIF: 2016 Report on US Sustainable, Responsible and Impact Investing Trends（http://www.ussif.org/trends）.

（Screening）。顾名思义，投资筛选就是基金公司在进行投资的时候，需要认真考察投资项目是否符合环境要求和其他社会因素，投资对象在可持续发展方面是否有出色的表现等。投资筛选的策略又可以细分为负面筛选（Negative Screening）和正面筛选（Positive Screening）。负面筛选又称规避性投资筛选，方法是将所有禁止投资的项目如烟草、军火等列出，基金公司绝不投资到这些企业。正面筛选又称积极性投资筛选，方法是将所有可以投资的项目如环保产业等列出，基金公司将积极考虑投资这些企业。为此，基金公司需要制定一系列的筛选指标，通常包括目标企业是否涉足烟酒生产、是否涉足博彩行业、是否涉足军火贸易、是否提供环境友好产品和服务、是否关注劳工人权、是否提供平等就业机会等。

第二个策略是"直接对话"（Dialogue）。这一策略还有其他一些称谓，如"代理投票"（Proxy Voting）、"积极的股东策略"（Shareholder Advocacy）。这一策略的实质，是基金公司运用持股权，与目标企业管理层对话，期望以此改进和推动目标企业在环境、社会方面的表现。如果对话不能取得成果，并且基金公司认为有必要采取进一步行动，他们就会在股东大会上提出自己对环境、社会问题的诉求，并要求通过全体股东投票进行表决。这样，基金公司就可以对被投资的企业施加环境、社会方面的压力。这些行动，多数在股东大会召开之前会因为双方达成谅解而终止，有一些也会最终提交到股东大会投票表决。

以下结合 Calvert 基金公司的实践对公募基金开展责任投资做更进一步的阐述。Calvert 基金公司是美国成立最早、也是目前规模最大的社会责任投资基金之一。Calvert 的投资理念是，好的公司都拥有优秀的、高瞻远瞩的管理团队；只有那些尊重雇员、善待社区、保护环境的公司才能够获得更大的成功。

1976 年，Calvert 公司成立；1982 年，Calvert 推出名为 Calvert 社会责

任基金（CSIF）的共同基金产品，这是当时第一只积极反对南非种族隔离政策的共同基金。经过多年的发展，Calvert 旗下已经拥有多种投资组合产品，覆盖广泛，从股票市场到债券市场再到货币市场，从价值型到成长型再到平衡型，从指数型到增强型都有对应的产品。

在投资筛选上，Calvert 开创性地提出了"双重审核"（Double Diligence）制度，将其纳入投资决策的程序中。所谓双重审核，即严格审查和评估目标企业的财务指标和社会环境责任指标。当且仅当目标企业能够满足这双重标准，Calvert 才会做出买入或卖出的决策。

具体地说，Calvert 的社会与环境责任指标包括如下几个方面的内容：公司治理与企业伦理；环境保护；工作场址管理；产品安全和影响；国际经营和人权保护；尊重他人权益；社区投资。Calvert 还独树一帜地倡导妇女权益保护，提出了 Calvert 妇女原则（Calvert Women's Principles）。这一原则从信息披露、公布和监控；雇佣和收入；健康安全和无暴力；民间和社区参与；管理与治理；教育培训和职业发展；商业、供应链和营销实践等七个方面考察目标企业对妇女的尊重和待遇情况，以此作为投资标准的一项重要内容。

Calvert 对环境因素的考察包括：（1）目标企业对环境法律法规的遵守情况。Calvert 会调查该企业对联邦政府、州政府和地方政府等不同层次的法律法规的遵守情况，并且会将该企业与同行业内的其他企业进行相对比较。（2）企业生产工艺和产品的污染治理、环境影响、发展趋势的信息披露。Calvert 会调查企业污染包括有毒有害物质的产出，有毒化学物质和副产品的处理处置，对已经受污染的场址所承担的责任（如超级基金法案规定的责任），有关的环境罚款和诉讼。（3）企业对土地和生态系统的环境影响，以及一些环境保护项目的参与情况。Calvert 要求被投资的企业应该妥善考虑企业经营对生物自然栖息地的影响，不希望企业因为商业活动威胁自然栖息地的可持续发展，Calvert 也拒绝投资那些最近涉及污染事件丑闻的公司。

Calvert 会积极投资如下类型的企业：定期进行环境审核，并且将审核结果以书面报告的形式公布；应用更严格的减少或避免污染的标准，在全世界范围内负责任地使用自然资源；已经采用了创新性的污染预防措施，或自然资源保护行动；采取了对环境保护的积极行动，例如参加政府或其他机构组织的可持续发展项目（如 ISO 14001）等；要求企业高管对企业的环境表现负责，在企业内部采取措施，奖励那些改善企业环境状况的员工。

三、私募股权基金的责任投资管理

私募股权基金也是参与责任投资的重要力量，特别是近十年的发展速度也比较快。早在 2009 年，美国投资委员会（AIC，原名 PEGCC，美国私募股权投资发展委员会）就制定了私募股权投资的责任投资指引。指引包括以下九点内容。

（1）在评估是否投资某特定公司或实体之前，或在持有期间，应考虑与目标公司相关的环境、公共健康、安全及社会问题。

（2）直接或通过旗下所投资公司间接与利益相关群体在适当情况下保持接触。

（3）推动所投资公司不断改进并成长，促使其保持长期可持续发展，并在各方面令多方利益相关者受益，包括环境、社会及公司治理。就此而言，私募股权协会成员将通过适当的公司治理架构（如董事会）与旗下所投资公司就环境、公共健康、安全及社会问题进行合作，以改善它们在这些领域的表现并将负面影响降至最小。

（4）利用公司治理架构，对审计、风险管理及潜在的利益冲突实行适当的监管，实施符合所有者和管理层共同利益的薪酬和其他政策。

（5）继续承诺遵守所投资国家适用的国家级、州级及地方劳动法；

向员工提供具有竞争力的薪酬和福利；根据国家和地区法律提供安全健康的工作场地；以及根据适用的法律，尊重员工决定是否参与工会及集体劳资谈判的权利。

（6）严格按照政策条规，禁止贿赂公共官员及进行其他不当支付，遵守美国《海外行贿法案》、其他国家和地区的类似法律以及经合组织《反腐败公约》。

（7）尊重受投资活动影响的人士之人权，确认投资并未流向利用童工或存在强迫劳动或歧视政策的公司。

（8）及时向其有限合作伙伴就此处所列事件提供相关资料，促进公司事务的透明度。

（9）鼓励旗下所投资公司以符合其信托义务的方式推行同样的原则。①

负责任投资原则在全球私募股权投资中的应用包括两个层面的应用。一是在 LP 配置 VC/PE 基金资产时，对基金层面 ESG 相关因素的知情与要求；二是 GP 在投资组合中将 ESG 作为投资的衡量的标志。

（1）在资产配置过程中，GP 向 LP 提供资料，从而帮助 LP 了解 ESG 相关因素是如何被考虑的（以责任投资原则一致）。一些 VC/PE 行业协会纷纷出台了负责任投资指导准则。

- 美国私募股权基金协会责任投资准则
- 欧洲风险和私募股权基金协会（Invest Europe）责任投资原则
- 有些国家 PE 协会成立了可持续性咨询委员会

（2）GP：将 ESG 事项衔接到投资组合的公司的管理运营中。

一些国际知名的私募股权投资公司已经开始将责任投资理念融入到基金管理策略与流程中。根据海外私募股权机构的实践和经验，有效的环境

---

① http://www.investmentcouncil.org/private-equity-at-work/education/guidelines-for-responsible-investing/.

保护、社会与公司治理方案有助于私募股权机构更好地管理风险，提高效率，降低成本，减少对环境的影响，打造更有价值、更具竞争力、更可持续的企业。负责任的环境保护、社会与公司治理实践将为私募股权基金的长期投资回报作出积极贡献。

1. 私募股权机构负责任投资与 ESG 最佳实践

对环境，社会和治理（ESG）要素的到位管理对于商业成功和强劲投资业绩是至关重要的。目前大多全球性私募股权投资机构采取如下方式：

（1）践行六大责任投资原则，在环境保护、社会责任和公司治理方面持续耕耘，推动责任投资理念的推广和实践，与投资人共同分享该领域的投资效益；

（2）越来越多的私募机构正在以系统化、流程化的方式进行 ESG 尽职调查，以便将 ESG 问题深入到投资分析和决策流程中，降低投资风险。对于某些企业，很多大型机构会针对个别的 ESG 需求或要求，量身定制方案。并且把更多的关注投入到整个投资周期内潜在机会的发现、对可持续问题的管理以及如何创造价值；

（3）设立负责任投资政策工作小组，促进机构内部的负责任投资意识，跟进相关政策的执行和贯彻。有利于投资总体规划和产业布局规划，为投资机构提供投资决策参考，同时方便投后管理；

（4）与多家外部机构建立了咨询与合作关系，增加人才储备，有利于把握专业领域的运作特点，充分调动资源优势，确保获取世界范围里的行业发展动态；

（5）对于被投企业，针对个别的 ESG 需求或要求，量身定制方案，引领被投企业可持续发展，对被投资企业进行培训，为旗下公司提供指导，提高其透明度并建立良好的治理架构，管理 ESG 风险；

（6）发布企业公民报告，进一步增强企业自身能力，推动遍布世界各地的旗下公司在负责任投资领域取得进步。

有个别大型私募股权机构虽在官网介绍了负责任投资原则及ESG，并承诺坚持负责任投资原则，但是并没有阐述本机构为负责任投资所做的努力或被投企业ESG项目分析，仅以坚持6大原则作为为ESG发展所做的努力。

私募股权机构	负责任投资与ESG实践
KKR（Kohlberg Kravis Roberts & Co. L. P）	重视ESG问题的影响，对其进行风险和机遇分析：私募股权的力量，合作伙伴关系的价值，以及专注业绩提升的成效。同时，将ESG问题的评估和管理融入每一项投资的尽职调查和所有权调查阶段，高度定制、协作性强、以业绩为导向。针对某些企业个别的ESG需求或要求，量身定制方案；对于其他企业，以五个积极的ESG项目进行合作，包括：绿色投资组合项目、负责任投资、健康工作、诚信和承诺，以及退伍军人就业项目
美国华平投资集团（Warburg Pincus）	所投资的企业须具备完善的环境保护、社会与公司治理方案。在企业经营、投资项目审查、尽职调查、投后管理、在被投企业履行董事职责、项目退出等各个环节，均将环境保护、社会与公司治理问题考虑在内。与多家外部机构建立了咨询与合作关系，其中包括环境保护基金会（EDF）、透明国际、美国全国企业董事协会（NACD）和美国企业社会责任国际协会（BSR），从而提升解决ESG的专业知识和资源
黑石集团（Blackstone Group）	在2009年与私募股权增长资本顾问（PEGCC）合作，帮助制定了一套将环境、健康、安全、劳工、治理和社会问题纳入投资决策和所有权活动的责任投资准则，对相关环境、公共卫生、安全和社会问题进行分析，并在其参与期间继续监测这些问题
凯雷投资集团（The Carlyle Group L. P.）	维持业务模式价值和裨益的根本在于投资基本面、强有力的公司治理和透明度。针对投资的目标企业，接受合规尽职调查和风险化解策略培训。资深运营顾问和凯雷委聘得董事会成员对被投企业进行培训，为旗下公司提供指导，提高其透明度并建设更好的治理架构，管理ESG风险
CVC（CVC Capital Partners）	正在设置全面及严谨的机制，以便将ESG问题融入到投资分析和决策流程中。认识到，通过获取对投资组合公司的所有权，可以获得很好的机会，影响企业行为，以便使企业提高其在环境、社会与治理/可持续性方面的表现

续表

私募股权机构	负责任投资与ESG实践
殷拓集团（EQT PARTNERS）	把ESG纳入其商业模式的一个整体组成部分，力求运用最佳实践，从而降低其风险，也使得被投企业捕捉到机会以获取长期价值创造和竞争力。设立负责任投资政策工作小组，小组的成员包括一位主管合伙人，一位负责任投资政策总监，一位从投资顾问团队轮岗的投资经理，以及一位法律主管。负责任投资政策工作小组促进提高殷拓内部的负责任投资意识，跟进相关政策的执行，与外部的利益相关方就RI/ESG事项进行沟通。负责任投资具体考量领域：如有害物质和废物的排放限制以及减少排放；限制和减少消耗稀缺资源；对企业经营中使用童工、各种歧视政策、腐败和不道德行为的零容忍；推动雇员的集体谈判权利并积极地寻求相关利益方和社区的参与等

2. 私募股权投资机构ESG案例分析

（1）KKR集团（Kohlberg Kravis Roberts & Co. L. P.，KKR）：2008年，KKR与环境保护基金（EDF）合作，启动了第一个前瞻性ESG项目——绿色投资组合项目（GPP）。GPP是一项运营改善项目，透过"环保视角"评估KKR参与的私募股权被投企业的主要业务活动。迄今为止，分布在亚洲、欧洲和北美的25家公司已经实现12亿美元的财务影响（节省的成本与获得的额外收入的累加估值），避免了230万公吨的温室气体排放、630万公吨的废弃物和2 700万立方米的用水量（绿色投资组合项目（GPP）数据是所有参与KKR的PE被投公司及在2005—2014年参与绿色投资组合项目（GPP）的公司的累计数据。所有GPP数据截至2014年10月1日）。

（2）凯雷投资集团（The Carlyle Group L. P.）被投企业ESG项目分析：萨基姆是欧洲数字机顶盒、网络路由器和先进电量表制造商，旨在成为宽带终端，融合和能源解决方案的全球领先者。该品牌因其在ESG领域的领先表现（包括供应链、运营和产品生命周期表现）而获得认可。2013—2015年全球废物产生减少比率为20%。2014—2015年，与用水量有关的碳排放影响改善比率为 4%；2014—2015 年，与电量有关的碳排放影响改善比率为 7%。

（3）黑石集团（Blackstone Group）被投企业 ESG 项目分析：黑石在 2009 年，资助了一个管理团队来创建传动开发公司（TDI）。TDI 正在开发创新的输电线路，将从美加边界向纽约和新英格兰带来安全、可靠、负担得起的可再生能源。2011 年，黑石公司宣布，最大的德国海上风电场"Meerwind"的财务闭幕会议，以完成其全部融资流程。该项目已于 2015 年 2 月并网发电，是德国目前最大的已投运海上风电项目之一。是德国首家获得挪威船级社（DNV.GL）完全认证的海上风电项目，同时也是全球第一个获得投资级信用评级的海上风电项目。预计 288MW 风力发电场将为 36 万户家庭提供碳排放，每年排放 100 万吨碳排放量。同时黑石制定太阳能计划，有可能在其公司组合中削减能源成本约 10%。2016 年 6 月 13 日，三峡集团从美国黑石集团手中收购 Meerwind 80% 的股权。

（4）美国华平投资集团（Warburg Pincus）：华平基金会通过广泛支持慈善活动以及民间组织，为所在社区福利作出贡献。例如，华平及其员工与大自然保护协会（TNC）合作，开展地球生态与多样性的保护项目。在最近与大自然保护协会的合作项目中，华平与被投企业 Antero 资源公司共同努力，为美国西弗吉尼亚州齐特峡谷（Cheat Canyon）保护区作出了巨大贡献。该保护区内的森林、溪流和湿地具有重大生态影响，动、植物种类繁多。

（5）KKR 集团（Kohlberg Kravis Roberts & Co. L. P.，KKR）被投企业 ESG 项目分析：KKR 斥资约 4 亿美元入股福建圣农发展股份有限公司，拥有圣农公司 18% 的股份。圣农是一家垂直一体化禽肉生产商，利用 KKR 的资金、全球资源和管理专识，帮助圣农继续强化其市场领导地位，通过建立战略合作关系，进一步增强了公司运营能力，建立纵向一体化的养殖加工基地，向中国消费者提供可追溯性、安全、优质的鸡肉产品。

(6）凯雷投资集团（The Carlyle Group L. P. ）被投企业 ESG 项目分析：凯雷促进工作场所多元化，2009 年凯雷与 Robert Toigo 基金会创立了 Toigo 私募股权 MBA 奖学金，吸引少数民族群的 MBA 毕业生加入私募股权行业。同时凯雷全球各地的员工参加公司"全球志愿者月"活动，在 15 个不同的机构参与志愿活动。

（7）美国锐盛投资（Ares Management）：进行救济工作计划，并与红十字会合作，为锐盛员工提供了解红十字会工作的机会，并为在美国和全球范围内的救灾，预防和教育工作提供支持。志愿者计划着重回馈社区和环境。每年进行志愿者活动，自 2012 年计划推出以来，Ares 每年都赞助多个社区活动，数百名员工在全球志愿服务。

（8）阿波罗资产管理公司（Apollo Global Management）：在退伍军人倡议中，阿波罗支持阿波罗及其基金投资的公司招募、聘用、参与和保留退伍军人和军事人才，帮助退伍军人个人失业率最小化。

（9）黑石集团（Blackstone Group）：与传统的健康相关的集团采购组织不同，黑石的医疗保健专注于员工及其家属的健康和他们所获得的护理质量。

（10）美国华平投资集团（Warburg Pincus）被投企业 ESG 项目分析：2016 年 5 月 10 日，华平完成母婴健康服务连锁品牌优艾贝的投资。投资将帮助优艾贝完成母婴健康服务连锁业态的跨越，形成从保健服务到医疗服务的妇产儿产业链布局，以社会效益带动经济效益。华平充分调动其全球资源和本土化的投后服务专家团队，在企业发展战略、融资、吸引人才等方面，支持优艾贝的发展。组建了"优艾贝中国专家委员会"，举办孕产妇公益健康宣教活动，有效缓解了各大妇产儿科医院的压力。

（11）美国华平投资集团（Warburg Pincus）：通过在被投企业董事会担任董事，华平支持企业贯彻公司治理规范，并积极向管理团队提供各种资源。

（12）凯雷投资集团（The Carlyle Group L. P.）：凯雷每年发布企业公民报告，并于2014年委任了首位首席可持续发展官，进一步增强企业自身能力，推动遍布世界各地的旗下公司在负责任投资领域取得进步。公民报告从客户关系、品牌价值、运营效率和员工提升四个方面，审视可持续发展如何推动企业投资组合公司的发展。

第三节　国内责任投资基金的发展

可持续金融市场准备度指数的指标体系包括四个方面：社会因素、政府治理、公司治理和资本市场。每个方面又包括若干子指标。这些指标可以促进或阻碍责任投资的发展。例如，环境问题越紧迫、公众环保意识越高，责任投资发展就越快。同理，企业社会责任越受公司重视、上市公司的环境信息披露越充分，责任投资发展也会越快。

十年前，中国市场在这个指标体系中许多方面的基础都很薄弱。如今，宏观环境已发生很大变化，社会因素、政府治理、公司治理和资本市场四个方面都有了不同程度的改观。限于篇幅，下文仅就政府治理中的政策指标及社会因素中的民间团体指标简要描述。

从政策治理方面看，政府对绿色金融的支持态度越来越明晰。2015年，在中国人民银行支持下，中国金融学会成立绿色金融专业委员会（简称绿金委），系统性地提出构建中国绿色金融政策体系的建议，包括设立绿色金融专业机构、推动绿色债券及绿色产业基金、建立完善信息披露等绿色金融基础设施。中国人民银行研究局首席经济学家、绿金委主任马骏在2015年11月举行的"绿色金融与治霾产业峰会"上指出，绿色金融体系已经成为国家战略。进入2016年，绿色金融的政策力度进一步加大，正式写入"十三五"国民经济与社会发展规划。2016年4月16日，

第二层	第三层	释义
A. 社会因素	A1.可持续性发展的紧迫性	该地区面临的环境保护与可持续发展的压力
	A2.公众意识的提高	公众对环境、社会和治理问题的关注程度
	A3.民间团体的发展	民间团体是否起到监督和推动可持续发展的作用
	A4.媒体舆论的参与	媒体介绍可持续发展的有效实践，批评污染行为
B. 政府治理	B1.可持续性发展承诺	可持续发展作为国家的基本国策和战略
	B2.有效力的法律法规	法律法规严惩对可持续发展相关违法违规行为
	B3.鼓励性的政策	鼓励环境友好行为，并予以经济、体制上的优待
	B4.政府直接投资	政府直接投资到与可持续发展相关的领域，例如养老金对环境友好型企业的投资等
C. 公司治理	C1.公司治理与信息披露	公司有较好的治理结构和手段，并且披露各种有关环境、社会和治理的企业信息
	C2.企业社会责任	公司关注利益相关的意见
	C3.识别可持续发展中的商业风险和机会的能力	公司能够识别在环境保护、社会发展中存在的商业风险和商业机会
	C4.业务全球化状况	公司与跨国企业有密切的业务联系，并且在全球供应链中有着重要地位
D. 资本市场	D1.市场效率	资本市场能够迅速、有效反应公司价值
	D2.个人投资者	个人投资者认可环境、社会和治理给企业带来的回报，并积极使用投票权利
	D3.机构投资者	买方和卖方机构投资者都十分关注环境、社会和治理因素，并支持社会责任投资
	D4.标杆指数	市场上有可信赖的可持续金融研究，并存在一个或以上的标杆性的可持续性金融指数

（第一层）可持续性金融市场准备度指数

资料来源：郭沛源，《金融投资促进可持续发展的理论与实践研究》，2006。

图1　可持续金融市场准备度指数

中国人民银行行长周小川在华盛顿出席保尔森基金会与绿金委共同举办的研讨会，呼吁各国发展绿色金融，以促进全球经济可持续发展。同月20日，中央财经领导小组办公室主任刘鹤在"中美建筑节能基金圆桌会议（协调会）"上表示，绿色金融为中国战略性优先事项。2016年8月31日，中国人民银行等七部委联合印发《关于构建绿色金融体系的指导意见》。2016年9月，中国担任主席国的G20峰会在杭州召开，绿色金融被纳入讨论议题，峰会还首次发布了《绿色金融综合报告》。2017年6月，国务院常务会议决定，在浙江、江西、广东、贵州、新疆5省（区）选择部分地方，建设各有侧重、各具特色的绿色金融改革创新试验区，在体制机制上探索可复制可推广的经验。总之，绿色金融的政策支持力度之大是以前没有过的。

从社会因素方面看，民间团体的推动也让绿色金融进程不断加速。因开发蔚蓝地图、推动苹果公司等企业供应链绿色转型而蜚声海内外的环保组织公众环境研究中心（IPE）近年来就开展了不少与绿色金融相关的项目。2013年，IPE联合数家合作伙伴对17家水泥上市公司的环境表现进行调查，发现不少公司屡屡违规排污，并回避履行披露义务。IPE将调查结果整理成报告，并将报告发给国内外投资者。此后，IPE陆续推出污水处理业排放大户、上市公司雾霾风险等研究报告，均产生一定影响。2015年1月，IPE与证券时报共同启动"上市公司在线监测数据污染物排行榜"项目，以污染源在线监测数据为基础，实时收集30个省级环保部门官方网站对外公开的重点控制企业自行监测数据和达标情况，每周定期公布上市公司污染风险排行榜。据统计，化工、公用事业、建筑材料和钢铁等上市公司是污染风险排行榜的常客。此榜单警醒投资者关注特定行业上市公司的污染风险，并将污染风险定量化地展现出来，为投资者的投资决策提供了参考，让上市公司面临更大的舆论与监管压力。

综上所述，尽管尚未量化衡量十年前后可持续金融市场准备度的确切变化，但从定性分析中不难发现，目前的中国市场比十年前的中国市场推动绿色金融与责任投资的条件成熟了许多。这与本文第一部分所陈述的绿色金融发展的一般规律遥相呼应。责任投资理念必然会在中国资本市场上生根发芽，占据一席之地。

数年前，商道纵横与证券时报倡导发起中国责任投资论坛（China SIF），并连续两年就ESG问题对中国基金经理进行调查，形成两份年度调查报告：《中国基金业责任投资调查报告2013》《中国基金业责任投资调查报告2014》。

调查结果还算令人乐观。尽管中国基金经理鲜有谈论责任投资理念，

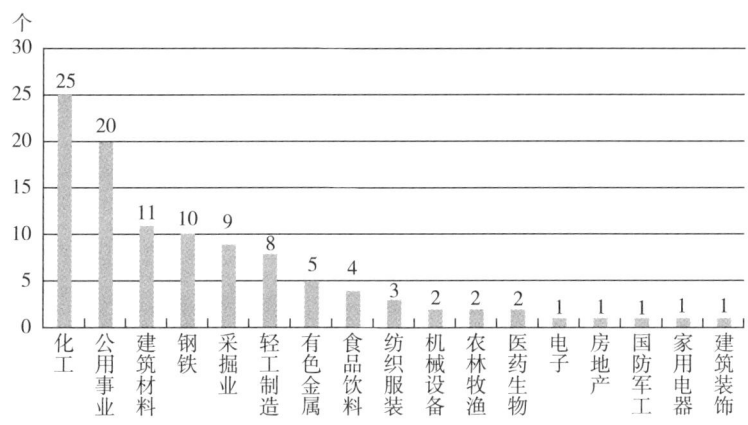

资料来源:IPE,《上市公司污染源在线监测风险排行榜2015年度总结》,2016。

图2 重点控制企业在线监测数据超标所涉上市公司行业分布图(2015年)

但在投资实践中已经有意无意地考虑了部分社会责任议题。譬如,当被问到上市公司社会责任表现与公司业绩的关系时,一半以上的基金经理认为两者存在一定正相关性,且与长期业绩的正相关性更显著。这意味着如果投资者的投资策略是长期的话,那么必须关注社会责任。

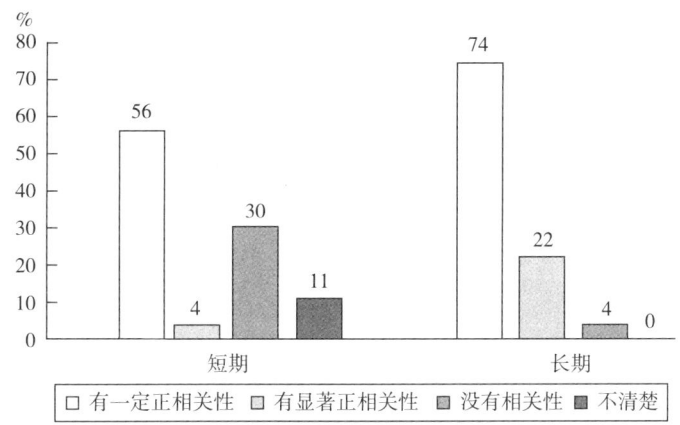

资料来源:China SIF,《中国基金业责任投资调查报告(2013)》,2013。

图3 基金经理认为企业社会责任表现与企业业绩之间的关系

关于社会责任议题，基金经理指出产品质量和安全事件对上市公司股价造成实质的负面影响最大，其次是公司治理问题和财务造假。关于行业，基金经理认为责任投资对采掘业、农林牧渔、电力煤气及水的生产和供应等与能源、资源相关的行业影响最大。这些反馈较好地反映了现时中国市场的责任投资特征。

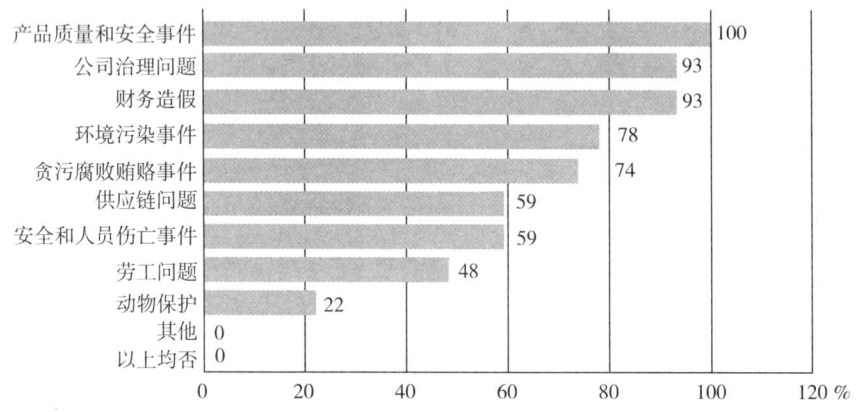

资料来源：China SIF，《中国基金业责任投资调查报告2013》，2013。

图4 基金经理认为对股价造成实质影响的ESG议题

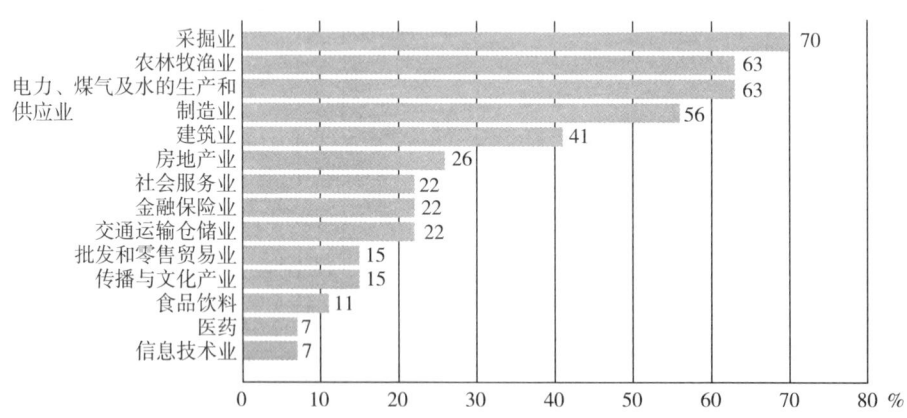

资料来源：China SIF，《中国基金业责任投资调查报告（2013）》，2013。

图5 基金经理认为ESG风险较大的行业

在被问及"雾霾是否会对股票配置有影响"时，67%的基金经理表示会"增加环保板块配置"，另有43%的基金经理表示雾霾会使他们减少对"两高一剩"行业的配置。只有19%的基金经理认为空气污染问题暂时不会对管理的投资组合有影响。这实际上与近几年欧美责任投资者倡导的抛售"搁浅资产"（Stranded Asset）和"撤资运动"（Divestment）异曲同工，都要摒弃传统化石燃料和高碳产业，只是国内投资者用了"节能减排"、"两高一剩"等具有中国特色的词汇。

被调查的基金经理中，也有一部分是专门管理责任投资主题相关的公募基金。中国最早引入责任投资投资理念的基金是中银国际在2006年推出的可持续增长股票型投资基金（简称中银增长股票）；最早旗帜鲜明推出社会责任投资基金的则是兴全基金公司（2008年）。这两只基金整体表现都是很不错的。2010年以来，生态、绿色、环保、美丽中国等ESG主题相关的基金产品发行热度增加。截至2017年3月21日，国内共有社会责任及其相关主题基金66只（列表请见附件）。这也从另一个侧面说明，中国资本市场整体上对责任投资理念的关注度在增加。

综上所述，我们可以得出几个主要结论。

第一，责任投资理念是一种不可阻挡的趋势，迟早会在中国资本市场形成一股潮流，从对当前中国宏观环境的分析来看，这股潮流正加速逼近，中国的投资者（包括资产管理机构）要早做应对。

第二，责任投资理念涉及多种因素、多个行业，中国的社会形态、市场结构有自己的特征，ESG中有的因素影响相对较大、有的影响相对较小；一些行业对ESG更为敏感，另一些则没那么敏感，投资者要结合自身实际进行分析。

第三，从近几年的趋势来看，容易引发群体性事件的环境敏感因素和行业特别值得关注，以避免"黑天鹅事件"，近日常州外国语学校毒地事件背后就有上市公司的身影，这为投资者敲响了警钟；责任投资理念可以帮助投资者更好识别此类风险。

第四，投资者一定要认识到责任投资不是纯粹的品牌和公关，不是让基金公司做公益捐赠、发布企业社会责任报告；责任投资首先与风险管理有关，然后是产品创新；从产品创新的角度看，"90后"新生代投资者、年事已高的高净值人群以及涉及家族传承的投资者可能会对责任投资理念有所偏好，主权基金、养老金也更容易认可责任投资理念的长期回报特征，这都是新的机会。

第五，客观地说，责任投资理念要在中国更好落地，还要依赖一系列"基础设施"建设，特别是上市公司社会责任信息披露的增加、投资者的能力建设的提升、长期资本的培育及与环境、社会因素相关的执法力度加强，政策制定者可以从这些方面加以推动。

国内基金公司应如何应对责任投资？我的建议是，基金公司至少可以采取防御性的策略，即将责任投资因素整合到现有的投资分析框架中，哪怕只是对部分行业、部分公司进行分析，这可以有效评估责任投资因素的长期影响。责任投资分析框架有不少，投资者可以参考实施。例如，近期一家总部设在香港的非政府组织"中国水风险"（China Water Risk）采用了"影子价格"的方法分析水风险对中国五大煤炭和火电上市公司盈利预期的影响；不久前，中国工商银行也构建了企业环境成本对商业银行风险影响的理论框架，并首次对火电、水泥两个行业的信贷资产进行环境压力测试。这些都是可资借鉴的方法。对投资者采取防御性策略的第二项建议，是制定责任投资政策，对本机构责任投资原则进行一般性的阐述，一些国际投资者在选择资产管理机构时会将ESG列为必备条件。

条件成熟的责任基金可以采取进取型的责任投资策略。第一，基金公司可尝试设立责任投资基金等，并将部分资产配置到此类投资产品之中。整个过程应循序渐进：先研发，再配置；先少量配置，再递增比例。第二，基金公司可以就责任投资议题与被投资的公司（上市公司或非上市公司）进行沟通，了解公司管理层对责任投资的认识程度、对责任风险管理的成熟程度等。这方面，国际金融公司（IFC）有比较成熟的经验，他们要求被投资公司建立健全环境与社会风险管理体系，并定期进行绩效披露。这样做固然会令一些被投资公司望而却步，但却能识别出那些着眼长远的投资标的；责任风险管理会对此类公司产生积极意义，并增进投资者与公司之间的互信。第三，从品牌角度考虑，采取进取型责任投资策略的投资者还可以加入绿金委、中国责任投资论坛、联合国责任投资原则、碳信息披露组织（CDP）等机构或平台，积极倡导责任投资理念、促进行业交流，以获得更多品牌收益。

第十七章　中国社会责任投资实例

我国的社会责任投资仍处于萌芽阶段，投资者对社会责任投资的操作方式还不是十分了解，社会责任投资基金也尚未成为一种重要的投资方式，对投资者来说这既是挑战也是机遇。

第一节　社会责任投资的方向

社会责任投资（SRI）是基于社会责任理念的一种投资方式。是指在传统的财务指标之外，以预期稳定利润分配的持续性、遵守法律、雇佣习惯、劳动者权益、消费者问题、社会贡献程度和对环境问题的关注等社会伦理性标准为基础，评价并选择企业所进行的投资。社会责任投资与传统投资相比，将投资决策与经济、社会、环境相统一，是一种具有三重考量的投资。其投资目的不单为实现资本最大程度增值，还具有公益性投资目标，通过投资来促进企业在改善公司治理、环境及职工权益等问题，再加上传统财务的考虑，使经济和社会都能得益。基金行业作为市场资金融通分配的重要渠道，要按照国家的宏观政策指导进行资源配置，投资过程中要综合考虑到财务指标、社会公益和环境保护，客观评价并确定投资，践行社会责任投资理念，推动社会和谐持续发展。

统计显示，接受调查的 106 家基金管理公司之中，有 54 家表示在进行投资时会考虑选股对象的社会责任履行情况。对比 2008 年以来的社会责任调查情况可以看到，社会责任投资问题反馈率从 2008 年（样本为 41 家）的 17 家、41.5% 上升至 2016 年（样本为 106 家）的 106 家、100%。

将社会责任履行情况纳入关注从 2008 年的 14 家、34.15% 上升至 2016 年的 63 家、59.43%，2015—2016 年将社会责任考察纳入评价标准的基金管理公司数量迅速增加，体现出了基金行业整体上对社会责任投资的关注和探索在进一步深入。但是，59.43% 的关注比例也反映出我国基金行业的社会责任投资仍然处于初级阶段，社会责任投资基金或者社会责任投资方式还没有成为主流，巨大提升空间与艰巨挑战并存。另外，新基金管理公司的成立速度进一步加快，其在各项制度的建立上需要一个循序渐进的过程，对于社会责任投资的关注和探索还需要较长的一段时间。

表1　　　　　　　　历年社会责任投资调查及反馈情况

年份	样本数量	反馈数量	反馈比例（%）	关注数量	关注比例（%）
2008	41	17	41.50	14	34.20
2009	57	57	100	28	49.10
2010	59	59	100	41	69.50
2011	68	68	100	43	63.20
2012	70	70	100	44	62.88
2013	83	83	100	46	55.42
2014	92	92	100	45	48.91
2015	97	97	100	54	55.67
2016	106	106	100	63	59.43

数据来源：中国证券投资基金业协会。

一、基金管理公司兼顾正负指标，筛选社会责任履行效果

调查显示，63 家公司考虑选股对象的社会责任履行情况时，通常会采用两种指标筛选体系，从正反两个方面，对选股对象的社会责任履行效果进行考量，决定是否将其纳入投资组合。

一是负面筛选，通过环境污染、节能减排方面存在问题，受到监管处罚或媒体的公开谴责，公司治理结构存在重大缺陷，存在诚信问题，产品存在严重安全隐患问题，出现财务造假事件，不公平对待中小投资者，主

要领导存在问题等八个方面的负面指标,将存在以上问题的公司剔除出股票池或者从选股名单中删除。63家公司中,有36家表示关注企业的环保问题,有20家表示关注公司的监管处罚和媒体公开谴责问题,有11家表示关注公司的治理结构问题,有8家表示关注公司的诚信问题,有6家表示关注公司的产品质量安全问题,有5家表示关注企业的财务造假问题,有3家表示关注公司不公平对待中小投资者的问题,有7家表示关注公司的主要领导问题。具体各项见图1:

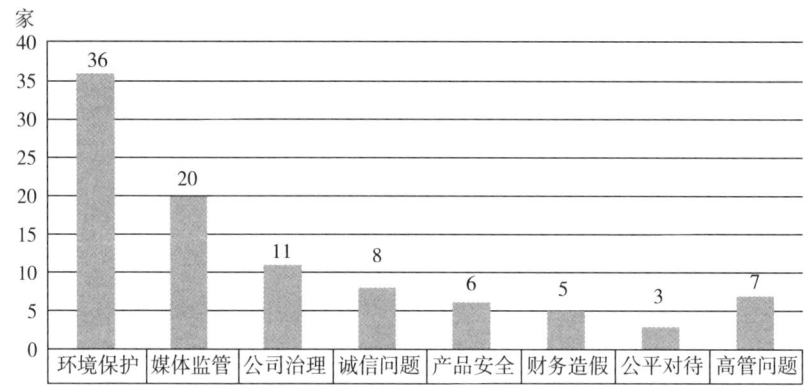

资料来源:中国证券投资基金业协会。

图1 基金管理公司关注的社会责任投资的负面指标项目

二是正面筛选,在下列指标选项上表现突出的公司会被优先选择。具体指标包括员工利益保障、净资产收益率、创新能力、依法纳税、遵纪守法、公益慈善等六个方面。63家公司中,有15家表示关注企业的员工利益保障方面,有15家表示关注公司的净资产收益率方面,有7家表示关注企业的创新能力方面,有7家表示关注公司的依法纳税方面,有19家表示关注公司的遵纪守法方面,有15家表示关注公司的公益慈善方面。具体各项见图2。

国金基金筛选投资对象时考虑上市公司社会责任履行情况,第一,制度规定ST公司不能进入公司备选库;第二,避免投资近期被监管处分的

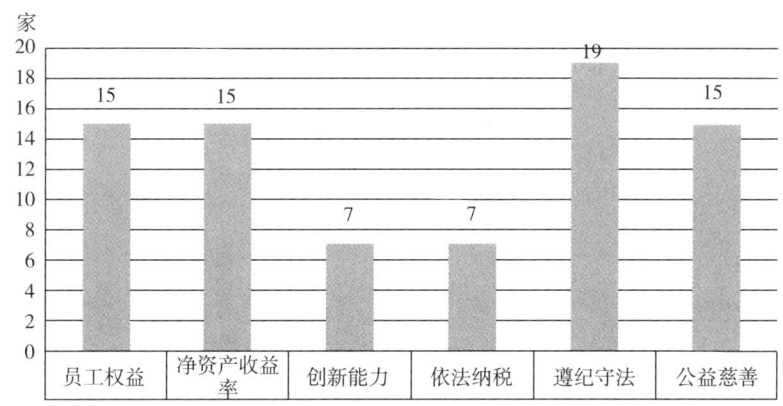

资料来源：中国证券投资基金业协会。

图2 积极管理公司关注的社会责任投资正面指标项目

上市公司，已投资的需要在定期报告中说明处理情况；第三，在投资研究中首先考虑是否符合以下标准：符合政策引导方向、有助于改善生产效率、有利于改善人类生活、有利于社会和谐代表正能量，对这些方面的分析贯彻到研究员股票推荐、股票库入库等各个环节中。

红塔红土基金主动投资重点考虑：（1）符合国家战略转型的新兴产业，包括民生消费、教育医疗、信息安全等细分行业；（2）符合国家节能减排要求的环保产业，包括水/大气/固废治理、新材料等细分行业；（3）符合国家西部大开发战略的细分子行业，包括地域龙头上市公司。考察方式：首先选取符合上述范围的细分行业，然后在行业中优选龙头公司，之后考察公司财务等指标，经公司投资流程审批通过后进行投资。

景顺长城参照国际上先进的公司治理实践标准，同时结合中国市场实际情况，本着随经济条件变化不断改进和完善的原则，建立了景顺长城公司治理评价体系。综合运用该体系对股票研究数据库（SRD）中个股所属上市公司的公司治理情况进行系统性分析，现阶段主要包括三方面内容：（1）公司治理评级体系。这是一个多因素综合评分体系，运用综合评分法确定所研究上市公司的相对治理评级。(2) 内部研究。运用公司股票研究数据库(SRD)中的标准分析模板从违规记录、信息披露透明度等方面对上市公司公司治理状况进行分析。(3) 卖方研究报告。其在分析过程中起到对评级结果和内部研究进行参照验证的作用。

上投摩根基金会基于两个方面来考虑投资标的的社会责任情况：一是环保责任，即考察上市公司是否遵守环境政策，主要考察包括单位收入能耗、主要污染物排放量等指标；二是创新责任，即上市公司研发创造新产品的责任，包括新产品产值率、技术开发人员比例等指标。

银河基金首先在建设股票库时，会剔除严重不符合社会责任标准的股票。其次会在决定购买股票时，考虑企业对员工、对环境和社会等方面的责任。所选指标包括但不限于净利润、缴纳税收、职工薪酬福利、对外捐赠、环保支出、环境污染等。决定过程由研究员构建股票库，基金经理在股票库范围内决定投资标的，对重大投资决策或超过一定比例投资，需通过投委会决定。

二、基金管理公司运用多种方式，还原社会责任履行情况

统计显示，各家基金管理公司往往多措并举，综合运用实地调研、媒体报道、查阅互联网信息、阅读招股说明书、独立第三方考察、查阅财务报表等多种考察方式，全面还原选股对象的社会责任履行情况。

华宝兴业基金在考察方式上，主要是通过公开信息及实地调研来进行，例如通过广泛阅读招股说明书、定期报告、临时公告及行业相关报道等来判断选股对象历史上及当前是否能够严格遵守国家各项法律法规、员工收入待遇水平及持股情况、生产经营过程是否产生环境污染及相关处理措施等，同时在对选股对象进行实地调研以及相关产品进行草根调研时从侧面了解以上几个方面的现状及发展趋势。

华商基金通过查看财务报表，与拟投资对象的董事、高管就社会责任

履行情况进行交流、记录，在调研报告中进行反映，便于公司在决策时进行综合考虑。

东方证券资产管理公司秉承价值投资理念，关注投资对象企业的社会责任履行情况、企业的美誉度、管理层的道德水平和责任感，通常会收集与企业相关新闻报道、研究报告，实地调研企业，以及借鉴一些商业机构的统计数据。

第二节 社会责任投资基金概况

一、4 只社会责任投资基金概况

调查显示，截至 2017 年底，共有 4 只社会责任投资基金（ETF 及其联接基金按一只计算），分别是：兴全社会责任混合型证券投资基金、建信上证社会责任 ETF 以及联接基金、建信社会责任混合型证券投资基金、汇添富社会责任混合型证券投资基金。各只基金的净值、回报率、排名数据见表 2。

表 2　社会责任基金净值、回报率（数据截至 2017 年底）

序号	代码	基金名称	银河证券一级分类	成立日期	基金管理人简称
1	340007	兴全社会责任混合	混合基金	2008/4/30	兴全
2	510090	建信上证社会责任 ETF	股票基金	2010/5/28	建信
3	530010	建信上证社会责任 ETF 联接	股票基金	2010/5/28	建信
4	470028	汇添富社会责任混合	混合基金	2011/3/29	汇添富
5	530019	建信社会责任混合	混合基金	2012/8/14	建信

数据来源：银行证券基金研究中心。

国内首只社会责任基金——兴全社会责任混合型证券投资基金成立于 2008 年 4 月 30 日，该基金在投资决策中综合考虑公司发展的经济、持续发展、法律与道德等因素，在追求投资业绩的同时，影响或者推动公司社会责任的履行，促进社会的和谐发展。业绩基准为：80%×中信标普300指数+20%×中信标普国债指数。

2010年5月28日，建信基金的建信上证社会责任ETF以及联接基金成立。建信上证社会责任ETF基金以标的指数成分股票、备选成分股票为主要投资对象，通过指数化投资，跟踪上证社会责任指数的业绩表现。业绩基准为：上证社会责任指数。建信社会责任ETF联接基金为上证社会责任ETF的联接基金，主要通过投资于上证社会责任ETF以求达到指数化投资于社会责任ETF，以较低的成本获得市场平均水平的长期回报投资目标。业绩比较基准为：95%×上证社会责任指数收益率+5%×商业银行税后活期存款利率。

2011年3月29日，汇添富社会责任混合型证券投资基金成立。该基金主要投资方向为国内依法发行上市的股票、债券、货币市场工具、权证、资产支持证券以及法律法规或中国证监会允许基金投资的其他金融工具，其中投资于积极履行社会责任的上市公司股票比例不低于股票资产的80%。个股精选策略用于挖掘积极履行社会责任的优质上市公司，以谋求基金资产稳健增值。业绩基准为：沪深300指数收益率×80%+中证全债指数收益率×20%。

2012年8月14日，建信社会责任混合型证券投资基金成立。该基金产品在立足于价值投资的基础上，在大类资产配置上采用"双向行业筛选法"考察行业社会责任履行情况，并从定性分析和定量分析两个角度对行业投资进行考察，动态调整行业资产配置权重，积极把握行业景气变化中的投资机会，赢得行业配置带来的超额收益。在个股选择上，将采用"社会责任"和"基本面"双因素选股策略，兼顾个股的社会贡献和基本面，重点关注公司治理结构完善、竞争能力强、财务状况良好、估值合理甚至低估的公司，实现对投资组合的合理构建。

二、99 只社会责任投资方向基金

截至 2017 年底，共有绿色、低碳环保、新能源、美丽中国、可持续发展、公司治理、养老等符合社会责任投资等方向和理念的基金 99 只（ETF 和 ETF 联接合并计算，分级母基金和子基金单独计算）。其中，绿色、低碳环保、新能源方向的社会责任类投资基金 63 只。

表 3　　　　　　　　　社会责任投资方向的基金统计

序号	代码	基金名称	银河证券一级分类	成立日期	基金管理人简称
低碳环保					
1	540008	汇丰晋信低碳先锋股票	股票基金	2010/6/8	汇丰晋信
2	398051	中海环保新能源主题灵活配置混合	混合基金	2010/12/9	中海
3	100056	富国低碳环保混合	混合基金	2011/8/10	富国
4	519034	海富通中证内地低碳指数	股票基金	2012/5/25	海富通
5	000409	鹏华环保产业股票	股票基金	2014/3/7	鹏华
6	163114	申万菱信中证环保产业指数分级	股票基金	2014/5/30	申万菱信
7	150184	申万菱信中证环保产业指数分级（A 级）	股票基金	2014/5/30	申万菱信
8	150185	申万菱信中证环保产业指数分级（B 级）	股票基金	2014/5/30	申万菱信
9	164304	新华中证环保产业指数分级	股票基金	2014/9/11	新华
10	150190	新华中证环保产业指数分级（A 级）	股票基金	2014/9/11	新华
11	150191	新华中证环保产业指数分级（B 级）	股票基金	2014/9/11	新华
12	000696	汇添富环保行业股票	股票基金	2014/9/16	汇添富
13	001064	广发中证环保产业指数型发起式（A 类）	股票基金	2015/3/25	广发
14	000977	长城环保主题灵活配置混合	混合基金	2015/4/8	长城
15	001166	建信环保产业股票	股票基金	2015/4/22	建信
16	001208	诺安低碳经济股票	股票基金	2015/5/12	诺安
17	160634	鹏华中证环保产业指数分级	股票基金	2015/6/16	鹏华
18	150237	鹏华中证环保产业指数分级（A 级）	股票基金	2015/6/16	鹏华
19	150238	鹏华中证环保产业指数分级（B 级）	股票基金	2015/6/16	鹏华

续表

序号	代码	基金名称	银河证券一级分类	成立日期	基金管理人简称
20	164819	工银瑞信中证环保产业指数分级	股票基金	2015/7/9	工银瑞信
21	150323	工银瑞信中证环保产业指数分级（A级）	股票基金	2015/7/9	工银瑞信
22	150324	工银瑞信中证环保产业指数分级（B级）	股票基金	2015/7/9	工银瑞信
23	001590	天弘中证环保产业指数型发起式（A类）	股票基金	2015/7/16	天弘
24	001591	天弘中证环保产业指数型发起式（C类）	股票基金	2015/7/16	天弘
25	001985	富国低碳新经济混合	混合基金	2015/12/18	富国
26	001616	嘉实环保低碳股票	股票基金	2015/12/30	嘉实
27	002259	鹏华健康环保灵活配置混合	混合基金	2016/1/20	鹏华
28	001954	银华生态环保主题灵活配置混合	混合基金	2016/3/4	银华
29	002244	景顺长城低碳科技主题灵活配置混合	混合基金	2016/3/11	景顺长城
30	001975	景顺长城环保优势股票	股票基金	2016/3/15	景顺长城
31	350002	天治低碳经济灵活配置混合	混合基金	2016/4/18	天治
32	001983	中邮低碳经济灵活配置混合	混合基金	2016/4/28	中邮创业
33	002984	广发中证环保产业指数型发起式（C类）	股票基金	2016/7/6	广发
34	512580	广发中证环保产业ETF	股票基金	2017/1/25	广发
35	001856	易方达环保主题灵活配置混合	混合基金	2017/6/2	易方达
36	004640	华夏节能环保股票	股票基金	2017/8/11	华夏
37	004925	长信低碳环保行业量化股票	股票基金	2017/11/9	长信
绿色					
1	163409	兴全绿色投资混合（LOF）	混合基金	2011/5/6	兴全
新能源					
1	001278	前海开源清洁能源主题精选灵活配置混合（A类）	混合基金	2015/6/16	前海开源
2	002360	前海开源清洁能源主题精选灵活配置混合（C类）	混合基金	2016/1/18	前海开源
3	164905	交银国证新能源指数分级	股票基金	2015/3/26	交银施罗德
4	150217	交银国证新能源指数分级（A级）	股票基金	2015/3/26	交银施罗德
5	150218	交银国证新能源指数分级（B级）	股票基金	2015/3/26	交银施罗德

续表

序号	代码	基金名称	银河证券一级分类	成立日期	基金管理人简称
6	161028	富国中证新能源汽车指数分级	股票基金	2015/3/30	富国
7	150211	富国中证新能源汽车指数分级（A级）	股票基金	2015/3/30	富国
8	150212	富国中证新能源汽车指数分级（B级）	股票基金	2015/3/30	富国
9	001158	工银瑞信新材料新能源行业股票	股票基金	2015/4/28	工银瑞信
10	001156	申万菱信新能源汽车主题灵活配置混合	混合基金	2015/5/7	申万菱信
11	160640	鹏华中证新能源指数分级	股票基金	2015/5/29	鹏华
12	150279	鹏华中证新能源指数分级（A级）	股票基金	2015/5/29	鹏华
13	150280	鹏华中证新能源指数分级（B级）	股票基金	2015/5/29	鹏华
14	001471	融通新能源灵活配置混合	混合基金	2015/6/29	融通
15	150327	工银瑞信中证新能源指数分级（A级）	股票基金	2015/7/8	工银瑞信
16	164821	工银瑞信中证新能源指数分级	股票基金	2015/7/9	工银瑞信
17	150328	工银瑞信中证新能源指数分级（B级）	股票基金	2015/7/9	工银瑞信
18	001410	信达澳银新能源产业股票	股票基金	2015/7/31	信达澳银
19	002190	农银汇理新能源主题灵活配置混合	混合基金	2016/3/29	农银汇理
20	002256	金信新能源汽车灵活配置混合发起式	混合基金	2016/4/1	金信
21	160225	国泰国证新能源汽车指数（LOF）	股票基金	2016/7/1	国泰
22	003984	嘉实新能源新材料股票（A类）	股票基金	2017/3/16	嘉实
23	003985	嘉实新能源新材料股票（C类）	股票基金	2017/3/16	嘉实
24	005037	银华新能源新材料量化优选股票发起式（A类）	股票基金	2017/9/15	银华
25	005038	银华新能源新材料量化优选股票发起式（C类）	股票基金	2017/9/15	银华
可持续发展					
1	000042	财通中证中国可持续发展100指数增强（A类）	股票基金	2013/3/22	财通
2	000017	财通可持续发展主题混合	混合基金	2013/3/27	财通
3	003184	财通中证中国可持续发展100指数增强（C类）	股票基金	2017/4/14	财通

续表

序号	代码	基金名称	银河证券一级分类	成立日期	基金管理人简称
美丽中国					
1	000120	中银美丽中国混合	混合基金	2013/6/7	中银
2	000663	国投瑞银美丽中国灵活配置混合	混合基金	2014/6/24	国投瑞银
3	000822	东海美丽中国灵活配置混合	混合基金	2014/11/14	东海
4	002593	富国美丽中国混合	混合基金	2016/5/19	富国
公司治理					
1	260111	景顺长城公司治理混合	混合基金	2008/10/22	景顺长城
2	510010	交银上证180公司治理ETF	股票基金	2009/9/25	交银施罗德
3	519686	交银上证180公司治理ETF联接	股票基金	2009/9/29	交银施罗德
养老					
1	420009	天弘安康养老混合	混合基金	2012/11/28	天弘
2	519050	海富通养老收益混合（A类）	混合基金	2013/5/29	海富通
3	000121	华夏永福养老理财混合（A类）	混合基金	2013/8/13	华夏
4	000507	泰达宏利养老收益混合（A类）	混合基金	2014/3/5	泰达宏利
5	000508	泰达宏利养老收益混合（B类）	混合基金	2014/3/5	泰达宏利
6	000367	国泰安康养老定期支付混合（A类）	混合基金	2014/4/30	国泰
7	000639	宝盈祥瑞养老混合	混合基金	2014/5/21	宝盈
8	000684	长盛养老健康产业灵活配置混合	混合基金	2014/11/25	长盛
9	000854	鹏华养老产业股票	股票基金	2014/12/2	鹏华
10	519128	浦银安盛月月盈安心养老定期支付债券（A类）	债券基金	2014/12/5	浦银安盛
11	519129	浦银安盛月月盈安心养老定期支付债券（C类）	债券基金	2014/12/5	浦银安盛
12	000968	广发中证养老产业指数发起式（A类）	股票基金	2015/2/13	广发
13	001171	工银瑞信养老产业股票	股票基金	2015/4/28	工银瑞信
14	001358	宝盈祥泰养老混合	混合基金	2015/5/29	宝盈
15	001485	华安添颐养老混合	混合基金	2015/6/16	华安
16	168001	国寿安保中证养老产业指数分级	股票基金	2015/6/26	国寿安保
17	150305	国寿安保中证养老产业指数分级（A级）	股票基金	2015/6/26	国寿安保

续表

序号	代码	基金名称	银河证券一级分类	成立日期	基金管理人简称
18	150306	国寿安保中证养老产业指数分级（B级）	股票基金	2015/6/26	国寿安保
19	002061	国泰安康养老定期支付混合（C类）	混合基金	2015/11/16	国泰
20	002339	海富通养老收益混合（C类）	混合基金	2016/1/8	海富通
21	002103	招商康泰养老灵活配置混合	混合基金	2016/2/4	招商
22	001955	中欧养老产业混合	混合基金	2016/5/13	中欧
23	002982	广发中证养老产业指数发起式（C类）	股票基金	2016/7/6	广发
24	003161	南方安泰养老混合	混合基金	2016/9/22	南方
25	002547	民生加银养老服务灵活配置混合	混合基金	2016/10/21	民生加银
26	003295	南方安裕养老混合	混合基金	2016/11/15	南方
27	003476	南方安颐养老混合	混合基金	2016/12/14	南方

注：1. 社会责任投资方向的基金指基金名称中含"低碳、环保、绿色、新能源、美丽中国、可持续、公司治理、养老"等关键词。

2. 中海环保新能源主题灵活配置混合基金计入环保方向社会责任类投资基金统计。

数据来源：银行证券基金研究中心。

第三节 社会责任投资指数

接受调查的106家基金管理公司之中，兴全基金建立了国内首只跨沪深两市的社会责任指数——巨潮—第一财经—兴业全球基金社会责任指数（深交所代码399369）。该指数选取100只股票来反映深沪证券市场上社会责任履行方面表现良好的公司股票价格变动的趋势。截至2016年底，该指数收于1 269.60点，全年涨幅为-4.53%，超越沪深300指数6.75个百分点；成分股成交总额6.89万亿元；成分股总市值为7.13万亿元，比2015年底增加0.52万亿元，占沪深A股总市值的比例为14.04%；前十大权重股为兴业银行、中国建筑、浦发银行、格力电器、美的集团、中国中车、上汽集团、中国石化、中国中铁、海康威视。指数的权重分布较为合理，其中，工业、金融业、可选消费等行业的权重排名靠前；适当覆盖了日常消费、医疗保健、能源等传统产业;值得关注的是,生物医药、信息技术、新材料、软件、先进制造等符合经济转型特征的成分股数量超过两成。

建信基金与中证指数公司合作开发了上证社会责任指数,该指数以2009年6月30日为基日,成分股只数为100只,覆盖10个行业。前三大权重行业分别为金融业、制造业、建筑业(根据证监会一级行业分类),前十大重仓股为中国平安、兴业银行、民生银行、招商银行、交通银行、浦发银行、中国建筑、中国太保、国泰君安、上汽集团,总市值为3.37万亿元,占沪深A股总市值的6.15%。2016年该指数收益率为-5.99%。

第七篇

绿色基金助力应对气候变化进程

· 气候基金的发展和实践
· 碳基金促进低碳产业发展

气候变化是20世纪人类面临的最大的挑战，气候的变化潜移默化地影响了社会的经济、文化以及人类健康的发展。气候变化因为具有外部性，所以要通过世界各国的共同协商和共同努力，携手设立气候基金和碳基金等合作工具，为实现人类的绿色可持续发展共同作出努力。

第十八章　气候基金的发展和实践

在应对全球气候变化中，应对气候变化成为发达国家和发展中国家的共同责任和义务，然而发达国家和发展中国家的经济能力差异又为世界共同应对气候变化投融资问题带来了阻碍，然而在各国共同签署的《联合国气候变化框架公约》框架下资金主渠道的绿色气候基金，显然成为各国携手应对气候变化的更好的平台。

第一节　气候基金的概念和意义

一、气候变化、气候资金和气候基金

气候变化是指气候平均状态统计学意义上的较大改变或者持续较长一段时间（典型的为10年或更长）的气候变动。气候变化的原因可能是自然的内部进程，或是外部强迫，或者是人为地持续对大气组成成分及土地利用的改变。自工业革命以来，人类活动日益成为引发全球变化的重要动因。随着人口增长与经济社会发展，人类的生产与消费活动已大大改变了自然界原有的循环与平衡。尤其是大量化石能源的使用，大尺度的土地利用和森林覆被的变化，引起了大气中以二氧化碳为主的温室气体浓度的增加，改变了地球表面的辐射平衡，使地球趋于变暖。以气候变暖为主要特征的全球气候变化已成为21世纪人类共同面临的最重大的环境与发展挑战，考验着人类的人性、社会制度、经济发展模式、国际政治和文明，应对气候变化是当前乃至今后相当长时期内实现全球可持续发展的核心任

务,而且直接影响到发展中国家的现代化进程。以政府间气候变化专门委员会(Intergovernmental Panel on Climate Change,IPCC)及其历次的评估报告为代表的科学进程和以《联合国气候变化框架公约》(*The United Nations Framework Convention on Climate Change*,以下简称《公约》或 UNFCCC)及其历年的缔约方大会为代表的政治进程自 1990 年以来相互推动,极大地提高了政府、企业和公众对气候变化的认识,促进了全球气候治理的进步。面对当前"逆全球化"思潮和保护主义倾向抬头的复杂世界局势以及持续蔓延的气候变化等非传统安全威胁,《巴黎协定》"破纪录"地达成、签署和生效具有里程碑式的意义。

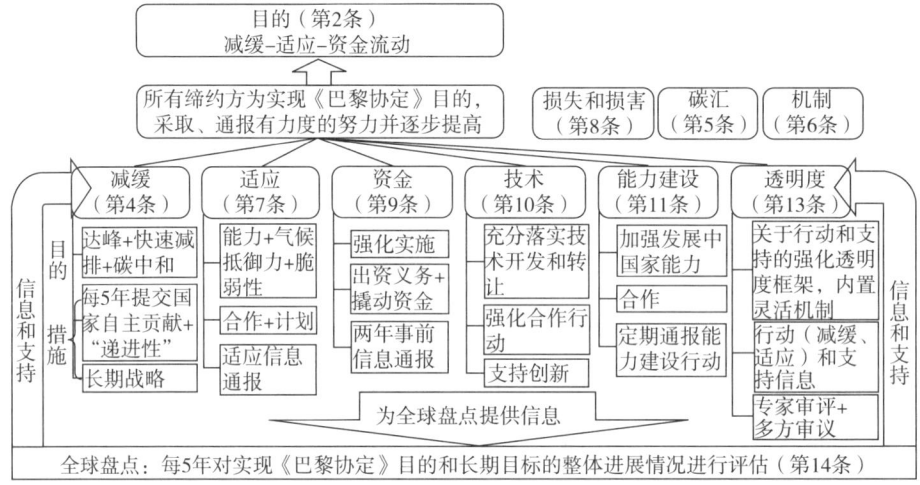

图 1 《巴黎协定》的框架内容和资金的重要地位

资金的融通是解决气候变化问题的关键,因此气候资金问题一直以来都是气候变化国际谈判与合作的核心。不可否认,应对气候变化不能仅靠封闭式的"各扫门前雪",更应当融汇全球,需要各国财力积极参与。但由于发展水平和历史累计排放的不同,发达国家和发展中国家在责任和能力上差异明显,发展中国家面临国内经济社会发展和应对气候变化在有限的甚至是欠缺的资金投入上的"争夺"和权衡。为了解决这一矛盾,20

世纪90年代，发达国家承诺在强制采取减排措施的同时给予发展中国家提供资金、技术和能力建设支持，以帮助发展中国家自主采取应对气候变化行动。依照该公约，根据"共同但有区别的责任"（Common But Differentiated Responsibilities，CBDR）原则，《公约》附件二中的发达国家缔约方应当向发展中国家缔约方提供新的和额外的公共资金，以帮助其应对气候变化影响和转型发展路径。这其中对资金"新的和额外的"描述，意在强调气候资金应当不挤占发达国家的官方发展援助（Official Development Assistance，ODA）的援助性资金流。二十多年之后，《巴黎协定》第二条特别也提出了气候资金发展的长期目标，即"使资金流动符合温室气体低排放和气候适应型发展的路径"（见图2）。可以说，"气候资金"在某种程度上已发展成了一个具有特定法律、政治含义的概念，成为了发展中国家开展应对气候变化行动的前提和支撑点。

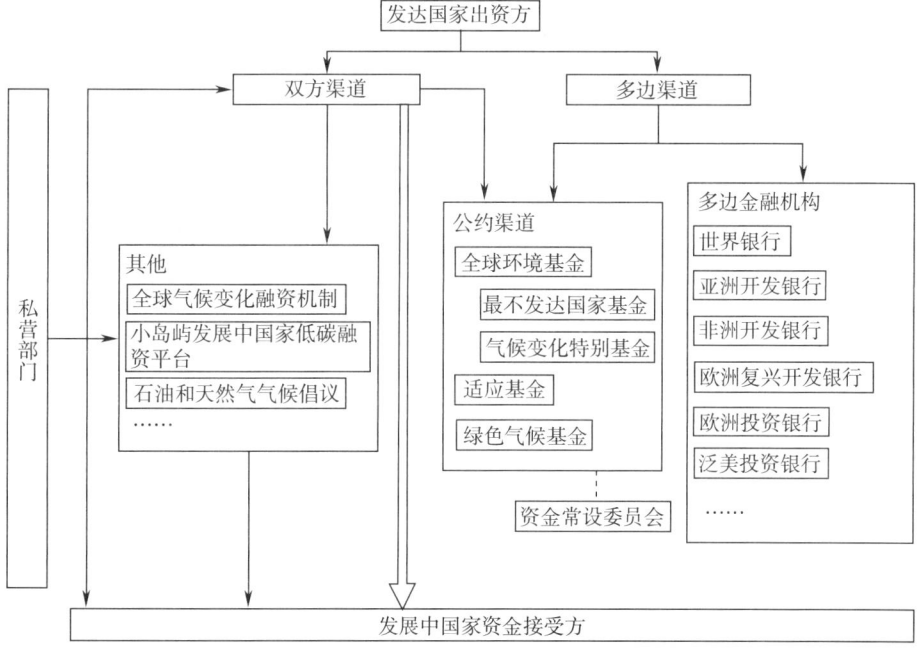

图2　气候资金机制框架

气候资金涉及许多利益相关方,气候资金机制是否根据《公约》框架设立主要分为《公约》内气候机制和《公约》外机制。在《公约》内,气候资金机制包括了一系列的资金主体、运行机构和资金实体,2012年坎昆气候变化大会后建立的资金常设委员会也对缔约方大会管理资金机制提供了一定的监管协助和协调支持。公约外的气候资金机制主要由以发达国家通过发展署等机构对发展中国家进行的援助,以及多边金融机构和私营部门支持组成的平台为主。

本章节所提到的气候基金旨为支持应对气候变化行动而设立的资金操作实体,与狭义的证券投资基金有一定概念上的区别。气候基金是气候资金最重要的管理方式,能够根据自身定位和属性,绕开烦琐的国际谈判和审批,利用一系列适配的金融工具,为减缓和适应等应对气候变化工作提供资金支持和专业指导。随着日益加剧的气候资金需求,以 UNFCCC 框架内气候资金制度为基础的全球气候基金体系不断发展,也吸引了越来越多的私人资本(见图3)。

虽然社会资本体量大,近年来越来越多有责任的企业家也开始参与到建立公益性质的基金和社会企业责任机制中来,但是私人资本固有的逐利性质决定了风险高、初期回报低的应对气候变化工作必须依赖发达国家的承诺出资和公共财政来完成。《公约》内具有"公有"和"援助"属性的气候基金在应对气候变化过程中显得尤为重要。《公约》内的气候基金主要包括全球环境基金(Global Environment facility,GEF)及其下托管的气候变化特别基金(Special Climate Change Fund,SCCF)和最不发达国家基金(Least Developed Countries Fund,LDCF)、《京都议定书》下的适应基金(Adaptation Fund,AF)以及将在2020年成为《公约》框架下资金主渠道的绿色气候基金(Green Climate Fund,GCF)等。

在气候变化怀疑论者逐渐得势、世界经济政治局势摇摆的当下,资金问题又被提高到了一个新的战略高地。推进全球气候治理进程已然不能再

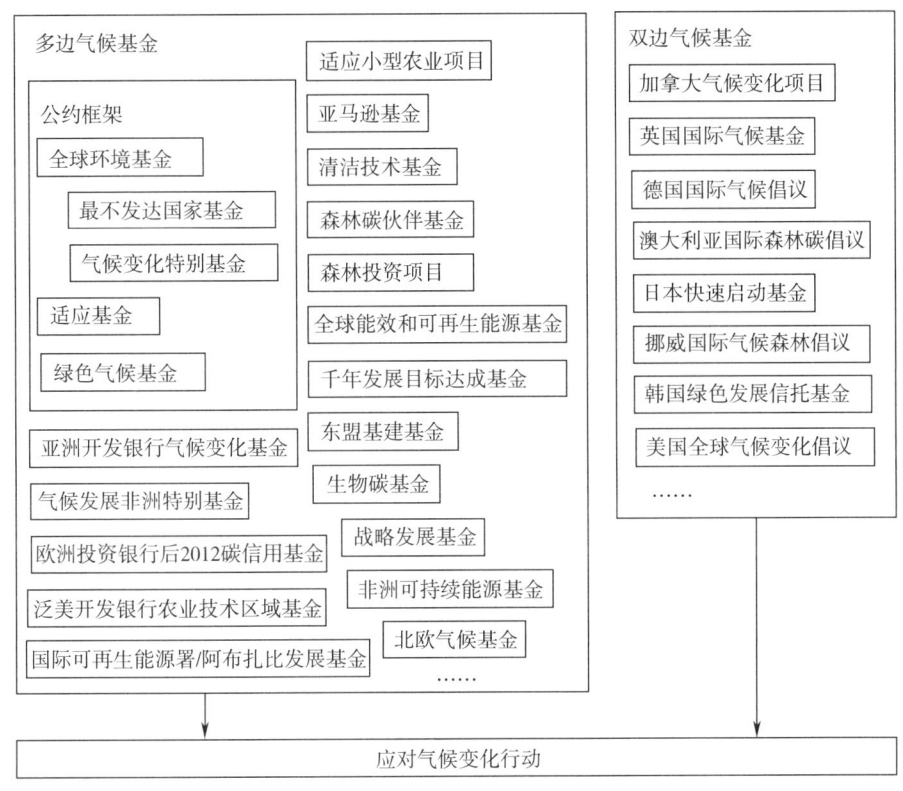

图 3　全球气候基金框架梗概

仅仅依靠气候谈判，转变观念，充分利用气候资金机制，撬动资金投入，帮助高能效和低排放的生产生活方式能够在经济和技术上与旧有的高碳、高污染模式抗衡是大势所趋。

二、发展气候基金的意义

资金问题在全球气候治理进程中一直扮演重要的角色，减缓、适应、技术转移、能力建设、提高透明度等各个议题的行动都离不开资金的支持。作为气候资金机制的核心和资金管理的最主要方式，气候基金是全球气候合作的重要支撑，也是国际社会各方落实应对气候变化行动的基本保障。

气候基金针对于应对气候变化业务，基金目的性强，具有重要的政策意义。气候基金是集合用于气候变化的基金，其业务聚焦，政策意义强。正如2011年在德班气候大会上正式启动的GCF，其构想是发达国家需在2020年前每年拿出1 000亿美元帮助发展中国家应对气候变化。气候基金相比其他发展援助基金的最大特征在于其基金业务聚焦于应对气候变化，使得基金使用更具针对性。气候基金的使用需要相关政策支撑，气候政策也将对基金的建立与运作产生影响，气候基金与气候政策的相互作用将识别出应对气候变化的重点领域和焦点问题，并进一步完善地方和区域应对气候变化的能力。

气候基金基于既有气候资金机制安排并具有不断发展的潜力。以绿色气候基金为代表的气候基金是气候资金机制中的既有平台，也是其重要组成部分，并且具有极大潜力将发挥越来越重要的作用。在多年的气候变化资金机制的发展过程中，公约内绿色环境基金为代表的GEF受托机制作为当前最主要的运作过程暴露了很多问题，一方面多数发展中国家没有获得足够效用，另一方面其整体资源配置也显现出严重不足。在此过程中气候基金的作用逐渐凸显，也将发挥出越来越大的作用。GCF在2014年利马会议有了实质性进展，获得的承诺捐资额达到了101.4亿美元。

气候基金具有更为商业化、市场化的和专业化的管理模式。相比官方开发援助等其他资金机制来说，气候基金具有更为商业化、市场化并兼顾公平原则的管理模式。基金的决策程序可以直接影响到气候谈判中各个国家和集团的话语权。例如绿色气候基金GCF和绿色全球环境基金就具有显著的不同。GEF的投票权与捐款直接挂钩，即捐款国前期对GEF的捐款可以形成之后的投票权，增资次数越多，捐款投票权累计越多。而中国作为发展中国家，在应对气候变化方面能力不足，并没有对GEF注资的义务，很多时候还需要寻求GEF的资助。GEF的资金运作机制对发展中国家非常不利，使得捐款国与受援国在 GEF 机制下的决策中产生分歧时，受援国将失去话语权。而 GCF 的资金机制为 GCF 董事会负责资金运营的总体监督和管理，董事会成员当中发达国家与发展中国家席位均等，决策规则遵循协商一致的方式。另外有《公约》下的常设委员会负责复审 GCF 并向其提供独立指导，未来可能发挥监管的作用。可见，绿色气候基金为代表的气候基金以明确的授权为基础，有一套相对公平并完善的治理结构和管理体系，也在管理项目中相较其他发展援助资金而言具有针对性和优先性地安排气候变化项目的资金分配。

第二节 气候基金的发展阶段

一、气候基金起步期（1992—2001 年）

从 1992 年《公约》建立到 2001 年马拉喀什会议间的九年是气候基金发展过程中至关重要的起步期。在这九年间，国际社会对气候变化问题的探索和科学研究还处于刚刚起步状态，大众对气候变化带来的影响认知还很有限，而发达国家作为出资方总体上则展示了较为积极的姿态，其同意出资的承诺也极大激励了广大发展中国家参与气候治理的决心。1992—1994 年，凝聚了极高政治智慧的《公约》终于在万众瞩目中达成并生效，为全球气候治理夯实了政治基础，也为之后气候资金模式的设立铺平了道路。1994 年，GEF 顺利从世界银行中脱离并实现了改组，并开始了第一次增资，确立了国际气候资金机制的运营实体。1997 年通过的《京都议定书》引入的联合履行（JI）、清洁发展机制（CDM）和排放贸易（ET）三大机制为气候基金创新了资金来源。但 2001 年，美国布什政府上台后拒绝签署《京都议定书》，为当时的气候谈判进程蒙上了一层阴影。

二、气候基金拓展期（2001—2009 年）

从 2001 年马拉喀什《公约》第七次缔约方大会后到 2009 年哥本哈根《公约》第十五次缔约方大会前，全球气候基金由于气候谈判局势的变化特别是"双轨制"的启动迎来了一个多元拓展期，前述提到的气候变化特别基金、最不发达国家基金以及适应基金都在这期间成立。气候基金形式的拓展并不是因为资金总量的大幅度增加，而是来源于发达国家出资姿态的威慑和资金领域分配的不平衡。《京都议定书》在 2005 年艰难生效后，发达国家开始淡化出资责任，不愿意因为出资而凸显气候责任。此外，对广大发展中国家至关重要的适应领域没有得到足够的重视和资金分配，因此尽管全球环境基金信托基金的规模很大，但相对于发展中国家的巨额需要，仍然不能满足需求。开辟新基金，是发达国家和发展中国家在资金领域上的妥协。

2007 年巴厘《公约》第十三次缔约方大会是这个时期的标志点。大会通过了重点解决共同愿景、减缓、适应、资金和技术这"五大要素"的《巴厘行动计划》，确定了《公约》和《京都议定书》的双轨谈判机制，使得资金问题成为了"巴厘路线图"的核心要素，也在各方的努力下在《京都议定书》下成立了适应基金。相较气候变化特别基金和最不发达国家基金，适应基金在机制上有了许多创新点：在资金来源上，清洁发展机制（CDM）项目产生的经核证减排量（CERs）2% 的收益一定程度上增加了基金的筹资保障；在资金支出方面看，基金开创的执行机构[①]资格认证制度及引入的准备金制度有效提高了发展中国家受援国申请资金的能力和自主权，保证了适应基金项目的质量。这些创新机制都为之后绿色气候基金的制度设计提供了借鉴。2008 年，以美欧为主的 14 个发达国

---

① 包括受援国家机构（NIE）和多边国际机构（MIE）。

家联手出资成立了气候投资基金,标志气候资金正式进入最具影响力国家决策部门的视野。但2009年哥本哈根气候大会,欧盟作为东道主在协调各方立场过程中表现乏力,《哥本哈根协议》无疾而终,延迟了相关机制的建立和完善。

三、气候基金框架调整期(2009—2012年)

以2009年哥本哈根《公约》第十五次缔约方会议和2012年第十八次缔约方大会为界,气候基金整体框架的发展经历了三年动荡的调整期。其间,发达国家做出了"到2020年为发展中国家应对气候变化每年动员1 000亿美元"的长期资金(Long Term Fund,LTF)承诺和"2010—2012年提供300亿美元快速启动资金(Fast Start Fund,FSF)"承诺,在多哈《公约》第十八次缔约方大会上也宣告已经向快速启动资金注资总计330亿美元,即已超额完成捐资任务,但由于国际资金机制中的规定过于简略,缺乏统一的出资标准,且没有专门的监管部门,没有方式对发达国家"自己说了算"的出资额进行评估,以及对其计算方式"一金多用"的嫌疑进行检查,以致遭到了广大发展中国家的不满。此外,发达国家要求发展中国家通过加大财政投入和投资、采取"征收碳税和建立碳交易体系"等碳定价政策、取消化石燃料补贴等行动加剧了发达国家和发展中国家阵营关于资金问题的冲突。

在此背景下,2009年哥本哈根《公约》第十五次缔约方会议上"哥本哈根绿色气候基金"概念被首次提出以来,意在另辟蹊径,通过成立《公约》资金机制新的独立的运营实体重新布局。在哥本哈根会议政治基调和会后各方理性协调的基础下,2010年坎昆《公约》第十六次缔约方大会达成了《坎昆协议》,对成立绿色气候基金提供了正式授权,决定新的多边适应资金的很大部分应当通过绿色气候基金提供,并指出要确保使用专题供资窗口以支持在发展中国家缔约方开展的项目、方案、政策和其他活动。坎昆会议还就绿色气候基金的秘书处的设立和董事会组成、受托管理人以及过渡委员会等要素达成了共识。2011 年,《绿色气候基金治理导则》在德班《公约》第十七次缔约方大会上获得通过[①],这也成为德班会议的重要成果。根据德班会议决定和所附的《绿色气候基金治理导则》[②],为使基金立即投入运作并确保独立性,公约秘书处和 GEF 秘书处负责联合组建临时秘书处,为董事会提供技术、行政和后勤支持。决定还就董事会成员提名、东道国申请等事项向缔约方发出邀请,并就临时秘书处负责人任命、第一次董事会会议等事项做出了安排。德国和丹麦分别宣布向绿色气候基金注资 4 000 万和 1 500 万欧元,成为首批向该基金注资的发达国家。

四、气候基金新格局时期（2012 年至今）

从 2012 年以来,气候基金逐渐迈入了以绿色气候基金（GCF）为主的新阶段。2012 年 10 月 20 日,在韩国仁川松岛会展中心举行的基金第二次理事会会议上投票决定了韩国仁川松岛成为秘书处所在地。在此基础上,韩国承诺直至 2019 年每年为绿色气候基金提供 100 万美元支持基金运作,并在 2014—2017 年以信托基金的形式向绿色气候基金援助 4 000 万美元[③]。此外,绿色气候基金秘书处初期常驻人员将达到 500 人以上[④]。在 2018 年 4 月前的过渡阶段,世界银行作为其临时托管方负责接收、保障、投资并负责转移来自投资者的资金。

作为公约资金机制的运行实体,GCF 组织结构的形成是公约谈判的产物,是发达国家缔约方和发展中国家缔约方相互妥协的结果。因此,

---

① http://unfccc.int/resource/docs/2011/cop17/chi/09a01c.pdf.
② UNFCCC 官方翻译为《绿色气候基金管理文书》。
③ Copenhagen Accord. FCCC/CP/2009/L.7.
④ 绿色气候基金:《联合国气候变化框架公约》资金机制的新发展.

GCF 的组织结构既反映了公约关于发达国家有义务向发展中国家提供资金支持的要求，也反映了发达国家将 GCF 通过公共资金调动和引导全球范围内资金流向减排和适应领域、推动世界经济革新性转型的期望。同时，GCF 作为一个多边的资金发展援助机构也不可避免要参考借鉴包括世行、亚行、适应基金、最不发达国家基金等在内的公约内外资金机构[1][2]。

2017 年特朗普政府上台后，拒绝履行其向发展中国家提供气候资金支持和向绿色气候基金（GCF）注资的义务，这对《公约》框架下的资金机制再次造成了极大的影响。根据美国第二次两年报的统计，美国 2010—2015 年每年由国会批准向发展中国家提供的资金支持约为 15 亿美元，如果算上发展援助和出口信贷，则总支持规模约为每年 26 亿美元，与目前每年超过 3 000 亿美元的清洁能源投资和 7 000 亿美元的气候融资规模看，这一资金量无疑是杯水车薪，即便是与发达国家承诺的每年 1 000 亿美元的长期资金支持比，这一资金也非常有限。相比之下，美国本国的政策转向和拒绝出资产生的隐含政治影响以及对市场投资信心的影响可能更为显著。根据彭博新能源财经（BNEF）的最新统计，受政策不确定性的影响和拖累，2017 年全球清洁能源领域的总投资额为 3 335 亿美元，仅较 2016 年增长 3%。此外，美国目前已向绿色气候资金注资的 10 亿美元占到了其现有资金规模（24.2 亿美元）的 40%，若其拒绝履行其剩余 20 亿美元的注资承诺，后续其比例将会下降到 6.4% 左右。

---

[1] 龚雨菡. 绿色气候基金的资金问题探讨 [J]. 法制与社会，2016（9）.
[2] https://www.odi.org/sites/odi.org.uk/files/odi-assets/publications-opinion-files/6457.pdf.

第三节 全球气候治理中气候基金的发展现状和建议

一、主要气候基金的发展现状

(一) 公约内气候基金

1. 全球环境基金（GEF）

GEF 由联合国开发署（UNDP）、联合国环境规划署（UNEP）和世界银行（WB）于1991年成立，是包括《公约》在内6个环境协议和公约的资金机制。1994年，GEF 与世界银行分离并进行了重组，成为了一个独立的常设机构，但其信托基金仍然由世界银行进行托管。GEF 信托基金每四年增资一次，捐资承诺也是每四年一个周期，资金来源于39个捐资国。自1994年重组以来，GEF 已进行了6次增资[①]，并正在就第七次增资事宜进行商讨，第七次增资第四次会议将于2018年4月25日在瑞典斯德哥尔摩召开。根据会议文件，第七次增资额度有望达到50亿美元[②]。

在气候变化领域，GEF 主要为包括可再生能源、能效提升、可持续交通和智慧农业在内的减缓项目和一部分适应项目提供赠款支持。截至2017年底，GEF 已经为全球170个国家提供了超过170亿美元的赠款，并通过各种渠道撬动了额外880亿美元的联合融资。截至2015年底，

[①] 第一增资期（GEF-1，1994—1998年）增资20亿美元；第二增资期（GEF-2，1998—2002年）增资27.5亿美元；第三增资期（GEF-3，2002—2006年）增资30亿美元；第四增资期（GEF-4，2006—2010年）增资31.3亿美元；第五增资期（GEF-5，2010—2014年）增资43.4亿美元；第六增资期（GEF-6，2014—2018年）增资44.3亿美元。

[②] https://www.thegef.org/sites/default/files/council-meeting-documents/GEF-7%20-%20Global%20Context%20and%20Strategic%20Priorities%20-%20GEF_R.7_11.pdf.

GEF 已经投资超过了 1 000 个减缓项目,包括 300 多个可再生能源项目、200 多个能效提升项目和 380 个可持续森林管理项目。GEF 还帮助 46 个国家制订了低碳发展规划,并为提升社区气候适应性投资了超过 13 亿美元。未来,GEF 还计划进一步发挥其综合性基金的优势,在气候资金全球治理的制度和重点领域投入更多精力和财力,与 GCF 在业务上错位发展。

2. 最不发达国家基金(LDCF)

联合国根据"低收入"、"匮乏的人文资源"以及"较高的经济脆弱性"三个标准,确认了 51 个世界最不发达国家。2001 年,《公约》缔约方大会通过《马拉喀什协定》,决定设立最不发达国家基金,以专门帮助最不发达国家通过"国家适应行动计划"(National Adaptation Programmes of Action,NAPA),从而确定最为迫切的适应需求项目。换言之,上述最不发达国家想要申请基金,必须先编制完成"国家适应行动计划",在确定了该国在适应领域应该首要采取的措施和最紧急的需求,然后才能向基金提出供资申请。

LDCF 没有长期而稳定的捐资机制,《公约》缔约方根据自愿原则对基金进行捐助。该基金的运营和管理由 GEF 来完成,在此基础上接受《公约》缔约方大会的指导,在细节问题上接受"最不发达国家基金和气候变化特别基金委员会"的安排和"最不发达国家专家小组"的技术指导。截至 2018 年 2 月底,LDCF 共筹集资金 12.11 亿美元[1],并撬动联合融资超过了 480 亿美元,为 51 个国家的应对气候变化项目提供了资金支持[2]。尽管 LDCF 的项目规模在逐渐增加,赠款额度也在逐渐提升,但其因为缺乏硬性的管理和信息公开机制,无法对做出承诺的捐资国家进行监督,也无法对虚假承诺的国家进行惩罚,加上反复的申请程序,因此一定

---

[1] http://fiftrustee.worldbank.org/Pages/ldcf.aspx.
[2] https://www.thegef.org/topics/least-developed-countries-fund-ldcf.

程度上变成了"人道主义政治秀"的工具，对最不发达国家应对气候变化帮助的效果非常有限。

3. 气候变化特别基金（SCCF）

与 LDCF 一样，SCCF 也是在马拉喀什《公约》第七次缔约方大会上成立的，该基金建立的初衷是补充 GEF 重点领域与其他双边和多边资金的不足，为《公约》中所有非附件一缔约方提供适应和技术领域的支持。SCCF 支持的应对气候变化活动包括水资源管理、土地管理、农业、健康、基础设施、脆弱点生态系统、山地和海岸带管理等。与 LDCF 一样，SCCF 同样由 GEF 托管，对资金的筹集也没有强制性的机制设定，捐资方根据自愿原则进行认捐。所以从某种意义上来看 LDCF 是 SCCF 中的特殊类型。截至 2018 年 2 月底，SCCF 共筹集资金 3.52 亿美元[①]。

4. 适应基金（AF）

早在 2000 年，为了解决气候资金机制对适应领域资助力量不足和受援国申请资金困难等问题，国际社会上就已经有了设立 AF 这一专门针对适应领域给予资金支持性质基金的提议，直到 2007 年在巴厘召开的《京都议定书》第三次缔约方会议，AF 才算真正通过决议成立。在此之后，AF 的发展转向了快车道，自 2008 年组建了适应基金理事会和在 2009 年获得了第一笔碳减排量资金收益后，AF 于 2010 年 6 月正式批准了第一批项目，正式开始运行。

AF 的资金由世界银行托管，其董事会具体负责项目的审批和对受援国国家实施机构和多边实施机构的资格认证。董事会还下设"项目与规划审批委员会"、"道德与金融委员会"和"认证委员会"，以相对独立的运营体系极大提高了基金运营效率，缩短了项目审批时间。此外，与 LDCF 和 SCCF 不同，AF 的资金除部分来源于捐助国的自愿捐资和少量投资

---

① http://fiftrustee.worldbank.org/Pages/sccf.aspx.

收入外,主要来源于《京都议定书》下清洁发展机制(CDM)项目产生的经核证减排量(CER)的2%的收益。截至2018年2月底,AF共筹得资金7.16亿美元,其中约2亿美元来自CER收益。

5. 绿色气候基金(GCF)

GCF是《公约》框架下第一个拥有独立运营实体的国际气候资金机制,也是2020年后《公约》资金机制下气候资金的主要运营实体。2009年哥本哈根气候大会为基金的成立提供了巨大的政治基调,2010年坎昆会议中,在发展中国家和主席的强力推动下,会议达成了《坎昆协议》①,最终决定成立绿色气候基金并为其提供了正式授权。2012年8月,GCF董事会的组建工作完成;同年10月,董事会选定韩国为基金东道国。2015年巴黎大会召开前,GCF批准了首批总额1.68亿美元的8个项目,并通过了世界银行等20个项目执行机构,正式开始运营。2016年7月,基金又批准了新的9个项目。在各类出资的项目中,GCF主要以赠款方式提供支持,其次是优惠贷款、股权和担保。在共同出资中优惠贷款占比最高,其次是赠款和股权。

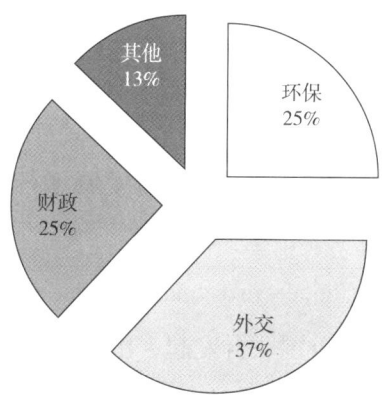

图4 绿色气候基金董事会成员工作背景(截至2016年7月)

---

① 《坎昆协议》并不是一个新的国际条约,而是一揽子缔约方会议决议。

绿色气候基金董事会由 24 名成员组成，发展中国家缔约方和发达国家缔约方的成员各 12 名。董事会成员一届任期为 3 年，可以连任。发展中国家成员来自亚洲、非洲以及拉美和加勒比三个发展中国家选区，其中至少有一人来自最不发达国家和小岛屿国家。每名董事会成员都会有一名从各自的选区中产生的副董事。中国已连续两届代表亚洲选区担任董事。董事会从发达国家和发展中国家成员中各选出一名联合主席，任期一年，负责主持会议并保证遵守规则、推动程序有序进行。从目前的董事会成员现职工作背景看，主要来自外交、财政和环保系统，因此在基金的各项决策中关注的重点、思考方式都存在一定差别。此外，董事会下还设立了认证委员会（Accreditation Panel，AP）、任命委员会（Ap Pointment Committee，APC）、风险控制委员会（Risk Management Committee，RMC）、独立技术咨询工作组（Technical Advisory Panel，TAP）以及投资委员会（Investment Committee，IC）。

（二）公约外气候基金

与《公约》内的资金机制相比，发达国家倾向于通过更广泛的多边渠道和双边渠道向发展中国家提供气候资金。此外，私营部门也越来越注重可再生能源的研究和有关基础设施的建设，大量民间资本正朝着向可持续发展和经济增长融资方向有序过渡。与《公约》内的气候基金相比，《公约》外的气候基金逐利性较强，多边发展银行（Multilateral Development Bank）在其中扮演了非常重要的位置。

1. 气候投资基金（Climate Investment Funds，CIFs）

CIFs 由美国、日本和英国联合发起，由 9 个欧洲国家、2 个北美洲国家和 3 个亚太国家，共计 14 个发达国家，在 2008 年 7 月共同出资设立。CIFs 的资金由世界银行托管，由非洲开发银行、亚洲开发银行、欧洲复兴开发银行、泛美开发银行、国际金融公司和世界银行共同实施。该基金包括了战略气候基金（Strategic Climate Fund，SCF）和清洁技术基金

（Clean Technology Fund，CTF）两只子基金组成，其中 SCF 下为促进应对气候变化投资设立了三个资金轨道，分别为气候适应性试点项目（Pilot Program for Climate Resilience，PPCR）、森林投资项目（Forest Investment Program，FIP）和扩大低收入国家可再生能源计划（Scaling Up Renewable Energy in Low Income Countries Program，SREP）。截至 2015 年 6 月 30 日，CIFs 承诺出资总额为 81 亿美元，其中英美两国占总出资额的 60%。

2. 能源突破投资基金（Breakthrough Energy Ventures Fund，BEV）

能源突破投资基金成立于 2016 年 12 月 12 日，该基金的初始资金募集超过了 10 亿美元，从 2017 年开始专注投资于发展前景的清洁能源技术，包括发电与储存、运输、工业应用、农业和能源体系效率，并持续运营 20 年。据其官网消息，该基金的寿命将长于其他基金，引其自有的科学技术、投资灵活性和其投资者在全球范围内的关系网络都会帮助基金迎接各类挑战，并部署资金在极速扩张的能源市场中抢占先机。能源突破投资基金背后是于 2015 年巴黎气候大会期间成立的能源突破投资联盟（Breakthrough Energy Ventures Coalition，BEC），由比尔·盖茨牵头来自全球顶级科技、互联网公司、工业集团和投资集团的商界领袖，包括杰夫·贝佐斯、马克·扎克伯格、马云、潘石屹、沈南鹏、孙正义等 28 位全球顶级富豪或家族共同发起，联盟参与人的净资产已经接近 1 700 亿美元。

3. OGCI 气候投资基金（OGCI Climate Investments，OGCI CI）

2016 年 11 月 4 日，由全球十大石油天然气企业的 CEO 和董事长牵头成立的油气行业气候倡议组织（The Oil and Gas Climate Initiative，OGCI）对外宣布，将成立投资 10 亿美元，投资期限为 10 年的气候投资基金。OGCI CI 的资金将主要投向甲烷排放管理、碳捕集、利用与封存（CCUS）、工业效率、交通运输效率这四大领域，以资金带动技术型初创企业的成长。不过，该倡议和行动很快就遭到了环保组织的质疑。环保组织的观点主要围绕投资额进行，认为这些温室气体的排放巨头们在 10 年的时间里只愿意投资 10 亿美元，相当于每家企业每年的投资金额只有 1 000 万美元，而这一表现显然与包括英国石油、壳牌、中石油、沙特阿美石油等在内 OGCI 成员企业的体量和排放不符[①]。此外，对于需要动辄几千亿美元高额投资的 CCUS 项目而言，10 亿美元的投资显得微不足道，不能取得明显的减排效果。

二、中国气候基金的发展与实践

中国一贯重视气候变化问题，除了国际流入的资金外，中国国内通过直接赠款、以奖代补、税收减免、政策型基金、投资国有资产等形式投向气候变化领域，支持了大量的应对气候变化行动，并带动了社会资金的投入。中国气候基金以中国清洁发展机制基金和正在筹备的气候变化南南合作基金为典例。

1. 中国清洁发展机制基金

中国清洁发展机制基金是由国家批准设立的按照社会型基金模式管理的政策型基金，是中国参与全球气候变化资金治理的一项重要成果。基金资金的主要来源为通过清洁发展机制（Clean Development Mechanism，CDM）项目转让温室气体减排量所获得收入中属于国家所有的部分，CDM 项目业主在获得联合国 CDM 执行委员会签发的每一批次核证减排量（Certified Emission Reduction，CER）转让收入后，按照《清洁发展机制项目运行管理办法》中规定的项目类别国家收入比例支付国家收入。基金的资金使用包括赠款和有偿使用等方式，其中赠款主要支持了各级应对气候变化相关的政策研究、能力建设和宣传，而有偿使用主要支持了低碳产业活动和商业项目。截至目前，基金已累计安排 11.25 亿元赠款资金，支持了 522 个赠款项目，并已审核通过了 210 个有偿项目，覆盖全国 25

---

① 数据显示 OGCI 成员企业的油气产量和能源供应总量分别占到了全球总量的 20% 和 10%。

个省（自治区、直辖市），安排贷款资金累计达到 130.36 亿元，撬动社会资金 640.43 亿元[①]。

2. 气候变化南南合作基金

中国以援外为主的南南合作经过了六十多年的发展历程，涵盖了双边、多边、地区和地区间等多个层级规模。与应对气候变化相关的早期技术援助项目最早可追溯至 20 世纪 80 年代，此后，中国政府在包括中非间合作论坛、联合国系列高级别会议，以及系列联合国气候变化大会等在内的重要政治外交场合也多次宣布要广泛而务实地开展务实南南合作，帮助南方国家提高应对气候变化能力。2014 年 9 月，张高丽副总理作为习近平总书记特使出席联合国气候峰会时，首次宣布建立气候变化南南合作基金。2014 年 11 月和 2015 年 11 月，习近平总书记在 20 国集团领导人第 9 次峰会和联合国气候变化巴黎大会上也对 200 亿元人民币气候变化南南合作基金的建立进行了重申。未来，气候变化南南合作基金将总体定位为国际化、开放性的合作组织和开发性金融机构，成为中国执行气候变化南南合作业务、深度参与全球气候治理的重要支撑。

三、气候基金发展的挑战和机遇

1. 在逆全球化的国际趋势下，气候基金发展面临不确定性

当前，国家多边局势发生变化，美国和欧盟的政治及国内情况对全球气候治理多边进程带来了不同程度的影响。在"逆全球化"主义抬头的大背景下，气候基金的发展也面临极大的不确定性。一方面，从整体局势来看气候基金的官方融资前景不利。发达国家尽管提供了 1 000 亿美元资金路线图，但仍存在诸多不足，使得发展中国家对其普遍存在质疑，发达国家提供资金仍存在极大的资金缺口，目前来看就 1 000 亿美元资金路线

---

① 数据来源于中国清洁发展机制基金网站。

图,发达国家在 2020 年前难有实质性进展。另一方面美国新政府上任以来,在气候及新能源领域发布了一系列消极政策,其中也包括对 GEF 和 GCF 等主要的气候资金平台撤资的计划,美国的消极示范作用将不可避免地对全球气候融资带来负面影响,可能使得气候基金融资面临乏力。然而,尽管美国官方融资前景不佳,地方行动却一定程度释放出积极信号。虽然奥巴马的总统行动计划和清洁电力计划相继被推翻,但在全球低碳转型发展的大趋势下,美国的可再生能源和气候融资等领域的发展也初具规模,美国民间的绿色低碳转型势头在地方政府和私营部门及民众的积极推动和参与下得到维持。

2. 以 GCF 为代表的气候基金机制将逐渐发挥更大作用

GCF 的建立与运行是德班会议的重要成果,《公约》自此建立了相对独立的资金机制,绿色气候基金为气候的资金机制开启了一个崭新的格局。这改变了自《公约》建立以来,履约资金机制同时由多个全球环境公约资金机制的全球环境基金作为临时运行实体的情况,其管理模式也更体现出公平原则并具有气候基金机制发展的示范性。从长期来看,GCF 有可能发展成为气候变化领域主导性的资金机制,也将发挥越来越重要的作用。尽管 GCF 的发展尚未完善,例如何时能实质性地发挥履约职能,特别是筹措到足够的资金并且持续、稳定地运行,仍需要进一步深入的谈判和磋商,但其作为气候基金的代表,体现出气候基金相对于其他资金机制的优势,也为未来其他气候基金的开发与发展提供了良好的借鉴。

3. 气候基金项目收益率面临风险

气候基金项目包括减缓、适应、技术转移和能力建设等多个方面,在项目投资当中也面临较大的投资风险。另外普遍而言,在气候变化适应项目需要较长时间,而且涉及领域广泛,很难在短期内得到收益回报。当前气候基金发展还处于起步阶段,管理运作机制尚不成熟,很多投资风险尚未内部化,有待进一步推动气候基金公私合作伙伴(Public Private Partnership，PPP）模式的发展。PPP 涉及的领域一般为投资规模大、经营周期长、风险高的基础设施项目，这一模式的引入有效地缓解了财政资金不足的状况。PPP 一方面可以弥补财政资金投入不足的问题，吸引社会资本参与到节能减排领域中来，扩大财政资金撬动社会资本的杠杆作用。由于低碳产业具有准公共物品特征，很难吸引追求利润的社会资本的投入。然而，如果将公共部门和私人部门结合起来，组成公私合作伙伴关系，公共部门对于私人部门的盈利提供必要的担保和支持，则会吸引大量追求稳定收益的社会资本的加入，从而加大低碳产业中的资金流入，促进低碳产业迅速发展壮大。另一方面 PPP 还可以提高低碳融资模式的效率。由于私人资本的管理水平比公共部门一般要高，运用资金和资源的效率也较高。气候基金在投资和收益率等方面面临的风险，可以通过类 PPP 的发展模式得到一定缓冲，因此气候基金运作模式的开发还有待进一步研究和实践。

4. 面临传统能源的发展，气候基金尚缺乏规范的管理体系

《巴黎协定》代表了国际社会对全球低碳发展的共识，全球正在大力发展可再生能源，努力为全球低碳转型作出贡献。然而，传统能源也在寻求发展之路，来自复苏传统能源发展的声音对气候基金的发展形成了一定阻碍。气候基金的资金来源成为未来发展的重要挑战之一，一方面，来源于赠款的气候基金受美国撤资不确定性的威胁可能严重削减；另一方面，来源于自营部门投资的基金受市场因素影响，可能投资于传统能源行业，造成气候基金来源及规模并不稳定。此时气候基金的发展就需要相对完善的顶层机制设计，包括完善的运营和监管体系、机构设置以及政策和法律保障。

四、气候基金的典型案例

（一）全球环境信托基金运营实践及存在问题

1. GEF 的组织架构

GEF 成员国大会和 GEF 为之服务的六大环境公约为 GEF 的运作提供

指导。GEF 理事会负责制定、审议和评估基金资助活动的政策和规划，理事会成员分别由代表 32 个选区的 32 位理事组成（16 位来自发展中国家、14 位来自发达国家、2 位来自经济转轨国家）。两个独立机构，科学与技术顾问委员会（STAP）和独立评估办公室（IEO）直接向理事会报告。科学与技术顾问委员会（STAP）负责为基金制定战略和规划提供战略性科学技术咨询。而独立评估办公室（IEO）则负责对基金的计划和项目的监测评估（M&E）系统进行质量监督，提出监测评估要求，确保基金内部的独立评估功能。世界银行作为基金的受托人，向基金理事会承担受托承诺。GEF 秘书处负责基金的日常活动，由世行职员担任，并由世行推荐的 CEO 监督。GEF 的实施和执行机构经过不断地扩展，已由最初的 3 家发展为目前的 18 家，负责提出项目建议，并帮助有资格的政府和非政府组织开发、实施和管理基金项目。

2. 资助原则

GEF 资助的并不是项目全部金额，而仅仅为项目实现全球环境效益的"增量"或额外成本提供资助。例如选择太阳能或风能等可再生能源发电技术替代煤电同样可满足电力需求，但成本相对较高，GEF 赠款可以覆盖由低成本的煤电转向高成本的可再生能源的"增量"或额外成本。

GEF 同时还给出了确定增量成本的五个步骤，包括：

识别环境问题、威胁或障碍，确定没有 GEF 参与的"照常"情景；

识别项目的全球环境效益，并确定其是否与 GEF 重点领域战略所确定的 GEF 重点领域和主题中的优先领域相匹配；

制定项目框架，评估结果；

指出增量成本产生的原因和 GEF 在其中的作用；

和联合资助方开展磋商。

可以看到，GEF 主要起到的是催化剂的作用，通过覆盖增量或额外成本提高环境有益项目的盈利可能，从而撬动社会资本、私人资本进入。

3. GEF 资助项目及实施流程

根据项目资金和具体目标的差异，GEF 资助项目大致可分为以下四类：

全额项目（full – sized projects，FSP）：GEF 出资规模大于 200 万美元；

中型项目（medium – sized projects，MSP）：GEF 出资规模小于等于 200 万美元；

基础活动项目（enabling activities，EA）：主要针对能力建设，出资上限根据领域有所不同，气候领域不超过 50 万美元；

小额赠款项目：主要促进公众参与。

除全额项目外，其他项目的流程都相对简单。特别是鉴于各国政府和非政府组织越来越支持加快较小项目的实施，GEF 在第 8 次理事会会议上批准了受理和资助中型项目建议的简化程序，通过快速批准程序，加快中型项目处理和实施的过程。中型项目适用一步程序，实施机构或受援国可以准备项目建议提交秘书处的 CEO 审核通过。

全额项目的流程一般包括如下五个阶段：

项目识别：受援国与 GEF 实施机构合作，确定可能进一步发展并提交给 GEF 秘书处的项目概念。准备项目概念文件（PIF），经国家联络点（OFP）批准后提交给环境基金秘书处。同时提交项目准备资助申请（PPG）。

理事会批准：PIF 提交后，GEF 秘书处对 PIF 进行审查，并向实施机构反馈意见。秘书处可以认可 PIF，并向 GEF 秘书处的 CEO 推荐列入工作计划，或要求相关机构提供其他信息或澄清，或拒绝 PIF。秘书处认可后 CEO 可基于 PIFs 准备工作方案提交理事会审查和批准。

CEO 背书：PIF 批准后，GEF 实施机构预计在 18 个月内准备项目，并获得 CEO 的认可。各实施机构完成项目准备后，将其提交给 GEF 秘书处 CEO。秘书处可以在评估项目材料不符合背书条件的情况下要求修改。在秘书处确信符合条件的情况下，一个项目可由 CEO 核准。最终的 GEF 拨款金额也由 CEO 确认。

项目实施：项目获得 CEO 认可后，项目建议书可能需要经过实施机构的审批程序。经实施机构批准后，通知全球环境基金受托人（世界银行），以便受托人可以为项目发放资金，然后可以开始实施该项目。项目实施的实际程序和项目实施开始的程序因各机构而异。在项目执行期间，实施机构监督该项目，并进行定期审查，如项目实施评估（PIR）和中期审查。这些审查通过年度监测审查（AMR）流程进行汇总和报告。

项目完成：GEF 实施机构负责完成项目，准备终期评估和完成项目财务手续。在项目完成后，实施机构必须编写终期评估报告，然后提交给 GEF 独立评估办公室。在独立评估办公室收到终期评估后，通过年度项目审查（APR）对完成项目的绩效进行报告。终期评估结果也由秘书处通过年度监测审查（AMR）合成和报告。

4. GEF 的运行绩效和存在的问题

GEF 作为《公约》下的主要资金渠道之一，为推动发展中国家应对气候变化作出了贡献。以减缓气候变化领域为例，截至 2016 年 6 月 30 日，GEF 共资助了超过 165 个国家的 836 个项目，资助金额超过 52 亿美元，同时还撬动了 452 亿美元资金，来自实施机构、国家地方政策、多边双边机构、私人部门和公民社会组织等。

表 1　　　　　　　　GEF 对减缓气候变化领域的资助情况

区域	项目		GEF 总额		联合资助		联合资助比例
	数量	比例	百万美元	比例	百万美元	比例	
非洲	198	23.7%	1 013.8	19.2%	8 284.9	18.3%	8.2%
亚洲	264	31.6%	1 735.5	32.9%	20 231.3	44.7%	11.7%
东欧和中亚	153	18.3%	772.3	14.6%	6 721.8	14.9%	8.7%

续表

区域	项目 数量	项目 比例	GEF 总额 百万美元	GEF 总额 比例	联合资助 百万美元	联合资助 比例	联合资助 比例
拉丁美洲和加勒比	154	18.4%	1 040.4	19.7%	6 675.9	14.8%	6.4%
全球	55	6.6%	625.2	11.9%	2 652.0	5.9%	4.2%
区域	12	1.4%	88.0	1.7%	666.4	1.5%	7.6%
总计	836	100.0%	5 275.2	100.0%	45 232.3	100.0%	8.6%

但从其实际运营看，GEF 也存在种种问题，具体包括：

（1）业务层次复杂、运营模式效率太低，且影响项目时效性和效果

从上文的介绍可以发现，GEF 全额项目的流程负责，周期时间长，从提出项目概念到完成项目实施通常需要超过 10 年的时间，资金运营效率太低，而且由于项目战线太长，导致提出项目概念时的社会经济环境在项目真正实施时已发生很大变化，也在一定程度影响了项目的绩效。根据独立评估机构针对 GEF 第五次增资期的评估发现，已经完成的 GEF 全额项目仅项目实施前的准备就至少需要 2 年半。项目实施需要 5 年，项目完成还需要 2 年左右的时间完成评估和财务手续。而且，大部分项目还存在延期现象。以国家气候战略实施的中国技术需求评估项目为例，项目资助金额 500 万美元，旨在全面评估中国应对气候变化的技术需求，并应用国际最优实践。项目从 2009 年启动概念讨论，于 2009 年底递交 PIF 给 GEF，2010 年获得理事会批准，2012 年 4 月获得实施许可。项目计划实施期为 30 个月，原定于 2015 年底完成，但截至目前，项目虽已于 2016 年年中结题，还尚未完成全部评估。与项目设计阶段相比，中国的社会经济、排放和技术状况以及技术需求评估的方法学已发生了较大变化，在项目实施期内，中国还于 2014 年起陆续颁布了《国家重点节能低碳技术及推广目录》，项目成果的应用价值大幅降低[1]。

---

[1] https：//www.thegef.org/project/technology–need–assessment–climate–change.

GEF 也已经认识到了这一问题,并在第六次增资期提出了改革方案,即由理事会核准包含项目方案纲要文件的工作方案,然后由 GEF 秘书处的 CEO 依据工作方案筛选和批准项目。新流程简化了项目概念文件的批复程序,而以事先识别的工作方案代替,给予了 CEO 更大的权限。新方案的实施效果还有待检验。

(2) 项目资金来源有待进一步扩展,额外性计算应更符合项目实际

GEF 的额外性原则是确保 GEF 催化剂角色,撬动联合资本的根本逻辑和关键所在。但在具体实施过程中,由于项目方对额外性原则的认识不清,计算方法不完善,使得很多有关额外成本的计算并不符合现实,单纯只是为了满足程序性需求,这就导致了报告质量低下,难以真正有效吸引社会资本,资本撬动力有限。考虑到 GEF 的资金来源依赖于捐资国的捐赠,从第六次增资期看,资金规模相对第五次增资期虽有小幅增长,但增幅仅为2%,几乎可忽略不计。第七次增资期的前景也不乐观。在资金规模无法扩展,而全球环境问题包括气候变化问题日益紧迫的情况下,要更大发挥 GEF 的作用,则需要更好地撬动联合资本,特别是国别投资和私人资本。这就要求额外性计算时能真正覆盖项目的额外成本,提高项目的可行性。

5. 项目实例:中国供热改革和建筑能效项目(项目编号1892)

中国供热改革与建筑节能项目(以下简称 HRBEE)是由 GEF 赠款1 800万美元用于支持中国北方城市的供热改革与建筑节能工作,由住房和城乡建设部负责具体组织实施,世界银行是 GEF 实施机构。项目于2002年10月底向 GEF 提交项目概念,2003年1月 GEF 批准项目准备期赠款(35万美元)并于2004年5月1日批准项目概念。2005年2月14日,项目获准实施。2005年5月24日财政部代表中国与世行签署了《赠款协议》,2005年9月23日《赠款协议》生效,项目实施期为7年(2005—2011年)。

项目背景：

中国城市供热能源消耗是能源浪费的主要来源之一。中国城市供热行业的能耗占中国商业能源使用的 10% 左右，在寒冷地区，这一比例可进一步上升到 25%。但是，中国的供热体制目前存在很大问题：①集中供热系统基于俄罗斯技术标准，没有热计量，是基于每平方米而非实际热量计费，导致过热现象和能源浪费现象广泛存在；②建筑节能标准实施不力，在房地产快速发展的情况下，容易造成巨额锁定效应；③煤炭由于其成本优势和资源可得，又是成为集中式城市供热系统的主要燃料，而这已成为中国寒冷天气城市空气污染的主要来源。

项目目标：

HRBEE 项目旨在提高中国寒冷地区城市民用建筑及集中供热系统的能效，并使其获得实质性的持续发展。为实现该目标，项目采取了针对新建居住建筑的三项措施：①通过加强建筑节能标准的执行、改进设计及运用改进的保温和其他节能措施，增强建筑整体保温性能；②供热系统的现代化改造，以实现终端用户控制和按需操作；③通过实施热计量、按成本定价及按热耗的计费，改革热的定价和计费。

项目内容：

项目由三个部分组成：①中央项目管理与协调，相关政策研究、专家支持和成果扩散；②在天津实施综合建筑节能与供热体制改革的示范项目，建设天津市建筑节能与供热体制改革综合示范平台；③在其他北方城市实施供热改革与建筑节能项目活动，建设示范城市，支持地方供热改革和建筑节能取得成效。

项目融资和额外性论证：

项目获得 GEF 赠款总金额 1 835 万美元（其中 35 万美元用于项目准备），撬动联合投资 8 100 万美元（其中 7 500 万美元来自企业，600 万美元来自中国政府）。项目总金额达 9 935 万美元，撬动资金比为 1:4.4。

与上文介绍的 GEF 额外性原则相一致，本项目 GEF 也对城市供暖系统改造的增量或额外成本进行了测算，并为 30% 左右的增量成本提供赠款支持。表 2 列出了 GEF 估算成本的关键信息和对天津部分示范项目额外成本的测算。

表 2　　　　　　　　天津部分示范项目的额外成本测算

	（美元）				GEF 赠款	
		基准情景	项目	增量成本	总额	占增量成本比例
总计		412 763 893	433 157 388	20 393 495	5 100 000	25%
示范项目 1						
总成本		343 805 920	356 585 913	12 779 993	3 221 351	25%
无/有	供热系统和管网	10 603 600	15 689 453	5 085 852	1 321 746	25%
	围护结构	17 689 549	25 383 690	7 694 140	1 899 606	26%
	其他建筑发展成本	315 512 770	315 512 770	0	0	0
示范项目 2						
总成本		68 957 973	76 571 475	7 613 502	1 878 649	25%
无/有	供热系统和管网	2 317 446	7 452 229	5 134 783	1 234 462	24%
	围护结构	2 317 446	6 774 943	4 457 497	644 186	14%
	其他建筑发展成本	64 323 081	62 344 303	-1 978 779	0	0

项目产出：

HRBEE 项目自 2005 年实施以来，确定了天津、大连、唐山、承德、吴忠、大同和乌鲁木齐 7 个示范城市，实施了 6 个新建居住三步和四步节能建筑供热计量收费和建筑节能示范项目，面积达 110 万平方米；实施了 3 个既有二步和三步节能居住建筑供热计量改造和收费示范项目，面积达 313 万平方米；实施了 5 个民用建筑供热计量信息和能耗监测平台示范项目，面积达 3.85 亿平方米。为中国政府出台供热改革与建筑节能相关的政策、标准和技术规程，大规模推行更高标准的节能建筑和供热计量以及促进和推动中国北方城市供热改革与建筑节能工作的开展发挥了很大作用。具体而言，①中央部分内容是 HRBEE 项目的关键环节，不仅在项目整体的实施过程中起着重要的监督协调作用，在住房和城乡建设部、世行与项目执行单位之间架起了桥梁；而且将共性问题、全局问题作为中央层面的技术支持和政策研究，成果能够为各地方的项目实施提供指导和帮助，并促进地方工作取得实质性突破。中央部分中央层面的政策研究和技术援助项目共计完成了 15 个项目，包括政策和改革经验研究方面的 7 个项目和 8 个技术援助项目，内容涉及《城镇供热价格暂行管理办法》《关于城镇采暖费补贴工作指导意见》《推进供热计量实施意见》的实施细则、既有住宅节能改造技术措施选择与成本分析（以包头为案例）、地下水源热泵技术在中国的应用研究、北方既有建筑节能改造政策研究、中国供热管理条例《政策建议书》等。除了项目外，项目还组织和支持举办了一系列有针对性的研讨会和培训班，对有关政府部门官员和行业技术人员进行供热改革与建筑节能方面的培训和交流。②天津部分是 HRBEE 项目的重要部分。天津部分共完成了 5 个示范工程项目包括华厦津典和第六田园新建居住建筑节能 65% 和热计量收费示范项目 2 个，天津泰达热电和津鸿热力既有节能 65% 居住建筑热计量改造和收费示范工程 2 个，以及天津供热计量和能耗监测信息平台示范项目。同时，天津部分共完成了 10 个政策研究和技术援助项目。③以天津为龙头，以其他城市为跟进梯队，是 HRBEE 项目推动中国采暖区供热改革与建筑节能工作的战略构思。其他城市部分的 6 个示范城市分布于东北、华北和西北，共完成了 10 个示范工程项目，为推动我国"三北"地区的供热改革与建筑节能工作起到重要的推动作用。

（二）中国清洁发展基金的运营实践和存在问题

1. 基金治理结构

清洁基金的管理机构由基金审核理事会和基金管理中心组成。

基金审核理事会是关于清洁基金事务的部际议事机构，由国家发展和改革委员会、财政部、外交部、科学技术部、环境保护部、农业部和中国气象局7个部委的代表组成,负责审核基金基本管理制度、基金赠款项目和重大有偿使用项目申请、基金年度财务收支预算与决算等重大业务事项。

基金管理中心是清洁基金的日常管理机构,具体负责基金的筹集、管理和使用工作,由财政部归口管理。

2. 赠款项目的实施流程

基金赠款主要用于支持下列事项:①与应对气候变化相关的政策研究和学术活动;②与应对气候变化相关的国际合作活动;③旨在加强应对气候变化能力建设的培训活动;④旨在提高公众应对气候变化意识的宣传、教育活动;⑤服务于基金宗旨的其他事项。

赠款项目实行合同管理。国家发展改革委牵头负责赠款项目管理,具体工作由国家发展改革委应对气候变化司承担。

具体实施流程如图5所示。

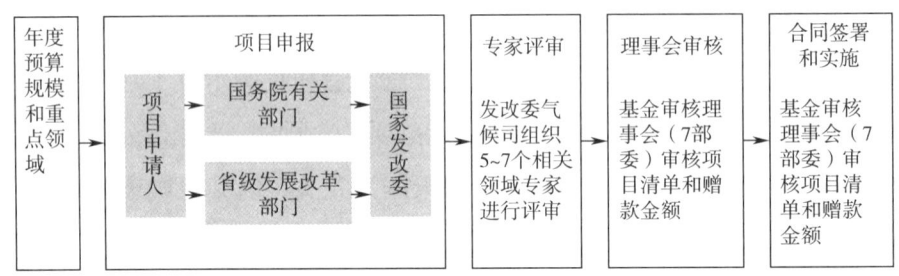

图5 清洁发展基金赠款项目操作流程

第一步:确定年度预算规模和重点领域、方向

根据国家应对气候变化实际工作需要,基金管理中心商国家发展改革委和财政部提出基金赠款年度支出规模预算建议,报财政部、国家发展改革委,经审核理事会审核并取得一致意见后,由财政部、国家发展改革委联合批准。国家发展改革委基于应对气候变化工作需要,提出基金赠款支

持重点领域和方向。

第二步：提交项目申请

符合资质的项目申请人提交项目申请书。赠款项目申请书由国务院有关部门或省级发展改革部门（以下简称项目组织申报单位）向国家发展改革委转报或报送。

第三步：项目申请专家评审

国家发展改革委应对气候变化司组织相关领域专家5~7人组成的专家组对赠款项目进行评审。专家组对申请人的资质，项目申请书的完整性、拟申报项目的必要性、可行性，拟申报赠款金额的合理性等内容进行评审，形成评审意见，提交基金审核理事会。

第四步：理事会审核通过

基金审核理事会在专家评审意见基础上，召开会议审核赠款项目，提出拟批准赠款项目清单及各项目赠款金额的审核意见，由国家发展改革委会同财政部批准。

第五步：签署项目合同和实施

赠款项目合同由国家发展改革委、项目组织申报单位、基金管理中心、项目申请人共同签订。赠款项目合同签署后，项目申请人成立实施机构，负责赠款项目实施。国家发展改革委、基金管理中心会同项目组织申报单位负责对赠款项目的实施进行监督检查和考核验收。国家发改委、财政部对违规行为予以处理、处罚。

3. 有偿使用项目的流程

基金有偿使用采取以下方式：①股权投资，即设立、增资扩股和受让股权等权益性投资形式；②委托贷款，即基金委托中国境内的商业银行、具有贷款业务资质的非银行金融机构或财政系统开展的债权性投资；③融资性担保，指基金以担保人身份依法为能够产生应对气候变化效益的融资活动提供本息担保的行为；④国家批准的其他方式。基金不得从事股票、股票类投资基金、房地产以及期货等金融衍生产品投资。通过发展有偿使用业务，基金发挥政策性基金引导作用，支持中国赠款境内的中资或中资控股企业开展节能和提高能效、清洁能源的开发利用、相关领域的装备制造和材料制造、碳汇等多种类型的有利于控制和减少温室气体排放的活动。

基金以股权投资、委托贷款方式支持项目的，其年度累计金额不得超过上年末资产净值的一定比例（例如基金所持股份一般不得超过企业总股本的25%）。具体比例由基金审核理事会规定。基金以股权投资方式支持项目的，不得对投资对象控股，投资所形成股权的退出，应当按照公开、公平和市场化原则，确定退出方式及退出价格。基金以融资担保方式支持项目的，其担保额不得超过基金年度预算确定的限额。

委托贷款项目的具体操作流程如图6所示。

与赠款项目由国家发改委主导不同，有偿使用项目主要由财政部驱动，而且只有申请基金资金在7 000万元人民币以上（含7 000万元）的重大项目，需要报送基金审核理事会审核。对于申请基金资金在7 000万元人民币以下的项目，基金管理中心可按照规定程序审批，并报国家发展改革委、财政部备案。

4. 中国清洁发展基金的绩效和存在的问题

清洁发展基金已通过十年的运营成长为中国绿色低碳发展领域的一支重要推动力量，为引领全社会应对气候变化行动起到了一定的作用。在赠款项目方面，截至2016年12月31日，清洁基金累计安排11.25亿元赠款资金，支持了522个赠款项目。而在有偿使用方面，自2011年开展委托贷款业务以来，截至2016年，清洁发展基金已审核通过了246个委托贷款项目，覆盖全国26个省（自治区、直辖市），安排贷款资金148.68亿元，撬动社会资金792.68亿元。项目预期累计年碳减排（或碳减排潜能）总量达4 828.39万吨二氧化碳当量。同时，清洁发展基金还入股了

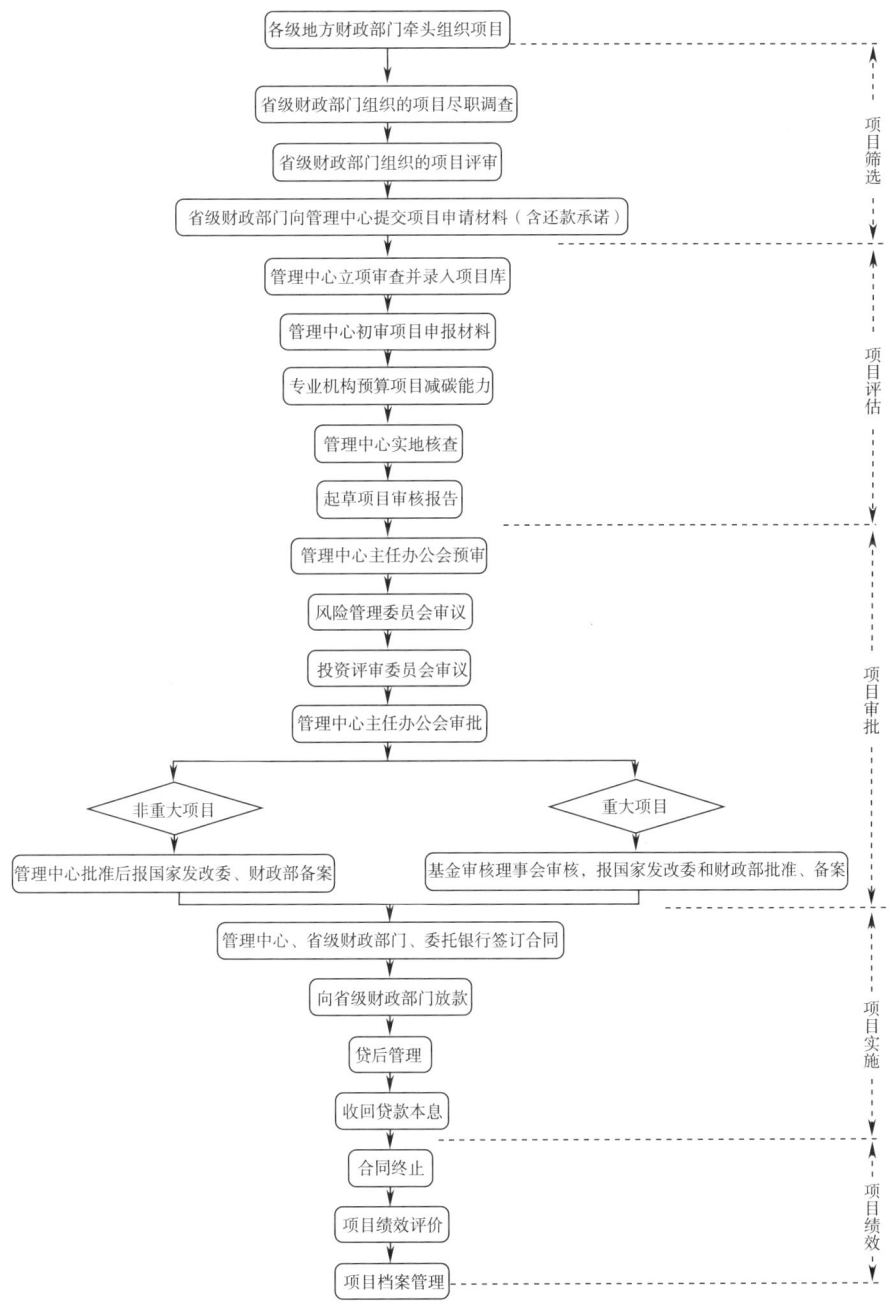

图6 清洁发展基金贷款项目操作流程

上海环境能源交易所和北京国联能源产业投资基金。并且基金还联手财政部国际财经合作司和地方财政部门,与国际金融公司(IFC)及国内商业银行合作,将 IFC "中国公用事业能效融资项目"(CHUEE)发展的损失分担机制推广到地方,包括江苏和山东,支持商业银行扩大了能效贷款规模。

但是,10 年的运营也让清洁发展基金暴露出如下问题:

(1) 基金资金来源后继乏力,需开拓新的资金来源

根据《中国清洁发展机制基金管理办法》,清洁基金的来源包括:①通过清洁发展机制(CDM)项目转让温室气体减排量所获得收入中属于国家所有的部分;②基金运营收入;③国内外机构、组织和个人捐赠;④其他来源。2012 年以前,基金收入主要来自 CDM 项目收入。2012 年以后,来自 CDM 项目的收入迅速减少。基金缺少后续资金来源,其主要收入来源已源自基金运营收入。这一方面要求基金进一步提高运营收入、实现保值增值。另一方面,基金还需开拓其他资金来源,如私人部门的捐赠。

(2) 政府和市场的定位不清,需提高基金运营效率

作为政策性基金,基金的重要决策包括赠款项目和重大有偿使用项目的决策仍严重依赖于七部委构成的审核理事会,而且,基金管理中心作为财政部归口管理单位,独立性和市场化运营程度也存在不足。这就导致基金的决策很大程度上并不能有效反映市场需求,且决策效率低下,管理周期长。例如,七部委间的意见分歧往往会影响审核理事会达成共识。而将赠款项目的管理放在国家发改委气候司,在气候司缺少足够人力资源和专业项目管理能力的情况下,就导致了赠款项目的批复周期长、拨款不及时、项目超时现象普遍、按时验收比例极低的情况。作为与决策关系紧密的赠款项目,时效性是影响赠款项目效果的重要因素之一,项目审批的迟滞很大程度影响了赠款项目成果的有效性和影响力。基金需要进一步改革

实践流程，简化审批流程，加大市场化运营程度，提高运营效率。

第四节 气候基金发展的政策建议

一、继续敦促发达国家履行其出资义务并以公共资金作为主渠道

应当明确，在气候基金来源中，私人资本和投资不能替代公共财政在气候融资中的作用。对GCF注资是国家义务，单以私人资本化市场运作是难以实现的。私人融资很难负责任地在低收入和中等偏下收入国家以及所有发展中国家的边缘化社区中开展工作。因此，在未来气候基金的发展过程中，发展中国家首先应当继续敦促发达国家履行其出资义务，并重点强调公共资金作为资金主渠道的必要性和重要性。并且，在谈判中发展中国家应进一步巩固阵营的团结，避免发达国家以资金援助为筹码的不妥要求与条件，为发展中国家争取合法利益。

二、强化对私营部门的引导和管理

私营部门作为非政府行为体的重要部分，对全球气候变化治理的过程起到了不可忽视的作用。气候基金强调以公共资金为主要来源，但也欢迎私营部门资金的注入。私营部门的积极参与，一方面使全球气候治理的多边进程的参与方多元化，为各方应对气候变化注入积极推动力；另一方面私营部门也以务实的行动参与并支持全球应对气候变化，目前已经启动了一些由企业家主导的行动倡议和联盟，私营部门逐渐成为气候基金的重要资金来源。未来气候基金的发展和管理有必要加强对私营部门的积极引导，增强私营部门对气候基金的了解和信心，从而进一步扩大私营部门的投入。私营部门参与出资使筹措方式相对灵活，不仅能够撬动社会资本的

力量，也能以较快的速度开展筹资速度快并且资金规模大。通过公私合作组建的基金，既可以提高基金的信用，又能发挥民间资本投资灵活的特长，因此需要通过相关政策的支撑进一步加强对私营部门的引导和管理，同时也需要强化治理结构运行的严格程度。

三、加强气候变化南南合作基金的统筹管理

中国一直是南南合作的积极倡导者和重要参与者，在南南合作框架下向广大发展中国家提供力所能及的援助。2015年9月，在习近平总书记访美和参加联合国大会期间，先后宣布建立"气候变化南南合作基金"、"南南合作援助基金"、"南南合作发展学院"等。气候变化南南合作基金作为气候基金的代表，旨在支持其他发展中国家应对气候变化，并增强其使用绿色气候基金资金的能力。气候变化南南合作基金的发展，需要加强其顶层设计，完善体制和机构设置；推动"南南合作援助基金"和"中国气候变化南南合作基金"等资金到位及规范使用；完善监督和评估机制，并积极引入地方政府、民间机构、企业等多元化主体参与，扩大民众对南南合作的认同和参与，深化气候变化南南合作基金的意义，为下一阶段拓展基金发展的深度和广度奠定基础。

第十九章　碳基金促进低碳产业发展

面对全球气候变化，中国积极响应，习近平总书记在《巴黎协定》中积极承诺：到 2030 年，中国单位 GDP 二氧化碳排放要比 2005 年下降 60%～65%，非化石能源在总能源当中的比例提升到 20% 左右，中国的二氧化碳排放达到峰值。

根据发改委能源局的研究，中国要走上一条低碳能源发展道路，将取决于以下四方面的努力，一是引导合理的需求，抑制能源服务水平的急速扩张，推动形成节约型的生产体系和消费体系；二是优化调整经济结构和工业结构，选择节能型的生产和消费结构；三是加快技术研发和创新，推进终端用能部门能源效率水平的提高；四是建设高效、清洁、低碳的能源工业，构建清洁、高效的能源供应体系。

因此，全国碳排放权交易市场作为重要的减排推手将于 2017 年顺势正式启动。碳基金，是在全国低碳发展大背景下的金融创新需求，是促进低碳产业发展的重要推手。在全国碳排放权交易市场开放的早期阶段，碳基金有助于引导控排企业履约、开发碳资产，推动民营资本参与碳排放交易，把握全国碳排放权交易早期高速发展的机遇。同时，在低碳试点城市建设过程中，碳基金对民间资本产生积极导向性效应，形成区域低碳金融集结地，推进低碳技术，促进低碳产业转型、城市低碳发展具有长期深远影响。

第一节 当前碳减排压力和产业低碳转型的必要性

一、中国经济高速发展导致碳减排压力日益凸显

中国经济发展举世瞩目，然而高速发展和产业增加产生巨大的二氧化碳排放，2003—2013年我国二氧化碳排放连续十年保持两位数增长，2015年我国二氧化碳排放为104亿吨，占全球排放总量的29%，甚至超过了美国和欧盟，我国碳减排压力日益凸显。

二、从高耗能向产业低碳发展转型迫在眉睫

中国的高能耗工业部门大都是国民经济的支柱产业，我国有69 898家规模以上工业企业属于六大高耗能产业，占全国规模工业企业的21.47%；六大高能耗产业占工业生产总值的33.78%，然而能源消耗总量占工业消耗总量的51.45%。国家已出台相关政策督促高耗能企业调整发展模式，采取更加环保的低碳模式。随着低碳生活、绿色消费理念深入人心，人们对高碳产品的抵触越来越大。在内外压力之下，高耗能企业实行低碳模式已是大势所趋。

三、低碳转型亟待解决融资困境

在我国低碳经济尚属起步阶段，低碳产业的投融资缺乏政府的引导和刺激机制，使投资者很难了解和认同低碳产业投资能够带来可观的回报。低碳产业经济效益呈现慢，技术研究周期、技术转化效率有很多不确定性，并且投融资渠道窄，比例低。中央财经大学气候与能源金融研究中心提出，要实现2030年达到排放峰值的目标，在2020年前需要快速增加投

资，预计每年资金需求增速超过4%，直到2020年逐渐增加到资金需求的峰值2.56万亿元，相当于当年GDP的1.79%。然而，央行总行研究局表示，绿色信贷在商业银行资产占比低，资金缺口高达20倍。大多数商业银行对快收益、稳定期的行业投资偏好，这种固定观念影响了低碳转型的投融资推广。

四、低碳技术的应用和发展面临障碍

我国低碳技术研发基础薄弱，创新能力不足，能对低碳技术提供服务的组织很少。缺乏低碳转型的服务机构，不能提供相应的技术咨询、技术评估、技术合作开发、技术转移等相关服务。缺乏低碳信息交流与合作的平台，不能对相关的低碳信息进行分析、借鉴，低碳技术不能得到有效的推广。对低碳技术的培训和宣传的力度不够，没有建立强有力的低碳技术研发与推广的团队。我国多数企业的竞争优势仍然主要表现在市场的营业额上，而技术的更新换代常常被忽视，造成了低碳技术创新和推广动力不足。

虽然低碳技术应用性较广，不但可以被本企业所利用，也可能给整个产业带来技术升级，但研发企业担心自己的技术被盗取，推广力度和意愿度不高。另外，高耗能企业的能源基础设施建成以后，更换需要巨大的成本，阻碍我国低碳技术的创新应用。

第二节 国际碳基金的经验借鉴和参考

一、国际碳基金的发展历程

自从《京都议定书》于2005年2月16日开始正式生效以后，在世界银行和亚洲开发银行等国际金融机构的带动下，全球碳交易市场迅猛发展，交易规模持续扩大，各种交易制度不断完善，碳市场参与主体日益增加；也正是国际碳市场的繁荣直接推动了碳基金的发展，并呈现出其独特的演变趋势。

1. 碳基金的发展历史：数量的急剧扩张和规模的不断壮大

自 2000 年世界银行设立首只碳基金——原型碳基金以来，2008 年全球碳基金的资金规模达到 128.7 亿美元（约合 89.08 亿欧元），数量已达到 84 只；而到 2009 年，国际碳基金的资金规模为 161 亿美元（约合 107.55 亿欧元），总数已达 87 只；此外还有 6 只酝酿中的基金，资金规模为 32.3 亿美元[①]。从 2000 年到 2010 年近 10 年期间，碳基金的累计承诺的资金规模增幅巨大。产生这种趋势的根源在于：《京都议定书》框架下的目标明确以及欧盟碳市场的相关政策足够清晰，国际机构和各国政府积极推动全球碳市场发展和完善，最终吸引了越来越多的私营部门的资金进入。

2. 碳基金股东结构：政府投资为主逐渐过渡到私人投资为主

各种国际碳基金的资金主要来源都不外乎政府、私营企业或者是这两者共同出资。根据不同类型投资者出资比例的不同，碳基金的股东结构可以分为以下三种：

公共基金：此类基金中，政府承担所有出资。国际碳市场典型的公共基金有：芬兰碳基金、英国碳基金、奥地利碳基金、瑞典 CDM/JI 项目基金等。

公私混合基金：此类基金由政府和私有企业按比例共同出资。这是国际碳市场上碳基金最常见的一种资金募集方式。公私混合基金中典型的代表是世界银行参与设立的碳基金，此外还有意大利碳基金、德国 KFW、日本碳基金等。

---

① 黄孝华. 国际碳基金运行机制研究 [J]. 武汉理工大学学报，2010 (4).

私募资金：如 Merzbach 夹层碳基金、气候变化资本碳基金 I 和 II 等。

最初碳基金成立之时，募集的资金主要来源于政府，来自私营部门的资本比例较少。但在随后近十年的发展中，私营部门出资或参与的基金数量的增幅和资金总额都大大超过政府出资组建的基金增长速度与总数。

章升东（2007）和周邦瑶（2011）等人研究了碳基金股东结构产生这种变化趋势的原因，他们指出：碳市场是一个政策主导的市场，是由包括欧盟在内的国际机构和各国政府主导，在国际金融机构的带领下发展起来的；"由于市场风险和政策风险因素，私人资本在碳市场发展的早期不愿涉足，只能由国际金融机构或政府出资成立碳基金"[1]；"随着政策制度的逐步完善和风险的逐步降低，私人资本因其收益最大化的逐利本性开始逐渐参与到这个新兴的领域"[2]；正是因为减排项目开发及碳信用指标交易利润丰厚，逐步吸引了越来越多的私人资本组建各种碳基金。

3. 碳基金投资方式：ERPAs 为主，直接融资的比例在上升

国际碳基金当前的投资方式主要有以下两种：减排量购买协议（ERPAs）、直接融资（Direct financing）方式。

减排量购买协议方式（ERPAs）：即碳基金直接购买温室气体减排量。具体操作方式是：碳基金与发展中国家的减排项目的业主签订减排量购买协议（Emission Reduction Purchasing Agreements，ERPAs），该项目在联合国 CDM 项目的执行理事会注册以及签发后所产生的经过核证的减排量 CERs，全部或者部分由碳基金按照协议约定的方式和价格购买；通常，该项目在联合国注册以及签发过程中所需要的咨询和开发费用，由碳基金支付或者垫付。大部分的基金都采取这种投资方式。

直接融资方式（Direct financing）：相关项目建设所需要的资金，由基金直接为其提供融资支持，如股权投资、债权融资等，这种投资方式2004年

---

[1] 章升东. 国际碳基金发展概述［J］. 林业经济, 2007（7）.
[2] 周邦瑶. 国际碳基金运行机制与借鉴［J］. 经济师, 2011（2）.

之后才出现。通过这种投资方式，碳基金在项目设计或者建设的较早阶段就介入，有可能以较低的价格获得碳信用指标，如 ERUs 和 CERs。

自碳基金成立以来，ERPAs 一直都是众多投资者所采用的主要投资方式。来自世行碳金融部门的数据表明：以基金总数来看，目前全球超过 60% 的碳基金在碳市场从事碳信用指标的买卖；约 30% 的份额以直接融资的方式为相关项目提供资金支持。

4. 投资对象——主要投资 CDM，兼顾 JI 项目

从投资对象看，几乎所有的碳基金都把大部分的资金投资到了发展中国家的 CDM 项目中，用于开发项目和购买 CERs，；但是同时又兼顾 JI 项目；单独投资于 CDM 或 JI 项目的碳基金相对较少。这是因为 JI 与 CDM 项目各具特点且具有一定的互补性。CDM 项目的规则和程序相对明确，启动较早，在各发展中国家已经积累了相当的项目基础，碳市场的交易量也非常大；而 JI 的规则虽然较简单、快捷，但是规则明确较晚，积累的项目资源较少、市场交易量少；CDM 项目的开发需要投入较多的时间和开发费用，这无疑增加了项目开发成本，JI 项目的开发成本相对低廉。因此，出于最大盈利以及降低投资组合风险的考虑，大部分的碳基金都是同时投资于 CDM 和 JI 项目，但是以 CDM 项目为主。

二、CDM 机制下的国际碳基金促进产业升级——填埋气行业案例

我国城市生活垃圾产生量逐年增加，卫生填埋仍是当前最主要的处理方式。据《中国统计年鉴 2010》数据，2009 年我国城市生活垃圾年清运量为 1.57 亿吨，其中 0.89 亿吨通过填埋方式处理，占垃圾无害化处理总量的 79.5%。垃圾填埋气（LFG）是卫生填埋场的降解产物之一。这些填埋气无控制的迁移和聚积，会产生二次污染，引发燃烧爆炸事故；LFG 又是一类温室气体，它对大气臭氧层有破坏作用，同时 LFG 又是良好的燃

料来源。垃圾填埋气体发电是解决环境污染的有效途径,利用垃圾填埋气体发电,作为一种新型的、绿色的电力来源,可使城市垃圾化害为利、变废为宝,走垃圾资源化道路,但是目前我国垃圾填埋气体收集利用还存在许多技术问题:(1)垃圾填埋气体产生过程复杂,产气量的估算,产气周期、产气速率的确定和气体控制有一定难度;(2)缺乏垃圾填埋气体收集利用设备的制造以及运行上的经验;(3)缺乏资金的投入。

随着1997年《京都议定书》的签订,尤其是其自2005年生效以来,全球政府间温室气体减排合作不断深入,为我国LFG资源化开发提供了先进经验和大量的资金回报,极大地刺激了LFG利用工作的开展,吸引了众多国际碳基金的目光。2005年,我国政府批准的第一个CDM项目,就是北京市二清集团开展的收集填埋气并利用其蒸发渗滤液的综合利用项目,引进了新西兰固体废物管理公司的先进填埋气收集和利用的技术,提高了填埋场的管理水平;同时也为项目业主带来了更多的经济回报。

截至2010年12月,我国已有53个LFG利用项目得到了国家发改委批准,并与国外政府或公司签订了LFG利用及温室气体减排量交易协议,预计CH_4总减排量可达751.2万t/a。全国主要省市规模以上的垃圾填埋场相继建立了LFG发电工程,LFG回收与利用设施不断完善,并获得了良好的经济效益。1998—2010年,我国LFG发电总装机容量变化情况如图1所示。

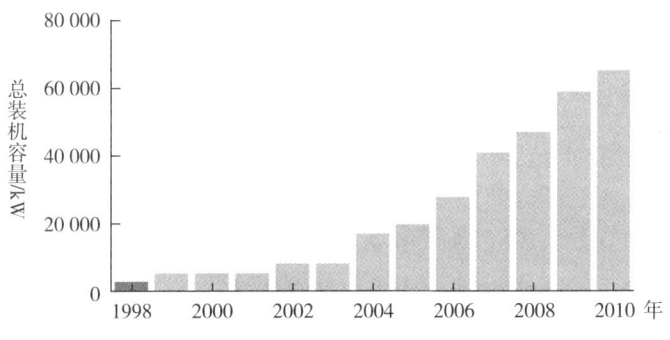

图1 我国LFG发电总装机容量变化情况

第三节　国内碳市场宏观政策分析和发展现状

一、国内碳市场宏观政策分析

2011年10月，国家发改委发布《关于开展碳排放交易试点工作的通知》，批准北京、天津、上海、重庆、深圳、广东、湖北七个省市地区在2013—2015年开展碳排放交易试点工作。2014年国家发改委发布《全国碳排放权交易管理暂行办法》，这是碳市场的基本大法，此后，配套文件相继下发，各试点相继开始运行，目前七个试点基本建成了权责明晰、运行顺畅、交易活跃、履约积极的碳交易市场体系。

国家发改委于2016年1月发布《关于切实做好全国碳排放权交易市场启动重点工作的通知》，对全国碳市场建设作出统一部署，要求确保2017年启动全国碳市场；3月，《碳排放权交易管理条例》送审，并被国务院办公厅列入立法计划预备项目；6月13日，国家发改委副主任刘鹤主持召开发改委改革专题会议，提出要"加快推进碳排放权交易制度"，全国碳市场建设全面进入快车道。

习近平总书记在《中美元首气候变化联合声明》中表示，我国将于2017年启动全国碳排放交易体系。最新消息透露，门槛在年标煤消耗量1万吨以上的有色金属、电力、水泥和民航四个行业的企业都将被首批纳入全国碳排放权交易市场，从几大行业配额分配预估来看，配额总量预计40亿吨，差不多是全国全口径排放的40%~45%，将会是全球第一的市场规模。

从时间上划分，就全国碳市场建设工作而言，2014年到2016年，是从启动全国碳市场的研究到完成碳市场前期筹备的第一个时间段，主要在法律法规技术标准和基础设施开展建设，完成全国碳排放权交易的法律法规和配套的细则、技术标准制定，使碳市场具备启动的条件；从 2017 年碳市场启动到 2020 年作为第二阶段，也是启动阶段，其中，初期到 2018 年要确保各个环节落实到位，配额分配启动运行。到 2018 年以后，到 2020 年以前全面实施碳排放权交易体系的运行，在范围上基本覆盖 31 个省以及新疆生产建设兵团，确保配额管理和市场交易的顺利进行，通过不断的完善和改进，要落实各项支撑，切实提高各方的支撑能力；2020 年以后作为第三阶段，也就是完善阶段，将进一步扩大企业范围和交易的产品，发展多元化交易的模式，逐步形成运行稳定，健康活跃的交易市场，同时进一步提升市场的容量和活跃程度，探索与国际上其他市场连接的可行性。

二、试点碳市场减排效应初具成效

纳入 7 个试点碳交易平台的排放企业和单位共有 2 391 家，分配的碳排放配额总量合计约 12 亿吨。根据 7 个试点交易所公布的数据，7 个试点 2015 年度碳市场交易总量约 1.01 亿吨，其中，配额在线交易约 2 500 万吨二氧化碳，配额大宗交易约 3 300 万吨二氧化碳，补充机制交易约 4 300 万吨二氧化碳。与欧盟碳排放交易体系（EU ETS）百亿吨交易量相比虽然仍有不小的差距，但中国碳市场整体上已经成为了全球第二大碳交易体系。

三、国内碳市场和碳基金的发展现状

进入 21 世纪以来，低碳发展已经成为我国经济运行和投资活动的大趋势之一，已经有较多的与低碳有关的基金发起或者运行；这些低碳基金早期大部分都是专注于投资绿色低碳企业股权的私募股权基金，投资于国内碳市场的基金在 2014 年以后才开始逐渐地涌现出来。比如国内的私募股权投资机构——浙商创投，于 2010 年 3 月 31 日将其低碳基金即浙商诺海低碳基金正式挂牌，首期募集到的规模已达 2.2 亿元；2012 年瑞士 ILB – Helios 集团和北京中清研信息技术研究院共同出资成立的新能源低碳基金获得国家发改委的批准。这是自国务院明确鼓励发展新能源和低碳经济后，获得国家发改委批准的首个具有外资背景的该类基金。

在众多的低碳基金中，真正是跟气候变化、减排相关的不多，有一些正在运行或者酝酿发起成立，从管理方式、资金来源来看，其性质、作用各不相同，比较有代表性的基金有如下几类：

1. 中国清洁发展机制基金

2006 年成立的中国清洁发展机制基金，是我国在应对气候变化方面的一个创新机制，其规模 2010 年 10 月已达 110 亿元。目前管理的资金有近 200 亿元人民币。2010 年 10 月 21 日，财政部、科技部、发改委、气象局、外交部、环保部、农业部七部委联合发布了《中国清洁发展机制基金管理办法》，清洁发展机制基金是由国家批准设立的政策性基金，按照社会性基金模式管理。所谓政策性，是指清洁发展机制基金的宗旨是促进经济社会可持续发展、支持国家应对气候变化工作。清洁发展机制基金不得用于与气候变化无关的事项。

2. 中国绿色碳基金

中国绿色碳基金由中国绿化基金会、中国石油天然气集团公司和国家林业局于 2007 年 7 月发起成立，属于全国性公募基金。绿色碳基金先期由中国石油天然气集团公司捐资 3 亿元人民币，用于开展造林、森林管理以及能源林基地建设等吸收固定大气中二氧化碳为目的的活动，以建立和完善中国碳汇市场，真正减缓气候变暖、实现森林生态效益的价值化。其资金主要用于植树造林以及其他与 CDM 机制相关的碳汇项目。绿色碳基金成立以来，已先后在北京、内蒙古、河北、黑龙江、浙江、河南、湖南、湖北、广东、安徽、江西、四川、云南、陕西、甘肃等 15 个省（区、市）实施造林、再造林项目 100 多万亩①。

3. 华能碳基金

华能碳基金成立于 2011 年 11 月 8 日，由华能碳资产管理公司、瑞士维多石油、富地石油各投 1 000 万元成立，其他个人投资者投资 2 000 万元人民币，基金规模为 5 000 万元。华能碳基金是国内第一只专门投资 CDM 减排项目的私募基金，该基金通过投资的资金支持、促进包括华能在内的国内企业 CDM 项目等低碳减排项目的开发，重点关注 2012 年以后的 CERs 碳资产，当年为探索后京都时代的碳市场作出了极大的贡献；同时华能碳基金也深入推进华能集团内部碳减排项目的开发，主动参与国内碳市场的培育与建设，碳基金还积极探索包括各种碳金融业务创新，着力提升整个集团碳资产开发、经营的能力和水平。在国内碳市场建设逐步兴起后，该碳基金也开始参与到国内碳市场（包括 CCERs）的交易中。

2014 年 11 月，华能集团与诺安基金共同发布了针对湖北试点碳市场的、全国首只经监管部门备案的"碳排放权专项资产管理计划"基金，首期规模设计为 3 000 万元，全面参与湖北碳排放权交易市场的投资。此次发行的基金交易标的为湖北碳配额和 CCER。该基金 2015 年 7 月终止，取得了年化收益率 16% 的好成绩。

4. 民营背景的碳基金

2014 年 12 月，海通资管与上海宝碳新能源环保科技有限公司（简称"上海宝碳"）成立规模 2 亿元的专项投资基金——海通宝碳 1 号集合资产管理计划（简称"海通宝碳基金"）。海通宝碳基金是迄今为止国内最大规模的中国核证自愿减排（CCER）碳基金。

嘉碳开元基金：2015 年 3 月，由深圳嘉德瑞碳资产投资咨询有限公司发行，包括"嘉碳开元投资基金"和"嘉碳开元平衡基金"。交易标的

---

① 李怒云，杨燕招，"China Green Carbon Fund: China's Concrete Effort for Global Climate Change Mitigation [J]. XIII World Forestry Congress, 2009. 10. 23.

为全国首个试点碳配额和CCER（核证自愿减排量），其中,"嘉碳开元投资基金"的基金规模为4 000万元，运行期限为三年,"嘉碳开元平衡基金"的基金规模为1 000万元，运行期限为10个月。

第四节 碳基金有助于产业进行低碳发展

一、碳基金可以辅助高耗能控排企业推动节能减排，形成节约型生产体系和消费体系

解决潜藏在高耗能行业的重大浪费问题，进行有效的节能减排必须以工业相对集中为前提。工业相对集中才能产生专业化分工，提高效率，节省能源；同时催生集群创新，不断产生新技术、新工艺，从而减少物质消耗。

碳基金可以以"行业性"对投资的领域进行标的管理，在私募或者公共基金的支持下汇总产生规模效应，应用于行业内部的节能减排。比如电力、煤炭、化工等高排放行业的节能减排提供资金支持，并根据特定行业的实际情况设计不同投资模式，有针对性地帮助企业减少二氧化碳的排放，提高能源效率和加强碳管理，以增加配额获得额外收益。在相似行业中，工艺流程、排放源、排放清单可以互相借鉴，对于企业在排放管理和核查上可以提高效率。同时，在对排放源及能源使用上进行数据收集和反馈，及时调整能源使用战略。碳基金甚至可以进行专业设计、投资针对性较强的碳排放管理及报送软件和排放源监测硬件等产品。

二、碳基金有助于企业碳金融运作，积极进行自主减排

碳基金主要是针对企业的配额或者减排量进行交易，对于企业自主减排有促进作用。碳资产的增值意愿也可以驱动控排企业，积极进行自主减

排，引导开发企业节能减排过程中蕴含的碳资产，上市交易后获得投资收益。

湖北能源鄂州电厂企业通过节能改造，提高机组效率，煤耗大大下降。节约下来的排放量在碳市场上卖出 20 万吨，企业获得约 400 万元收入。富士康集团在深圳碳交易首个履约期碳排放强度从 0.799 吨/万元，下降到 2013 年的 0.581 吨/万元。富士康年用电量超过 20 亿度，纳入碳减排目标的企业有 9 家。经过几年的技术改造，该公司共实现节能技改项目 2 455 余项，节电量超过 10 亿度，减排二氧化碳超过 100 万吨，节能效益超过 10 亿元。因超额完成深圳市政府下达的碳减排目标，富士康 2013 年碳配额取得 50 万吨的大量盈余，为集团创造了高额净利收益。

三、碳基金有助于推进低碳技术升级

在推进低碳技术产业升级过程中，也面临着技术成熟度不足、企业参与不积极、技术转化资金缺乏、技术替代成本高等低碳技术推广中的常见问题。针对这些问题，碳基金可以开展包括提供解决方案、技术创新、产业化、商业投资、战略研究等全方位的技术服务，使低碳技术更容易进入市场，也使企业更容易接受低碳技术。

一般说来，单纯的技术指导不能够决定企业是否接受某项低碳技术，企业也需要从经济成本等角度，对低碳技术的应用前景进行短期、中长期的综合评估。针对这一问题，碳基金可以为企业，特别是二氧化碳排放量高、能源消耗量大的大企业提供节能减排咨询。碳基金与企业的交流涉及二氧化碳减排潜力、技术成熟度、投入产出分析等方面，这有助于企业了解自身对低碳技术的直接需求以及应用低碳技术所产生的综合效应。以企业调查为基础，碳基金在研发、中试、产品化、产业化等各个环节，都把提高低碳技术的成熟度、经济性、系统性作为关注重点。在对某项技术的应用前景有较大把握后，碳基金才为企业提供技术产业化的成套方案。对

于资金缺乏的企业，碳基金也可以提供商业投资和金融支持，这也有助于企业提高应用低碳技术的经济承受力。

推广低碳技术需要建立公共技术平台，也需要市场引导和规划。从技术供给的角度，某类低碳技术尚未大规模产业化前，企业对研发和技术改造投入都面临较大的经济风险。因此，在这一阶段，政府需要对低碳技术的应用研究、调试等环节给予稳定支持。碳基金的运行资金很多来自于政府引导资金，其业务活动可以借助政府的公共科技职能，为低碳技术应用和产业化提供面向全社会的公共技术平台。近年，我国在低碳技术领域不断加大科技投入，取得了大量技术成果，但总体来看，仍缺乏各类技术的集成和中试平台，难以集成产学研各方面技术实力，为企业提供全面、系统、个性化的低碳技术服务。

另外，可以依托碳基金的业务活动，在低碳技术有关标准、认证等方面形成技术储备，并逐步制定和推广各类市场准入规则。这些行动，不仅对企业的技术路径选择具有直接指导作用，也有助于创造和规范市场，使应用低碳技术的企业具有更强的市场竞争力。

四、碳基金推动可再生能源项目的发展

可再生能源技术的开发可在很大程度上削减碳排放，因此，增强碳基金在可再生能源技术方面的研究及项目投资，可加速我国节能减排的进程。而且碳基金的成立不仅有利于可再生能源项目的开展，还可以协调买卖双方的关系，使碳交易更容易被市场接受。

欧洲碳排放市场中，许多发达国家通过建立各种碳基金来支持减排项目的开展。西班牙碳基金在低碳技术的研发及可再生能源项目的开展方面提供了支持。碳基金在推动二氧化碳减排的同时促进了可再生能源项目的开发，对发展中国家可再生能源项目的开发及低碳经济的发展有积极的借鉴意义。就国内试点碳市场来说，截至2016年7月，中国自愿减排交易信

息平台累计公示 CCER 审定项目 2 000 余个，大部分项目是光伏、风电、垃圾焚烧等可再生能源项目。碳基金通过投资可再生能源 CCER 项目，给企业带来了额外的收入，促进了可再生能源项目的发展。

第五节　碳基金可以影响企业投资和个人消费向低碳行为转型

一、碳金融有助于驱动投资决策向绿色低碳转型

国内碳市场即将启动，以高碳为特点的电力行业将首当其冲接受碳排放约束的挑战。从电力行业的现状来看，高碳的常规煤电技术占据并将长期占据发电主导地位，因此改造常规煤电技术，或使其向低碳的清洁发电技术转型是很有必要的。我国煤电占全国电力生产的 75%，电力行业的碳排放约占能源行业碳排放总量的 42.4%。在这一背景下，煤电企业清洁发电技术的投资决策选择，对发电技术的创新发展、电力企业的盈利以及环境保护都具有重要意义。在碳排放约束的条件下，包括碳排放价格在内的多种不确定因素共同作用且波动较大时更能使发电企业倾向于投资清洁发电技术。另外，碳排放价格看涨，越能提高投资者的投资意愿，有助于推动发电企业投资清洁发电技术。

二、碳基金有助于进行碳金融衍生品的业务运作

目前主动管理、运作碳资产的企业很少，碳基金可以较大资金规模和专业的运营，积极帮助企业管理配额等碳资产，对碳资产进行合理、有效地运作碳金融衍生品，为企业带来可观的收益。碳金融衍生品包括质押贷款、碳期货、碳期权、碳掉期等。

在我国目前的碳交易试点体系中，碳配额主要由政府免费发放给控排

企业，碳配额质押贷款为企业开通了一条额外的低成本融资的渠道，尤其是一些中小企业授信门槛较高，碳配额质押贷款可有效地解决其担保难、融资难的问题。湖北宜化集团利用自有的碳排放配额获得兴业银行4 000万元的质押贷款，用于实施国家推荐的通用节能技术，最大限度实现节能减排。碳基金可以利用专业知识积极参与管理，将起到"稳压器"的作用，减少不良贷款的数量并适时吸纳部分被抛售配额，从而帮助碳资产抵押贷款更为健康的发展。

三、碳基金可以创新推动个人消费习惯向绿色转型

碳基金可以着眼于新的技术和互联网平台，利用数字技术让人们用自下而上的方式推动碳金融的发展，在老百姓间扩大环保意识。

利用移动互联网、云计算和大数据等技术，可以鼓励用户参与到一种更绿色更环保的生活方式中。将用户端的低碳行为和另一端的环保行为联结起来，不仅能增强公众的低碳意识，也能推动低碳环保事业发展。

2016年8月，蚂蚁金服在旗下支付宝平台全面上线个人碳账户"蚂蚁森林"。用户在线缴纳水电煤、网络购票等行为节省的碳排放量，将被计算为虚拟的"能量"，用来在手机里养大一棵虚拟树。虚拟树长成后，蚂蚁金服和公益合作伙伴就会在地球上种下一棵真树，以培养和激励用户的低碳环保行为。通过每天的、每一个微小的行为改变，截至2017年4月底，蚂蚁森林用户已超过2.2亿，累计种成梭梭树845万棵，形成全球规模第一的个人碳市场产品。蚂蚁森林的项目，成功地将自己的低碳行为与碳足迹挂钩。将信息技术应用于个人碳管理领域，不再是很多年前碳研究领域专家学者的一个念想，而是成为了现实。

碳基金可以着眼参与新兴的碳普惠和碳币市场，建立低碳消费拉动低碳生产的经济发展新模式。广东自2015年启动的碳普惠制，是全国首个对小微企业、家庭和个人碳减排进行量化并予以激励的制度设计，目前在

首批 6 个试点市和珠海横琴新区试点。碳市场主要是对控排企业的约束，碳普惠则是面向社会大众的低碳激励，广东通过建立具有地方特色的 PHCER，为两者连接起一座桥梁，可望通过市场之手，调动全社会节能减碳的积极性，建立低碳消费拉动低碳生产的经济发展新模式。通过试点实施林业碳普惠制，使得更多森林的经营和保护产生的生态效益得到体现，并以此探索市场化森林生态补偿机制以及精准扶贫新路径，为全省乃至全国提供可复制模式。随着方法学体系的不断健全完善，广东省纳入碳普惠试点地区相关企业或个人，通过自愿参与实施的减少温室气体排放（如节水、节电、公交出行等）和增加绿色碳汇等低碳行为产生的减排量，可望陆续通过 PHCER 的核证、签发、竞拍，进入碳交易市场。

如广州加入了"碳币回购"的政策激励方式，目前，节水、节电、节气、乘坐地铁、乘坐公交、新购（租用）绿色建筑等行为的减碳量方法学已完成开发并通过专家评审。广州还组建碳普惠公益活动群，在白云山、华南植物园、动物园等地进行推广宣传，吸引大量市民参与。中山以推行低碳消费为试点，通过购物商场为媒介提升消费者参与度。河源则与万绿湖景区合作推广碳普惠，举办了"碳普惠万绿湖嘉年华"、"万绿湖碳普惠示范景区挂牌活动"等主题宣传活动，同时以空气能产品、光伏产品为试点推广低碳消费。

第六节 碳基金的当前局限和发展前景

国内碳市场蓄势待发，但仍存在由于配额分配方式、市场规范性以及价格波动的较大不确定性。况且国内企业和金融机构对"碳金融"和碳资产的认识尚不到位，这也是碳基金建立和发展的主要障碍。大多数企业和银行对碳市场的获利模式及风险存有较大疑虑，对出资参与碳交易采取观望态度，使得碳基金较难形成规模效益。为此，应不断加强对碳金融的宣传，提高国内企业与机构的认识，为碳基金的建立奠定基础。

可以展望，碳基金的资金来源将进一步多元化。在全国统一碳市场的蓬勃发展下，可以进一步实现与金融市场的连接，提高碳市场的资产化和金融化水平；碳基金的运作能够创造"多重红利"，实现不同激励政策之间的衔接，促进碳市场、低碳技术市场、新能源等市场的连接，建立一个更加稳健的价格激励体系，最终形成一个更加多维广阔的气候融资市场。

附　　录

附件1　七部委发布《关于构建绿色金融体系的指导意见》(全文)

来源：中国人民银行官网

目前，我国正处于经济结构调整和发展方式转变的关键时期，对支持绿色产业和经济、社会可持续发展绿色金融的需求不断扩大。为全面贯彻《中共中央　国务院关于加快推进生态文明建设的意见》和《生态文明体制改革总体方案》精神，坚持创新、协调、绿色、开放、共享的发展理念，落实政府工作报告部署，从经济可持续发展全局出发，建立健全绿色金融体系，发挥资本市场优化资源配置、服务实体经济的功能，支持和促进生态文明建设，经国务院同意，现提出以下意见。

一、构建绿色金融体系的重要意义

（一）绿色金融是指为支持环境改善、应对气候变化和资源节约高效利用的经济活动，即对环保、节能、清洁能源、绿色交通、绿色建筑等领域的项目投融资、项目运营、风险管理等所提供的金融服务。

（二）绿色金融体系是指通过绿色信贷、绿色债券、绿色股票指数和相关产品、绿色发展基金、绿色保险、碳金融等金融工具和相关政策支持经济向绿色化转型的制度安排。

（三）构建绿色金融体系主要目的是动员和激励更多社会资本投入到绿色产业，同时更有效地抑制污染性投资。构建绿色金融体系，不仅有助于加快我国经济向绿色化转型，支持生态文明建设，也有利于促进环保、新能源、节能等领域的技术进步，加快培育新的经济增长点，提升经济增长潜力。

（四）建立健全绿色金融体系，需要金融、财政、环保等政策和相关法律法规的配套支持，通过建立适当的激励和约束机制解决项目环境外部性问题。同时，也需要金融机构和金融市场加大创新力度，通过发展新的金融工具和服务手段，解决绿色投融资所面临的期限错配、信息不对称、产品和分析工具缺失等问题。

二、大力发展绿色信贷

（五）构建支持绿色信贷的政策体系。完善绿色信贷统计制度，加强绿色信贷实施情况监测评价。探索通过再贷款和建立专业化担保机制等措施支持绿色信贷发展。对于绿色信贷支持的项目，可按规定申请财政贴息支持。探索将绿色信贷纳入宏观审慎评估框架，并将绿色信贷实施情况关键指标评价结果、银行绿色评价结果作为重要参考，纳入相关指标体系，形成支持绿色信贷等绿色业务的激励机制和抑制高污染、高能耗和产能过剩行业贷款的约束机制。

（六）推动银行业自律组织逐步建立银行绿色评价机制。明确评价指标设计、评价工作的组织流程及评价结果的合理运用，通过银行绿色评价机制引导金融机构积极开展绿色金融业务，做好环境风险管理。对主要银行先行开展绿色信贷业绩评价，在取得经验的基础上，逐渐将绿色银行评价范围扩大至中小商业银行。

（七）推动绿色信贷资产证券化。在总结前期绿色信贷资产证券化业务试点经验的基础上，通过进一步扩大参与机构范围，规范绿色信贷基础资产遴选，探索高效、低成本抵质押权变更登记方式，提升绿色信贷资产证券化市场流动性，加强相关信息披露管理等举措，推动绿色信贷资产证券化业务常态化发展。

（八）研究明确贷款人环境法律责任。依据我国相关法律法规，借鉴环境法律责任相关国际经验，立足国情探索研究明确贷款人尽职免责要求和环境保护法律责任，适时提出相关立法建议。

（九）支持和引导银行等金融机构建立符合绿色企业和项目特点的信贷管理制度，优化授信审批流程，在风险可控的前提下对绿色企业和项目加大支持力度，坚决取消不合理收费，降低绿色信贷成本。

（十）支持银行和其他金融机构在开展信贷资产质量压力测试时，将环境和社会风险作为重要的影响因素，并在资产配置和内部定价中予以充分考虑。鼓励银行和其他金融机构对环境高风险领域的贷款和资产风险敞口进行评估，定量分析风险敞口在未来各种情景下对金融机构可能带来的信用和市场风险。

（十一）将企业环境违法违规信息等企业环境信息纳入金融信用信息基础数据库，建立企业环境信息的共享机制，为金融机构的贷款和投资决策提供依据。

三、推动证券市场支持绿色投资

（十二）完善绿色债券的相关规章制度，统一绿色债券界定标准。研究完善各类绿色债券发行的相关业务指引、自律性规则，明确发行绿色债券筹集的资金专门（或主要）用于绿色项目。加强部门间协调，建立和完善我国统一的绿色债券界定标准，明确发行绿色债券的信息披露要求和监管安排等。支持符合条件的机构发行绿色债券和相关产品，提高核准（备案）效率。

（十三）采取措施降低绿色债券的融资成本。支持地方和市场机构通过专业化的担保和增信机制支持绿色债券的发行，研究制定有助于降低绿色债券融资成本的其他措施。

（十四）研究探索绿色债券第三方评估和评级标准。规范第三方认证机构对绿色债券评估的质量要求。鼓励机构投资者在进行投资决策时参考绿色评估报告。鼓励信用评级机构在信用评级过程中专门评估发行人的绿色信用记录、募投项目绿色程度、环境成本对发行人及债项信用等级的影响，并在信用评级报告中进行单独披露。

（十五）积极支持符合条件的绿色企业上市融资和再融资。在符合发行上市相应法律法规、政策的前提下，积极支持符合条件的绿色企业按照法定程序发行上市。支持已上市绿色企业通过增发等方式进行再融资。

（十六）支持开发绿色债券指数、绿色股票指数以及相关产品。鼓励相关金融机构以绿色指数为基础开发公募、私募基金等绿色金融产品，满足投资者需要。

（十七）逐步建立和完善上市公司和发债企业强制性环境信息披露制度。对属于环境保护部门公布的重点排污单位的上市公司，研究制定并严格执行对主要污染物达标排放情况、企业环保设施建设和运行情况以及重大环境事件的具体信息披露要求。加大对伪造环境信息的上市公司和发债企业的惩罚力度。培育第三方专业机构为上市公司和发债企业提供环境信息披露服务的能力。鼓励第三方专业机构参与采集、研究和发布企业环境信息与分析报告。

（十八）引导各类机构投资者投资绿色金融产品。鼓励养老基金、保险资金等长期资金开展绿色投资，鼓励投资人发布绿色投资责任报告。提升机构投资者对所投资资产涉及的环境风险和碳排放的分析能力，就环境和气候因素对机构投资者（尤其是保险公司）的影响开展压力测试。

四、设立绿色发展基金,通过政府和社会资本合作(PPP)模式动员社会资本

(十九)支持设立各类绿色发展基金,实行市场化运作。中央财政整合现有节能环保等专项资金设立国家绿色发展基金,投资绿色产业,体现国家对绿色投资的引导和政策信号作用。鼓励有条件的地方政府和社会资本共同发起区域性绿色发展基金,支持地方绿色产业发展。支持社会资本和国际资本设立各类民间绿色投资基金。政府出资的绿色发展基金要在确保执行国家绿色发展战略及政策的前提下,按照市场化方式进行投资管理。

(二十)地方政府可通过放宽市场准入、完善公共服务定价、实施特许经营模式、落实财税和土地政策等措施,完善收益和成本风险共担机制,支持绿色发展基金所投资的项目。

(二十一)支持在绿色产业中引入PPP模式,鼓励将节能减排降碳、环保和其他绿色项目与各种相关高收益项目打捆,建立公共物品性质的绿色服务收费机制。推动完善绿色项目PPP相关法规规章,鼓励各地在总结现有PPP项目经验的基础上,出台更加具有操作性的实施细则。鼓励各类绿色发展基金支持以PPP模式操作的相关项目。

五、发展绿色保险

(二十二)在环境高风险领域建立环境污染强制责任保险制度。按程序推动制修订环境污染强制责任保险相关法律或行政法规,由环境保护部门会同保险监管机构发布实施性规章。选择环境风险较高、环境污染事件较为集中的领域,将相关企业纳入应当投保环境污染强制责任保险的范围。鼓励保险机构发挥在环境风险防范方面的积极作用,对企业开展"环保体检",并将发现的环境风险隐患通报环境保护部门,为加强环境风险监督提供支持。完善环境损害鉴定评估程序和技术规范,指导保险公司加快定损和理赔进度,及时救济污染受害者、降低对环境的损害程度。

(二十三)鼓励和支持保险机构创新绿色保险产品和服务。建立完善与气候变化相关的巨灾保险制度。鼓励保险机构研发环保技术装备保险、针对低碳环保类消费品的产品质量安全责任保险、船舶污染损害责任保险、森林保险和农牧业灾害保险等产品。积极推动保险机构参与养殖业环境污染风险管理,建立农业保险理赔与病死牲畜无害化处理联动机制。

（二十四）鼓励和支持保险机构参与环境风险治理体系建设。鼓励保险机构充分发挥防灾减灾功能，积极利用互联网等先进技术，研究建立面向环境污染责任保险投保主体的环境风险监控和预警机制，实时开展风险监测，定期开展风险评估，及时提示风险隐患，高效开展保险理赔。鼓励保险机构充分发挥风险管理专业优势，开展面向企业和社会公众的环境风险管理知识普及工作。

六、完善环境权益交易市场、丰富融资工具

（二十五）发展各类碳金融产品。促进建立全国统一的碳排放权交易市场和有国际影响力的碳定价中心。有序发展碳远期、碳掉期、碳期权、碳租赁、碳债券、碳资产证券化和碳基金等碳金融产品和衍生工具，探索研究碳排放权期货交易。

（二十六）推动建立排污权、节能量（用能权）、水权等环境权益交易市场。在重点流域和大气污染防治重点领域，合理推进跨行政区域排污权交易，扩大排污权有偿使用和交易试点。加强排污权交易制度建设和政策创新，制定完善排污权核定和市场化价格形成机制，推动建立区域性及全国性排污权交易市场。建立和完善节能量（用能权）、水权交易市场。

（二十七）发展基于碳排放权、排污权、节能量（用能权）等各类环境权益的融资工具，拓宽企业绿色融资渠道。在总结现有试点地区银行开展环境权益抵质押融资经验的基础上，确定抵（质）押物价值测算方法及抵（质）押率参考范围，完善市场化的环境权益定价机制，建立高效的抵（质）押登记及公示系统，探索环境权益回购等模式解决抵（质）押物处置问题，推动环境权益及其未来收益权切实成为合格抵（质）押物，进一步降低环境权益抵（质）押物业务办理的合规风险。发展环境权益回购、保理、托管等金融产品。

七、支持地方发展绿色金融

（二十八）探索通过再贷款、宏观审慎评估框架、资本市场融资工具等支持地方发展绿色金融。鼓励和支持有条件的地方通过专业化绿色担保机制、设立绿色发展基金等手段撬动更多的社会资本投资于绿色产业。支持地方充分利用绿色债券市场为中长期、有稳定现金流的绿色项目提供融资。支持地方将环境效益显著的项目纳入绿色项目库，并在全国性的资产交易中心挂牌，为利用多种渠道融资提供条件。支持国际金融机构和外资机构与地方合作，

开展绿色投资。

八、推动开展绿色金融国际合作

（二十九）广泛开展绿色金融领域的国际合作。继续在二十国集团框架下推动全球形成共同发展绿色金融的理念，推广与绿色信贷和绿色投资相关的自愿准则和其他绿色金融领域的最佳经验，促进绿色金融领域的能力建设。通过"一带一路"战略，上海合作组织、中国—东盟等区域合作机制和南南合作，以及亚洲基础设施投资银行和金砖国家新开发银行撬动民间绿色投资的作用，推动区域性绿色金融国际合作，支持相关国家的绿色投资。

（三十）积极稳妥推动绿色证券市场双向开放。支持我国金融机构和企业到境外发行绿色债券。充分利用双边和多边合作机制，引导国际资金投资于我国的绿色债券、绿色股票和其他绿色金融资产。鼓励设立合资绿色发展基金。支持国际金融组织和跨国公司在境内发行绿色债券、开展绿色投资。

（三十一）推动提升对外投资绿色水平。鼓励和支持我国金融机构、非金融企业和我国参与的多边开发性机构在"一带一路"和其他对外投资项目中加强环境风险管理，提高环境信息披露水平，使用绿色债券等绿色融资工具筹集资金，开展绿色供应链管理，探索使用环境污染责任保险等工具进行环境风险管理。

九、防范金融风险，强化组织落实

（三十二）完善与绿色金融相关监管机制，有效防范金融风险。加强对绿色金融业务和产品的监管协调，综合运用宏观审慎与微观审慎监管工具，统一和完善有关监管规则和标准，强化对信息披露的要求，有效防范绿色信贷和绿色债券的违约风险，充分发挥股权融资作用，防止出现绿色项目杠杆率过高、资本空转和"洗绿"等问题，守住不发生系统性金融风险底线。

（三十三）相关部门要加强协作、形成合力，共同推动绿色金融发展。人民银行、财政部、发展改革委、环境保护部、银监会、证监会、保监会等部门应当密切关注绿色金融业务发展及相关风险，对激励和监管政策进行跟踪评估，适时调整完善。加强金融信息基础设施建设，推动信息和统计数据共享，建立健全相关分析预警机制，强化对绿色金融资金运用的监督和评估。

（三十四）各地区要从当地实际出发，以解决突出的生态环境问题为重点，积极探索和推动绿色金融发展。地方政府要做好绿色金融发展规划，明确分工，将推动绿色金融发展纳入年度工作责任目标。提升绿色金融业务能力,加大人才培养引进力度。

(三十五)加大对绿色金融的宣传力度。积极宣传绿色金融领域的优秀案例和业绩突出的金融机构和绿色企业,推动形成发展绿色金融的广泛共识。在全社会进一步普及环保意识,倡导绿色消费,形成共建生态文明、支持绿色金融发展的良好氛围。

附件2 证监会:支持节能环保企业上市融资

来源:中国证券报

中国证监会8日公布《对十二届全国人大四次会议第1502号建议的答复(摘要)》,其中提出证监会将继续支持符合国家产业政策和发行上市条件的节能环保企业上市融资,鼓励节能环保企业利用资本市场做大做强。

证监会称,《关于大力推进节能环保科技产业发展的建议》收悉。经认真研究,现就有关问题答复如下:

节能环保等战略性新兴产业对我国经济转型升级具有重要意义。同时,节能环保项目多具有资金需求量大、回收周期长、资金周转慢等特点,节能环保企业大多是轻资产、技术密集型的小微企业,获得银行信贷资金有不少难度。我会一直高度重视中小企业融资难的问题,采取多种措施拓宽融资渠道,降低融资成本。节能环保科技型中小企业可以充分利用资本市场发展壮大。

一、私募基金支持节能环保产业发展

私募基金,特别是私募股权投资基金和创业投资基金,是金融服务实体经济的重要资本力量。总体上讲,我会始终积极支持私募投资基金参与节能环保产业投资,并通过支持设立节能环保产业投资基金、政府引导基金,吸引社会资本投向节能环保企业,促进节能环保科技产业发展和成果转化。

根据《证券投资基金法》和《中央编办关于私募股权基金管理职责分工的通知》,我会负责私募股权基金的监管工作。2014年8月,我会发布《私募投资基金监督管理暂行办法》,明确了适度监管、功能监管、差异化监管等监管思路,对私募基金行业不设市场准入,由中国证券投资基金业协会采取事后登记备案,同时推动出台相关政策,促进行业规范发展。下一步,我会将多措并举,进一步促进私募基金更好支持初创型、科技型中小微企业发展。

二、债券市场支持节能环保产业

我会按照党中央、国务院的总体部署，积极推动债券市场改革发展，加大制度创新，不断丰富债券品种和工具，支持符合条件的节能环保企业发行公司债券融资。2015年，节能环保企业共发行13期公司债券，募集资金111亿元。2016年，在我会统一指导下，上海、深圳证券交易所和私募产品报价系统先后开展绿色公司债券业务试点，助力绿色产业发展。下一步，我会将继续积极支持包括节能环保企业在内的绿色发行人利用公司债券市场融资发展。

三、支持节能环保企业上市融资

近年来，我会采取多种措施大力推进多层次资本市场建设，充分发挥资本市场对新兴产业的支持作用，积极支持符合国家产业政策和发行上市条件新兴产业企业（包括节能环保企业）发行上市，利用资本市场筹集发展资金。特别是，2004年和2009年深圳证券交易所设立中小企业板和创业板，专门服务成长型、创新型的中小企业。2014年5月，我会修订实施《首次公开发行股票并在创业板上市管理办法》，适当降低了创业板首发财务准入指标，简化了发行条件，进一步加大了对创新型、成长型企业发展的支持力度，扩大了服务企业的覆盖面，引导更多的资金投入包括节能环保产业在内的各类新兴产业。截至2016年6月，在中小企业板和创业板上市的节能环保企业数量分别达70家和59家。

下一步，我会将继续支持符合国家产业政策和发行上市条件的节能环保企业上市融资，鼓励节能环保企业利用资本市场做大做强。

附件3 亚洲六大市场之投资者责任和义务：中国市场分析

文章来源：联合国责任投资原则（UNPRI）

【编者按】该报告分析了亚洲六大市场在投资决策整合环境、社会和治理（ESG）因素方面的表现，这种整合是投资者对最终受益人应尽责任和义务的一部分。经过分析各国投资实践、现有法规和采访政策制定者、投资者和利益相关方，以及联合国责任投资原则、联合国环境规划署金融倡议和时代基金会所掌握的情况，报告提出了推动ESG整合的措施建议。旨在弥合政策制定者和投资者的需求，与政策制定者、投资者和利益相关方展开合作，支持投资市场整合 ESG 因素。

这是一项长期性、非常有价值的投资活动，协会将动员行业力量，借鉴国际经验，积极践行以保护环境、维护社会正义，以及强化公司治理为核心的社会责任投资，推动中国经济可持续发展。

为方便受众完整阅读该报告，今日，我们在中国证券投资基金业协会官网上完整发布了整个报告，协会公众号将陆续发布亚洲六大市场的具体内容，供投资者参考。

	2012 年	2013 年	2014 年	2015 年	2016 年
名义国内生产总值（10 亿美元）	8 471.4	9 518.6	10 430.7	10 982.8	11 383.0
名义国内生产总值（10 亿元人民币）	53 474.5	58 973.7	64 069.7	68 392.5	73 121.7
人口（百万）	1 354.0	1 360.7	1 367.8	1 374.6	1 381.5
人均国内生产总值（元）	39 493	43 340	46 841	49 754	52 931
劳动力（百万）	752.92	754.40	756.30	757.15	N/A
就业率（%）	74.10	73.80	73.70	73.50	N/A
65 岁以上人口占比（%）	8.81	9.06	9.37	9.73	N/A
N/A - 无					

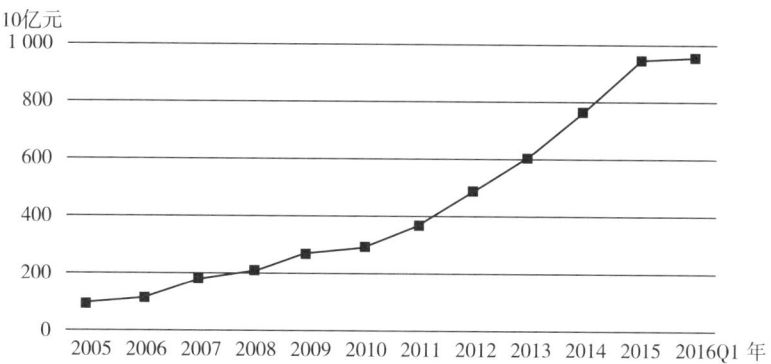

资料来源：《2015 年经合组织养老金市场聚焦》、2015 年全国养老资金数据、2016 年第一季度全国养老资金。

养老基金投资总额，中国

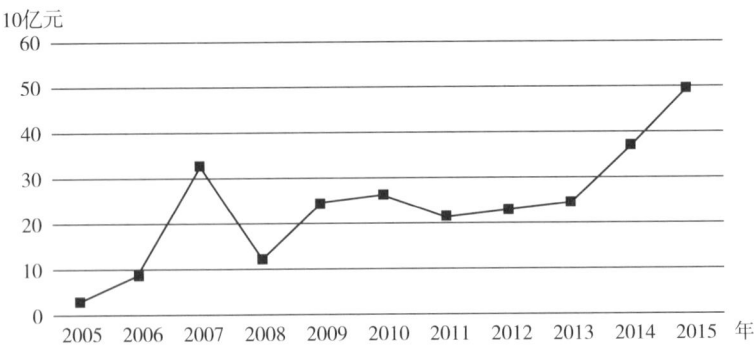

资料来源：世界银行数据库。

市值，中国

1991 年到 2012 年，中国国内生产总值年均增幅超过 10%，人均收入增长了 8 倍多。中国目前持有世界上最大的外汇储备，是全球第二大经济体和外国直接投资的第二大目标。

大量人口开始步入老龄化。2015 年，65 岁及以上人口达到 1.3 亿人，到 2050 年，这一数字预计将超过 3.3 亿人。老年人口抚养比（15 岁到 59 岁人口数与 60 岁及以上人口数之比）预计将从 2005 年的 6.2 下跌到 2040 年的 2.0。

经济快速发展给中国带来了挑战，特别是在不平等、城市化、腐败和环境污染方面。为了平衡经济增长、可持续发展和社会稳定，中国需要发展绿色产业，提高再生能源使用比例，改善能源效率，降低污染。

为了实现"十三五"规划确立的目标，从 2016 年到 2020 年，中国每年预计将向国内和国际资本市场融资大约 5 000 亿美元。鉴于中国的金融体系目前以银行为主导，2015 年新增融资大约有 70% 来自银行贷款，这是重大变化的标志。

政府的重点包括提升金融体系的成熟度和深度，提高金融体系对国家发展的贡献。2015 年 4 月，中国金融学会（中国人民银行下属的一个研究机构）成立绿色金融专业委员会（GFC），下设一个多部门的专题小组负责调查研究绿色金融改革。绿色金融专业委员会的研究领域包括绿色银行、绿色债券和责任型投资。

1997 年以来，中国已经对其养老金制度进行了深远的结构性改革。政府已经建立更正式的养老金体系，在省级层面整合历史遗留的养老金安排。中国还设立了全国社会保障基金（NSSF），以应对特殊的社保和养老需求。

作为 2016 年中国主办的 G20 峰会的一部分，绿色金融研究小组设立，负责"制定应对措施用以提高金融体系调动私营资本投向绿色投资的能力。"该研究小组由中英两国共同发起成立并得到联合国环境规划署作为秘书处的支持，汲取 G20 成员国、主要国际机构及作为观察员的国家、私营部门和众多知识合作伙伴的经验。

附件4　国务院常务会议决定在部分省（区）建设绿色金融改革创新试验区等

（来源：中国政府网）

李克强主持召开国务院常务会议
确定取消和下放一批工业产品生产许可简化审批程序
促进制造业创新和提质
决定在部分省（区）建设绿色金融改革创新试验区
推动经济绿色转型升级

国务院总理李克强 6 月 14 日主持召开国务院常务会议，确定取消和下放一批工业产品生产许可、简化审批程序，促进制造业创新和提质；决定在部分省（区）建设绿色金融改革创新试验区，推动经济绿色转型升级。

会议指出，制造业是实体经济的关键支撑。按照深化简政放权、放管结合、优化服务改革的要求，简化工业产品生产许可和审批程序，并强化部门监管责任和企业产品质量安全主体责任，有利于放宽市场准入、激发社会投资活力、促进"中国制造"品质升级。经过多轮改革特别是 2015 年以来持续加大改革力度，工业产品生产许可已从最初的 487 类缩减到目前的 60 类，许可前置条件大幅取消。会议决定，按照今年政府工作报告部署，一是进一步压减生产许可。对能通过加强事中事后监管保障质量安全的输水管、蓄电池等 19 类产品取消事前生产许可；对产品质量较稳定，但与大众消费密切相关、直接涉及人体健康安全的电热毯、摩托车乘员头盔等产品，按照国际通行规则实行强制性认证，不再实施生产许可证管理。经上述调整后，实施生产许可证管理的产品将减至 38 类。同时，对仍需实施生产许可，且量大面广、由地方管理更有效的化肥等 8 类产品，将许可权限下放给地方质检部门。二是授权质检总局在部分地区和行业试点简化生产许可证审批程序。取消发证前产品检验环节，改由企业提交有资质的检验检测机构出具的产品检验合格报告。将前置审查改为后置，企业提交申请并作出保证产品质量安全的承诺后，可以先领取生产许可证再接受现场审查，实行"先证后核"。后续监管如发现不符合要求，即依法撤销许可证。三是加强事中事后监管。按照"双随机"方式加大抽查力度，增加抽查频次和品种，扩大覆盖面，尤其对此次取消许可管理的产品要实现抽查全覆盖。

会议认为，贯彻新发展理念，加快绿色金融体制机制创新，加大金融对改善生态环境、资源节约高效利用等的支持，对调结构、转方式，促进生态文明建设，具有重要意义，也是扎实履行中国政府对《巴黎协定》的承诺，应根据需要突出重点，有序探索推进。会议决定，在浙江、江西、广东、贵州、新疆 5 省（区）选择部分地方，建设各有侧重、各具特色的绿色金融改革创新试验区，在体制机制上探索可复制可推广的经验。主要任务：一是支持金融机构设立绿色金融事业部或绿色支行，鼓励小额贷款、金融租赁公司等参与绿色金融业务。支持创投、私募基金等境内外资本参与绿色投资。二是鼓励发展绿色信贷，探索特许经营权、项目收益权和排污权等环境权益抵（质）押融资。加快发展绿色保险，创新生态环境责任类保险产品。鼓励绿色企业通过发债、上市等融资，支持发行中小企业绿色集合债。加大绿色金融对中小城市和特色小城镇绿色建筑与基础设施建设的支持力度。三是探索建立排污权、水权、用能权等环境权益交易市场，建立企业污染排放、环境违法违规记录等信息共享平台，建设绿色信用体系。推广和应用电子汇票、手机支付等绿色支付工具，推动绿色评级、指数等金融基础设施建设。四是强化财税、土地、人才等政策扶持，建立绿色产业、项目优先的政府服务通道。加大地方政府债券对公益性绿色项目的支持。通过放宽市场准入、公共服务定价等措施，完善收益和成本风险共担机制。五是建立绿色金融风险防范机制，健全责任追究制度，依法建立绿色项目投融资风险补偿等机制。促进形成绿色金融健康发展模式。

附件 5　中国基金小镇发展状况及案例研究

来源：投中研究院

随着国内创业投资与股权投资的迅猛发展、双创政策持续发力以及国家提出培育 1 000 个特色小镇的战略下，各地各具特色的基金小镇雨后春笋般成长起来。基金小镇可将多家基金管理公司及相关金融机构聚集在一起，形成一个金融聚集地，从而成为推动区域产业升级、经济结构调整的重要举措之一。

投中研究院基金小镇研究中心数据显示：截至 2017 年 6 月底，全国已规划成立 33 个基金小镇。这些小镇大部分成立于 2015 年后，其中有近一半的基金小镇分布在浙江。此外，合肥高新区、大连、郑州等地也在积极推动基金小镇的筹划。

投中研究院基金小镇研究中心数据显示：成立于浙江的基金小镇个数最多为 15 个，占全国基金小镇数量的 45.45%，紧随其后的是广东和江苏两地，设立基金小镇的个数分别为 5 个和 4 个，占全国基金小镇数量的 15.20% 和 12.10%。

投中研究院基金小镇研究中心数据显示：在全国 33 个基金小镇中，2015 年新设 10 个基金小镇，占基金小镇数量的 30.3%；2016 年设立 16 个基金小镇，占基金小镇数量的 48.5%；截至 6 月底，2017 年设立基金小镇 5 个，占国内基金小镇数量的 15.2%。

基金小镇是特色小镇的一种。根据各地关于建设特色小镇的指导意见，特色小镇的面积一般控制在 3 平方公里左右（旅游产业类特色小镇可适当放宽），建设用地面积一般控制在 1 平方公里左右，聚集人口 1 万~3 万人。投中研究院基金小镇研究中心数据显示：目前现有基金小镇的规划面积绝大部分控制在 3~3.5 平方公里，规划面积最小的是合肥滨湖基金小镇（0.035 平方公里），规划面积最大的是北京基金小镇（18 平方公里），一期规划面积一般为 2 万~8 万平方米。

序号	名称	总规划面积（平方公里）	其中
1	北京基金小镇	18	未披露
2	上海金融小镇	12	未披露
3	黄公望金融小镇	6.2	0.52（核心区）
4	玉皇山南基金小镇	5	1（核心区）
5	苏州金融小镇	4.5	未披露
6	义乌丝路金融小镇	3.8	1.67（金融商务区）
7	梅山海洋金融小镇	3.5	0.98（主体功能区）

续表

序号	名称	总规划面积（平方公里）	其中
8	湘湖金融小镇	3.31	0.47（核心区）
9	运河财富小镇	3.3	1（核心区）
10	宁波慈城基金小镇	3.2	未披露
11	鄞州四明金融小镇	3.2	未披露
12	温州万国财富小镇	3.2	未披露
13	西溪谷互联网金融小镇	3.1	未披露
14	南麂基金岛	3.05	1.02（建设面积）
15	灞柳基金小镇	3	0.02（一期面积）
16	嘉兴南湖基金小镇	2.04	未披露
17	白沙泉金融小镇	1.67	未披露
18	万博基金小镇	1.5	5.48（总建筑面积）
19	天府国际基金小镇	0.67	未披露
20	咸宁贺胜金融小镇	0.36	未披露
21	广州创投小镇	0.12	未披露
22	前海深港基金小镇	0.095	未披露
23	合肥滨湖基金小镇	0.035	0.013（人才公寓）
24	金柯桥基金小镇	未披露	未披露
25	温岭基金小镇	未披露	未披露
26	苏州湾金融小镇	未披露	0.085（一期启动）
27	东沙湖基金小镇	未披露	未披露
28	徐州凤凰湾基金小镇	未披露	0.048（一期规则）
29	广州温泉财富小镇	未披露	0.2（核心区）
30	松山湖基金小镇	未披露	未披露
31	亚太金融小镇	未披露	0.027（一期面积）
32	厦门则金基金小镇	未披露	0.0012（一期面积）
33	莱西基金小镇	未披露	未披露

数据来源：2017年6月。

入选特色小镇的基金小镇

2016年7月,住房和城乡建设部、国家发展改革委、财政部联合下发《关于开展特色小镇培育工作的通知》。要求到2020年,培育1 000个左右各具特色、富有活力的休闲旅游、商贸物流、现代制造、教育科技、传统文化、美丽宜居等特色小镇。并于2016年10月24日由住房和城乡建设部公布了第一批中国特色小镇名单,此后各地纷纷出台政策和规划来加大推进特色小镇的建设,全国兴起特色小镇建设的热潮。投中研究院基金小镇研究中心数据显示:全国33个基金小镇中,有16个已经入选不同级别的特色小镇。

序号	名称	入选特色小镇级别
1	北京基金小镇	中国特色小镇
2	嘉兴南湖基金小镇	省级特色小镇
3	梅山海洋金融小镇	省级特色小镇
4	鄞州四明金融小镇	省级特色小镇
5	金柯桥基金小镇	市级特色小镇
6	义乌丝路金融小镇	省级特色小镇
7	南麂基金岛	市级特色小镇
8	温州万国财富小镇	省级特色小镇
9	玉皇山南基金小镇	省级特色小镇
10	西溪谷互联网金融小镇	市级特色小镇
11	运河财富小镇	省级特色小镇
12	湘湖金融小镇	市级特色小镇
13	黄公望金融小镇	市级特色小镇
14	苏州金融小镇	省级特色小镇
15	东沙湖基金小镇	省级特色小镇
16	瀰柳基金小镇	市级特色小镇

数据来源:2017年6月。

附件6　环境信息披露—IPE 与 PIPI 评价体系

对 IPE 数据库绿色金融相关内容的介绍（包括监管记录以及实时环境信息）以及成功案例介绍。

近年来，中国经济快速增长，伴随而来的是资源过度开采、能源过度消耗、社会环境恶化等方面的问题。2016 年国家七部委——中国人民银行、财政部、国家发展改革委、环境保护部、银监会、证监会、保监会联合印发《关于构建绿色金融体系的指导意见》，《意见》中也指出在通过绿色信贷、绿色债券、绿色股票指数等金融工具有效地激励绿色投资、抑制污染性投资，须解决绿色投融资所面临信息不对称等问题；需要企业环境信息数据，"将企业环境违法违规信息等企业环境信息纳入金融信用信息基础数据库，建立企业环境信息的共享机制，为金融机构的贷款和投资决策提供依据。"并提到鼓励第三方参与，"培育第三方专业机构为上市公司和发债企业提供环境信息披露服务的能力。鼓励第三方专业机构参与采集、研究和发布企业环境信息与分析报告。"

公众环境研究中心（简称 IPE）在机构成立的十几年来一直致力于收集、整理和分析政府和企业公开的环境信息，搭建环境信息数据库和污染地图网站、蔚蓝地图 APP 两个应用平台，整合环境数据服务于绿色采购、绿色金融和政府环境决策，通过企业、政府、公益组织、研究机构等多方合力，撬动大批企业实现环保转型，促进环境信息公开和环境治理机制的完善。IPE 的数据库里全面收录了 31 省、338 个地级市政府发布的环境质量、环境排放和污染源监管记录以及企业基于相关法规和企业社会责任要求所做的强制或自愿披露的信息，同时数据库内还收录了覆盖全国 386 个城市 2 500 个空气检测站点、4 743 个大气污染源、17 641 个废气排放口、8 022 个水质检测站点、13 007 家污染企业的实时环境信息，以及 5 200 个国际空气检测站点的实时信息。IPE 在绿色金融领域还开发了绿色信贷和绿色证券数据库，提供超过 50 万条企业监管和处罚记录与每日上百万条的实时数据，其中包括上千家上市公司的分子控公司的环境表现，查询便捷，分类跟进，并可以形成风险等级评估。所有违规超标记录均来自监管部门的发布或确认，每条信息均经过人工甄别。

IPE 的绿色供应链自 2007 年启动以来，绿色采购流程和标准目前已为 IT、纺织等行业主要品牌广泛采用。阿拉善 SEE 生态协会、中城联盟、全联房地产商会、万科、朗诗在 2016 年 6 月 5 日共同启动的"中国房地产行业绿色供应链行动"。截至 2016 年 12 月,有 71 家房地产企业加入该行动。绿色供应链行动以房地产企业及其供应商为行动主体,依据行业和企业具体发展情况,选择不同产品品类推行绿色采购。随着环保部门信息越来越公开,数据质量也因加强管理和信息公开本身得到提升,IPE 十年来倾力打造的环境信息数据平台,以及基于绿色供应链等近似市场工具而形成和完善的风险评估与企业整改确认流程,能够对金融机构有参考价值。

与城市环境发展相关的 PITI 评价体系

年度评价环保重点城市污染源监管和环境质量信息公开状况,推动政府环境信息公开。

1. 项目简介以及评价标准

公众环境研究中心(IPE)与自然资源保护委员会(NRDC)共同开发了污染源监管信息公开指数(PITI 指数),并据此连续 7 年对全国 120 个重点城市的污染源监督信息公开情况进行评价,并在此基础上提出政策建议。PITI 评价共涉及"环境监管信息"、"污染源自行公开"、"互动回应"、"企业排放数据"、"环评信息"5 个大项,10 个小项。

评价标准基于三个维度制定,一是现行环保法律法规的要求,二是国际先进案例,三是公众维护自身环境权益的需要。考虑到目前我国严峻的环境形势,以及中国环保法规政策改进的趋势,PITI 评价标准经过多方专家论证后形成,在现行环境保护法律法规基础上具有一定的前瞻性。

2016—2017 年度的 PITI 评价覆盖了高达 188 个城市,其中 IPE 评价 120 个环保重点城市,各地合作伙伴—安徽绿满江淮、山东绿行齐鲁、福建绿家园、江西南昌青赣、江苏绿色江南、河北绿行太行、湖北行澈荆楚以及南京大学评价 68 个城市。

2. PITI 评价体系在环境评价领域的广泛应用

IPE 结合 PITI 评价体系,专门对于空气质量进行深入研究,自 2011 年以来发表了 4 期《蓝天路线图》报告。报告中梳理了年度在空气质量监测发布、预警应急、识别污染源和分步减排方面所取得的进展,识别出需要改进的方向。

附件 7 绿色基金项目环境效益的量化评估方法

绿色基金应支持有显著的环境效益的项目,目前缺乏一套科学、准确、权威的环境效益评价体系和方法论,造成有些绿色项目是否为"绿"难以界定,甚至存在一些投资项目真实耗能排放数据已高于行业标准值仍然得到绿色基金支持的现象。定量测算方法体系的缺失也使得绿色基金难以确定投资项目的优先序。另外,环境风险、效益测算和衡量方法与标准依据不足,缺乏科学的定量化测算工具,大多数环境效益不能进入项目的经济核算中,绿色项目的环保效益测算以及如何转化为企业的收益尚不明确,造成金融机构对绿色经济、绿色生态项目仍有顾虑,基金产品创新缺乏动力和支撑。

因此,当务之急是迫切需要完善绿色基金项目的环境效益定量化和货币化工具和方法,通过量化环境效果,对项目的实际费用和效益进行更准确的核算,合理评估改善环境的代价。

1. 环境效益测算思路

绿色项目环境效益的测算一般分实物量测算和价值量测算两个步骤。具体步骤为首先测算投资项目节约的污染物量或节能量,其次选择适当的环境价值方法将环境效益进行货币化。

实物量测算:对于新建项目,主要采用项目与行业平均值、能耗或污染物相关排放标准、新能源行业与传统行业相比相对减排量等方法进行实物量(包括标准煤、水、二氧化碳、化学需氧量、氨氮、二氧化硫、氮氧化物等实物减排量)减排测算。对于改建项目,主要测算改造后相比改造前单位能耗与污染物排放降低而产生的相对减排量。

环境效益的货币化:根据各类环境效能参数(能源单价、水价、碳交易价格、排污交易价格、环保税率、排污费单价、治理成本单价等),乘以节能减排实物量,计算项目的环境效益。

2. 测算内容

(一)参考《绿色信贷指引》(银监发〔2012〕4 号)、《绿色债券发行指引》(发改办财金〔2015〕3504 号)以及《绿色债券支持项目目录(2015 年版)》进行划分,涵盖了 13 大类 65 小类行业。

(二)绿色项目环境效益的测算指标包括节能量、CO_2 当量减排量和污染物减排量三大环境效益。根据《国务院关于印发"十三五"生态环境保护规划的通知》《土壤污染防治行动计划》等文件中规定的需要重点控制的污染物,结合每个绿色行业的节能减排特征、环境效益测算方法可行性、相关数据的可得性,提出了每个行业应重点测算的节能减排指标。

对于绿色基金的行业类别,主要有生态农牧渔业开发项目,绿色林业开发项目,节能项目,自然保护、生态修复及灾害防控项目,资源循环利用项目，垃圾处理及污染防治项目，可再生能源及清洁能源项目，绿色可持续建筑，绿色交通运输项目，节能环保服务，采用国际惯例或国际标准的项目，绿色产品制造，绿色贸易等。主要对其标准煤、二氧化碳当量、化学需氧量、氨氮、二氧化硫、氮氧化物、固废削减量、细颗粒物、VOCs、重金属、总氮、总磷、节水量等指标进行测算。

对于生态农牧渔业开发项目，主要测算其标准煤、二氧化碳当量、化学需氧量、氨氮、总氮、总磷等指标；对于绿色林业开发项目，主要测算其二氧化碳当量、化学需氧量、氨氮、二氧化硫、氮氧化物、细颗粒物等指标；对于节能项目，主要测算其标准煤、二氧化碳当量、化学需氧量、氨氮、二氧化硫、氮氧化物指标；对于自然保护、生态修复及灾害防控项目则主要测算其二氧化碳当量、化学需氧量、氨氮、二氧化硫、氮氧化物、细颗粒物、VOCs、重金属、总氮、总磷等指标；资源循环利用项目主要对标准煤、二氧化碳当量、二氧化硫、氮氧化物、固废削减量、节水量指标进行测算；垃圾处理及污染防治项目则对所有以上项目均有涉及；可再生能源及清洁能源项目、绿色可持续建筑则对标准煤、二氧化碳当量、二氧化硫、氮氧化物等指标进行测算；绿色交通运输项目主要对标准煤、二氧化碳当量进行测算。

3. 测算方法

通过对多种方法的总结比对，针对每一种绿色项目类型推荐最适用、可行性最强、数据可获得性最佳的计算方法。节能量以《固定资产投资项目节能评估和审查暂行办法》、《节能项目节能量审核指南》、《综合能耗计算通则》、《绿色建筑评价标准》、《国家能源局关于申报新能源示范城市和产业园区的通知》等文件和标准中规定的方法和限值作为评估依据。CO_2减排量主要参照"温室气体减排清单"和清洁发展机制（CDM）自愿减排方法学等为主要公式来源和评估依据。其他环境效益指标依据《"十三五"生态环境保护规划》中规定的重点控制指标、相应的环境质量标准、污染排放标准、污染控制标准、第一次污染源普查产排污系数、《"十二五"主要污染物总量减排核算细则》等为公式和参数的主要来源和评估依据。

附件8 推动绿色发展的股权投资机构

Khosla Ventures

Khosla Ventures是一家美国风险投资公司，专注于投资早期阶段在互联网、计算机、手机、硅技术，生物技术，医疗保健和清洁技术领域的公司。

公司总部在门洛帕克，加利福尼亚，公司管理约 13 亿美元的投资资金，包括 Khosla 之前的投资资金。

Capricorn

Capricorn 投资集团成立于 2000 年，旨在证明在推动社会可持续变革的同时，能进行有利润的投资。现在 Capricorn 为 Jeff Skoll，Skoll 基金会和其他致力于利用市场力量来实现影响力投资的投资者提供资产管理服务。该公司投资全球股票、固定收益、私人股本和实际资产市场。Capricorn 在 2014 年的白宫活动中承诺在三年内投资 1 亿美元用于可持续的实际资产，包括可再生能源和能源效率。该公司是特斯拉汽车公司的早期投资者，最近在一些通过高科技推动新兴市场里金融服务的公司中获得了股份。

开发性金融机构 DFI

IFC

IFC（国际金融公司），是世界银行集团成员，专注于发展中国家私营部门发展的全球最大发展机构。IFC 凭借其丰富的金融资源、技术专长、全球经验和创新思维，帮助合作伙伴应对资金、业务和政治层面的挑战。善于为项目筹集第三方资金是 IFC 另一领先之处。IFC 愿意深入更具挑战性的环境，在私营部门融资领域发挥领导作用，由此扩大足迹，产生更大的发展影响力。

国际金融公司与新兴市场的私募股权基金合作，因为它们可以在公司的成长和创造就业方面产生重大影响。国际金融公司为有潜力的合作公司提供资金，用于可再生能源、基础设施和世界上一些最贫穷国家的发展项目。除了资金资源，私募股权投资还具有专业的基金经理人团队，以帮助公司成长、发展更好的公司治理和创造就业机会。在国际金融公司，他们致力于通过投资和创新性金融帮助私营部门应对气候变化，并帮助解决绿色增长领域的监管问题和政策障碍。国际金融公司是世界上最大的为发展中国家气候智能项目的融资机构之一。自 2005 年初，国际金融公司投入了约 153 亿美元用于可再生能源、能源效率、可持续农业、绿色建筑和私营部门适应气候变化等领域。国际金融公司在亚洲的主要绿色股权投资为直接投资和基金投资。其中基金投资包括青云创投管理的中国环境基金等。

FMO

FMO（荷兰发展融资公司）是荷兰发展银行。公司成立于 1970 年，FMO 支持新兴市场和发展中国家私营部门的可持续发展。能源部门是 FMO 的关键部门，特别是在发电和配电领域，非常重视可再生能源发展。他们已经在非洲、亚洲和拉丁美洲的一系列技术领域投资一系列能源项目。FMO 坚持不投资煤或煤矿开采，并致力于推动环保，土地使用，商业诚信和社会实践的国际标准化实践。

ADB

亚洲开发银行成立于 20 世纪 60 年代初，亚行由 67 名成员组成，其中有 48 名成员来自亚洲和太平洋地区，是一个亚洲性质的金融机构，旨在促进世界上最贫穷地区之一的经济增长与合作。亚行协助其成员和合作伙伴，提供贷款，技术援助，赠款和股权投资，以促进社会和经济发展。

亚行将继续促进自然资本投资，以帮助解决水、食品、能源关系，减缓气候变化。亚行支持区域合作倡议，管理环境公共产品，包括维持区域生活质量的大型跨界生态系统（如珊瑚三角）。2015 年，亚行核准了 65 项投资项目，总额为 71 亿美元（不包括共同融资），这将有助于环境的可持续发展。

机构投资方

PGGM

PGGM 是荷兰一家私人拥有的投资管理公司。该公司主要管理养老基金。它投资于全球股票市场和债券市场。该公司还投资于全球私募股权、房地产基金、大宗商品和基础设施市场。随着影响力投资蓬勃发展，PGGM 将继续与其他投资者和金融机构、公司和政府合作，除了制定标准和工具外，还将进一步扩大对社会影响力解决方案的投资。PGGM 认为绿色投资的机会将持续倍增，政府将越来越多地承担起刺激绿色增长的责任。预计 2017 年政府绿色债券增长率将达到 60%，这提供了向清洁能源过渡所需的资金规模，为 PGGM 提供了投资气候解决方案的机会。

目前，PGGM 投资了 1.5 亿欧元在新兴市场中的旨在解决气候变化问题的项目，其中包括青云创投管理的中国环境基金。

附表 1　　其他部分省市政府引导基金概览

	引导基金名称	基金管理公司	目标规模（亿元）	成立时间（年）
1	国家中小企业发展基金	—	600	2015
2	中央新兴产业创业投资基金	—	20	2014
3	国家新型产业创业投资引导基金	—	400	2015
4	国家科技成果转化引导基金	国家科技风险开发事业中心	—	2015

续表

	引导基金名称	基金管理公司	目标规模（亿元）	成立时间（年）
5	安徽省高新技术产业投资有限公司	安徽省高新技术产业投资有限公司	50	2014
6	湖北长江经济带产业基金	湖北省长江经济带产业基金管理有限公司	2 000	2015
7	内蒙古自治区新兴产业创业投资引导基金	—	5	2015
8	湖南省新兴产业发展基金		50	2015
9	辽宁省产业（创业）投资引导基金	辽宁省产业（创业）投资引导基金管理委员会	100	2015
10	新疆维吾尔自治区PPP政府引导基金		1 000	2015
11	福建省产业股权投资基金	福建省产业股权投资基金有限公司	100	2015
12	吉林省产业投资引导基金	吉林省股权基金投资有限公司	100	2015
13	甘肃省战略性新兴产业创业投资引导基金	省促进战略性新兴产业部门协调会议办公室	5	2015
14	海南省创业投资引导基金	海南省创业投资引导基金公司	10	2015
15	重庆市天使投资引导基金	重庆市科技金融集团有限公司	10	2015
16	深圳市福田区政府投资引导基金	深圳市福田引导基金投资有限公司	100	2015
17	大连高新区新兴产业创业投资引导基金	—	5	2015
18	闵行区创新创业投资引导基金	—	20	2015
19	宜昌市三峡产业引导股权投资基金	宜昌国有资本控股集团	100	2015
20	北京经济技术开发区科技创新投资引导基金	北京亦庄国际产业投资管理有限公司	7.5	2015
21	浙江杭州青山湖科技城创业投资引导基金	浙江省临安经济开发区投资建设有限公司	1	2015
22	东营市市级政府投资引导基金	东营市产业投资管理有限公司	10	2015
23	金华开发区科技创新创业投资引导基金	金华科技园创业服务中心有限公司	0.5	2015

续表

	引导基金名称	基金管理公司	目标规模（亿元）	成立时间（年）
24	厦门市产业引导基金	厦门市创业投资有限公司	100	2015
25	河北中盈信投节能环保股权投资基金	河北中盈信投节能环保股权投资基金有限公司	10	2014
26	河北中创电子商务股权投资基金	河北中创电子商务股权投资基金公司	2	2014
27	河北工业技术改造发展基金	河北工业技术改造发展基金公司	4.6	2014
28	上海市天使投资引导基金	上海创业接力科技金融集团	—	2014
29	杭州下沙创业引导基金	杭州下沙创业引导基金	5	2014
30	郑州市产业发展引导基金	郑州市产业发展引导基金管理委员会	10	2014
31	贵州城市产业引导基金	—	50	2014
32	浙江长兴县科技成果转化引导基金	长兴县科技成果转化引导基金管理小组办公室	—	2014
33	沈阳创业投资引导基金	沈阳市投融资管理中心	5	2014
34	赣州市科技创业投资引导基金	赣州市国有资产经营有限责任公司	—	2014
35	深圳市龙岗区创业投资引导基金	深圳市龙岗区产业投资服务集团有限公司	11.85	2014
36	重庆产业引导股权投资基金	重庆产业引导股权投资基金管理公司	125	2014
37	漳州创业投资引导基金	漳州创业投资引导基金理事会办公室	1.5	2014
38	杭州市蒲公英天使投资引导基金	杭州市高科技投资有限公司	4.935	2014
39	松山湖天使引导基金	松山湖控股公司	1.5	2014
40	罗湖电子商务产业发展引导基金	—	—	2014
41	哈尔滨新区产业引导基金	哈尔滨新区引导基金	10	2016
42	山西省改善城市人居环境投资引导基金（有限合伙）	北京首创资本投资管理有限公司	—	2016
43	重庆环保产业股权投资基金	重庆市环保产业股权投资基金管理有限公司	<60（政府10）	2015
44	内蒙古自治区环保基金	—	40	2016

续表

	引导基金名称	基金管理公司	目标规模（亿元）	成立时间（年）
45	上海创投引导基金	上海创业投资有限公司	—	2010
46	北京创造战略性新兴产业创业投资引导基金	北京市工程咨询公司	30	2012
47	北京市中小企业发展基金	北京市中小企业服务中心	30	2009
48	厦门产业引导基金	厦门市创业投资有限公司	100	2015
49	天津滨海新区创业风险投资引导基金	天津滨海新区创业风险投资引导基金有限公司	20	2008
50	重庆产业引导股权投资基金	重庆产业引导股权投资基金有限公司	100	2015
51	国家先进制造产业投资基金	国投创新投资管理有限公司	200	2015
52	国家集成电路产业投资基金	华芯投资管理公司	1 200	2014
53	新兴产业创投计划参股创业投资基金	—	—	2011
54	科技成果转化引导基金	—	—	2011
55	广西自治区投资引导基金	广西投资引导基金运营有限责任公司	1 000	2015
56	陕西省创业投资引导基金	陕西省创业投资引导基金管理中心	1	2009
57	山东省节能投资引导基金		2	
58	山东省省级股权投资引导基金		200	2015
59	贵州大数据基金	云上贵州大数据产业基金管理有限公司	100	2016
60	广东环保基金母基金	粤科集团	63	2015
61	浙江产业基金	浙江省产业基金有限公司	200	2015
62	深圳市属国资改革与战略发展基金	深圳市鲲鹏股权投资有限公司	1 500	2016
63	国家集成电路产业投资基金	国家集成电路产业投资基金股份有限公司	1 387.2	2014
64	北京市政府投资引导基金	北京市政府投资引导基金（有限合伙）	1 000	2016

续表

	引导基金名称	基金管理公司	目标规模（亿元）	成立时间（年）
65	江西省发展升级引导基金	江西省财投股权投资基金管理有限公司	1 000	2016
66	徐州产业发展引导基金	徐州市国盛投资控股有限公司	1 000	2016
67	国家中小企业发展基金		600	2015
68	广东省重大科技成果产业化母基金	粤科母基金管理公司	500	2016
69	国家新兴产业创业投资引导基金	国投创合（北京）基金管理有限公司	400	2015
70	湖北长江经济带产业基金	湖北长江经济带产业基金管理公司	400	2015
71	成都前海产业投资基金	成都前海产业投资基金管理有限公司	400	2016
72	扬中市智慧长江产业引导基金		300	2016
73	国家先进制造业产业投资基金	国投先进制造产业投资基金	200	2016
74	北京高精尖产业基金		200	2016
75	天津产业创新引导基金		200	2016
76	江苏中韩盐城产业园发展基金	江苏中韩盐城产业园投资有限公司	200	2016
77	南京北江新区发展基金	盛世投资	200	2015
78	国家科技成果转化引导基金		>173	2014
79	广东省集成电路产业投资基金	粤科金融集团	150	2016
80	湖北咸宁香城产业基金		150	2016
81	苏州高新区政策性引导基金	苏州高新区政策性引导基金	150	2016
82	苏州工业园区政府引导基金	苏州工业园区创业投资引导基金有限公司	150	2010
83	赣州经开区产业基金		150	2016
84	武汉市战略性新兴产业发展引导基金		102	2013
85	济南高新区股权投资基金		100	2016
86	粤科南海并购基金	粤科金融集团	100	2016

续表

	引导基金名称	基金管理公司	目标规模（亿元）	成立时间（年）
87	常州赛伯乐发展基金		100	2016
88	徐州市产业基金	徐州市国盛投资控股有限公司	100	2016
89	郑州市制造强市基金		100	2016
90	洛阳市产业转型基金	伊电控股集团有限公司	100	2016
91	北海市政府投资引导基金	北海市政府投资引导基金有限公司	100	2016
92	京津冀产业结构调整引导基金	天津滨海新区建投股权投资基金管理有限公司	100	2016
93	安庆市产业发展基金	安庆安元投资基金有限公司	100	2016
94	宜昌三峡产业引导股权投资基金		100	2016
95	佛山市创新创业产业引导基金	佛山市创新创业产业引导基金投资有限公司	100	2016
96	江西制造业投资基金		100	2016
97	安徽毅达皖江创业基金	安徽高新毅达皖江产业发展创业投资基金（有限合伙）	100	2016
98	河南中小企业发展基金	河南省中小企业发展基金（有限合伙）	100	2016
99	北京大数据产业投资基金		100	2016
100	福建省产业股权投资基金	福建省产业股权投资基金有限公司	100	2015
101	浙江省转型升级基金		100	2015
102	辽宁省产业（创业）投资引导基金	辽宁省产业（创业）投资引导基金管理中心	100	2015
103	中关村并购母基金	北京中关村并购母基金投资中心（有限合伙）	119	2016

资料来源：2014 年、2015 年政府引导基金专题研究报告（投中集团旗下金融数据产品 CVSource 统计）。

附录

附表 2　已设立节能环保、绿色基金汇总表

序号	基金名称	基金管理人	基金发起人	基金类型	主要投资领域	成立时间
1	湖南新能源创业投资基金企业（有限合伙）	湖南清源投资管理有限公司	国投高科技投资有限公司/湖南高新创业投资有限责任公司/株洲南车时代高新投资担保有限责任公司/湖南瑞驰丰和创业投资管理有限公司	创业投资基金	新型能源、节能降耗、环保、清洁技术、可再生能源等新能源相关领域	2010/5/14
2	建银投（上海）绿色环保股权投资有限公司	建银城投（上海）股权投资管理有限公司	建银国际财富管理（天津）有限公司/上海城投（集团）有限公司/上海城建投资发展有限公司/上海建工集团股份有限公司/上海电气（集团）总公司	股权投资基金	绿色环保领域，主要包括节能减排、污染防治、新能源、新材料等国家战略性新兴产业	2010/7/20
3	浙江华睿祥生环境产业创业投资有限公司	浙江富华睿银投资管理有限公司		创业投资基金	环保类行业	2010/11/15
4	江苏金茂环保产业创业投资有限公司	江苏金茂投资管理股份有限公司		创业投资基金	节能环保产业	2010/12/17
5	西安航天新能源产业基金投资有限公司	海通创新资本管理有限公司	陕西省创业投资引导基金管理中心/西安航天基地创业投资有限公司	股权投资基金	重点投资于民用航天工业、新能源、清洁技术及与之相关的新材料等行业中具有发展潜力的企业，也将适当配置国家拟大力发展的战略性新兴产业中有发展前景的企业	2011/1/8

续表

序号	基金名称	基金管理人	基金发起人	基金类型	主要投资领域	成立时间
6	重庆国基新能源创业投资合伙企业	国基（重庆）股权投资基金管理有限公司	国投高科技投资有限公司/重庆天使投资引导基金有限公司/重庆市能源投资集团有限公司/重庆渝中国有资产经营管理有限公司	股权投资基金	创业投资；从事对未上市企业的股权投资；创业投资咨询；为创业企业提供创业管理服务	2011/1/27
7	上海诚毅新能源创业投资有限公司	上海诚毅创业投资管理有限公司	上海创业投资有限公司/国投高科技投资有限公司/上海浦东新兴产业投资有限公司	创业投资基金	新能源、节能环保以及其他相关行业的早中期企业	2011/7/12
8	谦德咏仁新能源投资（苏州）有限公司	上海谏朴守仁投资管理中心		股权投资基金	股权投资中节能太阳能科技股份有限公司	2011/8/5
9	南京华睿环保产业投资中心（有限合伙）	江苏华睿投资管理有限公司		股权投资基金	环保产业投资；股权投资；投资管理；投资咨询	2011/9/6
10	湖北新能源创业投资基金有限公司	湖北新能源投资管理有限公司	湖北省能源集团有限公司/湖北省创业投资引导基金管理中心/国投高科技投资有限公司/湖北新能源投资管理有限公司	股权投资基金	新能源及相关战略性新兴产业和高新技术改造提升传统产业领域	2012/1/21
11	盛驰污水处理环保基金	铸山股权投资基金管理（上海）股份有限公司		股权投资基金	未公开上市企业股权	2012/2/29

续表

序号	基金名称	基金管理人	基金发起人	基金类型	主要投资领域	成立时间
12	深圳力合新能源创业投资基金有限公司	深圳市力合新科基金管理有限公司		创业投资基金	新能源新材料	2012/3/5
13	福建红桥新能源发展创业投资有限公司	福建红桥创业投资管理有限公司		创业投资基金	新能源领域	2012/4/12
14	山东乐赛新能源创业投资基金有限合伙企业	山东乐伯乐投资管理有限公司	盈富泰克创业投资有限公司/山东省鲁信投资控股集团有限公司	创业投资基金	重点投资山东省内的新能源及节能环保领域	2012/5/16
15	山西金智节能环保创业投资有限公司	山西金丰承投资管理有限公司		创业投资基金	主要专注于对山西省范围内，在节能环保领域从事技术研发、装备制造，材料、产品生产，"三废"治理，节能管理，碳交易平台建设和运营（CDM）这一产业链上具有潜在优势的中小型高科技企业为主要投资对象	2012/5/31
16	无锡江南仁和新能源产业投资中心（有限合伙）	无锡江南仁和新能源投资管理中心（有限合伙）		创业投资基金	创业投资业务；代理其他创业企业等机构或个人的产业投资业务；创业投资咨询服务；为创业企业提供创业管理服务业务；参与设立创业投资与创业投资管理顾问机构	2012/6/14
17	深圳市中能绿色启航壹号投资企业（有限合伙）	深圳市中能绿色基金管理有限公司		证券投资基金	基金主要投资于上市公司曙光股份（600303）的2015年定向增发项目	2012/7/10

续表

序号	基金名称	基金管理人	基金发起人	基金类型	主要投资领域	成立时间
18	北京中投华禹投资有限公司	中节能华禹基金管理有限公司		股权投资基金	项目投资，投资管理，投资咨询	2012/8/28
19	大连港清清能源创业投资基金（有限合伙）	大连港清产业基金管理有限公司	大连港航产业基金管理有限公司/大连港投融资控股股份有限公司/大连创业投资有限公司/盈富泰克创业投资有限公司	创业投资基金	清洁能源领域利用及其技术改造，服务等领域	2012/10/31
20	吉林省国家新能源创业投资基金合伙企业（有限合伙）	北京鼎典泰富投资管理有限公司	吉林省城建实业有限公司/盈富泰克创业投资有限公司/吉林省创业投资引导基金有限责任公司	创业投资基金	新能源、环保节能、战略性新兴产业等	2012/11/27
21	云南融源节能环保产业创业投资基金合伙企业（有限合伙）	云南融源通达股权投资基金管理有限公司		创业投资基金	环保产业、节能领域、新能源及其他	2012/12/19
22	海口中汇环保科技投资中心（有限合伙）	海南中汇创业投资管理有限公司		股权投资基金	高科技项目及咨询服务	2013/1/31
23	中节能南通合同环境管理投资基金中心（有限合伙）	中央低碳创业投资有限公司		股权投资基金	环境合同管理；投资咨询；投资管理；资产管理；项目投资	2013/4/3

续表

序号	基金名称	基金管理人	基金发起人	基金类型	主要投资领域	成立时间
24	内蒙古国储新能源创业投资中心（有限合伙）	内蒙古中汇富瑞投资管理有限公司	国投高科技投资有限公司/中国国储能源化工集团股份公司	证券投资基金	以新能源、节能环保为主要投资领域，兼顾信息、生物与新医药、新材料、先进装备制造、新能源汽车、高技术服务业等战略性新兴产业和高新技术改造提升传统产业领域	2013/4/20
25	贵州兴黔卡本环境资源产业投资基金合伙企业（有限合伙）	贵州兴黔财富资本管理有限公司		股权投资基金	环境资源	2013/5/29
26	河南华祺节能环保创业投资有限公司	北京海豫祺创业投资管理有限公司	河南投资集团有限公司/盈富泰克创业投资有限公司	创业投资基金	节能环保领域	2013/6/20
27	深圳市同创伟业创新节能环保创业投资企业（有限合伙）	深圳同创锦绣资产管理有限公司	深圳市引导基金投资有限公司/盈富泰克创业投资有限公司	创业投资基金	国家支持的新兴产业，重点投资节能环保行业	2013/7/1
28	湖南高新新能源创业投资企业（有限合伙）	湖南高新创业投资管理有限公司	湖南高新创业投资集团有限公司/湖南湘西高新创业投资企业/湖南湘潭高新创业投资企业（有限合伙）/湖南高新创业投资集团有限公司	创业投资基金	新能源方面	2013/7/10
29	中财瑞达CTE联盟基金——环保1号	中财瑞达（北京）资产管理有限公司		股权投资基金		2013/8/1

续表

序号	基金名称	基金管理人	基金发起人	基金类型	主要投资领域	成立时间
30	辽宁海通新能源低碳产业股权投资基金有限公司	海通新能源股权投资管理有限公司	辽宁能源投资（集团）有限责任公司/海通开元投资有限公司	股权投资基金	太阳能、风能、地热能、生物质能、海洋能、水合物、氢能等在内的各类新能源的生产、存储、输送，以及相关运营维护管理服务；与新能源生产、输送相关的设备制造、零配件制造、基础材料制造、系统集成；包括新能源汽车等在内的以新能源驱动的产品、设备的制造与销售；节能减排产品的开发与制造，如节能材料、LED照明等节能低碳产品的开发生产，节能系统集成技术应用等；节能减排生产技术装备、节能或清洁生产工艺的开发应用等；其他战略性新兴产业领域	2013/8/8
31	中日节能环保创业投资有限公司	中日节能环保创业投资管理有限公司	中国进出口银行/ JAPAN - CHINA ECO FUD PTE. LTD/ 杭州市产业发展投资有限公司/杭州上城区投资控股集团有限公司	创业投资基金	创业投资，即主要向节能、环保领域投资，对非上市高新技术企业一年以上的企业进行股权投资和所投资企业股权的债券性质的投资，可转换优先股，可转换为所投资企业股权的债券性质的投资等，并为被投资企业提供管理咨询服务	2013/8/14

续表

序号	基金名称	基金管理人	基金发起人	基金类型	主要投资领域	成立时间
32	上海诚鼎环境产业股权投资基金	上海诚鼎创拓股权投资基金有限公司	交银国际(上海)股权投资管理有限公司/上海城投控股股份有限公司	股权投资基金	母基金资金主要投资于大环境产业,包括但不限于水处理、大气保护、固体废弃物处理产业链、高端装备以及信息化产业,新能源、新材料,与环境改善相关的新产业,与生命健康、绿色食品、低碳环保产品等新消费产业及其他与节能环保相关的产业	2013/8/29
33	冀商环保石家庄股权投资基金中心(有限合伙)	河北冀商股权投资基金管理有限公司		股权投资基金	非证券类股权投资	2013/9/9
34	安徽省天地源新能源产业投资基金(有限合伙)	安徽省瑞富基金管理有限公司		股权投资基金	新能源产业投资	2013/9/13
35	中房联合-环保基金建设产业基金	中房联合(北京)投资基金管理有限公司		股权投资基金	深圳市华南水务集团项目的收购、扩建及对部分项目的完善建设和升级改造等	2013/9/16
36	广东粤财节能环保创业投资基金有限公司	深圳前海粤财节能环保投资基金管理有限公司	国投高科技投资有限公司/广东粤财创业投资有限公司/广东省粤科风险投资集团有限公司/广东省省产业资产经营有限公司	创业投资基金	以自有资金进行股权投资、创业投资业务、创业投资咨询业务,为创业企业提供创业管理服务业务	2013/11/5

续表

序号	基金名称	基金管理人	基金发起人	基金类型	主要投资领域	成立时间
37	中投环境与健康（常州）产业投资基金合伙企业（有限合伙）	中投鑫瑞基金管理有限公司		股权投资基金	从事对环境与健康产业领域内未上市企业的投资，对上市公司非公开发行股票的投资以及相关咨询服务；对不动产以及相关金融产品投资以及相关咨询服务	2013/11/7
38	武汉经开环保创业投资基金合伙企业（有限合伙）	武汉东湖长瑞投资管理有限公司	武汉国有资产经营公司/武汉东湖创新科技投资有限公司/国投高科技投资有限公司	创业投资基金	节能环保、新能源	2013/11/19
39	深圳市中节投华禹新能源投资有限公司	深圳市中节能华禹新能源基金管理有限公司	中国节能环保集团公司	股权投资基金	对未上市企业进行股权投资、企业上市咨询业务	2013/11/29
40	深圳市中节投华禹新能源投资有限公司	深圳市中节能华禹新能源基金管理有限公司	中国节能环保集团公司	股权投资基金	对未上市企业进行股权投资、企业上市咨询业务	2013/11/29
41	宁波同策新能源发展合伙企业（有限合伙）	深圳同策股权投资管理有限公司		股权投资基金	本次基金投资东海基金龙16号资管计划产品	2013/12/12
42	宁波华电金泰新能源投资合伙企业（有限合伙）	华电金泰（北京）投资基金管理有限公司	中国华电集团资本控股有限公司	股权投资基金	新能源投资、实业投资	2013/12/19

—— 444 ——

续表

序号	基金名称	基金管理人	基金发起人	基金类型	主要投资领域	成立时间
43	陕西省节能环保创业投资基金（有限合伙）	陕西盛德玖富投资管理企业（有限合伙）	盈富泰克创业投资有限公司/陕西金融控股集团有限公司/陕西榆林能源集团有限公司	创业投资基金	节能环保及国家战略性新兴产业等相关行业	2013/12/24
44	宜兴中禾节能环保创业投资企业（有限合伙）	宜兴杰宜投资管理有限公司	国科高科技投资有限公司/江苏省产权交易所（江苏省股权登记中心）	创业投资基金	节能环保	2014/1/2
45	山东多盈股权投资管理有限公司	山东多盈股权投资管理有限公司	盈富泰克创业投资有限公司/山东省鲁信投资控股集团有限公司/潍坊市金融控股集团有限公司	创业投资基金	环保产业：污水处理、垃圾处理、大气污染物排放治理、重金属污染治理领域的新技术，新工艺开发和产品制造企业，以及传统企业通过新技术、新工艺的应用，减少或消除"三废"污染；节能领域：工业节能、建筑节能、温室气体减排等领域的新技术，新工艺开发和产品制造企业，包括天然气、清洁能源、替代能源、核能、LED、传统化石能源利用率提高，资源综合利用等领域的新技术，新工艺应用和产品制造企业，以及传统企业的节能改造和能源、资源使用效用提高	2014/1/7
46	漳州市漳龙红桥节能环保创业投资企业（有限合伙）	福建红桥创业投资管理有限公司	福建省漳龙投资开发集团有限责任公司	创业投资基金	节能环保领域	2014/1/10

— 445 —

续表

序号	基金名称	基金管理人	基金发起人	基金类型	主要投资领域	成立时间
47	深圳远致富海新能源投资企业（有限合伙）	深圳市远致富海投资管理有限公司		股权投资基金	新能源基金主要投资方向为投资于非上市公司新能源企业项目。主要股权投资	2014/3/25
48	北京绿色春天股权投资基金	北京当代绿色投资基金管理有限公司		股权投资基金	非证券业务类投资、咨询、房地产项目股权投资、投资管理、投资咨询等	2014/4/17
49	华富基金—基德置业特定客户资产管理计划	上海锐宝环保科技有限公司		基金专户		2014/4/21
50	四川水务环保股权投资中心（有限合伙）	四川鼎浩发展股权投资基金管理有限公司	四川发展股权投资基金有限公司	股权投资基金	主要投资于四川省内外城市供排水、节能减排、环境污染控制与治污相关领域以及废物处理等环境保护、污水治理，包括城市供水、中水回用、污泥处理、城市生活垃圾处理、工业污水及工业废弃物处理、绿化工程、生态工程等项目	2014/5/7
51	鼎盛恒辉四号—微风新能源产业发展基金	鼎盛恒辉（北京）投资基金管理有限公司		创业投资基金	微风新能源汽车扩大规模生产	2014/6/11
52	长沙臻泰新能源投资企业（有限合伙）	湖南臻泰股权投资管理合伙企业（有限合伙）		股权投资基金	新能源及新材料	2014/7/24

续表

序号	基金名称	基金管理人	基金发起人	基金类型	主要投资领域	成立时间
53	厦门七匹狼节能环保产业创业投资基金企业（有限合伙）	厦门七匹狼节能环保产业创业投资管理有限公司	国投高科技投资有限公司/厦门市创业投资有限公司	创业投资基金	节能环保产业战略性新兴产业和高新技术改造提升传统产业领域	2014/8/8
54	北京华软零壹环保新能源投资合伙企业（有限合伙）	北京金陵华新投资管理有限公司		股权投资基金	直接投资于环保新能源领域的未上市企业股权	2014/9/4
55	北京中海绿色投资管理中心（有限合伙）	北京中海长益投资管理中心（有限合伙）		股权投资基金	以普通股、优先股、可转换股等方式进行股权投资	2014/9/4
56	上海容百新能源投资企业（有限合伙）	北京容百新能源投资管理有限公司		股权投资基金	在全球范围内选择符合宏观经济趋势、具备高成长、高盈利能力的新能源产业的公司进行股权投资，并购重组，通过帮助公司高速成长、实现投资增值，为合伙人创造低风险、高收益的投资回报	2014/9/22
57	深圳前海金聚源壹号水电产业基金中心（有限合伙）	深圳前海金聚源基金管理有限公司		股权投资基金	以股权形式投资湖南天雄水电有限公司，由湖南天雄水电有限公司再投资云南天雄水电开发有限公司属下的童湖水电站与童布水电站的开发建设	2014/10/24
58	展瑞新富一绿色能源一恒晟水电	上海展瑞新富股权投资基金管理有限公司		股权投资基金	本基金投资于展瑞新富一绿色能源一恒晟水电集合计划，该集合计划以股权投资方式投资于镇康县恒晟水电开发有限责任公司，持有其49%的股权，投资款用于竹林河、刘尾和林家寨水电站的建设	2014/10/29

续表

序号	基金名称	基金管理人	基金发起人	基金类型	主要投资领域	成立时间
59	天津光大金茂新能源投资中心（有限合伙）	光大金控（天津）产业投资基金管理有限公司		股权投资基金	投资未上市公司企业	2014/12/2
60	内蒙创源绿能节能环保产业创业投资合伙企业（有限合伙）	内蒙古融丰源创投投资管理有限公司	国投高科技投资有限公司/北京碧水源科技股份有限公司	创业投资基金	许可经营项目：无一般经营项目：节能环保及相关领域的股权投资、创业投资咨询业务，为创业企业提供创业管理服务	2014/12/10
61	重庆宸莉投资合伙企业（有限合伙）	上海大丰新能源投资控股有限公司		股权投资基金	目前投资人民币16亿元购买重庆国际信托有限公司信托产品——重庆信托·信信价值投资5号集合资金	2014/12/11
62	贵州水利产业投资基金中心（有限合伙）	建银城投环保股权投资管理有限公司	贵州省水利投资（集团）有限责任公司/建信资本管理有限责任公司	股权投资基金	本基金主要投资方向为贵州省重点骨干水源工程。具体项目包括夹岩水利枢纽及黔西北供水工程，安龙县平桥水库工程、晴隆县西泌河水库工程、兴仁头山水库工程等项目。例如其中的夹岩水利枢纽位于乌江一级支流六冲河中游，受水区主要涉及黔西北的毕节市和遵义市的西南部地区，区内有毕节市、遵义市等重要工业城市以及黔西、金沙、大方等重要地级市以及能源基地，夹岩水利枢纽工程项目由水源工程、毕大供水工程、黔西北供水工程、灌区工程组成	2014/12/22

续表

序号	基金名称	基金管理人	基金发起人	基金类型	主要投资领域	成立时间
63	深圳中植产投环保投资企业（有限合伙）	深圳京控融华投资管理有限公司		股权投资基金	投资兴办实业（具体项目另行申报）；受托资产管理、投资管理（不得从事信托、金融资产管理、证券资产管理及其他限制项目）；股权投资、投资咨询、会务策划、企业形象策划、市场营销策划、企业营销策划、展览展示策划、企业营销策划、经济贸易咨询、企业管理咨询、财务信息咨询、经济信息咨询、商务信息咨询	2014/12/26
64	惠昌2号新能源基金	江苏金百灵资产管理有限责任公司		证券投资基金	本基金主要投资于包括国内依法发行债券、各种固定收益产品、银行存款、货币基金、资产支持证券、资产支持票据、可转债、可交换债、中小企业私募债，非公开定向债务融资工具、债权、股权、收益（受益）权、中小企业集合债、集合信托计划、指期货、证券公司专项资产管理计划、商业银行理财计划、基金专户、私募基金（包括基金管理人管理的私募基金、有限合伙）、基金子公司专项资产管理计划、券商集合资产管理计划等结构化金融产品以及金融监管部门批准或备案发行的其他金融产品或中国证监会认可的固定收益资产品种在陆中国证监会认可的固定收益资产品种或上海黄金交易所等投资品种	2014/12/31

— 449 —

续表

序号	基金名称	基金管理人	基金发起人	基金类型	主要投资领域	成立时间
65	新能源产业基金	江苏金百灵资产管理有限责任公司		证券投资基金	本基金主要投资于包括国内依法发行债券、各种固定收益产品、银行存款、货币基金、资产支持证券、资产支持票据、可转债、可交换债券、中小企业私募债、非公开定向债务融资工具、股权、中小企业集合债、股票、定增、收费权、中小企业集合票据、收益（受益）权、股指期货、证券公司专项资产管理计划、商业银行理财计划、集合资金信托计划、基金专户、私募基金（包括基金管理人管理的私募基金）、有限合伙、基金子公司专项资产管理计划、券商集合资产管理计划等结构化金融产品以及金融监管部门批准或备案发行的金融产品或中国证监会认可的其他投资品种或在陆金所交易所的固定收益产品或上海黄金交易所所等投资品种	2015/1/23
66	深圳春阳互联新能源产业基金（有限合伙）	深圳前海春阳阳资产管理有限公司		股权投资基金	成长期和成熟期的新能源汽车产业链中特别是新能源汽车运营领域优质公司及优秀团队；为了提高资金收益，经投委会决议可进行短期理财投资	2015/1/30

续表

序号	基金名称	基金管理人	基金发起人	基金类型	主要投资领域	成立时间
67	展霸新富·绿色能源·岔河水电私募股权投资基金	上海展霸新富股权投资基金管理有限公司		其他投资基金	本基金与金平岔河发电有限责任公司签署《供电收益权转让及回购合同》，约定本基金用于投资金平岔河发电有限责任公司未来5年的供电业务的收益权	2015/2/4
68	河南新安财富节能环保创业投资基金（有限合伙）	河南中原云股权投资基金管理有限公司	盈富泰克创业投资有限公司/河南农开产业基金投资有限责任公司	股权投资基金	合伙企业对外投资的百分之六十（60%）以上应投资于节能环保及其相关产业；合伙企业剩余的对外投资应投资于其他战略性新兴产业。合伙企业对外投资于河南省内的企业、集成创新或消化吸收再创新的创新型企业、投资此类合伙企业承诺出资额比例不低于合伙人对合伙企业承诺出资额的百分之六十（60%）	2015/2/9
69	深圳国华智达壹号新能源投资企业（有限合伙）	深圳市国华投资管理股份有限公司		股权投资基金	投资深圳市依思普林科技有限公司股权	2015/3/3
70	陕西省新能源汽车高技术创业投资基金（有限合伙）	陕西鸿创投资管理有限公司	陕西金融控股集团有限公司/陕西汽车控股股份有限公司/盈富泰克创业投资有限公司	股权投资基金	新能源汽车产业链相关领域，股权投资	2015/3/11

续表

序号	基金名称	基金管理人	基金发起人	基金类型	主要投资领域	成立时间
71	北京国投北排水环境投资基金(有限合伙)	国投创新投资管理有限公司		股权投资基金	作为环保领域水环境专业股权投资基金,为投资人创造稳定的投资回报	2015/4/3
72	深圳中植产投新能源投资合伙企业(有限合伙)	深圳京控融华投资有限公司	北京北排水环境发展有限公司/国投创新投资管理有限公司	股权投资基金	投资方向:投资兴办实业(具体项目另行申报);受托资产管理、投资管理(不得从事信托、金融资产管理、证券资产管理及其他限制项目);股权投资;投资咨询、企业策划、展览展示策划、企业营销策划、会务策划、企业形象策划、市场营销策划、经济贸易咨询、企业管理咨询、财务信息咨询、经济信息咨询、商务信息咨询	2015/4/16
73	杭州中来锦聚新能源合伙企业(有限合伙)	杭州中来锦聚投资管理有限公司		股权投资基金	实业投资,投资管理,投资咨询(除证券、期货)投资方式:股权投资,投资标的:未上市公司股权	2015/4/20
74	摩山保理一环保1号资产管理计划	上海摩山投资管理有限公司		其他投资基金	本资产管理计划主要投资于霍尔果斯摩山商业保理有限公司项下保理资产收益权,对应的保理公司为北京三聚创洁科技发展有限公司与卫辉市豫北化工有限公司之间的应收账款资产	2015/4/30

续表

序号	基金名称	基金管理人	基金发起人	基金类型	主要投资领域	成立时间
75	南昌西域红业节能投资中心（有限合伙）	安徽国耀创业投资管理有限公司		创业投资基金	股权投资中节能太阳能科技股份有限公司	2015/4/30
76	湖南金源低碳节能环保创业投资基金合伙企业（有限合伙）	湖南金源创业投资管理有限公司	国投高科技投资有限公司/湖南高新创业投资集团有限公司	创业投资基金	低碳（节能环保）领域中发展潜力大、具有高成长性的处于初创期、早中期的新技术创新型企业及国家产业政策重点支持在湖南省内的低碳（节能环保）企业	2015/5/6
77	深圳市中广核汇联1号新能源股权投资合伙企业（有限合伙）	深圳中广核享风股权投资基金管理有限公司		股权投资基金	对处于各个发展阶段的具有良好发展前景企业进行直接或间接的股权投资或与股权相关的投资	2015/6/2
78	珠海横琴勇华环保产业投资合伙企业（有限合伙）	广东中科招商创业投资管理有限公司		股权投资基金	定向用于投资中山环保产业股份有限公司	2015/6/3
79	沃土新三板环保证券投资基金	广东中科招商创业投资管理有限责任公司		证券投资基金	定向投资珠海国佳新材股份有限公司	2015/6/10
80	舍得之道资本一行业精选A期新能源产业投资基金	深圳舍得之道资产管理有限公司		股权投资基金	本基金主要投资于国内新能源产业链各核心环节，包括：新能源开发、新能源利用、新能源研究、新能源推广及新能源经营的高科技型企业及上下游相关产业投资等	2015/6/15

续表

序号	基金名称	基金管理人	基金发起人	基金类型	主要投资领域	成立时间
81	盐城海瀛环保产业股权投资合伙企业（有限合伙）	盐城锦狮佳业投资管理有限公司		股权投资基金	对国内环保产业的企业进行股权投资，以引导环保企业的进一步发展，并获取股权投资收益	2015/6/15
82	尚信环保水务投资基金	尚信资本管理有限公司		股权投资基金	本基金主要投资于拟在全国中小企业股份转让系统挂牌的公司的股份，可投资于现金及银行存款（含定期存款等）	2015/6/18
83	国核核电及清洁能源投资1号专项资产管理计划	国核投资有限公司		股权投资基金	（1）股权投资，其中投资于核电及清洁能源产业的股权投资（包括投资于清洁能源及清洁能源产业的股权合伙份额）比例不低于股权投资总额的80%；（2）具有较低风险与较高流动性特点的金融工具或产品	2015/6/19
84	青岛中欧博仁新能源企业（有限合伙）	北京盛世共赢资产管理有限公司		股权投资基金	直接投资，投资于青岛昌盛日电太阳能科技有限公司的股权	2015/6/19
85	青岛中欧泰兴新能源企业（有限合伙）	北京盛世共赢资产管理有限公司		股权投资基金	直接投资，投资于青岛昌盛日电太阳能科技有限公司的股权	2015/6/19
86	中节能中咨环境投资管理有限公司	中节能中咨环境投资管理有限公司		股权投资基金	节能环保等领域	2015/6/19

续表

序号	基金名称	基金管理人	基金发起人	基金类型	主要投资领域	成立时间
87	摩山保理—环保2号资产管理计划	上海摩山投资管理有限公司		其他投资基金	本资产管理计划主要投资于上海摩山商业保理有限公司项下保理资产收益权，对应的保理资产为北京三聚环保新材料股份有限公司与鹤壁华石联合能源科技有限公司之间的应收账款资产	2015/6/23
88	新余榕拓环保投资管理中心（有限合伙）	北京榕拓达园投资管理有限公司		股权投资基金	本基金仅投资于环保行业的高成长性的成长期企业	2015/6/24
89	摩山保理—环保3号资产管理计划	上海摩山投资管理有限公司		其他投资基金	本资产管理计划主要投资于上海摩山商业保理有限公司项下保理资产收益权，对应的保理资产为北京三聚环保新材料股份有限公司与鹤壁华石联合能源科技有限公司之间的应收账款资产	2015/7/7
90	摩山保理—环保4号资产管理计划	上海摩山投资管理有限公司		其他投资基金	本资产管理计划主要投资于上海摩山商业保理有限公司项下保理资产收益权，对应的保理资产为北京三聚环保新材料股份有限公司与鹤壁华石联合能源科技有限公司之间的应收账款资产	2015/7/10
91	井冈山北汽（景德镇）新能源投资中心（有限合伙）	江西省井冈山北汽投资管理有限公司		股权投资基金	股权投资、投资管理、咨询服务	2015/7/30

续表

序号	基金名称	基金管理人	基金发起人	基金类型	主要投资领域	成立时间
92	盐城枫杨环保产业投资基金（有限合伙）	北京枫杨投资基金管理有限公司		股权投资基金	环保产业投资等	2015/8/4
93	九鼎东江—东旭新能源1号基金	九鼎东江投资管理有限公司		其他投资基金	本基金全部财产通过委托贷款、股权或其他法律允许的方式投资于东旭集团已取得省级发改委备案改委备案及已取得市级发改委机备案的分布式电站及电站项目，总装机容量约192MW	2015/8/5
94	九鼎东江—东旭新能源3号基金	九鼎东江投资管理有限公司		其他投资基金	本基金全部财产通过委托贷款、股权或其他法律允许的方式投资于东旭集团已取得省级发改委备案改委备案及已取得市级发改委机备案的分布式电站及电站项目，总装机容量约192MW	2015/8/6
95	北京易二零壹号环境投资中心（有限合伙）	北京上善易和投资管理有限公司		股权投资基金	本基金主要投资方向为环保、节能、新能源领域中商业模式创新、具备跨越式增长潜力的企业；优秀的企业家和团队；在细分领域领先的、轻资产的企业；在投资后1到2年内有上市或（被）并购可能性的企业	2015/8/7

附　　录

续表

序号	基金名称	基金管理人	基金发起人	基金类型	主要投资领域	成立时间
96	九鼎东江—东旭新能源2号基金	九鼎东江投资管理有限公司		其他投资基金	本基金全部财产通过委托贷款、股权或其他法律允许的方式投资于东旭集团已取得省级发改委备案的地面电站及已取得市级发改委备案的分布式电站项目，总装机容量约192MW	2015/8/7
97	天堂硅谷—蔚新能源汽车2号资产管理计划	浙江天堂硅谷资产管理集团有限公司		股权投资基金	认购宁波天堂硅谷融创股权投资合伙企业（有限合伙）份额，间接投资浙江时空电动汽车有限公司股权	2015/8/7
98	天堂硅谷—蔚新能源汽车1号资产管理计划	浙江天堂硅谷资产管理集团有限公司		股权投资基金	认购宁波天堂硅谷融创股权投资合伙企业（有限合伙）份额，间接投资浙江时空电动汽车有限公司股权	2015/8/7
99	九鼎东江—东旭新能源4号基金	九鼎东江投资管理有限公司		其他投资基金	本基金全部财产通过委托贷款、股权或其他法律允许的方式投资于东旭集团已取得省级发改委备案的地面电站及已取得市级发改委备案的分布式电站项目，总装机容量约192MW	2015/8/10
100	武汉高投德盛环保新能源创业投资基金合伙企业（有限合伙）	武汉高投德盛创业投资管理有限公司	湖北高投资本经营有限公司	创业投资基金	基金主要投资于已在新三板挂牌或拟挂牌新三板的节能环保、新能源项目企业	2015/8/10

— 457 —

续表

序号	基金名称	基金管理人	基金发起人	基金类型	主要投资领域	成立时间
101	上海欢缘新能源投资发展中心（有限合伙）	上海星正投资管理中心（有限合伙）		股权投资基金	从事于新能源领域的投资管理的业务	2015/8/13
102	国泰元鑫蓝天环保嘉和专项资产管理计划	盛世嘉和投资基金管理（北京）有限公司			新三板股票及非上市股权（含优先认股权）：主要包括在新三板市场（即全国中小企业股份转让系统）转让的股权，有计划在新三板挂牌的非上市公司的股权（包括普通股、优先股及普通股优先认股权）；重点关注新兴成长性行业，包括不限于信息技术、新能源、新能源汽车、高端装备制造、生物医药、新材料、影视传媒、节能环保等	2015/8/18
103	六安徽银绿色发展基金（有限合伙）	安徽国厚投资管理有限公司		其他投资基金	（1）置换地方政府的债务（包括但不限于地方政府在他行的银行借款、信托、保险、证券及企业债券）；（2）政府应付账款；（3）其他符合国家文件精神鼓励的公共服务领域，但是不得投向国家政策要求退出的行业，严禁投放于商业性房地产项目	2015/8/20
104	宁波联合创新新能源投资管理合伙企业（有限合伙）	浙江浙大联合创新投资管理合伙企业（有限合伙）		股权投资基金	新能源产业的投资	2015/8/20

续表

序号	基金名称	基金管理人	基金发起人	基金类型	主要投资领域	成立时间
105	中金正值节能1号证券投资基金	北京君盛财富投资管理有限公司		证券投资基金	本基金投资于深圳前海金桥壹号基金中心（有限合伙）（以下简称"有限合伙"），作为该有限合伙企业的有限合伙人，有限合伙企业将认购北京国科恒通电气自动化科技有限公司新增注册资本	2015/8/20
106	宁波华禹新能投资合伙企业（有限合伙）	中节华禹基金管理有限公司		股权投资基金	新材料、节能减排、环境保护	2015/8/26
107	晟视天下一新能源1号投资基金	北京晟视天下投资管理有限公司		证券投资基金	本基金的财产主要用于受让"晟视天下投资基金1号"（该基金的基金编码为S22939）所持有的威海鼎新能源有限公司租赁项目收益权	2015/8/26
108	中财国盛环保产业投资基金	中财国龙（北京）资本管理有限公司		其他投资基金	本基金的主要投资对象是未上市的公司股权和债权，可以直接投资，或者通过设立有限合伙企业或特殊目的公司等实现间接投资	2015/9/11
109	贵州智汇节能环保产业并购基金中心（有限合伙）	北京智汇通盛资本管理有限公司		股权投资基金	侧重于水处理项目或节能环保企业的股权投资	2015/9/16

续表

序号	基金名称	基金管理人	基金发起人	基金类型	主要投资领域	成立时间
110	仁和智本环保股权投资基金	上海仁和智本股权投资基金管理有限公司		股权投资基金	本基金拟投资于有限合伙企业的有限合伙份额,最终该有限合伙企业投资于拟挂牌新三板企业。所投资的有限合伙份额由基金管理人代为持有,但上述投资收益权及本基金财产,仍归属于基金财产,独立于管理人的固有财产	2015/9/16
111	国泰元鑫嘉天环保嘉和1号专项资产管理计划	盛世嘉和投资基金管理(北京)有限公司		股权投资基金	主要投资新兴产业及银行固定收益产品	2015/9/30
112	贵阳市吉山1号新能源产业发展基金(有限合伙)	贵阳市贵山基金管理有限公司	贵阳市科技金融投资有限公司/贵阳市贵山基金管理有限公司	股权投资基金	围绕贵阳市吉利新能源汽车项目,直接以股权投资方式进行投资	2015/10/16
113	上海中电投融和新能源投资管理中心(有限合伙)	国家电投集团产业基金管理有限公司		股权投资基金	通过国家电投和本基金直投等方式,投资和本基金直投等方式,投资的是新能源(风电和光伏发电)项目的股权、可转债等	2015/10/16
114	华夏绿色(深圳)基金发展企业(有限合伙)	深圳市中能绿色基金管理有限公司		股权投资基金	基金主要投资于上市公司青山纸业(600103)的定向增发项目	2015/10/20
115	华夏兴邦(深圳)基金发展企业(有限合伙)	深圳市中能绿色基金管理有限公司		股权投资基金	基金主要投资于上市公司青山纸业(600103)的定向增发项目	2015/10/20

续表

序号	基金名称	基金管理人	基金发起人	基金类型	主要投资领域	成立时间
116	国泰元鑫蓝天环保嘉和2号专项资产管理计划	盛世嘉和投资基金管理（北京）有限公司			主要投资新兴产业及银行固定收益产品	2015/10/21
117	国电投融和新能源产业基金2号	国家电投集团产业基金管理有限公司		其他投资基金	受让中电投融和融资租赁有限公司合法持有的陕西定边清洁能源发电有限公司的应收租金收益权	2015/10/23
118	国电投融和新能源产业基金3号	国家电投集团产业基金管理有限公司		其他投资基金	受让中电投融和融资租赁有限公司合法持有的陕西定边光能发电有限公司的应收租金收益权	2015/10/23
119	国电投融和新能源产业基金1号	国家电投集团产业基金管理有限公司		其他投资基金	投资百瑞信托有限责任公司设立的事务管理类信托"百瑞恒益269号单一资金信托（华仪租赁）"	2015/10/23
120	嘉泰101秦皇岛北戴河环境改造工程资产管理计划	杭州嘉锐基金管理有限公司		其他投资基金	本资产管理计划的投资范围为在严格控制风险的前提下，受让秦皇岛华江投资有限公司持有的对秦皇岛经济技术开发区城市发展局约20 000万元应收账款债权，该应收账款为秦皇岛华江投资有限公司承揽的秦皇岛经济技术开发区北戴河流域水污染防治及沿岸旅游度假开发工程的前期已完结部分	2015/11/3

— 461 —

续表

序号	基金名称	基金管理人	基金发起人	基金类型	主要投资领域	成立时间
121	国泰元鑫蓝天环保嘉和3号专项资产管理计划	盛世嘉利投资基金管理（北京）有限公司			主要投资新兴产业及银行固定收益产品	2015/11/12
122	山西科元新能源汽车股权投资合伙企业（有限合伙）	中合盛资本管理有限公司		股权投资基金	对非上市新能源汽车企业的股权、上市公司非公开发行的股权交易的股权投资以及相关咨询服务	2015/11/17
123	环能睿泽（深圳）环境产业基金合伙企业（有限合伙）	深圳环能睿泽环境产业基金管理有限公司		股权投资基金	本产业基金主要投资于优质的环境相关产业项目	2015/11/18
124	友财华山2号绿色发展基金	北京友财投资管理有限公司		股权投资基金	基金财产主要投资于非上市公司股权，对其他私募基金的份额进行投资，有限合伙制企业、信托公司管理的有效存续的信托计划、基金管理公司或期货公司管理的子公司或期货公司的资产管理计划、银行机构理财产品、第三方理财机构理财产品	2015/11/19
125	安徽桢瑞能节能环保产业投资合伙企业（有限合伙）	上海瑞力投资基金管理有限公司	合肥市创业投资引导基金有限公司	股权投资基金	本基金重点直接投资于节能环保、国企混合所有制改革等领域	2015/11/25
126	深圳市前海清源志光伏投资中心（有限合伙）	蓝天伟业清洁能源基金管理（深圳）有限公司		股权投资基金	投资于英大国际信托有限责任公司设立的信托计划，资金最终用于光伏电站建设	2015/11/25

续表

序号	基金名称	基金管理人	基金发起人	基金类型	主要投资领域	成立时间
127	元邦七号环保指数基金	中投元邦资产管理(北京)有限公司		证券投资基金	国内沪深证券交易所发行上市的股票、新股申购，沪港通中的港股通投资标的，股指期货、股票期权对冲系统风险	2015/11/25
128	深圳海峡环保投资基金企业（有限合伙）	深圳海峡资产管理有限公司		股权投资基金	新能源汽车产业链、清洁能源产业链、低碳节能产业链	2015/11/26
129	深圳春阳鑫材新能源产业投资基金（有限合伙）	深圳前海春阳资产管理有限公司		股权投资基金	对嘉元科技及其他优秀新三板企业的股权投资	2015/11/27
130	大丰新能源1号私募基金	上海大丰新能源投资控股有限公司		股权投资基金	投资于国内债券市场、资金货币市场、企业股权投资，基金管理计划、基金公司及其子公司特定客户资产管理计划、证券公司资产管理计划、期货公司资产管理计划、信托计划、私募投资基金、有限合伙份额、各类固定收益类产品等	2015/11/30
131	政府引导新能源汽车7号	高通盛融财富投资集团有限公司	贵州安远新能源汽车有限公司	股权投资基金	高通盛融财富投资集团有限公司通过发行政府引导新能源汽车7号基金主要投资于贵州安远新能源汽车有限公司100%股权收益权	2015/11/30
132	国家电投融和新能源产业基金4号	国家电投集团产业基金管理有限公司		其他投资基金	投资百瑞信托有限责任公司设立的事务管理类信托产品	2015/12/3

续表

序号	基金名称	基金管理人	基金发起人	基金类型	主要投资领域	成立时间
133	南京扬子环境基础设施投资基金一期企业（有限合伙）	南京扬子江投资基金管理有限公司	浦口经济开发区	股权投资基金	投资于"原浦口经济开发区部分地块资源整理项目"。本基金投资方式为直接投资，投资标的为未上市公司"南京市浦口新城开发建设有限公司股权"	2015/12/5
134	招银无锡新能源产业投资基金	深圳市招商金葵资本管理有限责任公司		其他投资基金	致力于光伏电站项目的并购投资、建设和运营，推动新能源产业的集约化、规模化健康发展；可适度参与光伏产业链科技投资	2015/12/9
135	道得投资清能源夹层基金1号	上海道得投资管理合伙企业（有限合伙）		股权投资基金	本基金财产拟直接或间接投资清能源行业	2015/12/10
136	江苏悦达中小企业绿色发展创业投资基金（有限合伙）	江苏悦达善达股权投资基金管理有限公司	盐城市创新创业投资有限公司	股权投资基金	主要投资方向为股权投资	2015/12/14
137	山东中泰世华节能投资中心（有限合伙）	中泰世华节能投资有限公司	山东省经济开发投资公司/威海市国有资本运营有限公司	股权投资基金	以自有资金对节能领域的投资及股权投资	2015/12/15
138	山高（烟台）新能源基金管理中心（有限合伙）	山东高速投资基金管理有限公司	山东高速投资基金管理有限公司	股权投资基金	参与上市公司股票定向增发	2015/12/22

续表

序号	基金名称	基金管理人	基金发起人	基金类型	主要投资领域	成立时间
139	深圳市盈峰环保产业并购基金合伙企业（有限合伙）	盈峰资本管理有限公司		股权投资基金	一般经营项目：受托管理股权投资基金（不得从事证券投资活动，不得以公开方式募集资金开展投资活动）；受托资产管理，证券资产管理，证券资产管理基金管理（不得从事信托、金融资产管理，证券资产管理及其他限制项目）；投资兴办实业（具体项目另行申报）；投资咨询，企业管理咨询，商务信息咨询，经济信息咨询（以上均不含限制项目）；为创业企业提供创业管理服务业务；参与设立创业投资企业	2015/12/22
140	综彩绿色宝新能源专项定增私募证券投资基金	深圳市综彩绿色投资管理合伙企业（有限合伙）		证券投资基金	本基金可参与上市公司股票非公开发行、合伙企业份额、公募及私募证券投资基金、特定资产管理计划或其份额受益权、集合资产管理计划或其份额受益权、信托计划或其份额受益权、银行理财产品、银行协议存款	2015/12/22
141	综彩绿色宝新能源专项定增私募证券投资基金	深圳市综彩绿色投资管理合伙企业（有限合伙）		证券投资基金	本基金可参与上市公司股票非公开发行、合伙企业份额、公募及私募证券投资基金、特定资产管理计划或其份额受益权、集合资产管理计划或其份额受益权、信托计划或其份额受益权、银行理财产品、银行协议存款	2015/12/22

续表

序号	基金名称	基金管理人	基金发起人	基金类型	主要投资领域	成立时间
142	骥才千里马新能源汽车证券投资基金	北京骥才资本管理有限公司		证券投资基金	在上海和深圳交易所上市交易的业务与新能源汽车产业相关的上市公司股票以及可转换债券；以资产配置为目的而投资的公募基金（含交易所交易的基金）；逆向回购等各类现金管理工具	2015/12/28
143	天创水电主题投资基金	广东天创投资管理有限公司		证券投资基金	股票、交易所债券、债券逆回购、转融通证券出借、协议存款、定期存款、银行理财	2015/12/28
144	植瑞一新能源1号投资基金	植瑞投资管理有限公司		其他投资基金	本基金将投资于浙江润成控股集团有限公司持有的股权收益权	2015/12/31
145	汇达投资稳健精选1号证券投资基金	萍乡皓熙汇达新能源产业投资基金（有限合伙）		证券投资基金	沪深交易所发行、上市的股票（包括上市公司非公开发行股票、新股申购）、新三板挂牌公司股份、沪港通中港股通标的范围内的股票、债券、资产支持证券、债券回购、商业银行理财产品、银行和其他银行存款（包括定期存款、存款和其他银行存款）、融资融券、股指期货、商品期货、国债期货、股票期权、权证、仅以证券公司为交易对手的收益互换、公募基金、信托公司资管计划、公司资产管理计划、保险公司资产管理计划、期货公司资产管理计划、基金公司及其子公司特定客户资产管理计划，取得基金业协会颁发的管理人登记证书的私募管理人发行的私募基金，以及法律法规或中国证监会允许本基金投资的其他于证券交易所或期货交易所发行、上市的证券交易或金融衍生品	2016/1/6

续表

序号	基金名称	基金管理人	基金发起人	基金类型	主要投资领域	成立时间
146	宁波东融资本管理有限公司清洁能源产业基金1号	宁波东融资本管理有限公司		其他投资基金	（1）受让水力发电行业相关企业的股权、债权或收益权，投资规模为本投资基金总规模的0～100%，包括但不限于受让新疆阿克代水电投资开发有限公司的股权收益权。（2）基金管理人认可的其他投资产品	2016/1/8
147	环保新材料基金	中兴联合投资有限公司		股权投资基金	本基金通过增加注册资本金的形式投资于绿塑科技股份有限公司	2016/1/14
148	植瑞—新能源2号投资基金	植瑞投资管理有限公司		其他投资基金	本基金将投资于浙江润成控股集团有限公司持有的股权收益权	2016/1/18
149	利派合盈新能源汽车股权投资基金2号	利派（上海）股权投资基金管理有限公司		股权投资基金	本基金将以每股1.5元的价格主要投资于安徽广通汽车制造股份有限公司的股权，但是不得超过安徽广通汽车制造股份有限公司的49%，最终资金将用于扑灭安徽广通汽车制造股份有限公司的流动性，通过股东上市、并购、企业分红、大股东回购等方式实现退出	2016/1/25
150	深圳市中广核汇联2号新能源股权投资合伙企业（有限合伙）	深圳中广核享风股权投资基金管理有限公司		股权投资基金	对处于各个发展阶段的具有良好发展前景企业进行直接或间接的股权投资或与股权相关的投资	2016/1/25

续表

序号	基金名称	基金管理人	基金发起人	基金类型	主要投资领域	成立时间
151	相兑新能源私募股权投资基金1号	上海相兑资产管理有限公司		创业投资基金	本基金的基金财产在先支付完基金管理人第一年、第二年及第三年的管理费和基金托管人第一年、第二年及第三年的托管费后，剩余财产全部认购上海相兑简史投资管理中心（有限合伙）的有限合伙人份额	2016/1/25
152	深圳深胜环保投资中心（有限合伙）	深圳深胜投资管理有限公司		股权投资基金	专注于投资拟在新三板挂牌的环保及其相关产业公司股权	2016/1/26
153	北京菊华环保产业投资基金（有限合伙）	北京菊华投资基金管理中心（有限合伙）		股权投资基金	主要投向：开展对大气污染治理技术、供水与污水处理、土地管理与资源保护、环境健康与安全、绿色产品与服务等优质项目进行股权投资与管理投资方式：直接投资，通过合伙企业投资投资范围：未上市公司股权	2016/2/1
154	戎瑞金元3号青州宏利水务专项资产管理计划	上海戎瑞资产管理有限公司		其他投资基金	用于受让青州市宏利水务有限公司合法拥有的对青州市财政局的4亿元应收账款	2016/2/1
155	中诚信—郫县水环境治理投资基金	深圳中诚信基金管理有限公司		其他投资基金	用于受让成都市西汇投资有限公司因"犀浦镇龙桥片区旧城改造项目基础设施建设（二期）"、"犀浦双铁站前下穿隧道工程项目"对郫县政府享有的6.8亿元应收账款	2016/2/2

续表

序号	基金名称	基金管理人	基金发起人	基金类型	主要投资领域	成立时间
156	展瑞新富绿色能源岔河水电2号私募投资基金	上海展瑞新富股权投资基金管理有限公司		其他投资基金	金平岔河发电有限责任公司（"金平岔河"）的供电收益权	2016/2/4
157	珠海鼎富一期工业节能投资基金（有限合伙）	上海乾义资产管理有限公司		股权投资基金	合伙目的：通过合伙，聚集整合各方之资源及资金，对工业节能相关项目，具有良好发展前景和具备新三板挂牌、上市，并购条件，或具备良好退出渠道的能源企业进行直接或者间接的股权投资项目以及被投资企业的发展成果，为工业节能建设提供资金支持，为本合伙企业取得最佳经济效益，为全体合伙人创造满意的投资回报	2016/2/4
158	国家电投融和新能源产业基金5号	国家电投集团产业基金管理有限公司		股权投资基金	投资于中国电力投资集团公司华北分公司与资源方开展的新能源合作开发项目	2016/2/17
159	新能源汽车科技创新（合肥）股权投资合伙企业（有限合伙）	合肥国科新能股权投资管理合伙企业（有限合伙）	合肥高新建设投资集团公司/合肥市创新科技风险投资有限公司/国家科技风险开发事业中心	创业投资基金	主要投资于科技成果转化项目库中新能源汽车相关项目；投资方向应符合国家重点支持的高新技术领域	2016/2/25

续表

序号	基金名称	基金管理人	基金发起人	基金类型	主要投资领域	成立时间
160	上饶市中汽零新能源汽车产业投资中心（有限合伙）	中汽零投资管理有限公司		其他投资基金	投资建设新能源商用车及其配套核心零部件生产项目	2016/3/7
161	上海海尚环保科技投资基金	上海海尚金融信息服务有限公司		股权投资基金	拟投资于从事环保科技行业未上市企业股权	2016/3/8
162	汇达投资量化对冲1号证券投资基金	萍乡皓熙汇达新能源产业投资基金（有限合伙）		证券投资基金	沪深交易所发行、上市的股票（包括上市公司非公开发行股票、新股申购）、新三板挂牌公司股份、沪港通中港股通标的范围内的股票，债券、资产支持证券、债券回购、商业银行理财产品、银行存款（包括定期存款、协议存款和其他银行存款）、融资融券、股指期货、商品期货、国债期货、股票期权、权益互换、仅以证券公司为交易对手的收益互换、公募基金、信托计划、证券公司资产管理计划、保险公司资产管理计划、期货公司资产管理计划、基金公司及其子公司特定客户资产管理计划，取得基金业协会颁发的管理人登记证书的私募管理人发行的私募基金，以及法律法规或中国证监会允许本基金投资的其他子证券交易所或期货交易所发行、上市的证券或金融衍生品	2016/3/10

续表

序号	基金名称	基金管理人	基金发起人	基金类型	主要投资领域	成立时间
163	环保新材料基金二期	中兴联合投资有限公司		股权投资基金	本基金通过增加注册资本的形式投资于绿塑科技股份有限公司,用于绿塑科技鞍山工厂建设	2016/3/11
164	深圳聚禧新能源产业基金合伙企业(有限合伙)	北京千佳园投资基金管理有限公司		股权投资基金	旨在投资参与传统工业"互联网+"、智能化服务等行业的"中国制造2025"与工业4.0领域,以及包括新能源汽车、高档数控机床、智能电网成套设备等行业在内的高端装备产业领域相关项目的投资	2016/3/15
165	深圳井冈山新能源投资中心(有限合伙)	江西省井冈山北汽投资管理有限公司		股权投资基金	受托资产管理(不得从事信托、金融资产管理、证券资产管理及其他限制项目);投资咨询、企业管理咨询	2016/3/17
166	西咸新区沣西新城管委会绿色城市管网建设投资管理合伙企业(有限合伙)	民加资本投资管理有限公司	陕西省西咸新区沣西新城管理委员会	股权投资基金	向西咸新区沣西新城绿色城市建设有限公司发放委托贷款,且限定用于西咸新区沣西海绵城市建设试点政府投资类项目"建设支出	2016/3/17
167	大唐财富神龙2号新能源汽车投资基金	大唐财富投资管理有限公司		其他投资基金	本基金募集资金用于受让由中海晟泰(北京)资本管理有限公司(以下简称"中海晟泰")持有的中植新能源汽车有限公司(以下简称"中植新能源汽车")价值25 000万元的股权对应的收益权,通过但不限于通过银行委托贷款、信托计划、资产管理计划、契约型基金等方式受让	2016/3/21

— 471 —

续表

序号	基金名称	基金管理人	基金发起人	基金类型	主要投资领域	成立时间
168	山西省改善城市人居环境投资引导基金（有限合伙）	北京首创资本投资管理有限公司	山西省保障性安居工程投资有限公司/北京首创股份有限公司	股权投资基金	对城市供水、供气、供热、污水处理、垃圾处理、园林绿化、地下综合管廊和轨道交通等项目进行投资	2016/3/25
169	国家电投融和新能源产业基金6号	国家电投集团产业基金管理有限公司		股权投资基金	中国电力投资集团公司华北分公司与资源方开展的新能源合作开发项目。是直接投资新能源项目公司的股权	2016/3/28
170	新能源基金	国盈投资基金管理（北京）有限公司		股权投资基金	本基金通过收购股份的形式投资于安徽凯普户森新能源科技股份有限公司	2016/3/28
171	宁夏华融西部节能环保投资基金合伙企业（有限合伙）	华融西部开发投资股份有限公司	宁夏宁鲁石化有限公司	其他投资基金	节能环保产业	2016/4/1
172	重庆环保产业股权投资基金合伙企业（有限合伙）	重庆环保产业股权投资基金管理有限公司	重庆环保投资有限公司/重庆市环保产业投资建设集团有限公司	股权投资基金	主要针对股权投资类企业及国内成长性较好的生态环保类企业进行份额投资但不包括者股权投资，业务领域具体包括：清洁产品与服务、新能源、节能减排、固体废弃物处置、污染治理、环境修复、资源回收再利用、环保第三方服务等多个领域的节能环保行业的优质企业和项目	2016/4/1

续表

序号	基金名称	基金管理人	基金发起人	基金类型	主要投资领域	成立时间
173	鼎益资本—斐然节能1号资产管理计划私募基金	北京万达鼎益资本管理有限公司		其他投资基金	主要受让浙江斐然节能科技有限公司的应收账款收益权，该收益权主要为政府及相应机构与斐然节能科技公司的能源管理合同中涉及的收益权	2016/4/3
174	天津海纳金房节能环保科技合伙企业（有限合伙）	海纳通投资有限公司		股权投资基金	以股权方式专项投资"北京金房暖通节能技术股份有限公司"	2016/4/12
175	普洱市绿色经济发展基金合伙企业（有限合伙）	中非信银（上海）股权投资管理有限公司	普洱市国有资产经营有限责任公司	股权投资基金	投资于普洱市基础设施建设、绿色产业、生态环保、公共服务等绿色经济发展领域等项目	2016/4/13
176	河北毅信联合节能环保产业股权投资基金中心（有限合伙）	河北新元信股权投资基金管理有限公司	河北信息产业投资集团有限公司	股权投资基金	非证券类股权投资及相关咨询服务	2016/4/19
177	人保资本—中节能新材料环保产业投资股权投资计划	人保远望产业投资管理（天津）有限公司		股权投资基金	节能、环保领域	2016/4/19
178	交投佰仕德（宜昌）健康环保产业投资中心（有限合伙）	湖北交投资本投资管理有限公司	湖北交投资本投资管理有限公司	股权投资基金	从事非证券类股权投资活动及相关咨询服务业务	2016/4/20

续表

序号	基金名称	基金管理人	基金发起人	基金类型	主要投资领域	成立时间
179	广州恰珀新能源产业股权投资合伙企业（有限合伙）	广州恰珀新能源产业投资管理有限责任公司	广东省粤科创新创业投资母基金有限公司	股权投资基金	新能源汽车动力电池生产装备及其他相关领域的成长型公司	2016/4/21
180	宝利鑫新能源股权投资基金	深圳市滨海基金管理有限公司		股权投资基金	认购宝利鑫新能源开发有限公司增资扩股的相应股权	2016/4/22
181	元邦七号环保产业投资基金	中投元邦资产管理（北京）有限公司		证券投资基金	国债、国债逆回购、货币型基金、国内沪深证券交易所发行上市的环保类股票、环保类新股申购、沪港通中的环保类港股通投资标的、股指期货、股票期权对冲系统风险	2016/4/22
182	高康节能私募投资基金	高康资本投资管理有限公司		股权投资基金	为节能环保企业的发展提供资金方面的支持帮助企业成长，最后通过资本收益、股权转让等方式实现资本收益。在严格控制投资风险的基础上，谋求基金资产的长期稳定增值	2016/4/25
183	湘潭市防洪生态治理工程合伙企业（有限合伙）	湘潭城发财信城镇发展投资管理有限公司	湘潭城乡建设发展集团有限公司	其他投资基金	防洪生态治理工程，以自有资金进行债权投资	2016/4/28

续表

序号	基金名称	基金管理人	基金发起人	基金类型	主要投资领域	成立时间
184	元邦7号环保产业证券投资基金	中投元邦资产管理（北京）有限公司		证券投资基金	沪深交易所发行、上市的股票（包括上市公司非公开发行股票、新股申购）、沪港通中港股通标的范围内的股票、债券、债券回购、银行存款（包括定期存款、协议存款和其他银行存款）、股指期货、证券公司资产管理计划	2016/4/28
185	商禾（深圳）环保产业投资合伙企业（有限合伙）	北京商禾资产管理有限公司		股权投资基金	定向对新疆胜沃能源开发有限公司进行股权投资，支持其开展40万吨/年电石项目投资、建设和运营	2016/5/11
186	国投电华北新能源产业基金1号	国家电投集团产业基金管理有限公司		其他投资基金	投向国家电力投资集团公司华北分公司投资的项目	2016/5/17
187	东莞凯诺迈科新能源股权投资基金	东莞市凯诺资产管理有限公司		证券投资基金	基金资金用于认购东莞市彬海投资合伙企业（有限合伙）的有限合伙份额，合伙企业由深圳市彬海投资管理合伙企业（有限合伙）作为普通合伙人发起设立，合伙企业资金用于收购龙川县昌科技发展有限公司持有的东莞市迈科技有限公司股权	2016/5/18
188	海尚新能源产业投资基金	上海海尚金融信息服务有限公司		股权投资基金	拟投资于从事新能源行业未上市企业股权	2016/5/20

续表

序号	基金名称	基金管理人	基金发起人	基金类型	主要投资领域	成立时间
189	金奥18号贵州三都人居环境整治建设项目资产管理计划	苏州奥普雷斯资产管理有限公司		其他投资基金	本基金募集资金用于受让项目公司的应收账款收益权，为基金投资者谋求合理的投资回报	2016/5/20
190	绿色产业（厦门）石墨烯股权投资合伙企业（有限合伙）	上海中财国发股权投资基金管理有限公司	厦门市绿色产业股权投资基金管理有限公司	股权投资基金	本基金专项投资石墨烯导热系列材料相关项目企业的股权或股权收益权	2016/5/23
191	天赋稳赢环保产业并购资产管理计划	上海天赋动力股权投资基金管理有限公司		股权投资基金	本计划资金主要通过认购有限合伙企业的有限合伙份额投资于江西昌九农科化工有限公司，如东南天农科化工有限公司及其他具备上市潜力的环保、生物化工、农科类优质项目公司。有限合伙企业的资金具体用于环保、生物化工、农科类优质项目的股权投资及丙烯腈产业链的并购整合	2016/5/23
192	西宁青银开创湟水治理项目管理中心（有限合伙）	五矿（青海）特产产业投资基金管理有限公司		其他投资基金	对西宁市湟水河城区段基础设施建设进行专项投资，通过采取信托贷款、投资股权、信托产品、资管计划、债券、其他金融产品等手段，最终将资金投到西宁市湟水河城区段基础设施建设	2016/5/24

— 476 —

续表

序号	基金名称	基金管理人	基金发起人	基金类型	主要投资领域	成立时间
193	莞信安盈1号—迈科新能源股权投资基金	深圳前海莞信投资基金管理有限公司		股权投资基金	基金资金用于认购东莞市莞信彬海投资合伙企业（有限合伙）（以下简称彬海投资合伙企业）的有限合伙份额，合伙企业由深圳市彬海投资管理合伙企业（有限合伙）作为普通合伙人发起设立。合伙企业资金用于收购龙川县君和科技发展合伙企业（有限合伙）持有的东莞市迈科科技有限公司股权	2016/5/26
194	平安鼎元邦7号环保产业证券投资基金	上海平安阖鼎投资管理有限责任公司		证券投资基金	本基金投资于监管部门批准发行或上市的金融品种，包括股票（包括创业板）、债券、债券逆回购、银行存款、货币基金、股指期货等	2016/5/27
195	钜洲阿米巴新能源基金	钜洲资产管理（上海）有限公司		股权投资基金	本基金募集资金主要投资于由上海阿米巴投资管理有限公司作为普通合伙人与上海阿佰毅投资管理有限公司作为普通合伙人发起设立的嘉兴阿米巴鸿然创业投资合伙企业（有限合伙）（以下简称"有限合伙企业"）的有限合伙人财产份额	2016/6/3
196	深圳紫金港新能源产业投资企业（有限合伙）	深圳市紫金港资本管理有限公司		股权投资基金	主要投资新能源产业公司，如天臣新能源等	2016/6/6

续表

序号	基金名称	基金管理人	基金发起人	基金类型	主要投资领域	成立时间
197	唐山曹妃甸京冀协同绿色产业投资基金合伙企业（有限合伙）	京冀协同发展示范区（唐山）基金管理有限公司	京冀协同发展示范区（唐山）基金管理有限公司/河北省冀财产业引导股权投资基金有限公司	股权投资基金	在经营范围内从事投资、投资管理及其他与投资相关的活动，促进新兴产业的发展	2016/6/6
198	深圳市前海和骏新能源投资企业（有限合伙）	深圳前海和骏投资基金管理有限责任公司		股权投资基金	新能源科技行业项目、节能环保行业项目、信息科技项目、互联网项目的投资；股权投资、创业投资、投资咨询	2016/6/7
199	国家电投融和新能源产业基金7号	国家电投集团产业基金管理有限公司		股权投资基金	大柴旦全通畅新能源有限公司股权	2016/6/14
200	上海行畔新能源科技合伙企业（有限合伙）	上海诚铎资产管理有限公司		股权投资基金	对新能源产业及其上下游产业、清洁能源以及节能技术行业企业的股权投资	2016/6/20
201	贵阳市吉山二号新能源产业发展基金（有限合伙）	贵阳市贵山基金管理有限公司	贵阳市贵山基金管理有限公司/贵阳市科技金融投资有限公司	股权投资基金	围绕贵阳市吉利新能源汽车项目，直接以股权投资方式进行投资，为合伙人取得良好的投资回报	2016/6/21
202	天赋稳赢环保产业并购资产管理计划二号	上海天赋动力股权投资基金管理有限公司		股权投资基金	本计划资金主要通过认购有限合伙企业的份额投资于江西昌九农科化工有限公司及其他具备上市潜力的环保、生物化工、农科类优质项目公司。有限合伙企业的资金具体用于环保、生物化工、农科类优质项目的股权投资及丙烯酰胺产业链的并购整合	2016/6/21

续表

序号	基金名称	基金管理人	基金发起人	基金类型	主要投资领域	成立时间
203	中节能华禹（镇江）绿色产业并购投资基金（有限合伙）	中节能华禹基金管理有限公司		股权投资基金	中节能华禹（镇江）绿色产业并购投资基金（有限合伙）募集资金与其他投资人组成联合收购体，参与西班牙环保项目的收购（境外收购项目），基金将通过股权转让及增资方式获得标的公司的股权	2016/6/24
204	钜洲阿米巴新能源基金2期	钜洲资产管理（上海）有限公司		股权投资基金	本基金募集资金主要投资于由上海阿米巴佰穀投资管理合伙企业（有限）与上海阿米巴投资管理有限公司作为普通合伙人发起设立的嘉兴阿米巴鸿然创业投资合伙企业（有限合伙）（以下简称"有限合伙企业"）的有限合伙人财产份额	2016/6/27
205	青岛弥翌华城环保技术管理中心（有限合伙）	上海弥翌资产管理有限公司		股权投资基金	该基金主要用于投资垃圾处理项目，技术公司创新研发了生活垃圾综合处理气化发电技术，实现了垃圾的清洁焚烧和高效能源利用。于2014年在临沂建设了300吨/日示范工程项目，全面达到设计指标。核心技术MBC技术填补国内技术空白，已获得国家发明、实用新型专利16项，拥有自主知识产权。本基金拟与技术公司共同建立产业基金投资各地建站，实现投资收益	2016/7/4

续表

序号	基金名称	基金管理人	基金发起人	基金类型	主要投资领域	成立时间
206	长富新能源定增夹层私募基金	长富汇银投资基金管理(北京)有限公司		证券投资基金	本基金募集资金主要用于投资由铭蕴(北京)投资基金管理有限公司作为普通合伙人发起设立的北京铭蕴九号产业投资管理中心(有限合伙)的合伙份额。定增项目投资标的公司为:"新能源"汽车集团股份有限公司	2016/7/5
207	深圳中泰富新能源股权1号投资基金	深圳前海中泰富资产管理有限公司		股权投资基金	江苏昱星新材料科技股份有限公司股权	2016/7/6
208	开化县金钲新能源投资合伙企业(有限合伙)	浙江金钲投资管理有限公司	开化县交通实业有限公司	股权投资基金	投资符合国家产业政策的新能源分布式屋面光伏电站项目。一期开化长运大厦新南站屋面分布式光伏电站已经完成施工设计	2016/7/6
209	品格环保产业投资契约型基金	拉萨品格投资管理有限公司		股权投资基金	本基金定向投资于商禾(深圳)环保产业投资合伙企业(有限合伙),作为优先级有限合伙人,力求实现基金财产的持续稳定增值	2016/7/7
210	安徽金牛国轩新能源产业投资合伙企业(有限合伙)	西藏鑫茂金牛资产管理有限公司		股权投资基金	主要投资于国家战略性新兴产业领域,重点投资于新能源行业	2016/7/12
211	桐乡博晟新能源投资合伙企业(有限合伙)	北京博宇先锋投资管理有限公司		股权投资基金	(1)太阳能、风能、生物能等新能源产业;(2)机器人、无人机、传感器、增强现实等智能制造产业	2016/7/12

续表

序号	基金名称	基金管理人	基金发起人	基金类型	主要投资领域	成立时间
212	前海星辰星耀1号私募投资基金	深圳市前海星辰绿色资本管理有限公司		股权投资基金	证券公司、基金公司、期货公司及其子公司发行的资产管理计划（包括劣后级份额）、私募投资基金（包括劣后级份额）、商业银行理财计划	2016/7/13
213	伟星水电产业投资发展（深圳）企业（有限合伙）	深圳市弦丰资产管理有限公司		股权投资基金	水电产业投资	2016/7/13
214	中财环保科技创投基金	中财汇投（北京）基金管理有限公司		创业投资基金	本基金通过股权投资方式定向投资于东莞市欧克水墨有限公司的股权	2016/7/13
215	中靖新能源1号私募投资基金	北京未来能源投资基金管理股份有限公司		股权投资基金	江苏中靖新能源科技有限公司股权投资	2016/7/13
216	宿迁升达新奥致清天然气产业投资合伙企业（有限合伙）	升达新奥清洁能源产业投资基金管理（宿迁）有限公司		股权投资基金	天然气能源企业	2016/7/14
217	远通道路环保私募基金1号	中建远通高速公路投资基金管理（北京）有限公司		股权投资基金	本基金专注于道路交通环保领域的优质投资项目，通过股权投资方式参与拥有专利技术的优质标的企业，提供股权融资帮助标的企业快速占领市场，提高市场占有率	2016/7/14
218	厦门合峰新能源投资合伙企业（有限合伙）	厦门合峰资产管理有限公司		股权投资基金	厦门新页科技有限公司——新能源行业	2016/7/18

续表

序号	基金名称	基金管理人	基金发起人	基金类型	主要投资领域	成立时间
219	横琴元泰民生保腾弘益水务投资基金企业（有限合伙）	珠海元泰投资基金管理有限公司		股权投资基金	水务产业投资及管理、投资咨询。具体投向：用于运城城开发区弘益供水有限公司，用于其存量融资及补充流动资金	2016/7/20
220	汇敏环保科技1号股权私募基金	中传福旺（上海）股权投资基金管理有限公司		股权投资基金	国内成长性高的未上市企业	2016/7/20
221	融国环保产业成长1号私募股权投资基金	上海融国投资管理有限公司		股权投资基金	主要投资方式为股权投资，通过多元化、多层次股权投资方式，将资金以股权的形式投资到环保相关新兴实体行业中去	2016/7/20
222	上饶市安驰新能源产业中心（有限合伙）	上海雅法资产管理有限公司		股权投资基金	投资于江西安驰新能源科技有限公司	2016/7/20
223	中瞻信投—嘉城环保基金1号	中瞻信投基金管理（北京）有限公司		股权投资基金	以股权投资的方式投资于嘉城（沧州）环保能源有限公司	2016/7/22
224	重庆荣新环保产业股权投资基金合伙企业（有限合伙）	重庆环保产业股权投资基金管理有限公司	重庆市荣昌区荣新环保产业发展有限公司重庆环保产业股权投资基金合伙企业（有限合伙）	股权投资基金	主要针对股权投资类企业及国内的生态环保类企业进行股权投资或者PPP合作，业务领域包括但不限于生态资源保护与利用、清洁产品制造与服务、新能源、节能减排、固体废弃物处置、环境修复、资源回收再利用、环保第三方服务等多个领域的企业和项目	2016/7/26

续表

序号	基金名称	基金管理人	基金发起人	基金类型	主要投资领域	成立时间
225	紫源新能源1号股权私募投资基金	深圳东方云信基金投资管理有限公司		股权投资基金	本基金的投资范围为：云南紫源新能科技有限公司股权，投资比例为100%	2016/7/28
226	天赋稳赢—环保产业并购私募投资基金3号	上海天赋动力股权投资基金管理有限公司		股权投资基金	本基金资金主要通过认购有限合伙企业的有限合伙份额投资于江西昌九农科化工有限公司，如东南天科化工有限公司及其他具备上市潜力的环保、生物化工、农科类优质项目公司。有限合伙企业的资金具体用于环保、生物化工、农科类优质项目的股权投资及丙烯酰胺产业链的并购整合	
227	前海军源·华夏生态环保投资基金1号	深圳市前海军源股权投资基金管理有限公司		股权投资基金	基金投资于贵州汇生林业开发有限公司的股权，用于该公司的现代珍贵用材林产业发展项目——降香黄檀（海南黄花梨）的产业价值链开发及新增种植10万亩降香黄檀（海南黄花梨）	2016/8/3
228	思嘉九鼎东江新能源受益权1号私募投资基金	思嘉投资管理（浙江）有限公司		其他投资基金	本基金用于受让东旭集团有限公司持有的九鼎东江—东旭新能源1号	2016/8/3

续表

序号	基金名称	基金管理人	基金发起人	基金类型	主要投资领域	成立时间
229	旗辉新能源成长私募基金	广东旗辉财富投资管理有限公司		证券投资基金	本基金的投资范围包括沪深交易所上市交易的股票、债券（包括银行间债券、交易所债券）、优先股、证券回购（不包括ETF基金一级市场申购、赎回）、存款、公开募集证券投资基金（不包括期货、期权、权证、收益互换、保险公司资产管理计划、基金公司（含基金子公司）特定客户资产管理计划、期货公司资产管理计划，在基金业协会登记的私募基金管理人发行并由具有相关资质的私募基金管理人的契约式私募投资基金、银行理财产品、港股通交易、新股申购、定向增发，也可以将其持有的证券作为融券标的出借给证金融公司	2016/8/8
230	安盈环保产业并购私募投资基金	众融财富资产管理（北京）有限公司		股权投资基金	本基金认购资金主要用于投向"北京红石溢和国际投资中心（有限合伙）"有限合伙份额，最终投资于秦皇岛市清青环保设备有限公司的股权	2016/8/9

续表

序号	基金名称	基金管理人	基金发起人	基金类型	主要投资领域	成立时间
231	绿城盛世爱康新能源专项投资私募基金	杭州千乘资产管理有限公司		股权投资基金	本基金主要用于受让西藏达孜盛世景投资管理有限公司持有的新疆盛世柏合股权投资合伙企业（有限合伙）有限合伙份额，并通过该合伙企业间接投资于苏州爱康能源工程技术股份有限公司未上市公司股权	2016/8/15
232	招银国际—中通客车新能源产业私募基金	招银国际资本管理（深圳）有限公司		其他投资基金	基金财产直接受让某新能源产业公司应收账款	2016/8/18
233	湖北富晶凯龙新能源汽车股权投资合伙企业（有限合伙）	富鼎投资管理有限公司		股权投资基金	本基金投资于新能源汽车产业链上下游的优质项目，重点投资于具有新能源汽车关键核心技术并可实现产业化的项目	2016/8/24
234	华禹绿色产业1号私募投资基金	中节能华禹基金管理有限公司		其他投资基金	主要投资于具有稳定收益的金融产品，如债券、委托贷款、信托贷款、货币市场工具、银行存款、资产支持证券以及法律法规和中国证监会允许基金投资的其他金融工具	2016/9/7
235	思嘉九鼎东江2号私募投资基金	思嘉投资管理（浙江）有限公司		其他投资基金	本基金用于受让东江集团有限公司持有的九鼎东江—东旭新能源2号	2016/9/13

续表

序号	基金名称	基金管理人	基金发起人	基金类型	主要投资领域	成立时间
236	元邦7号2期环保产业私募证券投资基金	中投元邦资产管理（北京）有限公司		证券投资基金	沪深交易所发行、上市的股票（包括上市公司非公开发行股票、新股申购），沪港通中港股通标的范围内的股票、债券、债券回购、银行存款（包括定期存款、协议存款和其他银行存款）、股指期货、证券公司资产管理计划	2016/9/13
237	鹏融财富一骏鑫新能源1号基金	深圳前海鹏融创业财富管理网络股份有限公司		其他投资基金	本基金投资方向为通过基金管理人指定银行向深圳市骏鑫新能源有限公司发放委托贷款作为其生产经营用途	2016/9/18
238	鼎力聚鑫23号私募基金（中水电）	深圳前海鼎力投资基金管理有限公司		其他投资基金	本基金募集资金以委托贷款方式发放给中水电（郑州）投资发展有限公司（以下简称"中水电"），专项用于补充中水电流动资金	2016/9/19
239	长兴新能源小镇新能投资合伙企业（有限合伙）			股权投资基金	新能源、制造及锂电池相关产业	2016/9/20
240	思嘉九鼎东江新能源受益权3号私募投资基金	思嘉投资管理（浙江）有限公司		其他投资基金	本基金用于受让东旭集团有限公司持有的九鼎东江一东旭新能源2号	2016/9/30
241	熠信环保专项私募基金1号	熠生投资管理（上海）有限公司		其他投资基金	本基金通过银行委托贷款的形式向晨阳工贸发放贷款，用于补充晨阳工贸流动资金周转	2016/10/4

续表

序号	基金名称	基金管理人	基金发起人	基金类型	主要投资领域	成立时间
242	衢州华海新能源科技产业股权投资合伙企业（有限合伙）	浙江千合并购基金管理有限公司		股权投资基金	有限合伙设立的唯一目的为进行单一项目"华海新能源"的投资	2016/10/10
243	启元新能源光伏电站私募投资基金四期	深圳前海启元资本管理有限公司		股权投资基金	本基金主要投资于合伙企业和拟挂牌新三板企业股权	2016/10/18
244	国家电投集团大族新能源私募股权投资基金	国家电投集团产业基金管理有限公司		股权投资基金	以增资入股的形式投资深圳市大族能联新能源科技股份有限公司股权	2016/10/19
245	国家电投融和新能源产业私募投资基金8号	国家电投集团产业基金管理有限公司		其他投资基金	投资于国家电投集团吉林电力股份有限公司与新能源方开展的新能源合作开发项目，力求实现基金财产的持续稳定增值	2016/10/31
246	金祥新三板泰合3号绿色发展基金	河南金祥股权投资基金管理有限公司		证券投资基金	沪深交易所公开发行、上市的股票（包括上市公司非公开发行股票、新股申购）、新三板挂牌公司股份、沪港通中港股通标的范围内的股票（如开通）、深港通、资产支持证券、债券回购、商业银行理财产品、银行存款（包括定期存款、协议存款和其他银行存款）、融资融券、商品期货、国债期货、股票期权、权证、上海黄金交易所对手的收益互换，仅以证券公司为交易对手的收益互换，公募基金、信托计划、证券公司资产管理计划、保险公司资产管理计划、期货公司资产管理计划，基金公司及其子公司特定客户资产管理计划，千基金业协会官方网站公示已登记的私募基金管理人发行的私募基金	2016/11/2

续表

序号	基金名称	基金管理人	基金发起人	基金类型	主要投资领域	成立时间
247	富国天启新能源股权投资基金1号	北京富国天启资本管理有限公司		其他投资基金	投向林州重机股份有限公司全资子公司林州重机矿建工程有限公司51%股权收益权	2016/11/7
248	钜安盛运环保应付账款私募投资基金	钜洲资产管理（上海）有限公司		其他投资基金	本基金募集资金主要用于受让深圳国投商业保理有限公司持有的对安徽盛运环保（集团）股份有限公司的应收账款	2016/11/14
249	信中利新能源及智慧出行产业私募股权投资基金	北京信中利嘉信股权投资管理有限责任公司		创业投资基金	本基金投资于标的合伙企业，资金最终投向新能源及智慧出行产业链上下游优秀企业股权	2016/11/23
250	常州五星钛信绿色股权投资基金合伙企业（有限合伙）	宁波星邻星投资管理有限公司		股权投资基金	基金投资方向：对成长期、成熟期及Pre–IPO阶段的企业；投资方式：以股权投资为主，配合部分债权投资	2016/11/29
251	湖北高投高投融友环保私募基金	湖北高金投资管理有限公司	湖北高金投资管理有限公司	创业投资基金	本基金投资于湖北富投融友环保产业投资基金合伙企业（有限合伙）份额	2016/11/29
252	三智启明大理水环境产业投资（武汉）合伙企业（有限合伙）	北京三智启明投资基金管理有限公司		股权投资基金	本基金主要投资于大理海东山地新城洱海环保护水环境循环综合建设PPP项目及其相关配套项目	2016/12/1

续表

序号	基金名称	基金管理人	基金发起人	基金类型	主要投资领域	成立时间
253	誉憬绿色发展股权私募基金	深圳市誉德慧富财富管理有限公司		股权投资基金	本基金全部认购资金均用于投资或受让拟挂牌新三板企业新兴县花田农业投资有限公司的股权	2016/12/1
254	典鼎新能源科技私募股权投资基金	上海典鼎投资管理有限公司		股权投资基金	对动力饮科技（北京）有限公司股权投资，受让其30%股权，获取股权收益	2016/12/2
255	无锡雪霰金茂环保产业投资企业（有限合伙）	西藏金缘投资管理有限公司		股权投资基金	以股权投资方式促进环保产业发展，通过在其主营业务对相关领域的带动效应提高基金投资效益，并以专业投资管理为合伙人带来投资回报	2016/12/5
256	银祥环境股权投资基金管理（成都）中心（有限合伙）	银祥股权投资基金管理（上海）有限公司		股权投资基金	股权投资于环保行业企业，重点关注固废处理和水处理两个细分行业	2016/12/5
257	新能源汽车产业并购私募投资基金	众融财富资产管理（北京）有限公司		股权投资基金	本基金全部认购资金均用于【认购北京中汇平安投资中心（有限合伙）LP份额，北京中汇平安投资中心（有限合伙）投资于深圳巴斯巴科技发展有限公司的股权】	2016/12/6
258	宁波梅山保税港区丰盛六合新能源投资企业（有限合伙）	宁波梅山保税港区丰盛六合投资管理有限公司		股权投资基金	符合国家产业发展规划的新能源及新能源汽车等战略新兴产业	2016/12/8

续表

序号	基金名称	基金管理人	基金发起人	基金类型	主要投资领域	成立时间
259	元邦7号6期环保产业私募证券投资基金	中投元邦资产管理（北京）有限公司		证券投资基金	1. 国内依法发行上市的股票（包括主板、中小板、创业板上市的股票），交易所债券、商品期货、股指期货、国债期货、个股期权、港股通交易；2. 商业银行理财产品、信托计划、证券公司及其子公司资产管理计划、期货公司及其子公司资产管理计划、基金公司及其子公司资产管理计划、基金业协会登记的私募基金管理人发行的并在基金业协会登记的托管机构托管的私募基金；3. 现金、银行存款、货币基金；4. 法律法规或中国证监会允许基金投资的其他投资品种	2016/12/14
260	泰融新能源私募股权投资基金	泰融基业叁版石家庄股权投资基金管理有限公司		股权投资基金	1. 现金管理类：现金、银行存款、货币市场基金、其他现金管理类金融产品；2. 其他：河北华威新能源科技有限公司股权	2016/12/20
261	宁波梅山保税港区信控东旭新能源投资合伙企业（有限合伙）	信达金控（宁波）投资管理有限公司		其他投资基金	对合伙人投入的资金进行管理，支持东旭新能源股份有限公司下属子公司光伏项目建设及运营，向东旭新能源投资有限公司发放委托贷款，实现合伙人资产增值	2016/12/21

续表

序号	基金名称	基金管理人	基金发起人	基金类型	主要投资领域	成立时间
262	景荣新能源汽车行业证券投资1号私募基金	杭州丰熙投资管理有限公司		证券投资基金	股票（主板、中小板、创业板、新三板、港股通）、债券（国债、企业债、企业可转债、金融债、政府债、公募债、融资券、同业存单、债券回购）、基金（证券投资基金、货币市场基金）、期货（商品期货、国债期货、股指期货）、融资融券、权证、银行存款、银行理财、券商资管计划、信托产品、基金专项专户、保险资管计划、期权	2016/12/22
263	南京世浦新能源汽车产业投资基金合伙企业（有限合伙）	深圳市前海中科科招商创业投资管理有限公司	江苏省南京浦口经济开发总公司	股权投资基金	新能源、新能源汽车、汽车及上下游相关领域为主，包括但不限于清洁能源、能源互联网、汽车智能化、电池技术、车身材料等	2016/12/26
264	江西竑鼎水电产业私募投资基金	江西金栉投资管理中心（有限合伙）	江西省金融控股集团有限公司	其他投资基金	用于江西竑鼎实业集团有限公司水电站技改项目	2016/12/30
265	内蒙古环保基金	内蒙古环保投资有限公司			环境保护、污染治理、环保技术研发等	2016
266	普洱绿色经济发展基金	中非信银投资管理公司	由普洱市国有资产经营有限责任公司联合中非信银投资管理公司共同设立			原生态与环境的保护水平，加快国家特色生物产业、现代林产业和休闲度假4大产业基地的建设	2015

续表

序号	基金名称	基金管理人	基金发起人	基金类型	主要投资领域	成立时间
267	山东省节能投资引导基金					2015
268	广东环保基金母基金	粤科集团	粤科集团与平安银行广州分行、广东建工集团共同发起		粤东西北的垃圾处理和污水处理等环保领域	2015
269	绿丝路基金		亿利资源集团、泛海集团、正泰集团、汇源集团、中国平安银行，均瑶集团，中(国)新(加坡)天津生态城管委会联合发起		丝绸之路经济带生态改善和光伏能源发展、防沙治沙、清洁能源等	2015
270	中美绿色（节能建筑）基金				加速美国节能环保技术与经验在中国市场的应用，推动城市绿色产业基金发展	2016
271	普洱市绿色经济发展基金	普洱市绿色经济发展基金合伙企业		其他投资基金	主要用于生态产业、环境服务、流域治理及其他股权类投资方面，包括建设环保循环产业园、新型工业、生态农业及渔业开发、生态旅游发展、水生态和监测平台建设、碳减排交易试点，排污权交易体系构建	2016
272	新安江生态保护与产业发展基金	新安江生态保护和产业发展基金				2016

续表

序号	基金名称	基金管理人	基金发起人	基金类型	主要投资领域	成立时间
273	中节能海盐绿色发展投资基金	中节能海盐绿色发展基金管理有限公司	县财政局所属海盐县信中小企业服务有限公司与中节能中咨环境投资管理有限公司,中节能华禹基金管理有限公司		受托管理政府和社会资本合作投资基金和产业基金,发起设立PPP投资基金和产业基金,非证券业务的投资和资产管理咨询、资产管理	2016
274	大别山绿色发展基金	大别山绿色发展股权投资基金合伙企业	北京居然之家投资控股、卓尔控股、信中利国际控股、北京约瑟投资	股权投资基金	基金专注于黄冈高新技术产业、装备制造业、现代服务业、文化旅游业和现代农业的股权投资	2016
275	宜昌绿色发展投资基金	宜昌绿色发展投资基金	湖北宜昌国投集团公司、武钢集团旗下资产经营公司及长安信托		节能环保及新材料、新能源等新兴产业,对宜昌城市基础设施建设、现代物流、文化旅游	2016
276	张家口市绿色发展产业基金	张家口市绿色发展产业基金			绿色发展和节能环保领域	2016
277	新都前海农行绿色发展基金	新都前海农行绿色发展基金	新都区、前海、中国农业银行	股权投资	基础设施、公共服务设施、民营企业	2016
278	浦银新都绿色发展基金	成都前海绿色发展产业投资基金	新都区、前海、浦发银行	投资基金	基础设施、公共服务设施、民营企业	2016

续表

序号	基金名称	基金管理人	基金发起人	基金类型	主要投资领域	成立时间
279	湖州市政府产业基金		湖州市政府	FOF基金	信息经济、高端装备、健康产业、休闲旅游四大新兴产业,特别是新能源汽车、环保、时尚、金融等新兴增长领域,助推"4+3+N"产业发展,以及农业农村、新型城市(镇)化、特色小镇建设、科技企业解化器、众创空间等	2016
280	陕西省创业投资引导基金	陕西省创业投资引导基金管理中心	陕西省政府	股权投资	绿色环保型和节能减排型行业,如电动汽车研发等	2009
281	丰城市循环产业发展基金	农银(苏州)投资管理有限公司	丰城市财政局	政府信用类基金	投资于丰城市政府主导的循环工业园基础设施建设、产业结构升级以及PPP重点项目等	2016
282	宁夏环保产业基金	凯利易方资本管理有限公司	盈峰环境科技集团股份有限公司、凯利易方资本管理有限公司、易方达资产管理有限公司及宁夏旅游资本管理有限公司	并购基金	环保新技术研发与新装备应用、重点领域环境污染治理、发展新型环保服务业、解决政府责任内的公共环境问题等领域	2017
283	新疆维吾尔自治区政府社会资本合作引导基金		新疆维吾尔自治区政府	FOF基金		2016

续表

序号	基金名称	基金管理人	基金发起人	基金类型	主要投资领域	成立时间
284	重庆环保产业股权投资基金合伙企业		重庆环保投资有限公司、重庆市水务资产经营有限公司、重庆梅安森科技股份有限公司、重庆市环保产业建设集团有限公司、重庆市环保产业股权投资基金管理有限公司	FOF基金	生态环保领域	2016
285	安徽省环保产业基金		安徽省政府	股权投资	秸秆综合利用及其他节能环保产业	2017
286	长江经济带（天门）产业基金	长江经济带（天门）产业基金	天门市政府	成长基金	新材料、节能环保、新能源、新能源汽车等战略性新兴产业	2016
287	西安丝路文化产业发展基金	西安浐灞基金管理有限公司	西安浐灞基金管理有限公司、陕西鑫鑫实业有限公司、西安腾达建筑劳务分包有限公司、西安航行建筑劳务股份有限公司、西安金融街控股有限公司与西安市浐灞河发展有限公司	FOF基金	绿色环保产业、高科技产业、现代服务业等优质项目，特别是生态区内绿色产业项目	2017
288	黄山市新安江绿色发展投资基金	中非信银（上海）股权投资管理有限公司	国开证券联合国开行安徽省分行、中非信银投资管理有限公司、黄山市政府	成长基金	黄山市生态治理和环境保护、绿色产业发展、文化旅游开发	2016

续表

序号	基金名称	基金管理人	基金发起人	基金类型	主要投资领域	成立时间
289	京津冀产业协同发展投资基金	国投招商投资管理有限公司	国家发改委、财政部、工业和信息化部牵头发起，北京市、天津市、河北省，以及国家开发投资公司、招商局集团、工商银行、清华大学等其他投资主体共同出资	Venture	生物医药与医疗器械、新一代信息技术、人工智能和机器人、绿色环保、新材料、新能源汽车	2017
290	丽水基金		丽水市政府		丽水生态保护和特色小镇	—
291	石家庄蓝天环境治理产业转型基金		石家庄市政府		石家庄市企业转型升级和环保治理能力提升	2017
292	中保京杭大运河城乡生态园林生态宜居建设发展基金	中保投资有限责任公司	京杭大运河沿线的5个省级政府：浙江、江苏、山东、河北、北京，或与政府财力雄厚的省会城市政府共同发起		道路交通、立体停车设施、地下管廊管线、海绵城市、园林绿化、垃圾处理	2017
293	263产业环保基金		江苏银行、兴业银行、常州天晟新材料股份有限公司、江苏民营投资控股有限公司、北京苏商资产管理有限责任公司、江苏省环境科学研究院	基础设施基金	江苏省内土壤治理、水体治理等环境整治项目的投资、融资，以及参与有关的PPP项目	2017
294	浙江浙能绿色能源股权投资基金		浙江能源集团有限公司	成长基金	浙江能源市场的能源产业链投资	2017

参考文献

[1] 安国俊. 我国绿色基金发展前景广阔 [J]. 银行家, 2017 (8).

[2] 安国俊, 曹超. 绿色金融国际立法与借鉴 [J] 中国金融, 第18期.

[3] 安国俊, 柴麒敏, 黄禾. 推动绿色低碳城市发展 [J]. 中国金融, 2017 (4).

[4] 安国俊, 王钦方. 地方绿色金融发展的路径选择 [J]. 群言, 2017 (8): 26-28.

[5] 安伟. 绿色金融的内涵、机理和实践初探 [J]. 经济经纬, 2008 (5): 156-158。

[6] 蔡玉平, 张元鹏. 绿色金融体系的构建: 问题及解决途径 [J]. 金融理论与实践, 2014 (9): 66-70.

[7] 常杪, 杨亮, 王世汶. 日本政策投资银行的最新绿色金融实践——促进环境友好经营融资业务 [J]. 环境保护, 2008 (10): 67-70.

[8] 陈光春. 绿色金融发展的融资策略探析 [J]. 当代经济, 2005 (7): 68-69.

[9] 邓翔. 绿色金融研究述评 [J]. 中南财经政法大学学报, 2012 (6): 67-71。

[10] 董捷. 我国绿色金融发展的现状、问题和对策 [J]. 工业技术经济, 2013 (3): 156-160.

[11] 董玉华. 绿色信贷·绿色金融文化与环境内生型绿色经济 [J]. 农村金融研究, 2008 (2): 26-32.

[12] 杜莉, 张鑫. 绿色金融、社会责任与国有商业银行的行为选择 [J]. 吉林大学社会科学学报, 2012 (5): 82-89.

[13] 高建良. 绿色金融与金融可持续发展 [J]. 金融理论与教学, 1998 (4): 20-22.

[14] 高建良. 绿色金融与金融可持续发展 [J]. 哈尔滨金融高等专科学校学报, 1998 (4): 17-19.

[15] 葛察忠, 翁智雄, 段显明. 绿色金融政策与产品: 现状与建议

[J]. 环境保护,2015,43(2):32-37.

[16] 郭沛源,蔡英萃. 发达国家绿色金融的发展及对我国的启示[J]. 环境保护,2015(2):44-47.

[17] 国务院发展研究中心绿化中国金融体系课题组. 发展中国绿色金融的逻辑与框架[J]. 金融论坛,2016(2):17-28.

[18] 韩立岩,尤苗,魏晓云. 政府引导下的绿色金融创新机制[J]. 中国软科学,2010(11):12-18.

[19] 何建奎,江通,王稳利. "绿色金融"与经济的可持续发展[J]. 生态经济(中文版),2006(7):78-81.

[20] 和秀星. 实施"绿色金融"政策是金融业面向21世纪的战略选择[J]. 南京审计学院学报,1998(4):22-25.

[21] 蒋华雄,谢双玉. 国外绿色投资基金的发展现状及其对中国的启示[J]. 兰州商学院学报,2012,28(5):95-101.

[22] 剧宇宏. 绿色经济与绿色金融法律制度创新[J]. 求索,2009(7):137-139.

[23] 雷立钧,高红用. 绿色金融文献综述:理论研究、实践的现状及趋势[J]. 投资研究,2009(3):17-21.

[24] 冷静. 绿色金融发展的国际经验与中国实践[J]. 时代金融,2010(8X):9-12.

[25] 李若愚. 我国绿色金融发展现状及政策建议[J]. 宏观经济管理,2016(1):58-60.

[26] 李勋. 发展绿色金融的法律研究[J]. 兰州学刊,2009(8):141-146.

[27] 刘青,刘传江. 低碳经济与绿色金融发展[J]. 今日财富:金融版,2009(7):53-56.

[28] 刘忠华. 国际社会责任投资发展趋势及启示[J]. 吉林建筑工程学院学报,2012(1).

[29] 绿色金融工作小组. 构建中国绿色金融体系[M]. 北京:中国金融出版社,2015.

[30] 马骏. 论构建中国绿色金融体系[J]. 金融论坛,2015(5):18-27.

[31] 马骏. 国际绿色金融发展与案例研究[M]. 北京:中国金融出版社,2017.

[32] 马骏. 中欧探寻建立绿色金融全球标准,迈出第一步,http://m.yicai.com/news/5369246.html.

[33] 马骏主编. 构建中国的绿色金融市场体系[M]. 北京:中国金融出版社,2017.

[34] 马骏主编. 中国绿色金融发展与案例研究[M]. 北京:中国金融出版社,2016.

[35] 麦均洪,徐枫. 基于联合分析的我国绿色金融影响因素研究[J]. 宏观经济研究,2015(5):23-37.

[36] 欧阳瑞. 从生态经济学的发展谈绿色金融[J]. 金融与经济,2005(6):54-55.

[37] 乔海曙. 树立金融生态观[J]. 生态经济,1999(5):18-19.

[38] 任辉. 环境保护、可持续发展与绿色金融体系构建[J]. 现代经济探讨,2009(10):85-88.

[39] 孙洪庆,邓瑛. 对发展绿色金融的思考[J]. 经济与管理,2002(1):37-38.

[40] 谭太平. 国内外银行业绿色金融实践的比较研究[J]. 生态经济(中文版),2010(6):60-63.

[41] 汤伯虹. 我国发展绿色金融存在的问题及对策分析[J]. 长春大学学报,2009,19(9):1-4.

[42] 陶小平,陈巍巍. 构建绿色金融的思考与建议[J]. 时代经贸:学术版,2008,6(7):139.

[43] 天大研究院课题组,王元龙,马昀,等. 中国绿色金融体系:构建与发展战略[J]. 财贸经济,2011(10):38-46.

[44] 天大研究院课题组,王元龙. 构建中国绿色金融体系的战略研究[J]. 经济研究参考,2011(39):2-25.

[45] 王修华,刘娜. 我国绿色金融可持续发展的长效机制探索[J]. 理论探索,2016,220(4):99-105.

[46] 王玉婧,江航翔. 环境风险与绿色金融[J]. 天津商业大学学报,2006,26(6):16-20.

[47] 王兆星. 积极实施绿色金融战略[J]. 中国金融,2012(10):13-14.

[48] 文同爱,倪宇霞. 绿色金融制度的兴起与我国的因应之策[J]. 公民与法,2010(1):33-36.

[49] 翁智雄, 葛察忠, 段显明, 等. 国内外绿色金融产品对比研究 [J]. 中国人口·资源与环境, 2015, 25 (6): 17-22.

[50] 西南财经大学发展研究院、环保部环境与经济政策研究中心课题组, 李晓西, 夏光, 等. 绿色金融与可持续发展 [J]. 金融论坛, 2015 (10): 30-40.

[51] 夏丹. 我国社会责任投资基金的发展研究 [J]. 武汉理工大学硕士论文, 2013 (11).

[52] 阎庆民. 构建以"碳金融"为标志的绿色金融服务体系 [J]. 中国金融, 2010 (4): 41-44.

[53] 晏露蓉, 赖永文, 张斌, 等. 论助推低碳经济发展的绿色金融创新——兼析兴业银行案例 [J]. 福建金融, 2009 (12): 4-8.

[54] 杨娉, 马骏. 中英绿色金融发展模式对比 [J]. 中国金融, 2017, (22).

[55] 杨熠, 李余晓璐, 沈洪涛. 绿色金融政策、公司治理与企业环境信息披露——以502家重污染行业上市公司为例 [J]. 财贸研究, 2011, 22 (5): 131-139.

[56] 尹钧惠. 发展循环经济的绿色金融支持体系探讨 [J]. 金融与经济, 2009 (9): 106-108.

[57] 张承惠, 谢孟哲, 张丽平, 等. 发展中国绿色金融的逻辑与框架 [J]. 金融论坛, 2016 (2): 17-28.

[58] 张红. 论绿色金融政策及其立法路径 [J]. 法治湖南与区域治理研究, 2011 (2).

[59] 张红. 论绿色金融政策及其立法路径——兼论作为法理基础的"两型社会"先行先试权 [J]. 财经理论与实践, 2010, 31 (2): 125-128.

[60] 张文中. 绿色金融: 现状、问题与趋势 [J]. 新疆财经, 2005 (6): 38-43.

[61] 张长龙. 国际融资中的环境与社会标准: 赤道原则 [J]. 金融论坛, 2006, 11 (5): 45-51.

[62] 郑良芳. 构建绿色金融的思考与建议 [J]. 武汉金融, 2008 (3): 19-20.

[63] 中国地方政府绿研究 [R]. 商道融绿、气候债券倡议组织, 2017.

[64] 中国人民银行、财政部、国家发展改革委、环境保护部、银监会、

证监会、保监会. 关于构建绿色金融体系的指导意见［Z］. 2016 绿色债券激励机制，2016 – 08 – 31.

［65］中国人民银行海口中心支行课题组，覃道爱. 营造绿色金融生态环境 促进区域经济金融稳健发展——海南省金融生态环境演变与启示［J］. 南方金融，2006（4）：23 – 25.

［66］中国人民银行杭州中心支行. 绿色金融：国际经验、启示及对策［J］. 浙江金融，2011（5）：20 – 25.

［67］中国银监会、国家发展和改革委员会. 能效信贷指引，2015（1）.

［68］中国银监会. 绿色信贷实施情况关键评价指标，2014（6）.

［69］中国银监会. 绿色信贷统计制度，2013（7）.

［70］中国银监会. 绿色信贷指引，2012（2）.

［71］2017 年兴业研究绿色金融半年报［R］. 兴业银行，2017.

［72］G20 绿色金融研究小组. G20 绿色金融综合报告，2016。

［73］G20 绿色金融综合报告，2017.

［74］英国绿色投资银行. 绿色投资政策（Green Investment Policy），2014.

［75］英国绿色投资银行. 责任投资政策（Responsible Investment Policy），2014.

［76］英国绿色投资银行绿色投资手册（Green Investment Handbook），2015.

［77］英国绿色投资银行网站（www.greeninvestmentbank.com）.

［78］Belli P., J. R. Anderson, H. N. Barnum, J. A. Dixon, and J. P. Tan. 2001. Economic Analysis of Investment Operations. Analytical Tools and Practical Applications. The World Bank, Washington, DC.

［79］Berensmann K, Lindenberg N. Green Finance：Actors, Challenges and Policy Recommendations［J］. Social Science Electronic Publishing, 2016.

［80］Collier, Paul, Frederick van der Ploeg, Michael Spence and Anthony J. Venables（2009）. "Managing Resource Revenues in Developing Economies". OxCarre Research Paper 15. May.

［81］Cowan, E.. Topical Issues in Environmental Finance［Z］. Research Paper was Commissioned by the Asia Branch of the Canadian International Development Agency（CIDA），1999,（1）：1 – 20.

[82] Criscuolo C., Gal P. N and Menon C., (2014). The Dynamics of Employment Growth: New Evidence from 18 Countries, OECD Science, Technology and Industry Policy Papers No. 14, OECD Publishing, http://dx.doi.org/10.1787/5jz417hj6hg6 – en.

[83] Dang, T., and A. Mourougane. "Estimating Shadow Prices of Pollution in OECD Economies." OECD Green Growth Papers No. 2014 – 02, OECD Publishing, Paris.

[84] Druid. "VC Policy: Yozma Program 15 – Years Perspective." Paper presented at the Summer Conference 2009, Copenhagen Business School, Denmark, June 17 – 19, 2009.

[85] EMPEA (Emerging Markets Private Equity Association). 2016. "Brazil Data Insight Q4 2015." http://empea.org/_files/listing_pages/Brazil_Data_Insight_Q4_2015_Member.pdf.

[86] EU. Guide to Cost Benefit Analysis of Investment Projects. European Commission, December 2014. http://ec.europa.eu/regional_policy/sources/docgener/studies/pdf/cba_guide.pdf.

[87] EY (Ernst & Young). "Venture Capital Trends 2015." January 2015. http://www.ey.com/Publication/vwLUAssets/ey – global – venture – capital – trends – 2015/$FILE/ey – global – venture – capital – trends – 2015.pdf.

[88] Foce Consultora. 2016. "Meridiam Launches Solar Project of 41 Million Euros in Senegal." http://foceconsultora.com/meridiam – launches – solar – project – of – 41 – million – euros – in – senegal/? lang = en.

[89] GEEREF (Global Energy Efficiency and Renewable Energy Fund). "Homepage." Accessed March 1, 2016. http://geeref.com/.

[90] Gelb, Alan, Silvana Tordo, and H? vard Halland. 2014. "Sovereign Wealth Funds and Long – Term Development Finance, Risks and Opportunities." Policy Research Working Paper 6776, World Bank, Washington, DC.

[91] Gollier, Christian. "Evaluation of Long – Dated Assets: the Role of Parametric Uncertainty." Mimeo, Toulouse School of Economics, University of Toulouse, September 2015.

[92] Halland, H? vard, and Michel Noel. "Development Finance Frontline: Senegal's Strategic Investments Fund." http://blogs.worldbank.org/psd/development – finance – frontline – senegal – s – strategic – investments – fund.

[93] Hamilton, Kirk, and Jana St? ver. 2012. "Economic Analysis of Projects in a Greenhouse World." Policy Research Working Paper Series 6117, World Bank, Washington, DC.

[94] ICA (Infrastructure Consortium for Africa). 2012. Assessment of Project Preparation Facilities for Africa: Volume A: Diagnostic & Recommendations. C? te d'Ivoire: ICA. http://www.icafrica.org/fileadmin/documents/Knowledge/ICA_publications/ICA – PPF – Study%20Report – ENGLISH – VOL%20A. pdf.

[95] IFSWF (International Forum of Sovereign Wealth Funds). 2009. "Sovereign Wealth Funds: Generally Accepted Principles and Practices: Santiago Principles." Accessed March 7, 2016. http://www.ifswf.org/santiago – principles – landing/santiago – principles.

[96] IMF (International Monetary Fund). "Sovereign Wealth Funds—A Work Agenda." IMF Board Paper SM/08/66, Washington, DC, February 29, 2008. http://www.imf.org/external/np/pp/eng/2008/022908. pdf.

[97] Inderst, Georg. 2016a. "Case Study of the Philippine Investment Alliance for Infrastructure." Unpublished note for the World Bank, Washington, DC.

[98] IWG (International Working Group). 2008. The Santiago Principles for the Operations of SWFs. http://www.iwg – swf.org/pubs/eng/santiagoprinciples. pdf.

[99] Jeucken, M.. Sustainable Finance and Banking [M]. USA: The Earthscan Publication, 2006.

[100] Jian – Kui H E, Jiang T, Wang W L. "Green Finance" and the Sustainable Development of Economy [J]. Ecological Economy, 2006.

[101] Kaosaard M, Panayotou T, Deshazo J R. Green Finance: Valuation and Financing of Khao Yai National Park in Thailand [J]. European Journal of Pharmacology, 1995, 586 (1 – 3): 313 – 321.

[102] Kholi, Kedar N.. Economic Analysis of Investment Projects: A Practical Approach. Asian Development Bank Press, July 1993.

[103] Kopoin, Alexandre, Jean – Pascal Nganouy, Fulbert Tchana, and Albert G. Zeufack. "Public Investment, Natural Resource Inflows and Fiscal Responses: A DSGE Analysis with Evidence from Uganda." Conference Paper at CSAE Conference, Oxford University, United Kingdom, April 2015.

[104] Labatt, S. & White, R.. Environmental Finance: A Guide to Envi-

ronmental Risk Assessment and Financial Products [M]. Canada: John Wiley & Sons. Inc. , 2002.

[105] Le Borgne, Eric, and Paulo Medas. 2007. "Wealth Funds in the Pacific Island Countries: Macro – Fiscal Linkages. " IMF Working Paper 07/297, International Monetary Fund, Washington, DC.

[106] Leamon, Ann, and Josh Lerner. 2012. "Creating a Venture Ecosystem in Brazil: FINEP's INOVAR Project. " Working Paper, Harvard Business School, Boston, MA.

[107] Lerner, Josh, Ann Leamon, and Felda Hardymon. 2012. Venture Capital, Private Equity, and the Financing of Entrepreneurship. New York: John Wiley & Sons.

[108] Lindenberg N. Definition of Green Finance [J]. Social Science Electronic Publishing, 2014.

[109] Meyer C A. Public – Nonprofit Partnerships and North – South Green Finance [J]. Journal of Environment & Development A Review of International Policy, 1997, 6 (2): 123 – 146.

[110] Morton, Ted, and Meredith McDonald. 2015. "The Siren Song of Economic Diversification: Alberta's Legacy of Loss. " SPP Research Paper No. 8 – 13, School of Public Policy, University of Calgary, Alberta, Canada, March 19, 2015.

[111] NEU (Newsletter for the European Union) . 2015. "European Fund for Strategic Investments, Ready, Steady, Go!" http: //www. newslettereuropean. eu/european – fund – strategic – investments – ready – steady – go/.

[112] NTMA (National Treasury Management Agency) . 2014. "Ireland Strategic Investment Fund. " http: //www. ul. ie/business/sites/default/files/Ireland%20Strategic%20Investment%20Fund%20 – %20Opportunities%20For%20The%20Tourism%20Sector. pdf.

[113] OECD (Organisation for Economic Co – operation and Development) . "Venture Capital Policy Review: Israel. " STI Working Paper 2003/3, Directorate for Science, Technology and Industry, OECD, Paris. http: //www. oecd. org/israel/2491258. pdf.

[114] OECD iLibrary. "Entrepreneurship at a Glance. " http: //www. oecd – ilibrary. org/sites/entrepreneur_aag – 2013 – en/06/03/g6 – 9. html? itemId =/

content/chapter/entrepreneur_aag-2013-27-en&_csp_=d1bb439d249b3b7ce28929003128fbcb.

[115] Ossowski, Rolando, and H? vard Halland. 2016. Fiscal Management in Resource-Rich Countries: Essentials for Economists, Public Finance Professionals, and Policy Makers. World Bank Studies series. Washington, DC: World Bank.

[116] Perez O. The New Universe of Green Finance: From Self-Regulation to Multi-Polar Governance [J]. Social Science Electronic Publishing, 2007.

[117] PWC (2013): Exploring Green Finance Incentives in China.

[118] Raberto M, Ozel B, Ponta L, et al. From financial instability to green finance: the role of banking and monetary policies in the Eurace model [J]. Working Papers, 2016.

[119] Salazar, J. (1998). Environmental Finance: Linking Two World [Z]. Presented at a Workshop on Financial Innovations for Biodiversity Bratislava, 1998, (1): 2-18.

[120] Shields, Jon. 2013. "Sovereign Wealth Funds." The International Handbook of Public Financial Management, eds. R. Allen, R. Hemming, and B. Potter, Chapter 29, 619-637. UK: Palgrave Macmillan.

[121] Smith, P. 1991. "The Politics of Plenty: Investing Natural Resource Revenues in Alberta and Alaska." Canadian Public Policy-Analyse de Politiques XVII (2): 139-154.

[122] Soejachmoen M P. Financing the Green Transformation: How to Make Green Finance Work in Indonesia [M] // Financing the Green Transformation. Palgrave Macmillan UK, 2015.

[123] Soundarrajan P, Vivek N. Green finance for sustainable green economic growth in India. [J]. Agricultural Economics, 2016.

[124] Squire, Lyn, and Herman G. van der Tak. 1975. Economic Analysis of Projects. Baltimore, Maryland: Johns Hopkins University Press.

[125] Sud Quotidien. 2016. "La Centrale Solaire De 20 Mgwtts De Sinthiou Mekhe Demarre En 2017." http://www.sudonline.sn/la-centrale-solaire-de-20-mgwtts-de-sinthiou-mekhe-demarre-en-2017_a_27908.html.

[126] Tan, Jee-Peng, Jock Anderson, Pedro Belli, Howard Barnum, and John Dixon. 2001. Economic Analysis of Investment Operations. Washington, DC:

World Bank Institute. http: //elibrary. worldbank. org/doi/abs/10. 1596/0 - 8213 - 4850 - 7.

[127] Tang B H. An analysis of problems and countermeasures on the development of green finance in China [J]. Journal of Changchun University, 2009.

[128] Turina S, Confessore G, Turina M. The Impact of Green Finance On The National Debt: Model Analysis of Cdp And Evaluation of The Intensity of Mission [J]. Fiber, 2013, 43 (4): 211 - 217.

[129] Van der Ploeg, Frederick and Anthony J. Venables (2010). "Absorbing a Windfall of Foreign Exchange: Dutch Disease Dynamics". OxCarre Research Paper 52.

[130] Wall Street Journal. "China's Silk Road Fund Backs Another IPO of State - Owned Firm." November 24, 2015. http: //www. wsj. com/articles/chinas - silk - road - fund - backs - another - ipo - of - state - owned - firm - 1448366913.

[131] Warrack, A. , and R. Keddie. Undated. "Alberta Heritage Fund vs. Alaska Permanent Fund: A Comparative Analysis." Faculty of Business, University of Albert'a, Edmonton, Canada.

[132] World Bank. " Private Participation in Infrastructure [PPI] Database. " http: //ppi. worldbank. org/.

[133] Zadek S, Flynn C. South - Originating Green Finance : Exploring the Potential [J]. Anglais, 2013.

[134] Zadek S, Flynn C. South - originating green finance [J]. Acta Mechanica Sinica, 2014, 28 (1): 41 - 50.

英文缩略词

AREF	非洲可再生能源基金
EMDEs	新兴市场与发展中经济体
ERR	经济回报率
FONSIS	塞内加尔主权战略投资基金
GEEREF	全球能效和可再生能源基金
GSIS	菲律宾政府服务保险体系基金
IFIs	国际金融机构
ISIF	爱尔兰战略投资基金
NTMA	爱尔兰国库管理局
PBCE	《欧洲2020项目债券计划》
PE	私募股权
PPP	公私合作
REAF	亚洲可再生能源基金
SBIC	小企业投资公司
SIF	战略投资基金
SMEs	中小企业
SOEs	国有企业
SDF	主权发展基金
SWF	主权财富基金
VC	风险投资

后　记

近年来，中国积极推动绿色低碳发展的国际潮流，统筹国内国际两个大局，提倡"创新、协调、绿色、开放、共享"五大发展理念，低碳发展和应对气候变化已成为中国生态文明建设的重要途径。作为推动绿色经济发展不可或缺的金融制度安排，绿色金融通过创新性金融制度安排，引导和激励更多社会资金投资环保、节能、清洁能源、清洁交通等绿色产业，推动绿色发展，着力改善生态环境，已经达成各方共识。

近几年中国绿色金融在各方推动下得到了快速发展，在中国的倡导下绿色金融首次写入 G20 的峰会议程，并且成为全球金融合作的亮点。而十九大会议明确指出推动绿色发展，加快建立绿色生产和消费的法律制度和政策导向，建立健全绿色低碳循环发展的经济体系，构建市场导向的绿色技术创新体系，构建清洁低碳、安全高效的能源体系，这些又给绿色金融的发展带来了新机遇。如何通过绿色金融的力量支持实体经济，推动绿色可持续发展，促进绿色智慧低碳城市的转型，实现"绿水青山就是金山银山的梦想"成为每个有家国情怀人的关注热点。

构建和完善绿色金融体系是一个系统工程，需要各部门、地方政府、金融机构和企业的多轮驱动。2016 年 8 月 31 日中国人民银行、财政部等七部委于联合印发了《关于构建绿色金融体系的指导意见》，对从中央政府层面和地方政府层面对绿色发展基金的设立路径提出了明确的路线图。这向社会各界发出了政策层面支持绿色投资的风向标，绿色基金可以充分运用政府与市场的双轮驱动，有效激励更多金融机构和社会资本开展绿色投融资，化解金融创新的资金瓶颈问题。绿色发展基金的政策落地也一定会成为中国金融支持实体经济发展的有效路径。

G20 财长和央行行长会议对政府通过绿色金融带动民间资本进入绿色投资领域已达成共识，国际投资的绿色化和环境社会责任的承担已经在引发各界关注，而加强绿色金融的国际合作，支持社会资本和国际资本设立各类民间绿色投资基金也会成为全球绿可持续发展的重要路径。未来我们可以联合全球的合作伙伴，通过 PPP 模式的绿色基金在一带一路进行绿色投资，推动改善生态环境，促进绿色金融的国际合作。而亚投行、丝路基金、亚洲开发银行、金砖银行、国际金融公司等在推动亚太金融合作、"一带一路"基础设施投资方面也更多强调绿色投资。相信绿色基金可以有效推动政企合作，拓宽绿色投融资和国际合作进程，加强责任投资者的培育，统筹协调社会各方面的力量，为绿色金融和可持续发展提供更多的助力。

海纳百川，至诚信远。感谢清华大学金融与发展研究中心主任、中国人民银行前首席经济学家马骏博士，感谢他带领具有环保情结绿色发展情结的有志之士共同创办中国金融学会绿色金融专业委员会，共同推动绿色金融如希望之树一样在中国大地落地、生根，成长为可以为后代带来碧水蓝天的参天大树。

绿色基金研究一书作为绿色金融丛书的重要部分，收录了来自国内外绿色基金发展方面的大量案例，在此书出版之际，我要非常感谢中国金融学会绿色金融专业委员会各位成员单位、各位主任和秘书长对绿色基金政策研究和落地实施方面的支持，感谢来自一行三会、财政部、发改委、环保部、科技部等相关部委、金融机构、地方政府在在绿色基金方面的创新和实践。感谢马骏主任带领的专家团队，感谢中国证券基金业协会洪磊会长，中国人民银行陈雨露副行长，中财办廖岷副主任，中财办祝丹涛副局长，国家外汇管理局陆磊副局长，IMF 前副总裁、国家金融研究院院长朱民，社保基金王忠民副理事长，商务部王受文副部长，国务院发展研究中心隆国强副主任，中国人民银行研究局徐忠局长，研究所所长孙国锋，研究局副局长周诚君，金融市场司纪志宏司长，人民银行上海总部副主任兼上海分行行长金鹏辉，世界银行执行董事杨英明先生，亚洲开发银行执行董事程智军博士，世界银行 Roberto de Beaufort Camargo、Kevin Carey、Richard Claudet，亚洲开发银行 Belinda Kinkead、Renard Teipelke，金砖银行祝宪副行长，农业发展银行解学智董事长、殷久勇副行长，邮政储蓄银行吕家进行长，中国工商银行谷澍行长、张红力副行长，南京银行胡荣董事长和束行农行长，中国节能集团公司王彤宙总经理，汇丰中国行长廖宜建先生，广发银行刘家德行长，中国投资责任有限公司祁斌副总经理和刘珺副总经理，银监会政策研究局巡视员叶燕斐先生，银监会国际司范文仲主任，银监会非银司徐春武副主任，环保部政策法规司别涛司长，全国中小企业股份转让系统有限责任公司（新三板）总经理谢庚博士，国家发改委宏观研究所马晓河博士，财政部财政科学研究院刘尚希院长，中国银行间市场交易商协会谢多秘书长、冯光华副秘书长、罗志云主任、竺小龙副主任、中央国债登记结算有限公司水汝庆董事长和刘凡副总经理，兴业银行首席经济学家鲁政委博士，银行业理财登记托管中心副总经理管圣义博士，国债公司研发部宗军主任，中国银行上海分行赵蓉行长，上海证券交易所国际部刘蔚副主任，中国人民大学王国刚教授，农业发展银行资金部总经理刘优辉，中国人民大学重阳金融研究院执行院长王文，银河证券债券部总经理周一红，中国工商银行城市金融研究所所长周月秋、副所长殷红，农业银行投资银行部王以钢副总裁、戴志远先生，美国自然资源保护委员会中国区钱京京主任，对外经贸大学金融学院吴卫星院长，彭博基金会环境项目中国区负责人杨爱伦女士，中国标准化研究员资源与环境分院院长林翎女士，凯迪生态环境科技股份有限公司李林芝董事长，浦发银行赵广志博士，城市碳达峰国际合作平台钱颖初秘书长，上海财大上海国际金融中心研究院执行院长赵晓菊教授，中欧陆家嘴国际金融研究院院长助理刘功润博士，北京环境交易所总经理助理张震龙、许小虎，上海大学王钦方，大成律师事务所合伙人吴立北律师等专家对我们研究的大力支持。也非常要感谢绿色基金研究小组的各位专家为相关的研究和书稿付出的大量时间和精力，参与了数次调研和研讨，从不同层面推动了绿色金融工具带动社会资本、国际资本进入绿色环保产业的进程。感谢绿色基金研究小组的每位专家在过去两年中为推动绿色基金发展方面做出的努力，各位专家用无私奉献的精神和责任投资的理念为我们描绘了碧水蓝天美丽中国绿色发展的蓝图。

非常感谢中国金融学会绿色金融专业委员会、中国证券投资基金业协会、中国保险资产管理业协会、中国银行业协会、世界银行、亚洲开发银行、中美绿色基金、中国金融信息中心、中节能咨询有限公司、对外经贸大学绿色金融与可持续发展研究中心 UIBE、陆家嘴绿色金融发展研究中心、中国责任投资论坛对我们研究提供的大力支持和国际化视角。

  把握一个今天，胜过两个明天。我还要特别感谢中国金融出版社魏革军社长对本书出版的全力支持，感谢金融出版社相关朋友的努力和辛勤工作，感谢他们扎实的工作态度和无私奉献的精神，感谢为本书出版付出努力我无法一一言谢的专家们。"绿色恒久远，安居常相伴"期待通过绿色金融创新和责任投资实现美丽中国梦，带给后代一个环保、温暖、充满希望的家园。为后代而努力，功在当代，利在千秋。不忘初心，勇敢前行。期待通过绿色基金的理论和实践研究能够有效推动绿色金融支持实体经济落地，带动各类资本进入绿色低碳产业，吸引来自政府、市场、学界的各方才俊为可持续发展和美丽中国梦的实现奉献真知灼见。

安国俊

中国金融学会绿色金融专业委员会副秘书长

中国社科院金融研究所副研究员

绿色金融与可持续发展研究中心 UIBE 执行主任

中国责任投资论坛副理事长